教育部科学技术进步二等奖

国 际 工 程 管 理 系 列 丛 书
INTERNATIONAL CONSTRUCTION PROJECT MANAGEMENT SERIES

国际工程施工索赔

CONSTRUCTION CLAIMS OF INTERNAUIONAL PROJECT

（第三版）

梁 镒 陈勇强 编著

中国建筑工业出版社

图书在版编目（CIP）数据

国际工程施工索赔/梁镒，陈勇强编著．—3版．—北京：
中国建筑工业出版社，2011.9
国际工程管理系列丛书
ISBN 978-7-112-13559-2

Ⅰ.①国… Ⅱ.①梁…②陈… Ⅲ.①国际承包工程-索赔
Ⅳ.①F746.18

中国版本图书馆CIP数据核字（2011）第186720号

在包括海外工程和国内重点工程在内的国际工程领域中，施工索赔是一门新的技术经济专业和管理科学，是一种跨学科的专业知识。本书全面系统地论述了国际工程施工索赔方面的理论、实践、惯例作法及最新发展。此次修订增加了"工程拖期索赔"一章，并辅以诸多案例，从理论和实践方面介绍了这种索赔的难点和解决办法。

本书可作为教材，供大学生和研究生攻读国际工程管理专业时使用；亦可作为技术手册，供从事国际工程的广大技术人员和领导干部，包括业主、工程师、承包商等合同各方人员，在实际工作中参阅。

* * *

责任编辑：朱首明
责任设计：李志立
责任校对：肖　剑　赵　颖

国际工程管理系列丛书
国际工程施工索赔
（第三版）
梁　镒　陈勇强　编著

*

中国建筑工业出版社出版、发行（北京西郊百万庄）
各地新华书店、建筑书店经销
北京红光制版公司制版
北京建筑工业印刷厂印刷

*

开本：787×1092毫米　1/16　印张：23¼　字数：490千字
2011年10月第三版　2020年8月第十八次印刷
定价：**48.00**元
ISBN 978-7-112-13559-2
(21294)

版权所有　翻印必究
如有印装质量问题，可寄本社退换
（邮政编码100037）

国际工程管理系列丛书第三届编写委员会成员名单

主任委员

　　陈　健——商务部副部长

副主任委员（按姓氏笔画排列）

　　刁春和——中国对外承包工程商会会长
　　王雪青——天津大学管理与经济学部工程管理系主任，教授
　　　　　　　（常务副主任）
　　李志群——商务部对外经济合作司司长
　　林　坤——中国国际经济合作学会副会长兼秘书长
　　林达贤——中国国际经济合作学会常务副会长
　　胡兆庆——中国国际经济合作学会会长
　　施何求——中国国际咨询协会会长
　　廖建成——商务部援外司司长

顾问

　　何伯森——天津大学管理与经济学部教授
　　钱武云——中国土木工程集团有限公司原总经理

委员（按姓氏笔画排列）

　　王　勃——中国港湾工程有限公司副总经理
　　王伍仁——中国建筑股份有限公司总工程师
　　王守清——清华大学建设管理系常务副主任，教授
　　王京春——中国路桥工程有限责任公司副总经理
　　方远明——中国海外工程有限责任公司总经理
　　田　威——中信建设集团有限责任公司副董事长
　　吕文学——天津大学管理与经济学部工程管理系副教授
　　朱首明——中国建筑工业出版社编审
　　任　宏——重庆大学建设管理与房地产学院院长，教授

李启明——东南大学建设管理与房地产系主任，教授
何晓阳——中国国际工程咨询公司培训中心主任，高级工程师
汪世宏——中国寰球工程公司总经理
张守健——哈尔滨工业大学教授
袁　立——中国土木工程集团有限公司总经理
黄如宝——同济大学经济管理学院教授
崔立中——中国水利电力对外公司总会计师

秘书

刘俊颖——天津大学管理与经济学部工程管理系副教授，博士
牛　松——中国建筑工业出版社编辑

国际工程管理教学丛书第二届编写委员会成员名单

主任委员

何晓卫——对外贸易经济合作部部长助理

副主任委员（按姓氏笔画排列）

王奎礼——对外贸易经济合作部人事教育司副司长
王雪青——天津大学管理学院工程管理系系主任，教授（常务副主任委员）
刘风泰——教育部高等教育司副司长
张文敏——中国国际经济合作学会副会长兼秘书长
李荣民——中国对外承包工程商会会长
邱德亚——对外贸易经济合作部对外援助司司长
陈　健——对外贸易经济合作部国外经济合作司司长
姚　兵——建设部原总工程师，中国土木工程学会常务副理事长
徐鹏飞——中国国际工程咨询协会会长
郭宏儒——中国国际经济合作学会会长
傅自应——对外贸易经济合作部计划财务司司长

顾问（按姓氏笔画排列）

王西陶——中国国际经济合作学会原会长
朱传礼——原国家教育委员会高等教育司原副司长
何伯森——天津大学管理工程系原系主任，教授
陈永才——对外贸易经济合作部国外经济合作司原司长，中国对外承包工程商会原会长，中国国际工程咨询协会原会长

委员（按姓氏笔画排列）

于俊年——对外经济贸易大学国际经济贸易学院教授
王伍仁——中国建筑工程总公司审计与监事局局长、教授级高工
王奎礼——对外贸易经济合作部人事教育司副司长

王雪青——天津大学管理学院工程管理系系主任，教授
任　宏——重庆大学建设管理与房地产学院院长，教授
刘允延——北京建筑工程学院管理工程系副教授
刘风泰——教育部高等教育司副司长
朱宏亮——清华大学土木水利学院建设管理系教授，律师
朱象清——中国建筑工业出版社原总编辑，编审
汤礼智——中国冶金建设总公司原副总经理、总工程师，教授级高工
吴　燕——教育部高等教育司财经政法与管理教育处调研员
张文敏——中国国际经济合作学会副会长兼秘书长
张守健——哈尔滨工业大学管理学院教授
张鸿文——中国港湾建设（集团）总公司海外事业部副总经理，高工
李启明——东南大学土木工程学院教授
李荣民——中国对外承包工程商会会长
邱德亚——对外贸易经济合作部对外援助司司长
陆大同——中国土木工程公司原总工程师，教授级高工
陈　健——对外贸易经济合作部国外经济合作司司长
陈建国——同济大学经济管理学院工程管理系主任，副教授
范运林——天津大学管理学院，教授
姚　兵——建设部原总工程师，中国土木工程学会常务副理事长
赵　琦——建设部人事教育司高教处处长，工程师
徐鹏飞——中国国际工程咨询协会会长
郭宏儒——中国国际经济合作学会会长
梁　鑑——中国水利电力对外公司原副总经理，教授级高工
傅自应——对外贸易经济合作部计划财务司司长
雷胜强——中国交远国际经济技术合作公司，高工
潘　文——中国公路桥梁建设总公司原总工程师，教授级高工
戴庆高——中国国际工程咨询公司原培训部主任

秘书（按姓氏笔画排列）
吕文学——天津大学管理学院工程管理系副教授
朱首明——中国建筑工业出版社编审

国际工程管理教学丛书第一届编写委员会成员名单

主任委员

    王西陶   中国国际经济合作学会会长

副主任委员（按姓氏笔画排列）

    朱传礼   国家教育委员会高等教育司副司长
    陈永才   对外贸易经济合作部国外经济合作司原司长
               中国对外承包工程商会会长
               中国国际工程咨询协会会长
    何伯森   天津大学管理工程系原系主任，教授（常务副主任委员）
    姚 兵   建设部建筑业司、建设监理司司长
    施何求   对外贸易经济合作部国外经济合作司司长

委员（按姓氏笔画排列）

        于俊年   对外经济贸易大学国际经济合作系系主任，教授
        王世文   中国水利电力对外公司原副总经理，教授级高工
        王伍仁   中国建筑工程总公司海外业务部副总经理，高工
        王西陶   中国国际经济合作学会会长
        王硕豪   中国水利电力对外公司总经理，高级会计师，国家级专家
        王燕民   中国建筑工程总公司培训中心副主任，高工
        刘允延   北京建筑工程学院土木系副教授
        汤礼智   中国冶金建设总公司原副总经理、总工程师，教授级高工
        朱传礼   国家教育委员会高等教育司副司长
        朱宏亮   清华大学土木工程系教授，律师
        朱象清   中国建筑工业出版社总编辑，编审
        陆大同   中国土木工程公司原总工程师，教授级高工
        杜 训   全国高等学校建筑与房地产管理学科专业指导委员会副主任，
                 东南大学教授

陈永才　对外贸易经济合作部国外经济合作司原司长
　　　　中国对外承包工程商会会长
　　　　中国国际工程咨询协会会长
何伯森　天津大学管理工程系原系主任，教授
吴　燕　国家教育委员会高等教育司综合改革处副处长
张守健　哈尔滨建筑大学管理工程系教授
张远林　重庆建筑大学副校长，副教授
张鸿文　中国港湾建设总公司海外本部综合部副主任，高工
范运林　天津大学管理学院国际工程管理系主任，教授
姚　兵　建设部建筑业司、建设监理司司长
赵　琦　建设部人事教育劳动司高教处副处长，工程师
黄如宝　上海城市建设学院国际工程营造与估价系副教授，博士
梁　鑑　中国水利电力对外公司原副总经理，教授级高工
程　坚　对外贸易经济合作部人事教育劳动司学校教育处副处长
雷胜强　中国交远国际经济技术合作公司工程、劳务部经理，高工
潘　文　中国公路桥梁建设总公司原总工程师，教授级高工
戴庆高　中国国际工程咨询公司培训中心主任，高级经济师

秘书（按姓氏笔画排列）

吕文学　天津大学管理学院国际工程管理系讲师
朱首明　中国建筑工业出版社副编审
李长燕　天津大学管理学院国际工程管理系副系主任，副教授
董继峰　中国对外承包工程商会对外联络处国际商务师

修订版丛书序

商务部副部长　陈　健

对外承包工程与设计咨询,是伴随着改革开放而发展起来的新兴事业。三十余年来,此项事业从无到有,从小到大,已成为我国实施"走出去"战略的重要内容。特别是近年来,我国企业积极参与国际工程领域的竞争与合作,国际竞争力不断提高,影响力日益增强,已成为国际工程市场上的一支重要力量。

为适应我国对外承包工程与设计咨询快速发展对通晓国际工程管理理论、熟悉国际工程管理惯例的复合型人才的需求,1996~2001年间,有关商会、协会和高校共同组织编写并出版了《国际工程管理教学丛书》(共20本)。该丛书全面系统地阐述了国际工程管理的理论与实际,填补了当时我国国际工程管理学科建设没有系统化教材的空白,对我国有关大学的教学工作和相关企业的人才培养起到了重要作用,受到行业的好评和国家相关部门的表扬。为使该套丛书内容更加丰富完善,更能适应国际工程市场的最新发展变化,编委会再次组织力量对《丛书》进行了修订。修订后的《国际工程管理系列丛书》,既保留了原《丛书》中的大部分经典专著,又收录了国际工程管理领域的新著;既吸收了最新的国际工程管理研究成果,又总结阐述了我国企业多年实践的经验教训,相信能为国际工程管理领域的研究人员和从业人员提供有益参考。

在此,我谨祝《国际工程管理系列丛书》越办越好,不断有更新更好的著作推出。

2010年4月

丛 书 序

对外贸易经济合作部部长　吴　仪

　　欣闻由有关部委的单位、学会、商会、高校和对外公司组成的编委会编写的"国际工程管理教学丛书"即将出版，我很高兴向广大读者推荐这套教学丛书。这套教学丛书体例完整、内容丰富，相信它的出版能对国际工程咨询和承包的教学、研究、学习与实务工作有所裨益。

　　对外承包工程与劳务合作是我国对外经济贸易事业的重要组成部分。改革开放以来，这项事业从无到有、从小到大，有了很大发展。特别是近些年贯彻"一业为主，多种经营"和"实业化、集团化、国际化"的方针以来，我国相当一部分从事国际工程承包与劳务合作的公司在国际市场上站稳了脚跟，对外承包工程与劳务合作步入了良性循环的发展轨道。截止到1995年底，我国从事国际工程承包、劳务合作和国际工程咨询的公司已有578家，先后在157个国家和地区开展业务，累计签订合同金额达500.6亿美元，完成营业额321.4亿美元，派出劳务人员共计110.4万人次。在亚洲与非洲市场，我国承包公司已成为一支有较强竞争能力的队伍，部分公司陆续获得一些大型、超大型项目的总包权，承揽项目的技术含量不断提高。1995年，我国有23家公司被列入美国《工程新闻记录》杂志评出的国际最大225家承包商，并有2家设计院首次被列入国际最大200家咨询公司。但是，从我国现代化建设和对外经济贸易发展的需要来看，对外承包工程的发展尚显不足。一是总体实力还不太强，在融资能力、管理水平、技术水平、企业规模、市场占有率等方面，与国际大承包商相比有明显的差距。如，1995年入选国际最大225家承包商行列的23家中国公司的总营业额为30.07亿美元，仅占这225家最大承包商总营业额的3.25%；二是我国的承包市场过分集中于亚非地区，不利于我国国际工程咨询和承包事业的长远发展；三是国际工程承包和劳务市场竞争日趋激烈，对咨询公司、承包公司的技术水平、管理水平提出了更高的要求，而我国一些大公司的内部运行机制尚不适应国际市场激烈竞争的要求。

　　商业竞争说到底是人才竞争，国际工程咨询和承包行业也不例外。只有下大力气，培养出更多的优秀人才，特别是外向型、复合型、开拓型管理人才，才能从根本上提高我国公司的素质和竞争力。为此，我们既要对现有从事国际工程承包工作的人员继续进行教育和提高，也要抓紧培养这方面的后备力量。经国家教委批准，1993年，天津大学首先设立了国际工程管理专业，目前已有近10所高校采用不同形式培养国际工程管理人才，但该领域始终没有一套比较系统的教材。令人高兴的是，最近由该编委会组织编写的这套"国际工程管理教学丛书"填补了这一空白。这套教学丛书总结了我国十几年国际工程承包的经验，反映了该领域的国际最新管理水平，内容丰富，系统性强，适应面广。

我相信，这套教学丛书的出版将对我国国际工程管理人才的培养起到重要的促进作用。有了雄厚的人才基础，我国国际工程承包事业必将日新月异，更快地发展。

1996年6月

第 三 版 前 言

本书自 2002 年 5 月第二版以来，不觉已过九年。这期间，我国各工程公司在海外承包施工的合同总额翻了几乎三番，我国的国际工程建设人才的素质和水平迅速提高。为了满足我国培养和提高国际工程建设人才的需要，本书已重印 14 次。

鉴于近几年来国际工程标准合同条件已进行较大地改变和补充，以及我国的国际工程承包事业的巨大发展，本书责任编辑和作者协商，决定对本书再次修订，出第三版，对经常发生且较难解决的工程拖期索赔问题从理论和实践经验上予以适当补充，以飨广大读者。

此次增写的第 13 章——工程拖期索赔，主要介绍这种索赔的难点及解决办法，并引用 4 个案例予以说明。

本书在编写之初，就坚持理论结合实际的原则，广泛吸收国内外的施工索赔经验，以反映国际工程索赔事业的最新趋势。在这方面，我国的国家图书馆为作者创造了极优越的条件。国家图书馆引进了许多国家有关施工索赔的最新图书、期刊和仲裁案例年鉴，使作者有可能在实践体验的基础上，广泛地采纳国际上施工索赔的理论、技术和操作方法，并把它较系统而全面地介绍给我国读者。趁此再版之际向中国国家图书馆表示诚挚的谢意！

为了使读者在研究解决施工索赔问题时有较多的参考实例，历次修订有意地向大家多介绍索赔案例，包括国外大量的仲裁和法庭判决实例，并邀请我国有施工索赔经验的专家们为本书撰写索赔案例。为此，特向这些案例的作者致以衷心的感谢！

本书第三版第 11、12 两章由陈勇强教授编写，其余各章由梁镔编写。

2011 年

第 二 版 前 言

这本书自从 1996 年 9 月出版以来,受到国内工程承包界广大技术管理及领导人员的欢迎,为他们处理工程合同管理及施工索赔问题提供了有用的理论依据和参考实例。1999 年 1 月,教育部授予本书科学技术进步奖。

2000 年 3 月,中国建筑工业出版社进行了第三次印刷,仍未满足读者要求的数量。为了更好地满足广大读者的需要,出版社和本书作者决定进一步地补充必要的内容,印出第二版。新版的特点是:在原有的基础上,增加两章新的内容,并对原有的关于索赔管理信息系统的两章内容进行更新和补充。

新增两章内容,涉及对工程合同条款的解释规则以及对施工索赔的管理方法。这些都是正确解决合同管理和施工索赔问题必须具备的深一层次的知识,想必对读者朋友们有所裨益。在"施工索赔的组织与管理"一章中,本书作者特别邀请黄河小浪底水利枢纽工程咨询公司原总经理、天津大学名誉教授、教授级高级工程师李武伦先生撰写了两个索赔实例,供读者参阅。这两个实例介绍了解决复杂的索赔问题的步骤,很有参考价值,为此向李武伦先生深表谢意。

本书名为《国际工程施工索赔》,是因为它包含了当前国际工程承包领域关于施工索赔和合同管理的最新理论和实践经验。实际上,本书可适用于所有的土木工程和房建工程的合同管理及施工索赔工作。我国的建设工程项目,随着建设管理体制的深化改革,势必在合同管理和施工索赔方面逐渐采用国际通用的做法。

施工索赔是施工合同管理知识的集中表现,它涉及工程技术、施工经验、合同知识、经济法律以及外语等方面的知识和经验,是一门综合学问,在工程合同管理工作中具有特别的重要意义。因此,为了发展我国的工程承包事业,并不断扩大我国在国际工程承包市场上的份额,培养一批具有国际水平的合同管理和索赔专家,是一项迫切的任务。本人从事对外经援和对外承包工程已近半个世纪,深感在海外工程领域的市场竞争中人才素质和水平的关键性作用。国际工程承包市场的激烈竞争,说到底是人才的竞争。如有一批学识渊博、实践经验丰富的人才,便能在国际工程市场的竞争中节节取胜,逐步壮大;反之,缺乏有知识和经验的人才,则可能在激烈的竞争中蒙受亏损,甚至失去立足之地。当然,人才的培养要通过实践,不断总结经验教训,并虚心学习国际界的理论和经验。本书第二版的发行,目的是为我国建设国际工程人才的大厦增砖添瓦。

本书第二版第 1~10 章由梁鑑❶编写；第 11、12 两章由陈勇强❷编写。

2002 年

---

❶ 梁　鑑——教授级高级工程师，监理工程师，曾任中国水利电力对外公司副总经理、水利部外事司副司长、中国灌溉排水国家委员会副主席。在国外工作期间，荣获突尼斯总统授予的共和国勋章。现任黄河小浪底工程技术委员会委员，北京市仲裁委员会委员，中国对外承包工程商会专家委员会国际工程专家。

❷ 陈勇强——天津大学管理学院国际工程管理系副教授，国际工程管理专业硕士、博士研究生。

第 一 版 前 言

培养一大批国际工程施工索赔的管理人员和专家,是我国发展国际工程承包事业的重要环节。这本书不仅作为国际工程管理专业的大学生和研究生专业课的教材,也可作为我国从事国际工程承包事业的广大技术管理及领导人员的专业工作手册。

按照国际工程管理教学丛书编委会的要求,本书在编写过程中遵循了以下三个原则:

第一,反映国际上发展的最新趋势。作者在广泛参阅国内外施工索赔著作的基础上,根据自己的实践经验,力争全书能够比较全面地反映国际工程施工索赔的最新理论和技术,并与国际上施工索赔的最新实践接轨。

第二,结合施工索赔的实践经验。为了做到理论与实践的紧密结合,本书比较充分地介绍了施工索赔方面的实践经验,并汇集了38个施工索赔实例。这些实例具有索赔案例的性质,从各个角度展示了进行索赔的具体做法,很有参考实用价值。

第三,注重论理评述的公正性。施工合同和索赔问题,涉及合同有关各方的经济利益。因此,作者在论理和评述中坚持公正的立场,对合同各方一视同仁,公正要求,科学而客观地论述索赔问题,维护合同各方合理的经济利益。

本书共分10章。第1~8章全面论述国际上在施工索赔方面的理论、实践和惯例做法,其中第7章集中论述施工索赔的实践经验。第9、10两章专门介绍信息技术在施工索赔管理中的最新应用,使读者了解在施工索赔中应用信息技术的最新发展趋势。第1~8章由梁镒编写,第9、10章由陈勇强编写。

本书参阅了当前国内外大量施工索赔专著及有关资料,特向所有参考文献的作者致以深切的谢意。在本书编写过程中,中国水利电力对外公司原副总经理王世文先生及天津大学范运林教授协助审核稿件,中国冶金建设总公司原总工程师汤礼智先生协助提供资料,在此向他们表示衷心的感谢。

1996年

目 录

第1章 绪论 ... 1
第1节 施工索赔的重要意义 ... 1
第2节 施工索赔的特点及发展趋势 ... 3
第3节 索赔工作的意识观念 ... 7

第2章 施工索赔的发生和分类 ... 16
第1节 施工索赔的定义 ... 16
第2节 发生索赔的原因 ... 17
第3节 施工索赔的分类法 ... 21
第4节 承包施工常见的索赔问题 ... 30

第3章 施工索赔的依据 ... 49
第1节 国际工程常用的施工合同条件 ... 49
第2节 承包商进行索赔的主要依据 ... 55
第3节 承包商索赔可引用的合同条款 ... 57
第4节 承包商可索赔的情况 ... 59

第4章 对合同条款的解释 ... 82
第1节 合同文件的重要性 ... 82
第2节 合同条款的类别 ... 90
第3节 解释合同的规则 ... 98
第4节 先例、案例和国际惯例 ... 103
第5节 工程所在国的法律 ... 110

第5章 索赔工作的程序 ... 115
第1节 施工索赔的一般程序 ... 115
第2节 索赔争端的解决途径 ... 120
第3节 工程师在处理索赔中的职责和作用 ... 127

第6章　施工索赔的计价法　　141
　　第1节　工程项目合同价的组成 …………………………………… 141
　　第2节　索赔费用的组成部分 ……………………………………… 143
　　第3节　索赔款计价法 ……………………………………………… 162
　　第4节　工效降低计价法的应用 …………………………………… 168

第7章　索赔文件的编写法　　174
　　第1节　索赔文件的组成部分 ……………………………………… 174
　　第2节　编写索赔报告的技巧 ……………………………………… 182
　　第3节　一个索赔报告的提纲 ……………………………………… 185

第8章　施工索赔的组织与管理　　190
　　第1节　施工索赔在合同管理中的地位 …………………………… 190
　　第2节　业主方面的索赔管理工作 ………………………………… 191
　　第3节　承包商的索赔管理工作 …………………………………… 195
　　第4节　工程变更与索赔的管理 …………………………………… 205

第9章　施工索赔的成败关键　　209
　　第1节　施工索赔八项注意 ………………………………………… 209
　　第2节　索赔成功的关键 …………………………………………… 213
　　第3节　索赔失败的原因 …………………………………………… 218

第10章　反索赔　　233
　　第1节　反索赔的定义与种类 ……………………………………… 233
　　第2节　反索赔工作的内容 ………………………………………… 238
　　第3节　反索赔的合同依据 ………………………………………… 247
　　第4节　反索赔的具体做法 ………………………………………… 248
　　第5节　预防索赔和反索赔发生 …………………………………… 252

第11章　施工索赔管理信息系统的开发　　257
　　第1节　开发背景与开发策略 ……………………………………… 257
　　第2节　施工索赔管理系统分析 …………………………………… 263
　　第3节　施工索赔管理信息系统设计 ……………………………… 279

第4节　施工索赔管理信息系统的实现 …………………………… 286

第12章　施工索赔管理信息系统的发展　291
　　第1节　管理信息系统与决策支持系统 ……………………………… 291
　　第2节　决策支持系统主要组成部分 ………………………………… 294
　　第3节　决策支持系统的开发 ………………………………………… 297
　　第4节　专家系统简介 ………………………………………………… 301
　　第5节　施工索赔专家系统的初步模型 ……………………………… 304
　　第6节　信息技术的发展及对施工索赔管理信息系统的影响 …… 310

第13章　工程拖期索赔　316
　　第1节　施工合同管理的难题——工期延误 ………………………… 316
　　第2节　工期拖延引起的损失 ………………………………………… 321
　　第3节　共同延误 ……………………………………………………… 323
　　第4节　工程拖期索赔的内容 ………………………………………… 331
　　第5节　工程拖期索赔应注意的问题 ………………………………… 337

参考文献 …………………………………………………………………… 345
跋 …………………………………………………………………………… 348

案例目录

　　案例2-1　由于不利的自然条件引起的索赔 ……………………………… 32
　　案例2-2　工程量增加引起的索赔 ………………………………………… 36
　　案例2-3　工程拖期属业主责任所引起的索赔 …………………………… 41
　　案例2-4　推定加速施工引起的索赔 ……………………………………… 44
　　案例2-5　某水坝工程的综合索赔 ………………………………………… 46
　　案例3-1　工程量增加引起的索赔 ………………………………………… 64
　　案例3-2　由于工期延误引起的索赔 ……………………………………… 66
　　案例3-3　由于施工现场条件困难、工期延长，而要求补偿管理费 …… 68
　　案例3-4　加速施工索赔 …………………………………………………… 69
　　案例3-5　由于施工图纸变更而导致的索赔 ……………………………… 71
　　案例3-6　由于招标文件错误而导致的索赔 ……………………………… 71
　　案例3-7　关于物价上涨的计划外成本索赔 ……………………………… 74

案例 3-8	工效降低引起的索赔	76
案例 3-9	业主自便终止合同引起的索赔	77
案例 3-10	拖期付款引起的利息索赔	78
案例 3-11	把合同额以内部分工程转包给别的承包商而引起的索赔	79
案例 4-1	惯例形成的默示条款	93
案例 4-2	法令提出的默示条款	93
案例 4-3	事实形成的默示条款	94
案例 4-4	汇率损失索赔成功的范例	103
案例 4-5	全面论证索赔权的范例	111
案例 5-1	索赔争端的调停解决	118
案例 5-2	水电站工程合同争端的仲裁	120
案例 5-3	由于合同价含糊不清造成的索赔	130
案例 5-4	由于指定分包商违约总承包商提出的索赔	132
案例 5-5	工程师处理一项索赔的过程	138
案例 6-1	人工费索赔款额的计算	146
案例 6-2	加速施工的索赔计算法	148
案例 6-3	工程拖期建成引起的索赔	151
案例 6-4	业主拖付工程进度款引起的索赔	157
案例 6-5	由于设计错误引起工程拖期的索赔	159
案例 6-6	新增工程的索赔	163
案例 6-7	索赔款计价方法比较	165
案例 7-1	如何确定实际工期和工期延长	178
案例 7-2	加速施工引起工效降低的索赔	185
案例 8-1	业主、工程师和承包商在 DRB 参与下解决不利自然条件索赔的详细过程	197
案例 8-2	业主指令加速施工引起的索赔处理过程	202
案例 9-1	以银行担保来代替保留金	215
案例 9-2	合同中有开脱性条款时的索赔	220
案例 9-3	招标文件数据不准确引起的索赔	222
案例 9-4	因做法不当而使索赔失利的一个工程项目	228
案例 10-1	关于误期损害赔偿费的规定	235
案例 10-2	因不利的自然条件而要求索赔	239
案例 10-3	咨询工程师对承包商的索赔款计算方法的审核	242
案例 10-4	大桥建设中的索赔与反索赔	245

案例 13-1　工程承包项目低价中标成功索赔的经验 …………………… 317
案例 13-2　共同延误引起的合同纠纷 …………………………………… 328
案例 13-3　施工延误引起的工期索赔和经济索赔 ……………………… 333
案例 13-4　施工工期严重延误引起的索赔 ……………………………… 339

第 1 章 绪论

> 本章对国际工程施工索赔工作的重要意义和发展趋势作概括性介绍以后,着重论述做好施工索赔工作应树立的一些基本的意识观念,即索赔意识,合同意识,风险意识,成本观念和时间观念。这些意识观念是做好施工索赔工作的思想基础。
>
> 为了在施工索赔工作中取得良好的成果,必须培养一批称职的工作人员。根据施工索赔的实践经验,本章第 2 节中专门论述了国际工程施工索赔人员应具备的业务素质,希望在我国的承包施工合同管理方面培养出一大批优秀的施工索赔管理人才。

第 1 节 施工索赔的重要意义

当前在世界各国就国际工程的设计咨询和承包施工已经形成了一个广阔的国际工程市场。参与这个国际大市场竞争的,既有发达国家,又有发展中国家。我国的许多对外工程公司和国际经济技术合作公司都积极地参加了国际工程的承包和劳务市场竞争,并日益显示出强大的优势。

所谓国际工程(International projects),是指通过国际性公开招标投标竞争进行工程发包、并按照国际上通用的工程项目管理模式进行建设的工程。它既包括我国各个对外工程公司已经承包施工的一大批海外工程(Overseas Projects),也包括我国境内的进行国际性公开招标和合同管理的国内工程项目(Domestic Projects),如长江三峡枢纽工程,黄河小浪底枢纽工程,以及许多公路桥梁和发电站工程。

根据美国期刊《工程新闻记录》的统计,近十多年来,全世界 225~250 家大型工程承包公司所承担施工的海外工程,每年的承包施工合同总额为 1000~1500 亿美元,每年的设计咨询合同总额为 100 亿美元左右。如果包括这些大工程承包公司所承担的它们各自国内的工程项目,则每年的承包施工合同总额约达 5000 亿美元左右。这是多么宏伟而具有吸引力的国际工程市场啊!

多年来,这个国际大市场被发达国家的一批大承包公司所垄断。虽然这些海外工程项目的绝大多数属于发展中国家,但它们的承包施工者则是美国、英国、德国、法国、意大利、日本等发达国家的大承包公司;其中美国公司占承包总合同额的 50%左右,英、德、法、意、日 5 国各占 8%左右。由此可以看出国际工程承包市场的两大特点:

(1)这个市场是发达国家大承包公司纵横驰骋的天地。这是由国际工程承包施工所要求的必备条件决定的:在国际市场上承包工程建设,需要雄厚的经济实力、发达的科学技术、充足的机械设备以及先进的经营管理水平;在国际工程市场竞争中取胜,取决于综合国力。

(2)这个市场是发达国家的各种企业进入发展中国家的桥梁。通过工程项目的承包施工,发达国家的企业可以借助于供应设备和专用材料、提供银行和保险服务、派遣工程技术专家和技工、开拓通航运输等渠道,进入发展中国家,获取多方面的经济利益。

20 世纪 80 年代以来,我国的许多对外工程公司,在国家对外技术经济政策的指引下,先后涉足国际工程承包市场。通过十多年的拼搏奋斗,积累了丰富的正反面经验,培养出一批中坚力量,已经在国际工程市场上占据了一定的份额。我们坚信,随着我国对外开放政策的深入贯彻,综合国力的继续增长,我国的海外工程承包事业面临蓬勃发展的前景;在我国境内的国际工程承包事业中,中国公司必将发挥更大的作用。

国际工程承包施工的实践经验证明:要发展国际工程承包事业,在国际工程市场上逐渐占有重要的地位,施工索赔是必不可少的业务,是决定承包施工经济效益的关键环节。这是因为,当前的国际工程承包业是在激烈的竞争中进行的,包含着政治风险、经济风险、合同风险和施工风险。承包商通过公开竞争而中标的工程项目,其合同价往往在该工程计划成本金额以下,稍有疏忽失误,便面临严重的亏损局面。因此,为了在国际工程承包领域取胜赢利,关键在于经营管理;而在经营管理的诸多环节中,施工索赔工作具有关键作用性。

一、施工索赔对国家的重要意义

1. 保证海外工程承包事业的发展

对每一个国家而言,开展国际工程(International Projects)承包事业,既包括开拓海外工程项目(Overseas Projects),又包括参与国内的工程项目(Domestic Projects);而风险最大的乃是海外工程承包施工。为了稳步发展海外工程承包事业,必须切实地提高工程项目的合同管理工作水平,尤其是具备国际水平的施工索赔(Construction Claims)工作经验。否则,参与如此激烈的国际工程承包竞争,难免亏损失败。只有高水平的施工合同管理和施工索赔管理工作,才能保证我国的海外工程承包事业发展繁荣。

2. 增加国家的外汇收入

在当今国际工程承包市场上，施工索赔在很大程度上决定着工程项目的经济效益。我国的对外工程承包事业，在"平等互利，讲求实效，形式多样，共同发展"的四项经营原则和"守约、保质、薄利、重义"的八字经营方针的指引下，通过艰苦奋斗，奠定了发展基础。20世纪80年代，由于我们缺乏施工索赔管理经验，曾失去了许多可以索赔的机会，蒙受了巨大的经济损失。以后通过实践经验的积累和自身素质的提高，我国一些对外工程承包公司在施工索赔方面创造了良好的成绩，使每个工程项目的施工索赔收入金额达到该项目合同价的10%左右。如果对外工程公司在所有的海外工程项目上能达到这个水平，对国家的外汇收入将做出很大的贡献。

二、施工索赔对企业的重要意义

1. 维护承包公司的合同利益

国际工程施工过程中的索赔（Claims）和反索赔（Counter Claims），是施工合同条件赋予承包商和业主的合同权利，二者互相约束，成为施工索赔（Construction Claims）的两个组成部分。但是，由于国际工程承包竞争受"买方市场"原则制约的客观事实，承包风险主要落在承包商一方。因此，施工索赔业务主要表现为承包商向业主的索赔，而业主对承包商的反索赔则为数较少。正是由于国际工程合同条件赋予承包商进行索赔的权利，可使承包商获得合理的经济损失补偿，从而有效地保护承包商的合同利益。实践证明，如果善于利用合同条件进行施工索赔，其索赔款收入金额往往要大于投标报价书中的利润款额。因而，施工索赔已成为承包商维护自己合同利益的关键性途径。

2. 提高承包公司经营管理水平

在国际工程承包事业的激烈竞争中，工程承包公司为了中标，往往要降低报价以战胜竞争对手。在这种情况下，承包商如果不善于索赔，以减少自己的损失，就可能无法生存下去。因此，人们常说"中标靠低价，盈利靠索赔"。但是，为了成功地进行施工索赔，承包商必须具备先进的合同管理、尤其是索赔管理水平。实践证明：索赔成功率最大的承包公司，就是合同管理水平最高的公司。为了成功地进行施工索赔，迫使承包公司和工程项目的所有管理人员严格地进行施工管理，科学地控制工程开支，系统地积累各种资料，正确地编写索赔报告，策略地进行索赔谈判，等等。通过这些细致的工作，可以培养出一批批的国际工程施工管理人员，也提高了一个工程承包公司的经营管理水平。

第2节 施工索赔的特点及发展趋势

国际工程承包施工是一项风险事业，它包含着获利的机会，又存在竞争与挑战，关键在于从事国际工程承包的企业是否具备足够的经济技术实力和经营管理水平。在每一个工程项目的实施过程中，承包企业的经营管理水平集中地反映在它对该工程施工合同的实际管理状况，即合同管理（Contract Management）的水平。合同管理贯穿于工程实施的全过程和各个方面。合同管理的重要组成部分，是施工索赔管理（Construction Claim Management）。国际工程承包的实践经验证明：合同管理的水平越高，索赔的成功率越大；认真努力地进行施工索赔工作，能够促使工程项目合同管理及承包企业经营管理水平的提高。

一、施工索赔是一门新兴的学科专业

第二次世界大战以后，为了尽快地重建欧洲，大兴土木建筑工程，并发展为国际性的工程承包事业。为了不给外国承包商造成损失，需要迅速地着手完善国际性工程承包的标准合同文件。在这一客观需要的推动下，1945年12月制定发布了国际性土木建筑工程承包施工的通用标准合同条件，即以"国际咨询工程师联合会"（Fédération Internationale Des Ingénieurs Conseils，简写为FIDIC，中译音为"菲迪克"）牵头命名的《土木工程施工合同条件》（Conditions of Contract for Works of Civil Engineering Construction）的初版，在国际工程界简称为FIDIC合同条件。

在国际工程承包实践过程中，FIDIC合同条件不断充实修改，大致每隔10年左右即发布修正的新版。1957年1月发布第一版，1969年7月发布第二版，1977年3月发布第三版，1987年12月发布第四版，即目前国际通用的FIDIC合同条件。本书中的有关合同条件方面的论述，均以FIDIC合同条件第四版为依据，并参照引用了其他几种在国际工程承包业中有权威影响的合同条件。

国际工程承包业中的施工索赔工作，是在承包施工实践中产生出的一门独立的管理行为和专业知识。从20世纪70年代开始，由于土建工程承包施工领域内的竞争逐渐激烈，承包企业竞相压价以求中标，因而在施工过程中的亏损现象逐年增多，施工索赔便被提到国际工程承包界的议事日程上来，并逐渐成为承包施工必不可少的管理行为，成为承包企业保护其经济利益的唯一的、最基本的管理行为。

由于国际工程承包界的有关各方——业主、工程师和承包商，逐渐地意识到索赔问题的重要意义，在FIDIC合同条件的新版（第四版）中才做了相应的反映：把施工索赔作为一个独立的主题——施工"索赔程序"（Procedure for Claims），以5个分条款（53.1～53.5分条）的篇幅详细地规定了索赔的做法，而在1989年1月FIDIC合同条件第四版正式发布以前，"索赔"（Claims）仅仅是第52条中的一个分条款（52.5），文字规定亦极为简单。同FIDIC合同条件一样，其他的几个有国际影响的合同条件，对索赔问题的规定亦做了很多的补充或修正。

二、施工索赔是一种跨学科的专业知识

在认真分析研究如何在国际工程领域内成功地进行施工索赔并借鉴许多成功的索

赔案例及其经验后，可以发现施工索赔管理涉及广泛的专业知识领域：

1. 工程成本知识

施工索赔人员应该熟悉工程成本的组成、分析和成本控制方面的知识；熟悉确定价格和索赔费率方面的知识，以及选择确定合适的索赔计价方法的经验。这方面的知识属于自然科学领域，涉及比较深入的工程技术经济知识。

2. 合同知识

应该熟悉国际上普遍采用的一些标准合同条件的主要内容和基本特点；有能力从工程项目的合同条件中发现隐蔽的风险；能够从工程成本和施工索赔的角度解释合同条件；以及在索赔文件中引证运用合同文件，等等。合同方面的知识虽然与工程技术有密切的关系，但属于社会科学领域。

3. 谈判知识

在国际工程施工索赔工作中，同咨询工程师（或监理工程师，或建筑师）、工程业主代表等方面的主要负责人打交道，需要具备丰富的谈判经验，即确定谈判的原则、策略和具体做法；恰当处理原则性与灵活性的关系；对自己在谈判桌上想要达到的目的保持清醒的意识；以及善于为谈判留有余地，等等。要在索赔谈判中取得主动和成功，既要具备工程技术经济方面的自然科学知识，又应熟悉公共关系方面的属于社会科学领域的知识。

由此可见，国际工程的索赔管理人员，应该学习有关方面的知识，并通过索赔实践不断地积累经验，使自己成为施工索赔工作的全才。

三、施工索赔人员的素质培养

鉴于施工索赔管理工作是一门新兴的、跨学科的工程技术经济方面的管理工作，因此它对施工索赔工作人员提出了很高的要求。

根据国际工程施工索赔的实践经验，为了在索赔工作中取得成功，达到维护自己合理的经济利益的目的，一个有远见的承包企业的领导人员，应该有计划地培养一批自己的施工索赔专家，使他们具备以下几个方面的素质：

1. 施工索赔的意识观念

为了做好施工索赔工作，必须对索赔工作的基本特点有深刻的了解，树立索赔工作所必需的一些基本意识和观念。这主要是索赔意识，合同意识，风险意识，以及成本观念和时间观念。可以说，这些基本的意识观念是做好索赔工作的思想基础；缺乏这个思想基础，是做不好施工索赔工作的。

2. 专业技术知识

一个有造诣的施工索赔管理人员，本身必须是一名技术经济方面的专家，起码应该是一名土木建筑工程师或工程技术经济师。如果你能兼通这两个方面的专业知识，即可谓"兼备则善"，你可在索赔工作中得心应手，运用自如。施工索赔工作要求深厚的技术经济专业知识基础,既要懂工程技术,又要懂财务会计;无论是工期索赔或经济索赔,都要涉及大量的价格计算工作,没有技术或财务基础知识,是做不好这项工作的。

3. 合同知识与公关经验

施工索赔工作涉及相当多的合同和法律方面的知识。作为国际工程管理人员,不仅应熟悉工程项目的施工合同条件和工程所在国的有关法律规定,还应懂得国际工程通用的一些合同条件,以及施工索赔工作方面的国际惯例做法和索赔案例。

合同谈判是施工索赔工作中的一个重要环节。仅仅有一个好的书面索赔报告,虽然是必要的,但还是不够的。必须学会在谈判桌上熟练地论述你的索赔权利,论证你提的索赔要求合理合法,以机智而取胜。索赔谈判需要有公共关系方面的知识和经验。

4. 运用外语工作的能力

所有的国际工程,无论是海外工程或国内的工程项目,在招投标和合同实施工作中均采用英语;国际土建工程通用的 FIDIC 合同条件,其法定语言亦为英语。因此,从事国际工程施工索赔的人员,如果能够独立地用英语进行函电联系和谈判,不仅能够成倍地提高工作效率,也可使文件质量和准确性大为提高,这些对索赔工作都是相当重要的。

如果工程项目的实施管理采用中文,则这一条素质要求可以取消。

四、施工索赔的发展趋势

当前,世界各国对基础设施的建设规模日益扩大,土建工程的技术复杂性和质量要求亦不断提高,包括国内工程和海外工程的国际工程承包市场如此巨大,虽然它具有相当大的风险,但对有经验的承包企业仍然能够提供有吸引力的机遇。因此,国际工程承包市场将持续维持激烈竞争的局面。

根据不完全的统计,最近十多年来,国际工程承包商的纯利润率逐年有所下降,而施工索赔的案数每年均在增加,甚至在一些年份内年增长率达 10% 以上。

综合考虑国际工程承包市场的巨大规模和竞争风险,国际工程施工索赔的发生频率仍然可能逐年有所增加,施工索赔的难度将可能加大。

为了在国际工程承包市场的竞争中取胜,每一个承包企业应注意做到以下几点:

(1) 认真提高自己的经营管理水平,培养一批合同管理、尤其是索赔管理的人才。

(2) 在做好承包施工的同时,大力开展设计咨询和劳务派遣工作,向综合经营的方向发展。

(3) 同工程所在国的施工企业组成联营企业,发挥利用当地企业在承包中的优势。

(4) 同兄弟企业组成联营体进行承包施工,发挥联营体的优势。

(5) 争取同金融机构联营,利用带资承包的优势。

第 3 节 索赔工作的意识观念

近几年来，我国各国际工程承包公司都先后开展了国际工程施工索赔工作，有些项目的施工索赔工作取得了良好的成绩。但总的来说，我国公司在这方面还普遍地缺乏经验，各公司还没有形成自己的一批有经验的施工索赔技术专家，有些领导人员对索赔的重要作用还估计不足，对索赔业务知之甚少。因此，有必要在广大国际工程承包施工人员中进行索赔知识的培训，并使他们树立做好索赔工作的基本意识观念。

树立施工索赔工作基本意识观念的目的，是为了把施工索赔工作建立在正确的思想基础上，使我国各工程承包公司的合同管理和索赔管理工作尽快地提高到国际水平，为索赔的成功打好基础。

在索赔工作基本的意识观念方面，首要的是培养索赔意识、合同意识和风险意识，并具备明确的成本观念和时间观念。没有这些基本的意识观念，是做不好施工索赔工作的。

一、索赔意识

索赔意识（Sense of Claims）也就是索赔的自觉性（Claims Consciousness）。这就是说，国际工程承包施工人员应自觉地关心与施工索赔有关的任何事件，主动地提出索赔要求，并把施工索赔管理工作（Construction Claim Management）作为优先考虑的问题之一。这样，他才能及时地发现索赔机会，而不是等到发现施工亏损或形成合同争端以后，才想到要提出施工索赔。

树立索赔意识，首先要正确地认识索赔。索赔是国际工程承包施工合同双方的权利，任何一方都有权主动提出索赔要求，以维护自己正当合理的经济利益。尤其承包商方面，施工索赔是他减少承包风险、防止经济亏损的基本手段。应该索赔而放弃索赔机会，不仅丧失了应得的经济利益，而且会被对方视为无知，亦说明其施工管理水平太低。这样的承包商，在当前经营竞争十分激烈的国际工程承包市场上，很难逃脱亏损甚至破产的命运。

但是，索赔意识绝不意味着企图获得分外的收入，无道理地到处伸手要钱；也绝不是培养索赔嗜好，认为索赔事项多多益善。相反，施工合同的双方，应该自始至终地信守合同，使项目实施顺利进行，把索赔的次数压低到最低限度。

树立索赔意识，也绝不是鼓励工程承包人员没有根据地压低报价，以企图在竞争中达到中标的目的，再通过索赔来挽回低价中标可能带来的经济亏损。这种做法在国际工程承包施工中已被证明是有害的，也是难免失败的。诚然，一个有经验的国际工程承包商，在研究某项工程的招标文件并实地考察工程地点以后，可能发现该项工程在施工过程中可能出现某些索赔事项。但这仅是一个初步的估计，绝不可据此显著地压低标价。

每一个国际工程承包施工公司,应该把提高索赔意识作为自己管理工作的重要内容之一,具体做到:

第一,公司领导人员应该把施工索赔看做经营管理的重要组成部分,引导全体承包人员重视索赔工作,建立主管合同和索赔的机构,注意培养这方面的人才。

第二,工程项目的负责人——项目经理,应把施工索赔视为自己的主要任务,带领项目组全体人员,尤其是索赔管理人员,熟练地掌握工程的合同文件,不丢失每一个重要的索赔机会,并做好大量细致的索赔工作,争取索赔的成功。

二、合同意识

合同意识(Sence of Contract)也就是法律意识。它要求合同双方遵守合同规定的义务和权利,保证合同的实施。工程项目的合同文件,一旦被签约双方的法人代表签字,即具有法律效力,对签约双方均有约束力。

合同意识的主要体现是:首先,合同双方都自觉地履约,按合同文件的规定办事,任何的长官意志或行政命令手段都是无效的;其次,合同双方通过合同意识提高自我保护能力,利用合同条件保护自己的利益,同对方的违约行为抗争;最后,合同双方在履约过程中协调配合,创造良好的合同气氛,圆满地实现合同目标。

每一个工程项目的合同文件,都有一个适用法律(Applicable Law)的问题,也就是按哪一国的法律来解释合同文件。按照国际工程施工合同条件的实施惯例,这个适用法律就是工程所在国的法律。因此,作为国际工程的承包商,应该对业主国家的有关法律和规定进行深入地了解,这也是承包商合同意识的体现。

当前,在国际土木工程施工管理方面,广泛采用 FIDIC 合同条件推荐的咨询工程师制度,即由咨询工程师(Consulting Engineer 或 Consultant)对工程项目的合同实施进行全面的监督和管理,而不是由业主方面直接进行监督管理。在建筑工程的施工管理方面,则采用建筑师监督管理制度,建筑师(Architect)在这里起着类似咨询工程师(Consultant)的作用。在国际工程的合同文件及专业书刊中,惯例上将咨询工程师和建筑师统称为"工程师"(The Engineer)。

"工程师"在工程项目施工的监督管理方面,起着非常重要的作用。在国际工程的施工合同文件中,赋予"工程师"以巨大的权力。实践证明,这种管理形式对顺利地实施合同很有好处,对业主和承包商都有好处。因此,作为施工合同的签署者,合同双方都应支持、尊重"工程师"的工作,发挥"工程师"的作用,这也是合同双方具有明确的合同意识的表现。

我国政府已明确规定在建设工程项目的施工中采用施工监理制度,要求监理工程师对工程项目施工进行质量、进度和资金方面的监理工作。这种施工监理制度,虽然在许多细节规定上同 FIDIC 合同条件中的咨询工程师制度有所不同,还待不断完善,但基本上已同咨询工程师的监督管理作用趋向一致。因此，在本书的论述和实例中，作者所指的"工程师"，既包括咨询工程师和建筑师，也包括监理工程师；有时，为了准确起见，也写明为咨询工程师或监理工程师。

三、风险意识

国际工程承包施工是国际性的商业竞争，是一项高风险事业。这些风险主要有：

（1）政治风险：如爆发战争，国内发生内战或叛乱、政变或社会骚动，业主所在国与承包商的国家发生政治关系危机等等。

（2）经济风险：如业主所在国的经济状况恶化，物价暴涨，货币兑换率动荡，外汇政策改变等等。

（3）合同风险：如合同条款过苛，对业主的开脱性条款过多，业主支付资信差，对工程变更、通货膨胀、价格调整及施工索赔等方面没有明确公正的条款规定等等。

（4）施工风险：如特别恶劣的气候条件，不可预见的基础地质条件，地震，飓风，海啸，施工中的伤亡事故等等。

此外，还有具体的工程项目所在地点存在的许多独特的风险，如流行性疾病，抢劫绑架，与当地群众矛盾激化等等。所有这些风险，在国际工程承包施工过程中都会遇到。

国际工程承包施工的风险，对于承包合同的双方——业主和承包商来说都是存在的。每一个工程项目的风险，都是由业主和承包商分别承担的，在该项目的合同文件中规定了风险分担的责任。但是，由于国际工程承包受"买方市场"经济规律的约束，尤其是随着国际工程承包竞争的激烈程度与日俱增，承包合同中的风险分担（Risk Allocation）分量在业主和承包商之间并不是均等的。事实上，工程承包的风险，主要落在承包商一方。在承包合同中，业主始终处于主导地位，即合同文件由他起草制定；主管合同实施的工程师（咨询工程师或监理工程师）是业主聘雇的；众多的投标者中谁中标由业主选定，等等。

在FIDIC合同条件中，指明业主应承担的风险，即"业主风险"（第20.4条）和"特殊风险"（第65条）。对承包商承担的各种风险，没有专门的条款予以集中地阐述。但在许多条款中都包含着承包商的风险，有些风险甚至可以造成巨大的经济损失。在每个具体的工程项目合同条件中，包含着哪些承包商的风险，要靠承包商自己在进行投标报价以前分析清楚。对承包风险不仔细研究就贸然投标签约，是十分危险的，它经常导致承包公司的破产。

根据一般国际工程的承包风险，并参照FIDIC合同条件中对承包风险的分担规定，可以形象化地把业主和承包商分担风险的情况，用图1-1来说明。对于这种风险分担不均的现实，承包商可以从多方面采取措施进行防范，但其中最有效、最根本的措施，就是善于进行施工索赔。

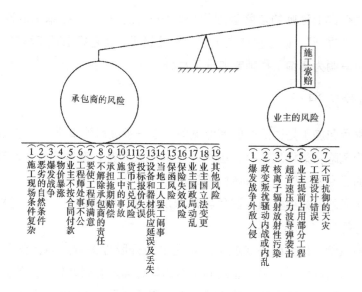

图 1-1　合同风险示意图

承包商的风险防范措施，主要有：

（1）标前阶段：即在投标报价之前，分析业主所在国家的政局，经济状况，业主的工程款落实情况和支付信誉。

（2）编标报价阶段：要熟悉招标文件，做好现场勘查，在单价和总价中考虑风险因素。

（3）签订合同阶段：在授标意向书后的合同谈判过程中，对过苛的合同条款提出修改的要求，并以纪要书的方式由双方签署生效。

（4）施工阶段：加强施工管理，防止成本超支；做好合同管理和索赔管理（Claim Management），不失时机地提出索赔要求，编好索赔文件，并做好谈判等工作；加强财务管理，做好工程款和索赔款的催交工作。

（5）转移风险：进行工程、设备、人身事故等保险，通过保险机制减轻风险损失；进行工程分包，使分包商承担部分风险，等等。

四、成本观念

国际工程承包施工人员，如果缺乏明确的成本观念（Cost Consciousness），便无能力做好施工索赔工作。这是因为，索赔要求的提出和解决，都是建立在成本控制（Cost Control）的基础上。

施工索赔人员，应十分熟悉该工程项目的工程范围以及工程成本的各个组成部分，对工程项目的各项主要开支要心中有数，对超出合同项目工作范围的工作，要及时发现，并及时提出索赔要求。在计算索赔款额时，亦应准确地提出所发生的新增成本

（或称附加成本，Additional Costs），或者是额外成本（Extra Costs）❶。只有这些超出投标报价范围的工程成本是可以索赔的。

国际工程承包施工人员，尤其是索赔管理人员，在成本观念方面应深刻理解以下三点，并将其贯彻于合同管理与索赔管理工作中去。

1. 工程成本处于变化之中

国际工程承包施工的实践经验证明，每项工程的建设成本从开工之日起便处于不断变化之中，随着工程量及工期的变化，工程成本大多数都在不断地增加，直到建成之日，才形成一个定值。大中型土建工程的承包施工，其最终成本几乎都不是它们的中标合同额：绝大多数是较合同价增多，极个别项目的结算成本小于其中标合同价。这是因为，在所有的土建工程施工过程中，难免出现工程量变更、设计修改、新增（减）工程，以及地基条件变化等问题，工程实际成本则相应发生变化，直至工程建成。

关于这一客观事实，FIDIC 合同通用条件（General Conditions）第 8.1 分条亦做了规定。该条款指出，承包商应勤奋而细心地完成"合同规定"的工作，无论这些工作是施工合同"明文规定"的（Specified in the Contract），或者是根据合同的"合理推断"（Reasonably to be Inferred from the Contract）应该完成的工作。所谓合同中明文规定的工作，一般是指在招标文件的工程量表（BOQ—Bills of Quantities）、施工技术规程（Construction Specifications）以及专用条件（Conditions of Particular Application）等文件中所明确提出的工作项目、工程量或工程做法。所谓根据合同"合理推断"应由承包商完成的工作，是指那些在招标文件中没有指明、但业主和咨询工程师（或监理工程师，或建筑师）认为仍属合同范围以内的工作。这就为工程师随时发布工程变更指令（Variation Order），或要求承包商完成任何新增工程（Additional Work）奠定了合同依据。

在承包施工实践中，由于承包商既要完成"明文规定"的工作，又要完成"合理推断"的工作。因此，他所实际完成的总工程量，其数量往往大大超过招标文件中的工程量。如果再考虑某些工作的施工单价调整（Unit Price Adjustment），则承包商实际得到的工程款额将大量超过原来的中标合同价（Awarded Contract Price）。在这一事实面前，一个有良好成本观念的承包商，就可能创造较多的经济效益。这一承包施工经营管理的现实情况，可用图 1-2 来表示。

2. 严格控制工程成本

国际工程施工管理的经验证明，施工期间合同管理的主要任务，是进行施工进度控制（Construction Progress Control），工程质量控制（Quality Control）以及成本控制

---

❶ Extra Costs 一般指工作范围以外的新增工程所发生的费用，它是肯定应予补偿的。Additional Costs 一般指工作范围以内的新增工程（工程变更）所发生的费用，如果它是原工程量表（BOQ）中未包括的工作，则其费用亦应得到补偿。

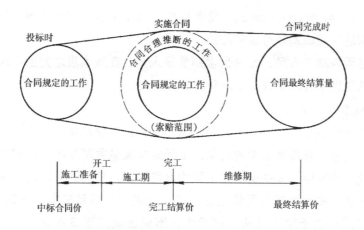

图 1-2 施工过程中工程量及合同价变化示意图

（Cost Control）。成本控制的目的，是通过严格管理施工开支，力争工程项目在预算成本的款额内建成。

承包商的合同管理人员，在进行成本控制的过程中，将逐项地检查正在施工的每一项工作是否在合同工作范围（Scope of Work）内。如果他发现了超出合同范围的工作，或者施工受到了计划外的干扰（Disruption of Progress），引起施工效率降低（Loss of Efficiency）和施工费用增加（Extra Costs）时，他就要考虑提出施工索赔的问题。通过施工索赔，承包商可以收回超出预算成本以外的开支，增加了工程款收入，使工程项目的资金流动处于良性循环状况。

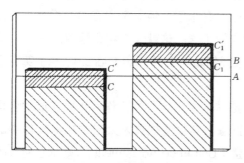

图 1-3 以合同价格为基础的变更工作价格确定示意图

注：引自汪小金《土建工程施工合同索赔管理》，P115

3. 不要投亏本标

承包商在国际工程公开招标的竞争中，有时为了争取中标，使自己的报价（Bidding Price）低于预算成本（Estimated Cost），即投亏本标。他们这样做时，把挽回成本亏损的希望寄托在施工索赔上，企图通过高额的索赔款收入来弥补投标时自己承担的经济风险。

国际工程施工索赔的实践证明，这种做法是十分危险的，他在投标报价时自掘的"坑"是很难填平的，这个"坑"很可能埋葬了自己。这是因为：

（1）在决定任何索赔事项的可补偿的款额时，只考虑超出投标报价书中该工作项目单价（BOQ Unit Price）的那一部分，即由于干扰或索赔事项引起的"额外支出"（Extra Expense/Cost）。如果承包商在投标报价时做了亏本报价，虽然在这个亏本标价的基础上增加了那部分"额外开支"，他仍然摆脱不开投标时造成的亏损。如果承包商在投标报价时采取了正确经营方针，有成本观念，因而做了"赢利报价"，那么在增了那部分"额外支出"以后,他仍然处于盈利状态。这个道理,可用图 1-3 来说明。图中,A 为原合同工作的合理成本(标底价);B 为变更后工作的合理成本;C 为亏本报价;C_1 为赢利报价;$C-C'$ 或 $C_1-C'_1$ 为额外支出,即 $A-B$。

(2)咨询工程师(监理工程师,建筑师)在评定索赔款时,按照国际惯例做法,认为承包商的亏本报价是承包商自己承担的责任,是他自愿承担的投标风险;投标时的报价亏损,在施工索赔中不予考虑。

诚然,通过施工索赔,承包商的投标"亏本报价"造成的经济亏损总额可能有所减少。这是因为在确定"额外开支"时考虑的施工单价比较合理,比投标时的施工单价要高一点。同样的道理,如果承包商投标时做了"赢利报价",他获得的利润要比投标时估计的款额要高一些。

五、时间观念

国际工程施工索赔工作,有严格的时限要求(Time Limits for Filing Claims)。因此,国际工程的承包商必须具备严格的时间观念,使自己的一切业务活动严格地按照合同规定或施工计划进行。"时间就是金钱","一寸光阴一寸金,寸金难买寸光阴",这些时间观念对国际工程承包的竞争者来说,是不容忽视的。

对于施工索赔工作,时间观念的具体体现是:及时地进行索赔,失掉时机或超过时限,往往意味着索赔失效。索赔工作的时间观念,要求承包商索赔管理人员在工作中严格掌握以下 3 点。

1. 对整个工程有宏观的索赔安排

在每一个工程项目的施工过程中,可能有许多索赔事项。它们发生的时间有先有后,但应随着整个工程的建设速度,在宏观上做统一的安排,以免混淆和耽误。因为每个具体的索赔事项,都有一个发现、申报、论证和讨论解决的过程,都需要一个相当长的时间,需要在总的索赔计划中统一安排。

国际工程承包的实践经验证明,承包商的索赔要求应及早提出,并抓紧解决。否则,合理的索赔要求往往被无限制地拖延下去,一旦工程建成,索赔要求则会落空。

一般来说,发现索赔可能性的阶段,从投标时就开始了,可以延续至工程建成一半时为止。晚于这个时限的索赔要求,往往拖到工程建成以后还得不到解决。工程建成 1/4~3/4 的这一时段内,一般是解决索赔问题的有利时期,大量的索赔事项应力争在这一时段内得到解决。整个工程的索赔谈判和解决阶段,应该集中于工程全部建成完工以前,不宜再拖。最理想的安排,是在竣工日的前夕解决一切索赔争端。这一宏观的索赔时间安排如图 1-4 所示。

2. 对每项索赔有具体的时间安排

当每个索赔事项初发时,要按照工程项目合同文件规定的时限,向工程师和业主发出"索赔通知书"(NOC—Notice of Claims)。在发出索赔通知书以后,要每隔一定

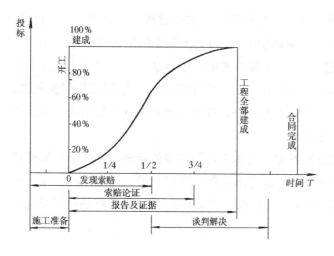

图 1-4 索赔与施工进度相结合示意图

注：引自 M. Takei《施工索赔管理》，P62

的时段报送索赔事项的处理情况及证据资料。在该索赔事项处理完后的一定时限内，向工程师和业主报送完整的索赔报告。在 FIDIC 合同条件第 53.3 分条中规定：在索赔事项发生后的 28 天以内，承包商应发出索赔通知书；每隔 28 天或经工程师同意的时段，报送一次索赔中间账单和证据，在索赔影响结束后的 28 天以内，提出最终的账单，即最终的索赔报告书。

因此，承包商应根据合同规定办理上述索赔手续，谨防失去时效。因为按照施工索赔的国际惯例，如果承包商没有在合同规定的时限内提出索赔要求，则意味着承包商自己放弃索赔权；业主和工程师有权拒绝受理失去时效的索赔要求。

3. 在工程建成时坚持自己的索赔要求

在施工索赔实践中，往往是工程已经接近建成，而索赔仍然议而不决。这时，承包商应坚持自己的合理索赔要求，不可松懈疏忽。

FIDIC 合同条件第 60.9 分条指出："除非承包商在他的最终结算单和完工结算单中提出索赔要求，否则，业主对承包商由于合同或工程施工所引起的或与之有关的任何事由和问题，不承担任何义务。"

因此，承包商应该在第 60.5 分条所述的完工结算单（Statement at Completion）和第 60.6 分条所述的最终结算单（Final Statement）中，在提出业主未付的工程进度款额的同时，详细列出自己应获得的索赔款额，要求业主同时付清。切不可失去这个最后的坚持索赔要求的机会。因为无论有多少索赔款还未支付，但如果承包商在上述两个结算单中不再提出，业主均有权按第 60.9 分条的规定拒绝支付。这个时间观念亦切勿模糊。

思考题

1. 施工索赔工作是国际工程承包施工事业必不可少的业务，有人称它们是"一个银币的正反两面"。书中对施工索赔的重要意义进行了扼要论述，请你就对国家、对企业的重要意义再做进一步的论述，补充提出 2~3 条重要性。

2. 20 世纪 80 年代，当我国的承包公司刚跨入国际工程承包市场时，曾有不少同志认为索赔是资本主义的经营方式，索赔会损害同业主和工程师的合作关系等等，因而反对进行索赔。你认为他们的观点对吗？如果不对，错在哪里？

3. 施工索赔是一件相当复杂的工作，要求的知识面很宽。书中对施工索赔人员的素质提出了相当高的要求。你是否认为这些要求有过苛之处？你觉得自己如果将来从事这项工作，需要从现在起特别注意加强自己的哪一方面的知识？

4. 每项工程从开始施工起直至竣工建成，工程成本均处于变化之中。你对这一情况如何理解？当工程成本发生变化时，你如何去控制成本以防自己亏损？又如何利用这种变化，探索进行施工索赔的机会？

5. 施工索赔工作有严格的时间要求，错过时间规定或索赔时机，就意味着索赔极可能遭受失败。在索赔的时间观念方面，书中列举了必须严格掌握的3点。请你从FIDIC合同条件中再仔细遴选出2~3条类似的时间规定。

第 2 章　施工索赔的发生和分类

> 本章扼要地论述施工索赔的定义、发生原因以及各种分类法。鉴于目前国内外对施工索赔的分类论述繁复不一，作者在广泛罗列多种分类法的基础上，提出了对各种分类法的评述，以期逐步趋于科学的一致，便于应用。
>
> 对于国际工程施工索赔常见的 4 种索赔形式，即：施工现场条件变化索赔、工程范围变更索赔、工程拖期索赔、加速施工索赔，另加综合索赔，则作了重点介绍，并各附案例说明。

第 1 节　施工索赔的定义

关于施工索赔的定义，在 Longman 辞典中是这样写的："索赔——作为合法的所有者，根据自己的权利提出的有关某一资格、财产、金钱等方面的要求。"

通俗地说，索赔就是要求取得应该属于自己的东西，也是要求补偿自己损失的权利。正如我们乘坐国际航班飞抵目的地后，在行李领取处看到的牌子："Luggage Claim"。它就是让旅客们领回本来属于自己的行李。施工索赔（Construction Claims）也是一样，它允许国际工程的承包商获得不是由于承包商的原因而造成的损失补偿。因此，对于工程承包施工来说，索赔是维护施工合同签约者合法利益的一项根本性管理措施。

对于施工合同的双方来说，索赔是维护双方合法利益的权利。它同合同条件中双方的合同责任一样，构成严密的合同制约关系。承包商可以向业主提出索赔；业主也可以向承包商提出索赔。不过，在国际工程施工索赔的实践习惯上，工程承包界将承包商向业主的施工索赔简称为"索赔"（Claims）；将业主向承包商的索赔称为"反索赔"（Counter-Claims）。

由此可见，国际工程承包事业中的索赔行为是正常的现象，是合理合法的行为，而绝不是某些人所理解的"伤情面的事"，或"不友好的行为"；也绝不是"分外的要求"。有人认为：承包商"有赔才索，不赔不索"。这种理解，也不符合索赔的合同根据。

在当前国际承包事业激烈竞争的条件下，承包商面临着沉重的承包风险，稍有失误疏忽就可能遭受亏损。从事国际工程的承包施工，离不开施工索赔。

施工索赔的实质，是通过承包施工合同条款的规定，对合同价进行适当的公正调整（Equitable Adjustment of Contract Price），以弥补承包商不应承担的损失，使承包合同的风险分担程度趋于合理。

在从事国际工程承包施工的实践中，作为一个承包商，在应该索赔的时候不进行索赔，默不作声地承担着损失或亏损，这时，无论你是对索赔缺乏信心，或怕搞坏了同业主的关系，都得不到好的印象。精明的业主省了钱，还会笑你不懂工程承包的知识，认为你管理水平太低。

第2节 发生索赔的原因

国际工程大多数都是规模大、工期长、结构复杂的工程项目。在施工过程中，由于受到水文气象、地质条件的变化影响，以及规划设计变更和人为干扰，在工程项目的工期、造价等方面都存在着变化的因素。因此，超出合同条件规定的事项可能层出不穷，这就为施工索赔提供了众多的机会。作为国际工程的承包商，必须善于通过不断发生的工程状态变化，识别索赔的机会，获得应有的经济补偿。

一、索赔的起因

在施工过程中，引起索赔的原因是很多的，这里列举主要起因如下：

1. 风险分担不均

国际工程承包施工的风险，对于施工合同的双方——业主和承包商来说，都是存在的。但是，根据客观事实，业主和承包商承担的合同风险并不是均等的，主要的风险落在承包商一方。这是由国际工程承包事业受"买方市场"规律制约这一客观事实所决定的。在这种情况下，中标的承包商承担着该工程项目施工的主要风险，他只有通过施工索赔来适度地减少风险，弥补各种风险引起的损失。这就是在国际工程施工索赔方面，承包商的索赔案数远远超过业主反索赔案数的原因。

2. 施工条件变化

在土木建筑工程的承包施工中，施工现场条件的变化对工期和造价的影响很大。由于不利的自然条件（Adverse Physical Conditions）及人为障碍，经常导致设计变更、工期延长和工程成本大幅度增加。

土建工程对基础地质条件的要求很高，而这些土壤地质条件，如地下水、地质断层、岩溶孔洞、地下文物遗址等等，根据业主在投标文件中所提供的资料，以及承包商在招标前的现场查勘（Site Investigation），都不可能准确无误地发现，即使是有经验的承包商也无法事前预料。因此，基础地质方面出现的异常变化必然会引起施工索赔。

3. 工程变更

土建工程施工中，工程量的变化是不可避免的。施工时实际完成的工程量超过或少于工程量表（BOQ——Bill of Quantities）中所列的工程量的 15%～20% 以上时，则会引起很多问题。

尤其是在施工过程中，工程师发现设计、质量标准或施工顺序等问题时，往往指令增加新的工作，改换建筑材料，暂停施工或加速施工，等等。这些变更指令必然引起新的施工费用，或需要延长工期。所有这些情况，都迫使承包商提出索赔要求，以弥补自己不应承担的经济损失。

4. 工期拖延

大型土建工程的施工过程中，由于受天气、水文或地基等因素影响，经常出现工期拖延（Construction Delay）。发生工期延误，在分析拖期原因、明确拖期责任时，合同双方往往产生分歧，使承包商实际支出的计划外施工费用得不到补偿，势必引起索赔要求。

如果工期拖延的责任在承包商方面，则承包商无权提出索赔。他应该以自费采取赶工（to Expedite）的措施❶，抢回延误的工期；如果到合同规定的完工日期时（Date of Completion），仍然做不到按期建成，则应承担误期损害赔偿费（Liquidated Damages for Delay）。

5. 业主违约

施工合同中的业主违约（Default of Employer），一般系指未按规定为承包商施工提供条件；未按规定时限向承包商支付工程款；工程师未按规定时间提供施工图纸、指令或批复，等等。对于这些业主方面的原因而引起的施工费用增加或工期延长，承包商均有权提出索赔。

此外，由于业主坚持指定的分包商（Nominated Subcontractor）的违约行为，承包商也有权向业主提出索赔要求。尤其是业主把承包商接受某指定分包商（或供货商）作为向其授予合同的前提条件之一时，承包商更有权索赔。

6. 合同缺陷

在承包施工过程中，往往由于合同文件中的错误、矛盾或遗漏，引起支付工程款

---

❶ 请读者注意：业主或工程师向承包商致函，要求其加速施工时，如用 Expedite 一词，即意味着拖期的责任在承包商，要求承包商以自费采取加速施工措施。

时的纠纷。这时，按合同条件惯例，都由工程师做出解释。但是，如果承包商按此解释施工时引起成本增加或工期拖延时，则属于业主方面的责任，承包商有权提出索赔。

7. 国家法令变更

工程所在国的法律、法令或规则发生变更时，如提出进口限制，外汇管制，税率提高等等，都可能引起承包商施工费用的增加。这时，按国际惯例，允许给承包商予以补偿。

这个变更的时间标准，是从投标截止日期（一般均为开标日期）之前的第 28 天开始，如果工程所在国法律或政策的变更导致承包商施工费用增加，则业主应向承包商补偿所增加的费用；如果导致施工费用减少，则应由业主受益，相应减少对承包商的支付款额。

从理论上讲，这种新增费用的调整补偿，是同不利的自然条件（APC—Adverse Physical Condition）的处理是原则一致的，因为任何有经验的承包商也不可能预见业主国家将会在政策法令上做哪些变更，因而他在投标报价时没法考虑这一因素。

以上罗列的是主要的索赔起因。此外，还可能有不可抗拒的天灾（Act of God），暂停施工（Suspension），终止合同（Termination of Contract），业主拖期付款（Delayed Payment）等等。

在合同实施过程中，业主同样有权向承包商索赔，即所谓的反索赔（Counter-claims）。反索赔的原因主要是承包商拖期竣工（Delayed Completion），施工质量不符合合同要求（Defects Liability），等等。关于反索赔的问题，在本书第 8 章中专门论述。

二、识别索赔机会

在施工过程中，存在着以上多种引起索赔的因素。一个有经验的承包商，必须善于及时地识别正在形成的索赔机会（Identification of Claims），尽早分析原因，采取措施。如果是真正的索赔机会，则应注意收集资料，及时通知业主和工程师；如果其中有承包商自己的责任，则应抓紧采取纠正的措施，预防形成难以克服的困难。

国际工程施工索赔实践证明，要及时地识别、发现索赔机会，必须在施工过程中定期进行施工成本分析、施工进度分析和索赔事态分析。

1. 成本分析

成本分析（Cost Analysis）方法，就是将实际成本同预算成本（Estimates）对照比较，找出施工中发生的实际成本偏离报价书预算的原因，认真地采取对策。

进行成本分析，需要有完善的投标预算资料，以及施工阶段的健全的会计核算体系，才能获得比较准确的差异数据。这就要靠承包商高水平的经营管理。

成本差异分析的一般模式如下：

（1）实际成本 = 实际工程量 × 实际单价 \hfill (2-1)

（2）实际收入＝实际工程量×预算单价　　　　　　　　　　　　　　　（2-2）

（3）预算成本＝计划工程量×预算单价　　　　　　　　　　　　　　　（2-3）

上式中，实际成本－实际收入＝单价不同引起的差异

实际收入－预算成本＝工程量不同引起的差异

实际成本－预算成本＝成本总差异

成本总差异反映施工过程中某一阶段的成本亏损，它包括单价不同和工程量不同两个因素引起的成本差异。单价不同引起的差异，说明承包商自己在投标报价时的预算不准；工程量不同引起的差异，说明业主招标文件中工程量表（BOQ）中的数据不准。如果工程量差异甚大（超过15%～20%以上），则应检查具体原因：或是由于工程量表中的数量极不准确；或是由于完成了计划外的工作，即超出了合同规定的工作范围（Scope of Work），在这些情况下，承包商即应准备要求索赔。

在成本亏损中，还包含了实际单价超出预算单价（即报标书中的单价）的因素。这除了报价时单价过低的原因以外，还存在承包商施工管理不善的原因。如果分析属实，则承包商自己应立即采取必要的措施，降低施工成本。

2. 进度分析

进度分析（Progress Analysis），就是将实际的施工进展状况同计划的施工进度（Rate of Progress）进行对比，发现工期是否延误，并分析延误的原因。

通过分析工期延误的原因，如果不属于承包商的责任，则承包商可以较早地识别工期索赔的机会；如果该工期延长导致施工费用增加，则仍可提出费用补偿要求，即经济索赔。

如果工期延误中有承包商的责任，则应尽早主动采取赶工的措施，以免将来承担误期损害赔偿。

施工进度分析的一般模式是：

工期延长＝实际工期－计划工期　　　　　　　　　　　　　　　　　　（2-4）

赶工挽回的工期＝理论工期－实际工期　　　　　　　　　　　　　　　（2-5）

上式中，实际工期是指完成"全部工程"实际所用的时间；计划工期是指承包商提出并经工程师审核同意的施工时间；理论工期是指以报价书中的施工效率完成"全部工程"所需要的总工期，这里所说的"全部工程"，是实际上完成的全部工作，它除了工程量表（BOQ）所列的全部工作以外，还包括了工程量的增加或超出工作范围的额外工作（Extra Works）。

3. 事态分析

所谓事态分析，就是对施工过程中出现的意外事件，如不利的地基条件、地震、洪水、隧洞塌方、社会动乱等等，具体分析其原因和后果，也就是对索赔事项（Event, giving rise to claim）进行具体分析。

事态分析的关键是确定其合同责任。如果能够确定是属于业主方面或客观环境

的原因，如特殊风险、业主风险、不可抗拒的自然力等等，则承包商拥有工期索赔权，也可能有额外费用的索赔权。如果事态发生的原因中有承包商的责任，如一般性的气候变化，施工组织不善引起的工程或工伤事故等，则应由承包商自己承担相应的损失。

第3节 施工索赔的分类法

关于施工索赔的分类法，在国内外工程承包界和书刊中的论述颇不一致，名类繁杂，往往强调某一方面，而忽略另一个方面，因而不能反映施工索赔工作的实质。因此，有必要对名目繁多的分类法予以分析比较，明确主次。

目前国内外对施工索赔的分类法，大致可以归纳为以下7种：

一、按发生索赔的原因分类

由于发生索赔的原因很多，这种分类法提出了名目繁多的索赔，可能多达几十种。但这种分类法有它的优点，即明确地指出每一项索赔的原因，使业主和工程师易于审核分析。

根据国际工程施工索赔实践，按发生原因提出的索赔通常有以下10余种：

（1）增加（或减少）工程量索赔；
（2）地基变化索赔；
（3）工期延长索赔；
（4）加速施工索赔；
（5）不利自然条件及人为障碍索赔；
（6）工程范围变更索赔；
（7）合同文件错误索赔；
（8）工程拖期索赔；
（9）暂停施工索赔；
（10）终止合同索赔；
（11）设计图纸拖交索赔；
（12）拖延付款索赔；
（13）物价上涨索赔；
（14）业主风险索赔；
（15）特殊风险索赔；
（16）不可抗拒天灾索赔；
（17）业主违约索赔；
（18）法令变更索赔等等。

此外，还会有一些别的原因引起的施工索赔。在这么多不同名目的索赔中，其发生的频率大不相同。根据国际工程施工索赔的经验，最常见的主要有 4 种，即工程范围变更索赔（Scope of Work Claim）；工程拖期索赔（Delay Claim）；施工现场变化索赔（Changing Site Condition Claim），或称为不利自然条件及人为障碍索赔（Adverse Physical Conditions or Obstructions，简称 APC）；加速施工索赔（Acceleration Claim）。关于这 4 种最常见的索赔形式，将在下一节中详细论述。

关于工效降低索赔（Claim for Loss of Efficiency），由于它是上述诸多索赔引起的干扰或影响形成的，属于次生原因引起的索赔，故未列入此类索赔中，详见第 3 章第 4 节所述。

二、按索赔的目的分类

在国际工程施工索赔的书刊中，以及工程承包施工人员的言谈中，可收集到关于索赔的名称很多。但就施工索赔的目的而言，施工索赔出不了以下两类的范畴，即工期索赔和经济索赔。

1. 工期索赔

工期索赔就是承包商向业主要求延长施工的时间（Claim for Extension of Time，简写为 Claim for EOT），使原定的工程竣工日期顺延一段合理的时间。

由于合理的工期延长，承包商可以避免承担"误期损害赔偿费"（Liquidated Damages for Delay）。在国际工程施工合同条件中，这个误期损害赔偿费是用以补偿业主由于工程项目较晚地投入运行使用而受的经济损失，按日计算赔偿金，其款额是相当大的，可以累计达到工程项目合同额的 10%。

至于在哪些条件下承包商可以要求获得工期延长（EOT—Extension of Time），在工程项目的合同条件中均有具体规定。在 FIDIC 标准合同条件中，第 44.1 分条明确规定可以延长工期的 5 种情况，给承包商赋予了工期索赔权。

如果施工中发生计划进度拖后的原因在承包商方面，如实际开工日期较工程师指令的开工日期拖后，施工机械缺乏，物资供应不及时，施工组织不善，等等。在这种情况下，承包商无权要求工期延长，即无工期索赔权。他的唯一的出路，是自费采取赶工措施（如延长工作时间，增加劳动力和设备，提高工作效率等等），把延误的工期赶回来。否则，必须承担误期损害赔偿费。

2. 经济索赔

经济索赔（Financial Claims）就是承包商向业主要求补偿不应该由承包商自己承担的经济损失或额外开支（Losses and Expenses），也就是取得合理的经济补偿（Financial Compensation）。有时，人们将经济索赔具体地称为"费用索赔"。

承包商取得经济补偿的前提是：在实际施工过程中所发生的施工费用超过了投标报价书中该项工作所预算的费用；而这项费用超支（Cost Overrun）的责任不在承包商

方面，也不属于承包商的风险范围。具体地说，施工费用超支的原因，主要来自两种情况：一是施工受到了干扰（Interference/Disruption），导致工作效率降低（Loss of Efficiency）；二是业主指令工程变更或额外工程（Variations of Extra Works），导致工程成本增加。由于这两种情况所增加的施工费用，即新增费用（Additional Cost）或额外费用（Extra Cost），承包商有权索赔。因此，经济索赔有时也被称为额外费用索赔（Claim for Extra Cost），简称为费用索赔。

承包商在论证自己的经济索赔要求时，首先是在工程项目合同条件中寻找进行经济补偿的条款根据，这就是所谓的"合同规定的索赔"（Contractual Claims）。其次，有时在合同条款中找不到相应的经济补偿条款，但根据该合同条件中的某些默示条款（Implied Terms of Contract），承包商还应得到经济补偿，这就是所谓的"非合同规定的索赔"（Non-Contractual Claims）。此外，还存在"道义索赔"（Ex-Gratia Claims）。这三种索赔形式，均属于经济索赔的范畴。

按照国际工程施工索赔的惯例，凡是规模较大的工程项目，承包商的工期索赔应该和经济索赔分开申报索赔文件，最好是先报送工期索赔报告，然后报送经济索赔报告。因为每一种索赔都要进行合同论证和计算工作，并附有大量的证据资料。但是，归根结底，这两种索赔最后都会反映到经济补偿问题，为承包商维护自己合法合理的经济利益服务。

三、按索赔的合同依据分类

这种分类法在国际工程承包界是众所周知的。它是在确定经济补偿时，根据工程项目合同文件来判断，在哪些情况下承包商拥有经济索赔的权利。按照这一分类原则，在国际工程施工索赔中有以下 3 种不同的索赔。

1. 合同规定的索赔

合同规定的索赔（Contractual Claims）是指承包商所提出的索赔要求，在该工程项目的合同文件中有文字依据，承包商可以据此提出索赔要求，并取得经济补偿。这些在合同文件中有文字规定的合同条款，在合同解释（Contract Interpretation）上被称为明示条款（Expressed Terms of Contract），或称为明文条款。

关于向承包商进行经济补偿的明示条款，在 FIDIC 合同条件范本中有：在施工过程中遇到了"有经验的承包商也难以预料到的"不利的施工条件（第 12.2 分条）；工程师发布工程变更指令，使承包商发生了额外的施工费用（Extra Cost，有的合同文件中写为 Additional Cost），承包商有权得到这部分额外费用的补偿（第 51.1，51.2，52.1，52.2，52.3 等分条款）；施工中遇到了业主应承担的风险，已由承包商承担完成了施工（第 20.4 分条，业主的风险；第 65 条，特殊风险）；业主方面违约，引起了承包商支付额外的费用（第 69.2 分条），等等。

总之，凡是工程项目合同文件中有明示条款的，这种索赔都属于合同规定的索赔。

这种索赔一般不容易发生争端，办起来比较容易。

2. 非合同规定的索赔

非合同规定的索赔（Non-Contractual Claims）亦被称为"超越合同规定的索赔"（Ex-Contractual Claims），即承包商的该项索赔要求，虽然在工程项目的合同条件中没有专门的文字叙述，但可以根据该合同条件的某些条款的含义，推论出承包商有索赔权。这一种索赔要求，同样有法律效力，有权得到相应的经济补偿。这种有经济补偿含义的合同条款，在合同管理工作中被称为"默示条款"（Implied Terms），或称为"隐含条款"。

默示条款是一个广泛的合同概念，它包含合同明示条款中没有写入、但符合合同双方签订合同时设想的愿望（Presumed Intention）和当时的环境条件的一切条款。这些默示条款，或者从明示条款所表述的设想愿望中引申出来，或者从合同双方在法律上的合同关系中引申出来，经合同双方协商一致，或被法律或法规所指明，都成为合同文件的有效条款（Effective Terms），要求合同双方遵照执行。

因此，默示条款为非合同索赔开辟了道路。例如：在一些国际工程的合同条件中，对于外汇汇率变化给承包商带来的经济损失，并无明示条款规定；但是，由于承包商确实受到了汇率变化的损失，有些汇率变化与工程所在国政府的外汇政策有关，承包商因而有权提出汇率变化损失索赔。这虽然属于非合同规定的索赔，但亦能得到合理的经济补偿。

在进行施工索赔时，承包商应善于利用合同条件来论证自己的索赔权，争取得到额外开支的经济补偿。例如，在施工过程中由于非承包商的原因而采取了加速施工，发生了相应的新增开支（Additional Cost），承包商有权得到相应的经济补偿。按照FIDIC合同条款第四版的第51.1.（f）条，"改变工程任何部分既定的施工顺序或施工时间的安排"的规定，对施工时间和顺序的变更就是加速施工（Acceleration）。这是一个明示条款（Expressed Term），属于合同规定的索赔，办理起来就容易些。但是，在采用FIDIC合同条件第二、三版的时代，由于通用条件（General Conditions）中第51.1分条没有（f）条款，承包商为加速施工所承受的额外开支一般很难得到补偿，因为它属于非合同规定的索赔，只能按照默示条款（Implied term）的原则来办理，这就增加了索赔工作的难度。

3. 道义索赔

这是一种罕见的、属于经济索赔范畴内的索赔形式。所谓道义索赔（Ex-Gratia Claims），是通情达理的业主目睹承包商为完成某项困难的施工，承受了额外费用损失，因而出于善良意愿，同意给承包商以适当的经济补偿，虽然在合同条款中找不到此项索赔的规定。这种经济补偿，称为道义上的支付，或称优惠支付（Ex-Gratia Payment）。道义索赔俗称为"通融的索赔"或"优惠索赔"。这是施工合同双方友好信任的表现，在国际工程承包界是有例可循的。

四、按索赔的有关当事人分类

每一项索赔工作都涉及两方面的当事人，即要求索赔者（Claimant，或 Claimer）和被索赔者（Defendent）。由于每项索赔的提出者和对象不同，常见的有以下 3 种不同的索赔。

1. 工程承包商同业主之间的索赔

这是承包施工中最普遍的索赔形式。在国际工程施工索赔中，最常见的是承包商向业主提出的工期索赔和经济索赔；有时，业主也向承包商提出经济补偿的要求，即"反索赔"（Counter Claims）。

鉴于这种索赔形式在国际工程施工索赔中占有特别重要的地位，在本书中将专门论述。

2. 总承包商同分包商之间的索赔

总承包商是向业主承担全部合同责任的签约人，其中包括分包商向总承包商所承担的那部分合同责任。

总承包商和分包商，按照他们之间所签订的分包合同（Sub-Contract），都有向对方提出索赔的权利，以维护自己的利益，获得额外开支的经济补偿。

分包商向总承包商提出的索赔要求，经过总承包商审核后，凡是属于业主方面责任范围内的事项，均由总承包商汇总加工后向业主提出；凡属总承包商责任的事项，则由总承包商同分包商协商解决。有的分包合同规定：所有的属于分包合同范围内的索赔，只有当总承包商从业主方面取得索赔款后，才拨付给分包商。这是对总承包商有利的保护性条款，在签订分包合同时，应由签约双方具体商定。

分包商向总承包商提出的、属于总承包商责任范围的索赔要求，总承包商通常有反驳、拒绝或者部分承认的权利，这就是对分包商的索赔（Claim）进行辩护（Defense against the Claim），也可以说是一种反索赔（Counter Claim）行为。但是，作者认为，为了避免同业主向承包商的"反索赔"相混淆，不使索赔的关系错综复杂起见，最好把其他的被索赔者（Defedent）对索赔者（Claimant）的反驳称为"辩护"（Defense against……），而不要笼统地一律称作"反索赔"。

3. 承包商同供货商之间的索赔

承包商在中标以后，根据合同规定的机械设备和工期要求，向设备制造厂家或材料供应商询价订货，签订供货合同。

供货合同一般规定供货商提供的设备的型号、数量、质量标准和供货时间等具体要求。如果供货商违反供货合同的规定，使承包商受到经济损失时，承包商有权向供货商提出索赔，反之亦然。

承包商同供货商之间的索赔，一般称为"商务索赔"，以区别于承包商同业主之间的"施工索赔"。无论施工索赔或商务索赔，都属于国际工程承包施工的索赔范围。但本书重点是论述施工索赔，对商务索赔等其他形式索赔问题的细节，请参考别的有关著作。

五、按索赔的对象分类

索赔对象是指被索赔的一方（Defendent），是相对于索赔者一方（Claimant）而言的。根据每个工程项目的合同条件，被索赔的一方有责任向索赔者提供合同条款规定的经济补偿。

按照索赔的对象不同，在国际工程承包的施工索赔实践中，把索赔分成两类：索赔（Claims）和反索赔（Counter-claims）。

1. 索赔

在《牛津法律指南》（"The Oxford Companion of Law"，D. M. Walker 著）名著中，对索赔的定义是："坚持取得金钱、财产或赔偿的权利"。

在国际工程施工索赔的实践中，通常把承包商向业主提出的、为了取得经济补偿或工期延长的要求，称为"索赔"；把业主向承包商提出的、由于承包商违约而导致业主经济损失的补偿要求，称为"反索赔"。这一定义已为国际工程承包界所公认和普遍应用，具有特定的明确含义。

当然，如果从广义的一般含义来说，凡是主动提出权利要求的，均被称为"索赔"；凡是对此项"索赔"进行反驳、修改或拒绝的行为，均属于"反索赔"。承包商可以向业主提出某种索赔，业主可以反驳或拒绝承包商的此项索赔，即进行反索赔。分包商可以向总承包商提出索赔，总承包商可以针对此项索赔进行反索赔。承包商可以向供货商提出索赔，供货商也可以反驳此项索赔，即进行反索赔，等等。简言之，甲可以向乙提出索赔要求（Application for a Claim），乙可以向甲进行反索赔（Defense against the Claim），反之亦然。但是，在国际工程的施工索赔实践中，人们通常不仅从这广义的角度理解索赔和反索赔，而是按其特定的含义，把承包商向业主提出的补偿要求，称为"索赔"；把业主对承包商提出的补偿要求，称为"反索赔"。

2. 反索赔

《牛津法律指南》中对反索赔的含义是这样写的："由被索赔一方发起的对该项索赔坚持进行检查和处理的行动。它不仅是对该项索赔的防卫和反驳，而且是对索赔者提出实质性索赔的一个独立的行动。"

在《施工索赔》（J. J. Adrian 著）一书中，在论述业主的反索赔时有这样一段话："对承包商提出的损失索赔要求，业主采取的立场有两种可能的处理途径：第一，就（承包商）施工质量存在的问题和拖延工期，业主可以对承包商提出反要求，这就是业主通常向承包商提出的反索赔。此项反索赔就是要求承包商承担修理工程缺陷的费用。第二，业主也可以对承包商提出的损失索赔要求进行批评，即按照双方认可的生产率和会计原则等事项，对索赔要求进行分析，这样能够很快地减少索赔款的数量。对业主方面来说,成为一个比较合理的和可以接受的款额。"

由此可见,业主对承包商的反索赔包括两个方面:其一是对承包商提出的索赔要求进行分析、评审和修正,否定其不合理的要求,接受其合理的要求;其二是对承包商在履约中的其他缺陷责任,如某部分工程质量达不到施工技术规程(Specifications)的要求,或拖期建成工程(Delayed Completion),独立地提出损失补偿要求。

六、按索赔的业务范围分类

国际工程的施工索赔工作,如果按其业务范围来分,主要有两种:凡是涉及施工条件或施工技术、施工范围等变化引起的索赔,称为"施工索赔";凡是涉及承包商与供货商、运输商和保险公司的索赔事项,统称为"商务索赔"。

1. 施工索赔

承包施工的索赔工作中,发生频率高、索赔款额大的,首推施工索赔(Construction Claims)。因此,它是国际工程承包界普遍关注的课题,也是本书的目的。

2. 商务索赔

国际工程承包施工中的商务索赔(Commercial Claims),主要是指实施工程项目过程中的物资采购、运输、保管等方面活动引起的索赔事项。由于供货商、运输商等在物资数量上短缺、质量上不符合要求、运输途中损坏或不能按期交货等原因,给承包商造成经济损失时,承包商向供货商、运输商等提出索赔要求;反之,当承包商不按合同规定付款时,则供货商或运输商向承包商提出索赔,等等。

商务索赔的法律依据,是双方签订的供货合同、运输合同或保险合同。商务活动所依据的资料是有关的发票、账单、运输单据、保险单,以及相应的检验凭证。

商务索赔的主要内容,有以下5种:

(1)货物数量短缺索赔:主要指物件丢失短缺,数量少于合同及有关单据中的规定。

(2)货物质量不合格索赔:主要指货物不符合合同中规定的质量标准,如以劣代优、变形变质、规格不符,等等。

(3)货物损坏索赔:主要指货物在运输途中由于包装不妥、堆放不当等原因引起的破碎、锈蚀或变形,等等。

(4)违约索赔:主要指违反合同,使对方受到经济损害时的索赔要求。

(5)保险索赔:主要指向保险公司提出保险范围内的事故损失。

七、按索赔的处理方式分类

在处理索赔的方式方面,通常可以遇到两种不同的索赔,即单项索赔和综合索赔。

1. 单项索赔

单项索赔(Single Case Claim)就是采取一事一索赔的方式,即在每一件索赔事项发生后，报送索赔通知书（Notice of Claims），编报索赔报告书，要求单项解决支付，不与其他的索赔事项混在一起。

单项索赔是施工索赔通常采用的方式。它避免了多项索赔的相互影响制约，所以解决起来比较容易。

2. 综合索赔

综合索赔（Compound Claim）又称总索赔，俗称一揽子索赔。即对整个工程（或某项工程）中所发生的数起索赔事项，综合在一起进行索赔。

采取这种方式进行索赔，是在特定的情况下被迫采用的一种索赔方法。有时，在施工过程中受到非常严重的干扰，以致承包商的全部施工活动与原来的计划大不相同，原合同规定的工作与变更后的工作相互混淆，承包商无法为索赔保持准确而详细的成本记录资料，无法分辨哪些费用是原定的，哪些费用是新增的。在这种条件下，无法采用单项索赔的方式。

综合索赔也就是总成本索赔（Total Costs Claim），它是对整个工程（或某项工程）的实际总成本与原预算成本之差额提出索赔。

采取综合索赔时，承包商必须事前征得工程师的同意，并提出以下证明：

（1）承包商的投标报价是合理的；

（2）实际发生的总成本是合理的；

（3）承包商对成本增加没有任何责任；

（4）不可能采用其他方法准确地计算出实际发生的损失数额。

虽然如此，从事国际工程的承包商应该注意，采取综合索赔的方式应尽量避免，因为它涉及的争论因素太多，一般很难成功。

在对国际工程承包施工可能涉及的索赔问题进行全面的分类和论述以后，读者还可以从论述FIDIC第四版的专著《FIDIC合同形式》一书中的一个示意图中，看出各种索赔之间的关系（图2-1）。

该图中对各种索赔的层次关系论述如下：

（1）由于工程拖期竣工、成本超支及新增成本等原因，引起索赔和反索赔；

（2）将索赔和反索赔大致分成4种：合同规定索赔，侵权索赔，非合同规定（或无合同）索赔，以及道义索赔；

（3）将合同规定索赔又分为事由索赔和违约索赔；

（4）将由于出现索赔事项的事由索赔，又划分成工期索赔，经济索赔及其他索赔；

（5）将违约索赔划分为2种：虽然违约，但最终仍完成工程的索赔；未建成工程，终止合同索赔；

（6）对经济索赔按照其发生的原因进行更为详细地分类，共计分为7类：工程变更索赔（FIDIC合同条件第51，52条），工程量变更索赔（第56条），不利的自然条件索赔（第12条），业主风险索赔（第20条及65条），法令变更、物价上涨及货币限制

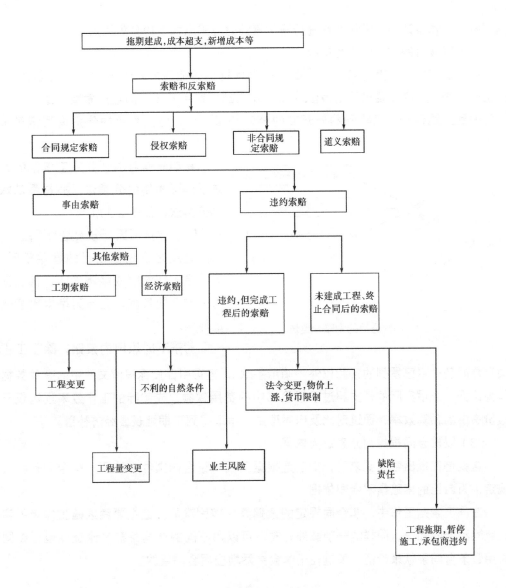

图 2-1 索赔和反索赔

注:引自 N. G. Bunni,《The FIDIC Form of Contract》,P236

索赔(第70条及71条),缺陷责任反索赔(第49条及50条),以及工程拖期、暂停施工、承包商违约等反索赔(第47条,40条及66条等)。

八、对各种分类法的评述

前面论述的7种不同的施工索赔分类法,系从各种不同的角度对施工索赔工作进行分类论述。应该说,每一种分类法都有其适用性,都从不同的角度说明施工索赔的广泛性和重要性。

但是,为了在索赔工作中把握关键环节,并符合国际工程施工索赔的通用称呼和惯例做法，作者认为，承包商在进行施工索赔时应采取如下的分类原则。

（1）以按目的划分索赔为主导

这就是在向业主提出索赔要求时，明确地提出索赔目的：①要求得到工期延长，即工期索赔；或者②要求得到报价款额以外的额外费用开支，即经济索赔；或者③要求既得到工期延长，又得到额外开支的经济补偿。而且为上列目的分别编写索赔报告书。

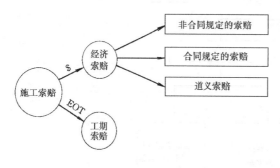

图 2-2 国际通用的索赔分类法

按照索赔目的划分施工索赔的方法是国际通用的分类法，亦是最基本的分类法，如图 2-2 所示。

（2）以按原因划分索赔为手段

这就是在论证自己的索赔权时，无论是工期索赔或经济索赔，都引证有关的合同条款，充分列举提出索赔的原因。

对于不同原因的索赔，除了工程项目合同条件中已罗列的条款以外（明示条款），还可引证投标报价文件中的有关数据作为论据，证明实际的开支超过了报价书中的费用款额，或实际的工作效率远远低于报价书中的预算效率，通过对比及申述理由，争取得到工期延长或经济补偿。

（3）以按合同根据划分索赔为依据

这就是在提出索赔要求时，指明是根据工程项目合同文件中的哪一些合同条款或规定，为自己的索赔指明合同依据。

在施工索赔工作中，非合同规定的索赔是比较困难的。这主要靠索赔工作者的实践经验和合同知识。同样的一项额外开支，可以用不同的合同条款来论证，也可以同时用数条合同条款来论证，关键在于学会灵活地应用合同条款。

第 4 节 承包施工常见的索赔问题

在上述名目繁多的施工索赔种类中，根据国际工程施工索赔的实践经验，最常见的索赔问题有下列几种。

一、施工现场条件变化索赔

施工现场条件变化的含义是：在施工过程中，承包商"遇到了一个有经验的承包商不可能预见到的不利的自然条件或人为障碍"，因而导致承包商为完成合同要花费计划外的额外开支（Additional Costs）。按照国际工程承包惯例，这些额外开支应该得到业主方面的补偿。FIDIC 合同条件的第 12.2 条，正是对这一问题的说明和规定。

施工现场条件变化这一事实，在不同的国际性合同标准条件中有不同的称呼。FIDIC 合同条件称其为"不利的自然条件或障碍"，简称为"不利的自然条件"（APC—Adverse Physical Conditions）。在美国的土木工程标准合同条件中，将施工现场条件变化称为"不同的现场条件"（DSC—Differing Site Conditions）。这些不同的合同语言，其含义是相同的，它们引起了施工现场条件变化索赔（Changing Site-Condition Claims）。

施工现场条件变化的含义，主要是指施工现场的地下条件（即地质、地基、地下水及土壤条件）的变化，给项目实施带来严重困难。这些地基或土壤条件，同招标文件中的描述差别很大（Differ Materially），或在招标文件中根本没有提到。至于水文气象方面原因造成的施工困难，如暴雨、洪水对施工带来的破坏或经济损失，则属于投标施工的风险问题，而不属于施工现场条件变化的范畴。在施工索赔中处理的原则是：一般的不利水文气象条件，是承包商的风险；特殊反常的水文气象条件（Exceptionally Adverse Climatic Con-ditions），即通常所谓的"人力不可抵御的"自然力（Force Majeure，或 Act of God），则属于业主的风险。

1. 不利现场条件的类型

在国际工程承包施工中，把不利的施工现场条件（APC 或 DSC）分成两类，作为处理施工索赔的重要根据。

（1）第一类不利的现场条件——Type I APC

这一类的不利现场条件，是指招标文件描述现场条件失误（Mispresentation of Site Conditions）。即在招标文件中对施工现场存在的不利条件虽然已经提出，但严重失实，或其位置差异极大，或其严重程度差异极大，从而使承包商误入歧途（Misleading）。这一类不利的现场条件是指：

1）在开挖现场挖出的岩石或砾石，其位置高程与招标文件中所述的高程差别甚大；

2）招标文件钻孔资料注明系坚硬岩石的某一位置或高程上，出现的却是松软材料；

3）实际的破碎岩石或其地下障碍物，其实际数量大大超过招标文件中给出的数量；

4）设计指定的取土场或采石场开采出来的土石料，不能满足强度或其他技术指标要求，而要更换料场；

5）实际遇到的地下水在位置、水量、水质等方面与招标文件中的数据相差悬殊；

6）地表高程与设计图纸不符，导致大量的挖填方量；

7）需要压实的土壤的含水量数值与合同资料中给出的数值差别过大，增加了碾压工作的难度或工作量，等等。

（2）第二类不利的现场条件——Type II APC

第二类不利的施工现场条件,是指在招标文件中根本没有提到,而且按该项工程的一般施工实践完全是出乎意料地(Totally Unexpected)出现的不利现场条件。这种意外的不利条件,是有经验的承包商难以预见的情况(Unforeseeable Conditions),即:

1) 在开挖基础时发现了古代建筑遗迹、古物或化石;

2) 遇到了高度腐蚀性的地下水或有毒气体,给承包商的施工人员和设备造成意外的损失;

3) 在隧洞开挖过程中遇到强大的地下水流,这是类似地质条件下隧洞施工中罕见的情况,等等。

2. 处理原则

上述两种不同类型的现场不利条件,不论是招标文件中描述失实的,或是招标文件中根本未曾提及的,都是一般施工实践中承包商难以预料的,给承包商的施工带来严重困难,从而引起施工费用大量增加或工期延长。从合同责任上讲,不是承包商的责任,因而应给予相应的经济补偿和工期延长。

但是,在国际工程施工索赔实践中,经常见到有的咨询工程师不能正确地对待这一问题,往往使由于不利的自然条件引起的索赔问题成为最难解决的合同争端。他们认为,只要承认了存在不利的施工现场条件,就说明该工程项目的勘探和设计工作存在严重缺点,就会影响自己设计咨询公司的业务信誉。在这一指导思想下,咨询工程师一遇到承包商提出的不利自然条件索赔,就不高兴,或拖延不理,或干脆拒绝。这样往往把施工索赔争端导向升级,直至诉诸国际仲裁或法院诉讼。咨询工程师应该相信,办事公正、实事求是也是一个企业信誉水平的体现。

下面是一个现场条件变化的索赔案例。

【案例 2-1】 由于不利的自然条件引起的索赔

我国 L 水电站工程引水隧洞在施工过程中遇到连绵大雨。由于地下断层、裂隙和许多卡斯特溶洞相互贯通等不利的地质条件,使隧洞工区的地下水涌量骤增,形成被迫停工和设备淹没。

为了保证工程进度和施工安全,业主指令承包施工的外国公司从国外紧急进口所需的额外排水设备,尽快恢复施工。

外国承包公司在贯彻实施业主指令的过程中,向水电站业主单位正式提出了索赔要求。承包商认为,如此大量的地下涌水,造成设备被淹和被迫停工,实属承包商无法合理预见的不利自然条件(Unforeseeable Adverse Physical Conditions),故应得到补偿。该承包公司的索赔报告书中提出了下列 3 项索赔款:

(1) 额外增加的排水设备费,计 58377384 日元,和 12892.67 元人民币;

(2) 被地下涌水淹没的机械设备损失费,1716877 日元,以及 2414.7 元人民币;

(3) 额外排水工作的劳务费,50793 元人民币。

以上3项合计索赔款额为：60094261日元，以及66100.37元人民币。

工程师对承包商的索赔要求进行了仔细地分析和核算，征求了业主单位的意见，并同承包商多次磋商，最后做出了下列决定：

(1) 此项大量地下涌水事故属于不利的自然条件，是有经验的承包商无法合理预见的，也是业主的设计人员和编标人员无法预见的。工程师确认并证实所发生的情况属实。

(2) 承包商所采取的增加额外排水设施的紧急措施，系按照业主单位的指示而进行的，并预先报告了工程师，得到批准。因此，对承包商的额外的、超出合同规定的排水设施费，应予以合理补偿。

(3) 根据合同规定，承包商已安装了满足"最小排水能力"的排水设备，其排水容量为 7.5t/min；又按规定安装了附加排水设施，其排水容量亦为 7.5t/min，即按合同规定共安装了 15t/min 的排水设施，并采取了总价支付的方式。但实际发生的地下涌水量大大超过了合同规定的排水总容量 15t/min，而实际安装的排水总容量达到 26.5t/min。根据该水电站施工合同条款规定："按工程师指令安装的额外排水能力将按实际容量支付。"因此，对超出合同规定的排水容量 11.5t/min（即 26.5t/min－15t/min＝11.5t/min）将予以经济补偿。

(4) 根据承包商投标报价文件中的排水设备总费用和排水设备总容量，计算出每 t/min 容量的单价，即

$$53171951 \text{ 日元}/15 = 3544797 \text{ 日元}$$

$$37452.15 \text{ 元人民币}/15 = 2496.81 \text{ 元人民币}$$

故应给承包商补偿

$$11.5 \times 3544797 \text{ 日元} = 40765165 \text{ 日元}$$

$$11.5 \times 2496.81 \text{ 元人民币} = 28713.31 \text{ 元人民币}$$

(5) 承包商要求补偿的额外排水工作的劳务费 50793 元人民币，同意按原合同单价在支付工程进度款时予以支付。

(6) 承包商要求补偿的被淹没的设备损失费，不予补偿。因为在地下水涌出和增加的过程中，承包商有可能将那些设备撤到不被水淹的地方，有经验的承包商是可以避免此项损失的。

工程师通过仔细分析、核算，并经有关各方协商一致的上述规定，使这项不利自然条件引起的索赔要求得以顺利解决。

二、工程范围变更索赔

工程范围变更索赔（Scope-of-Work Claims）是指业主和工程师指令承包商完成某项工作，而承包商认为该项工作已超出原合同的工作范围，或超出他投标时估计的施工条件，因而要求补偿其附加开支（Additional Costs），即新增开支。

超出原合同规定范围的新增工程，在合同语言上被称为"额外工程"（Extra Work）。这部分工程是承包商在投标报价时没有考虑的工作。它在招标文件的"工程量表"（BOQ）中及其"施工技术规程"中都没有列入，因而承包商在采购施工设备和制定施工进度计划时都没有考虑。因此，对这种额外工程，承包商虽然应遵照业主和工程师的指令必须予以完成，但他理应得到报酬，包括得到经济补偿以及工期延长。

1. 新增工程的类型

在工程范围变更的各种形式中，新增工程（Additional Work，或 Adds，Additions）的现象最为普遍。咨询工程师在其工程变更指令（Variation Orders，简称 V.O.）中，经常要求承包商完成某种新增工程。这些"新增工程"，可能包括各种不同的范围和规模，其工程量也可能很大。因此，要在索赔管理（Construction Claims Management）中严格确定"新增工程"的确切范围。如果它是属于工程项目合同范围以内的"新增工程"，应称为"附加工程"；如果它是属于工程项目合同范围以外（超出合同范围）的"新增工程"，则应称为"额外工程"。

（1）附加工程

所谓附加工程，是指那些该合同项目所必不可少的工程，如果缺少了这些工程，该合同项目便不能发挥合同预期的作用。或者说，附加工程就是合同工程项目所必需的工程。

这种附加工程，才是合同语言中真正的 Additional Work，也是承包商在接到咨询工程师的工程变更指令后必须完成的工作，无论这些工作是否列入该工程项目合同文件（BOQ）中。

（2）额外工程

所谓额外工程（Extra Work），是指工程项目合同文件中"工作范围"（Scope of Works）中未包括的工作。缺少这些工作，原订合同工程项目仍然可以运行，并发挥效益。所以，额外工程乃是一个"新增的工程项目"（A New Project），而不是原合同项目工程量表（BOQ）中的一个新的"工作项目"（BOQ Item）。如果属于"附加工程"，即使工程量表中没有列入，它也可以增列进去；如果是"额外工程"，便不应列入工程量表中去。

如何确定一项新增工程是属于"附加工程"，或是"额外工程"呢？这是施工索赔中经常遇到的问题。在实践中，业主往往想使已签订合同的工程项目扩大规模，发挥更大的经济效益。他常常以下达"新增工程"（Additional Work）的变更指令（V.O.）方式，要求承包商完成某些"额外工程"，而在支付这些工程的进度款时，仍按工程量表中的投标单价计算。例如，要求将原合同规定的 100km 公路再延长 40km；或在已建成的 9 座灌溉扬水站以外，再增建 2 座新扬水站，等等。

在工程项目的合同管理和索赔工作中，应该严格区分"附加工程"和"额外工程"这两种工作范围不同的工作，不要因为有些人把它们笼统地称为"新增工程"（Additional Work）而把它们混为一谈。因为在合同管理工作中，在处理这两种工作范围不同的工程时，例如，是否要重新发出工程变更指令，是否要重新议定单价，以及采取什么结算支付方式等方面，都有不同的合同手续和做法，见表2-1。

新增工程分类表　　　　　　　　表2-1

工作性质	按合同工作范围	BOQ中的工作项目	工程变更指令	单价	结算支付方式
新增工程	附加工程：属原合同工作范围以内的工程	列入BOQ的工作	不必发变更指令（V.O.）	按投标单价	按合同规定的程序按月结算支付
		未列入BOQ	要补发V.O.	议定单价	同上
	额外工作：超出原合同工作范围的工程	不属BOQ中的工作项目	要发V.O.	新定单价	提出索赔，按月支付
			或另订合同	新定单价或合同价	提出索赔，或按新合同程序支付

2. 处理原则

在国际工程施工索赔的实践中，确定合同工程的工作范围时，通常遵循以下原则：

（1）包括在招标文件中的"工程范围"（Scope of Work）所列的工作内，并在工程量表（BOQ）、技术规程（Specification）及图纸中所标明的工程，均属于"附加工程"。

（2）咨询工程师指示进行的"工程变更"（Variations），如属于"根本性的变更"（Cardinal Changes），则属于"额外工程"。

（3）发生的工程变更的工程量或款额，超过了一定的界限时，即超出了"附加工程"的范围，应属于"额外工程"。

美国旧金山海湾区高速运输线工程（BART—Bay Area Rapid Transit Project），其合同条款中曾有这样的规定："任何一项合同所含的工作项目（BOQ Work Items），其合同价格相当于（或大于）投标合同总价的5%，当其工程量的变化（增加或减少）超过25%时，应进行价格调整。"这里允许价格调整，是因为已经在数量上超出了"附加工程"的范围。在国际工程承包界，BART的这种处理原则被广泛参照采用，被称为BART Arrangement。

在FIDIC合同条款中（第四版）规定：当最终结算时的合同价超过（或小于）其有效合同价的15%时，应进行合同价调整。（FIDIC"通用条件"第52.3条）。在FIDIC"专用条件"（Part Ⅱ）中，也提出了补充规定，即："当某一工作项目涉及的款额超过（即大于）合同价格的2%，且其实际工作量超出或少于工程量表中规定工程量的25%以上时，对其有效合同价进行调整。"

（4）如果属于"附加工程"，则计算工程款时，应按照投标文件BOQ表中所列的单价进行计算，或参照近似工作的单价计算。如果确定是属于"额外工程"，则应重新议定单价，按新单价支付工程款。

议定新单价，是施工索赔中的一个重要而敏感的问题，合同双方应参照合同条款，在尊重客观现实的基础上，经过平等协商，达成一致的决定。如果协商不能达成一致，则由咨询工程师在公正平等的原则下提出新的单价。

【案例 2-2】 工程量增加引起的索赔

某小型水坝工程，系均质土坝，下游设滤水坝址，土方填筑量 876150m^3，砂砾石滤料 78500m^3，中标合同价 7369920 美元，工期 1 年半。

开始施工后，咨询工程师先后发出 14 个变更指令（Variation Orders），其中两个指令涉及工程量的大幅度增加，而且土料和砂砾料的运输距离亦有所增加。因此，承包商提出了经济索赔和工期索赔。其中要求延长工期 4 个月，并提出经济补偿 431789 美元，见表 2-2。

表 2-2

索赔项目	增加工程量	单价	款数
（1）坝体土方	40250m^3（原为 836150m^3）运距由 750m 增至 1500m	4.75 美元/m^3	191188 美元
（2）砂砾石滤料	12500m^3（原为 78500m^3）运距由 1700m 增至 2200m	6.25	78125
（3）延期 4 个月的现场管理费	原合同额中现场管理费为 731143 美元，工期 18 个月	40619 美元/月	162476
以上三项索赔总计			431789 美元

上表中第（3）项的现场管理费款数，系根据原合同额 7369920 美元倒推算出来。根据投标报价书，工程净直接费（人工费、材料费、机械费以及施工开办费等）以外，另加 12% 的现场管理费，构成工程直接费；另列 8% 工程间接费，即总部管理费及利润。

工程承包施工合同额 7369920 美元

扣除总部管理费及利润

$$7369920 \times \frac{8}{100+8}❶ = 545920 \text{ 美元}$$

工地现场管理费

$$(7369920 - 545920) \times \frac{12}{100+12} = 731143 \text{ 美元}$$

每月工地现场管理费

$$731143 \div 18 = 40619 \text{ 美元}$$

上表中的单价，系承包商提出的新单价。在投标报价书中，上坝土方的单价为 4.5 美元/m^3，砂砾石滤料的单价为 5.5 美元/m^3。承包商认为，这两项增加工程量的数量都

---

❶ 为何采用 8/108，而不采用 8%，请参阅本书第 5 章第 1 节。

比较大，土料增加了原土方量的 5%，砂砾石料增加了约 16%；而且，运输距离相应增加了 100% 及 29%。因此，承包商要求按新单价计算索赔款，而未按投标报价单上的单价计算。

在接到承包商的上述索赔要求后，咨询工程师逐项地分析核算，并根据承包合同条款的有关规定，对承包商的索赔要求提出以下审核意见：

(1) 鉴于工程量的增加，以及一些不属于承包商责任的工期延误，经具体核定，同意给承包商延长工期（EOT）3 个月。

(2) 对新增土方 $40250m^3$ 的单价，应进行具体的单价分析。

1) 新增土方开挖费用：

用 $1m^3$ 正铲挖掘装车，每小时按 $60m^3$ 计，每时机械及人工费 28 美元。挖掘单价为 $\frac{28}{60}=0.47$ 美元/m^3。

2) 新增土方运输费用：

用 6t 卡车运输，每次运 $4m^3$ 土，每小时运送两趟，运输设备每小时 25 美元。运输单价 $\frac{25}{4\times 2}=3.13$ 美元/m^3

新增土方的挖掘、装载和运输费单价为

$0.47+3.13=3.60$ 美元/m^3。

3) 新增土方单价：

净直接费单价	3.60 美元
增 12% 现场管理费	0.43
	4.03 美元
增 8% 总部管理费及利润	0.32
	4.35 美元

故新增土方单价应为 4.35 美元/m^3，

而不是承包商所报的 4.75 美元/m^3。

4) 新增土方补偿款额：

$$40250\times 4.35=175088 \text{ 美元}$$

而不是承包商所报的 191188 美元。

(3) 对新增砂砾料 $12500m^3$ 进行单价分析。

1) 开挖费用：

用 $1m^3$ 正铲挖掘装车，每小时机械及人工费 28 美元，装料 $48m^3$，

单价为 $\frac{28}{45}=0.62$ 美元。

2) 运输费用：

每小时运两趟，每次装 $3.2m^3$，

单价为 $\dfrac{25}{3.2\times 2}=3.91$ 美元

故挖掘、装载及运输单价为 4.53 美元/m^3。

3) 单价分析：

净直接费单价	4.53 美元
增 12% 现场管理费	0.54
	5.07 美元
增 8% 总部管理费及利润	0.41
	5.48 美元

新增砂砾料单价为 5.48 美元/m^3。

4) 新增砂砾料补偿款额：

$12500\times 5.48=68500$ 美元。

而不是承包商所报的 78125 美元。

(4) 关于工期延长的现场管理费补偿。

1) 现场管理费，不应依总合同额中所包含的现场管理费的每月平均款额计算，而应按新增工程的款额计算。

土方：

新增土方补偿款　　　　　175088 美元

增 8% 总部管理费及利润　　$175088\times\dfrac{8}{108}=12969$ 美元

增 12% 现场管理费 $(175088-12969)\times\dfrac{12}{112}=17370$ 美元

砂砾料：

新增砂砾料补偿款　　　　　68500 美元

增 8% 总部管理费及利润　　$68500\times\dfrac{8}{108}=5074$ 美元

增 12% 现场管理费 $(68500-5074)\times\dfrac{12}{112}=6796$ 美元

2) 土方及砂砾料补偿款的现场管理费

$$17370+6796=24166 \text{ 美元}$$

而不是承包商所要求的 162476 美元。

(5) 同意支付给承包商的索赔款：

1) 坝体土方	175088 美元
2) 砂砾石滤料	68500
3) 现场管理费	24166
总计	267754 美元

咨询工程师核算的上述索赔款额 267754 美元，最终取得了承包商的同意，使新增工程的索赔问题获得解决。这样，承包商实际获得的索赔款同原提出的索赔款额相比较，其索赔成功率为 267754/431789＝62%。

在施工索赔实践中，62%的成功率是不低的。

三、工程拖期索赔

工程拖期索赔（Delay Claims）的原因，是承包商为了完成合同规定的工程花费了较原计划更长的时间和更大的开支，而拖期的责任不在承包商方面。

工期拖期索赔的前提，是拖期的原因或由于业主的责任，或由于客观影响，而不是承包商的责任。工程拖期索赔通常在下列诸情况下发生：

（1）由于业主的原因：如未按规定时间向承包商提供施工现场或施工道路；干涉施工进展；大量地提出工程变更或额外工程；提前占用已完工的部分建筑物，等等。

（2）由于咨询工程师的原因：如修改设计；不按规定时间向承包商提供施工图纸；图纸错误引起返工，等等。

（3）由于客观原因，而且是业主和承包商都无力扭转的：如政局动乱，战争或内乱，特殊恶劣的气候，不可预见的现场不利自然条件，等等。

1. 工程拖期的分类

在国际工程施工索赔工作中，通常把工期延误分成两类：

（1）可原谅的拖期：也就是说，对承包商来说，这类工期延误不是承包商的责任，承包商是可以得到原谅的。这就是指由于业主原因或客观影响引起的工程拖期建成，如前述的（1）、（2）、（3）种原因。

（2）不可原谅的拖期：这一类工期延误是由于承包商的原因而引起的，如施工组织不好，工效不高，设备材料供应不足，以及由承包商担任风险的工期延误（如一般性的天气不好，影响了施工进度）。对于不可原谅的拖期，承包商是无权索赔的。

2. 处理原则

（1）按照不同类型的延误处理

对于上述两类不同的拖期，索赔处理的原则是截然不同的。在可原谅的拖期（Excusable Delay）情况，如果拖期的责任者是业主或咨询工程师，则承包商不仅可以得到工期延长（EOT—Extension of Time），还可以得到经济补偿（Compensation for Additional Costs）。这种拖期被称为"可原谅并给予补偿的拖延"（Excusable and Compensable Delay）。

虽然是可原谅的拖期，但其责任者不是业主，而是由于客观原因时，承包商可以得到工期延长（EOT），但一般得不到经济补偿。这种拖期被称为"可原谅但不给予补偿的拖延"（Excusable but not Compensable Delay）。

在不可原谅的拖期（Non-Excusable Delay）情况下，由于责任者是承包商，而不是由于业主或客观的原因，承包商不但得不到工期延长，也得不到经济补偿。这种延误造成的损失，则完全由承包商负担。在这种情况下，承包商有两种选择：一个是采取赶工措施，或增加施工力量，或延长作业时间，把延误了的工期抢回来，以自己的代价保证工程项目按合同规定的日期建成。这是积极的选择，也是一个有信誉的承包商的正确出路。另一种选择是消极的，即对工期延误无能为力，任其拖延。这时，承包商不仅要承担误期损害赔偿费（Liquidated Damages），还可能被业主终止施工合同（Termination of Contract），限期撤出现场，并承受有关的经济损失。这是承包商最不光彩的下场。

关于工期延误索赔的分类及其处理原则，可归纳见表 2-3。

工期延误的分类及索赔处理　　　　　　　　　　表 2-3

索赔原因	是否可原谅	拖期原因	处理原则	索赔结果
工程进度延误	可原谅的拖期	（1）修改设计； （2）施工条件变化； （3）业主原因拖期； （4）工程师原因拖期	可给予工期延长；可补偿经济损失	工期索赔及经济索赔均成功
		（1）反常的天气； （2）工人罢工； （3）战争或内乱	可给予工期延长；不给予经济补偿	工期索赔成功；经济索赔不成功
	不可原谅的拖期	（1）工效不高； （2）施工组织不好； （3）设备材料不足	不延长工期； 不补偿损失； 承担工期延误损害赔偿费	索赔失败；无权索赔

（2）按延误的有效期处理

在实际施工过程中，工程的拖期很少是由一种原因（承包商的原因，业主的原因，或客观的原因）引起的，往往是由两种（甚至三种）原因同时发生而形成的，这就是所谓的"共同性的延误"（Concurrent Delay）。

在共同延误的情况下，要具体分析哪一种情况的延误是有效的，即承包商可以得到工期延长，或既可得到工期延长、又可得到经济补偿。因此，就必须确定工期延误的"有效期"（Effective Duration of Delay）。而在确定对拖期索赔的有效期时，必须遵照以下的原则：

1）在共同延误的情况下，应该判别哪一种原因是最先发生的，即找出"初始延误"者（Initial Delay），它首先要对延误负责。在初始延误发生作用的期间，其他并发的延误者不承担延误的责任。

2）如果业主是初始延误者，则在他的有效延误期内，而且这个延误是处于施工组织的关键路线（Critical Path）上时，则承包商不仅可以得到相应的工期延长，还可以得到相应的经济补偿。

3）如果工期拖延的原因既不是业主，又不是承包商，而是客观的原因时，承包商可以得到工期延长，但不能得到经济补偿（即索赔款）。

图2-3具体表示上述的共同延误的处理原则。图中第1列（1a）～（1d）的共同延误，初始延误者是承包商C；第2列（2a）～（2d）的初始延误者是业主E；第3列（3a）～（3d）的初始延误者是客观原因N。══ 代表工期延长的有效期；══ 代表既得工期延长、又得经济补偿的有效期。

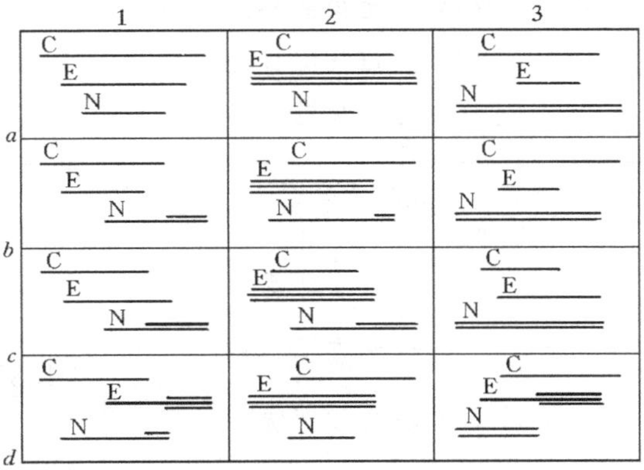

图2-3 共同延误示意图

注：引自G. A. Hughes, J. N. Barber，《Building and Civil Engineering Claims in Perspective》，P225

【案例2-3】 工程拖期属业主责任所引起的索赔

某房地产开发公司招标修建写字楼工程，并在基层建设商场。工程内容包括拆迁和新建，工期18个月，合同价6026800美元。

合同规定，如果承包商不能按期在18个月内建成全部工程项目时，将承担误期损害赔偿费（Liquidated Damages），每延误1天向业主补偿10000美元，累计赔偿费限额为合同价的10%，即602680美元。

开工以后，拆迁工作进展缓慢，业主不能按合同规定的时间向承包商提供写字楼施工场地。在楼基开挖时，又发现地基土层中有淤泥夹层，可能引起不均匀沉陷。因此，迫使设计工作者修改基础结构设计，修改地梁配筋图纸，使基础施工暂停2个月。由于上述原因，使整个写字楼工程的竣工日期拖后3个月，其中基层商场的竣工移交日期拖后4个月。

由于业主——房地产开发公司已经和写字楼承租人（Tenants）签订了租房协议书。如果拖期交付使用，则业主单位必须承担巨额补偿金。因此，房地产开发公司坚持要求承包商按照合同规定的日期建成写字楼工程，并委托建筑师（Architect，即负责监督合同实施的工程师——Engineer）同承包商协商，探讨解决的办法，并向承包商发布了书面的加速施工指令（Acceleration Order）。

根据业主和建筑师的要求，承包商报送了加速施工计划，及加速施工费用的索赔报告。

承包商提出的加速施工费用汇总表（Summary）如下：

费用名称	金额（美元）
直接费：	
（1）三班作业人工费增加	85680美元
（2）附加施工机械租赁费	48350
（3）原有施工机械加班台班费	86425

(4) 施工用油料增加费		27520
(5) 夜班及假日施工津贴		10750
(6) 劳保费增加		8370
直接费合计		267095 美元
间接费：		
(7) 总部管理费 (5％直接费)	＋13355 美元	280450 美元
(8) 现场管理费 (8.5％)	＋23838	304288 美元
(9) 利　润 (5.5％)	＋16736	321024 美元
总　　计		321024 美元

对于上列各项费用，承包商附有各项费用的计算书及详细内容，供建筑师审定。

建筑师在逐项审核了承包商的加速施工费用后，经过同写字楼设计工程师协商，并报告业主审查，最后向承包商提出以下评审结论，征求承包商的意见：

(1) 根据业主的要求，承包商应采取一切措施，保证写字楼工程按照施工合同原定的日期竣工建成。

(2) 原则同意三班作业人工费的费率（Labour Rates），将来按出勤人数记录及工资单（Pay Rolls）支付人工费。

(3) 同意夜班及假日施工津贴费，以及劳保增加费。

(4) 租赁的附加施工机械费，可按照该设备的出勤记录及租赁费率单（Rent Charges）证据结算。

(5) 承包商原有的施工机械，其费率计算不能采用计日工费率（Daywork Rates），应按报价书中的台班·小时费率（Plant-Hours）计算。

(6) 由于采取加速施工措施，不再延长施工期，承包商的工地管理费和总部管理费所覆盖的施工天数与原合同工期的天数一致，故应扣除管理费的重复计算部分。

(7) 同意按照原合同规定的利润率（5.5％）向承包商支付加速施工利润，即5.5％的加速施工直接费款额。

承包商最后同意了建筑师的上述评审意见。经过认真地加速施工，保证了写字楼工程按原定的竣工日期建成。

四、加速施工索赔

当工程项目的施工遇到可原谅的拖期时，采用什么措施则属于业主的决策。这里有两种选择：或者给承包商工期延长（EOT），容许整个工程项目的竣工日期相应拖后；或者要求承包商采取加速施工的措施（to Accelerate）❶，宁可增加工程成本，也要按计划工期建成投产。

业主在决定采取加速施工时，应向承包商发出书面的加速施工指令（Acceleration Order），并对承包商拟采取的加速施工措施进行审核批准，并明确加速施工费用的支付问题。承包商为加速施工所增加的成本开支（Additional Costs），将提出书面的索赔文件，这就是加速施工索赔（Acceleration Claims）。

1. 加速施工的成本开支

采取加速措施时，承包商要增加相当大的资源投入量，使原定的工程成本大量增加，形成了附加成本开支。这些附加开支主要包括以下几个方面：

（1）采购或租赁原施工组织设计中没有考虑的新的施工机械和有关设备。

（2）增加施工的工人数量，或采取加班施工（每天两班制，甚至三班连续作业）。

（3）增加建筑材料供应量，生活物资供应量。

（4）采用奖励制度，提高劳动生产率。

（5）工地管理费增加，等等。

由于加速施工必然导致工程成本开支大量增加，因此承包商在采取加速措施以前一定要取得业主和咨询工程师（监理工程师）的正式认可，否则不宜正式开始加速施工。因为有时咨询工程师虽然口头要求承包商加速施工，但他认为这是承包商的责任，要使工程项目按合同规定的日期建成，但不谈论已经形成施工拖期的责任归属。这就为将来的加速施工索赔埋下了合同纠纷的根子。

2. 处理原则

（1）明确工期延误的责任

在发生工期拖后时，合同双方要及时研究拖期的原因，具体分析拖期的责任，确定该延误是"可原谅的"或是"不可原谅的。"有时，合同双方一时难以达成一致的见解，难以确定责任者。在这种情况下，如果业主决心采取加速施工措施，以便工程按期建成时，便应发出"加速施工指令"，及时扭转施工进度继续拖后的事实。至于加速施工的费用及责任问题，可留待来日解决。

（2）确定加速施工的持续天数

如果工程拖期是由于施工效率降低引起，而工效降低是由客观原因造成时，业主则应给承包商相应天数的"工期延长"（EOT）。这个"工期延长"就可同该工程项目的"计划工期"（As-Planed Schedule）及其"实际工期"（As-Built Schedule）相联系考虑。

由于施工效率降低而导致施工进度缓慢，从而引起工期延长时，可在原计划工期

---

❶ 请读者注意：业主或工程师致函承包商，要求采取加速施工措施，用 Accelerate 一词，这就等于他下达了加速施工指令，他将承担加速施工费用。

的基础上,根据工效降低的影响程度,计算出实际所需的工期,也就是应该给承包商延长的施工时间,见下式:

$$实际工期 = 计划工期 \times \left(1 + \frac{原定效率 - 实际效率}{原定效率}\right) \quad (2-6)$$

式中　原定效率——投标文件中所列的施工效率,单位为 m³/(HP·h),或 t/(HP·h);

　　　实际效率——施工时由于干扰而工效降低,所实际达到的施工效率。它可由施工现场的记录数据为证而计算出来,其单位同上。

由此可见,承包商在投标报价书中必须列入工效数据,在施工现场必须详细记录实际工效数据。否则,他就不能确切地提出工期延长的天数,即加速施工所必须持续的天数。

(3) 明确加速施工费用的计算方法

加速施工在合同上属于工程变更范畴(FIDIC 合同条件 51.1(f)),故按工程变更计价办法(52条)办理。有时,经双方协商一致,也可采取"加速施工奖金"的办法,由业主支付一次性的奖金方式解决。

【案例 2-4】　推定加速施工引起的索赔

美国 Y 工程公司承包建设一栋大型办公楼。按原定施工计划,从基坑挖出的松土要倒运到需要填高的停车场地方。但在开工初期连降大雨,土壤过湿,无法采用这种施工方法。承包商多次发出书面通知,要求业主给予延长工期,以便土壤稍干后再按原计划实行以挖补填的施工方法。

但业主不同意给予工期延长,坚持认为:在承包商提交来自"认可部门"(如美国气象局)的证明文件证明该气候确实是非常恶劣之前,业主不批准拖期。

为了按期完成工程,承包商因此不得不采取在恶劣天气期间继续施工,从大楼基坑运走开挖出的湿土,再从别处运来干土填筑停车场。这样形成了计划外的成本支出,承包商因而向业主提出索赔,要求补偿额外的成本开支。

在承包商第一次提出延长工期要求后的 16 个月,业主同意因大雨和湿土而延长工期,但拒绝向承包商补偿额外的成本开支,原因是在合同文件中并没有要求以挖补填的施工方法是唯一可行的。

承包商认为,自己按业主的要求进行了加速施工,蒙受了额外开支亏损,但业主不同意给予补偿,故提交仲裁。

仲裁机关考察了以下五个方面的实际情况:

(1) 承包商遇到了可原谅的延误。承包商在恶劣天气条件下进行施工;业主最终亦批准了工期延长,即承认了气候条件特别恶劣这一事实。

(2) 承包商已经及时地提出了延长工期的要求,业主已满足了这一要求。

(3) 业主未能在合理时间内批准工期延长。既然现场的每个人都知道土质过湿,不能用于回填,就没有必要要求来自"认可部门"的正式文件。

(4) 业主的行为表明他要求承包商按期建成工程。通过未及时批准延长工期等其他行为，业主有力地表达了希望按期完工的愿望，这实质上已经有效地指令承包商加速施工，按期建成工程，形成了可推定的加速施工指令（Constinctive Acceleiation Order）。

(5) 承包商已经证明，他实际上已加速施工，并发生了额外成本。以挖补填法是本工程最合理的施工方法，它要比运出湿土、运进干土填筑的办法便宜得多。

根据以上分析，仲裁员同意承包商的申辩，要求业主向承包商补偿相应的额外成本开支。

以上论述的四种索赔问题，即施工现场条件变化索赔，工程范围变更索赔，工期拖延索赔和加速施工索赔，是国际工程施工索赔实践中最常见的四种索赔形式。关于这四种索赔的类型、特点和处理原则，本节进行了较详细的介绍，以便读者在处理这些索赔问题时参照。关于索赔费用的组成部分的分析讨论，将在第5章第2节中详细论述。

此外，下边介绍的一种索赔方法，也是较常见的索赔形式。

五、综合索赔

国际工程的施工索赔，一般都是采取单项索赔，即"一事一索赔"的做法，如前述的四种索赔。这样做的优点，是可以迅速、单纯地处理每一项索赔事件，便于协商决定。

但是，在某些特定的条件下，承包商难于（或来不及）做到一事一报，而把数个索赔事项集中在一个索赔报告中，进行综合性的"综合索赔"（Compound Claims）。

在这个综合索赔报告中，包括数个单项索赔，它们被连续编号排列，组成一个综合性的索赔报告，即综合索赔的文件。咨询工程师和业主在处理这种综合索赔报告时，一般也是逐个地顺序审核，逐个地确定可索赔的款额，然后汇总结算，作为对该项"综合索赔"要求的答复和决定。

应该注意，要把综合索赔和索赔款计算方法中的"总费用法"（Total Cost Method）区别开来。综合索赔是把数个单项索赔收拢起来，一次报送给咨询工程师和业主，请求予以补偿。而"总费用法"则是一种索赔款的计价方法，它以该项工程的总成本（Total Costs）为基础，认为实际总成本大于合同价（即投标报价）时，其超出的部分，就是应索赔的款额，即

$$索赔款额 = 实际总费用 - 投标报价估算费用 \tag{2-7}$$

关于这种计价法的优缺点，请参阅第5章第3节。

1. 综合索赔的特定条件

综合索赔是一种特殊的索赔方式，它适用于下列情况：

（1）综合索赔报告中包括的数个单项索赔事件互相联系、互为影响，不易单项编报。

（2）索赔事项接连发生，承包商来不及逐个地及时编报。

（3）承包商在工程施工高峰期未申报索赔，当发现严重亏损时，才着手多项索赔事项。

（4）承包商同业主之间存在着比较融洽的信任关系，业主和咨询工程师同意承包商采取综合索赔的方式。

2. 处理原则

（1）综合索赔系由数个单项索赔组成，向业主和工程师提出了一个总计索赔款额。但是，工程师在审核综合索赔报告时，仍然是逐个地审查核算每一个单项索赔要求，提出自己的评审意见。在此基础上，提出对整个综合索赔的处理建议，报业主审定，并同承包商协商解决。

（2）有时，综合索赔报告中所包括的数个单项索赔交织在一起，使索赔款额的计算工作十分困难，计算成果亦难以符合实际的额外费用（Additional Costs）。在这种情况下，经合同双方协商一致，亦可采取"一揽子解决"办法，即由双方协商决定一个总索赔款额，业主按此总额支付，以解决综合索赔问题，而不必逐项地审查核算解决。

【案例2-5】 某水坝工程的综合索赔

我国某国际工程公司承包修建非洲某国的一座水坝。该工程的大坝由混凝土重力坝及两岸的土石坝组成，总长715.2m，坝高34m，并有坝后式水电站，中标合同价为25222731美元，工期27.5个月。

在施工过程中，承包商面临业主方面拖付预付款和工程进度款的严重局面：开工已经半年，还没有收到业主的预付款和工程进度款。虽然该工程的合同条款明确规定：开工预付款为合同价的15%，在合同签字后5个月内支付，最迟不晚于1989年6月1日；工程进度款中期结算周期为30天。

承包商除利用上述合同条款的规定向业主催付款以外，还利用了在协商施工协议书过程中合同双方达成的"补充协议"，要求业主遵照执行，该"补充协议"的主要内容是：

（1）在1989年4月1日以后支付预付款及工程进度款时，承包商有权获得在伦敦拆放利率（LIBOR利率）基础上加1%的延期利息。

（2）至1989年5月1日不能付款时，业主将向承包商提供一份声誉良好的银行所开的付款担保。

（3）到1989年6月1日不能付款时，承包商有权根据合同条款第56条规定的方式解除合同。

业主方面在上述合同条款及"补充协议"的约束下，并在承包商方面通知将暂停施工的压力下，于1989年6月10日正式允诺并支付343万美元，才结束了拖期付款的问题。

在整个工程的施工过程中，承包商协助咨询工程师解决了许多技术难题；根据业主的要求，采取了加速施工措施，使水坝工程于1991年5月按期竣工，并获得业主颁发的对工程满意的证书。

在竣工前夕，承包商开始整理计划外的工程成本资料，提出9份索赔报告。由于水坝工程优质按期建成，以及与业主和咨询工程师的良好工作关系，承包商的综合索赔要求得到咨询工程师的理解，并经业主同意，对9项索赔要求按照综合索赔的处理原则逐项审核，取得了一致的意见，索赔结果见表2-4。

综合索赔分项表（单位：西非法郎）　　　　　　　　表2-4

索赔序号	索赔内容	要求的索赔款	业主批准补偿
0	工期延长5个月	1011641445	266828535
1	建造大坝上游过河桥	15415021	14281804
2	增加临时导流底孔	37613574	29734050
3	石料开采非正常消耗	359465457	263905805
4	增加施工人员	599428000	—
5	增加施工机械	632050799	—
6	上坝砂料开采和运输	751292850	25986312
7	灌浆用膨润土积压	10329408	4413804
8	泵浇混凝土费用增加	41450508	24849688
	总　计	3458687062	629999998

从上表可以看出，承包商取得的索赔款虽较申报款额差距甚大，但仍占该水坝工程投标合同价7356209635西非法郎（折合25222731美元）的8.6%，使承包商得到了一定比例的经济补偿。

思考题

1. 在论述施工索赔发生的原因时，作者的观点是在合同风险分配方面承包商承担的风险比业主承担的要大得多，这也是承包商的索赔比业主的反索赔频繁得多的原因。但有人认为，承包施工的风险在承包商和业主之间基本是均等的，你以为如何？

2. 在论述索赔的合同依据时，谈到了合同规定的索赔和非合同规定的索赔。这在国际工程施工索赔中是非常重要的两条标准依据。在不同的工程项目的合同文件中，它们是互相转化的。一个有经验的索赔工作人员，能够利用自己的合同知识将非合同规定的索赔解释、识别为合同规定的索赔，从而使该项索赔易于成功。请你对照两个不同的合同条件，发现出1~2个这样的例子。

3. 关于索赔和反索赔的关系和区别，在国内外的书刊中论述亦不一致。从狭义的概念讲，认为凡是对索赔要求的反驳、辩护（Defence aginst a Claim），就是反索赔（Counter Claims）。广义的概念认为，反索赔不仅包括反驳和辩护等对索赔者提出的索赔要求的反对，而且也包括向索赔者提出另外的、独立的索赔要求。你认为如何界定更为全面、合适？

4. "推定的加速施工"(Constructive Acceleration)理论对施工索赔是一个"突破性"的推进。它使得过去经常发生的一些索赔争议易于解决,为索赔要求的合法性树立了理论根据。与此类似,在国际工程的合同理论中还提出了"推定的工程变更"、"推定的暂停施工"等等。请你举出一个推定加速施工的例子。

5. 对工期延误进行分类(是否属于可原谅的?是否应予经济补偿?),对确定施工索赔能否成立关系甚大。请你举一个由于客观原因造成工期延误的例子,并确定是否同意承包商的经济索赔要求。

第 3 章 施工索赔的依据

> 施工索赔必须以合同为准则，以事实为依据，并参照工程所在国的法律规定和国际工程的惯例做法。否则，极难成功。
>
> 在这些依据中，最主要的还是该工程项目的合同文件。但是，每个工程的合同文件又有相当显著的差异和特点。这就要求承包商熟悉国际工程的常用的一些合同条件，善于利用国际工程承包索赔的经验和本工程合同条件的特点来进行索赔管理，并在施工过程中有计划、有目的地积累施工索赔所必需的各种证据。

第 1 节 国际工程常用的施工合同条件

在国际工程的承包施工中，许多国家都参照国际上常用的一些标准合同条件，并结合自己国家的具体特点，制定出自己国家的工程承包标准合同条件，作为编制每个工程项目合同文件的指南。这体现了工程项目合同文件的相似性。但是，每个工程项目的合同条件都具有自己的特殊性。作为一个有经验的国际工程承包商，就应熟练地利用这些相似性和特殊性，进行施工合同管理和索赔管理。

当前，国际工程承包界比较普遍地采用的合同条件有以下几种。

一、国际通用的 FIDIC 合同条件

FIDIC 合同条件是由"国际咨询工程师联合会"（Fédération Internationale Des Inténieurs Conseils，简称 FIDIC）编制出版的《土木工程施工合同条件》（Conditions of Contract for Works of Civil Engineering Construction）。这个合同条件，经过 40 多年的修改再版，已成为国际工程承包界公认的标准合同条件，在国际土木建筑工程的承包施

工中通用，当前采用的是 FIDIC 总部于 1989 年 1 月正式公布的第四版文本。1999 年，FIDIC 出版了四本新合同条件，现正在试用过程中。

FIDIC 合同条件第四版包括两个部分。第一部分（Part Ⅰ）是"通用条件"（General Conditions），它包括了每个工程项目施工合同文件中应有的一些条款，全面地规定了合同双方的责任、权利和义务，确定了合同管理的内容及做法。通用条件共有 72 个条款（Clauses），194 个分条款（Sub-Clauses）。如第 60 条款"证书与付款"（Certificates and Payment），包括 10 个分条款（60.1～60.10），是 FIDIC 合同条件的 72 个条款中包括分条款最多的 1 个条款。

第二部分（Part Ⅱ）被称作"专用条件"（Conditions of Particular Application）。它的编号和"通用条件"的各条款相对应，是对"通用条件"各相应条款的补充或进一步的明确化。因此，"通用条件"和"专用条件"是一个整体，是互相补充衔接而不可分的两个部分，它们共同形成了对合同双方的约束。

FIDIC 合同条件的第四版，较其于 1977 年 3 月出版的第三版，有了一些显著的改进，主要表现在：

（1）对合同责任及风险分配，做了适当的调整，在一定的程度上比较公正地处理了合同双方的风险分配及合同责任。

（2）对一些重要条款做了较详细的补充。如施工索赔，由 1 个分条款增写为第 53 条"索赔程序"，包括 5 个分条款（53.1～53.5）。

（3）对承包商应有的权益做了适当地补充，使国际工程合同条件的公正性有了改进。

（4）对业主在合同实施过程中的作用有明显提高，在发挥咨询工程师作用的前提下，把增加工程成本及延长工期等重大问题的决定权，更明确地转到业主方面，等等。

FIDIC 合同条件在国际法系（Legal System）方面属于普通法（Common Law）体系范畴。普通法系普遍应用于英、美、加拿大以及说英语的诸国，其特点是：在诉讼中注重口头辩护和证据；在判决时采取"以案例为基础判案"的原则，对类似的诉讼案一般按原有案例判决。因此，在以 FIDIC 合同条件为标准的工程项目上，施工索赔工作经常沿用按已有案例进行判决。

FIDIC 合同条件有其特定的适用范围，即：

（1）适用于"固定单价合同"（Fixed Unit Price Contract），而不适用于"总价合同"（Lump Sum Contract）及"成本加固定费合同"（Cost Plus Fixed-Fee Contract）等其他种类的合同。由于当前世界各国普遍采用"固定单价合同"，FIDIC 合同条件的适用领域甚广。而且，这里所说的"固定单价"，是指在合同规定的施工条件下单价固定不变；但是发生施工条件变化、工程变更、额外工程、加速施工等条件下，将重新议定单价，进行合理的索赔补偿。

（2）适用于采取国际竞争性公开招标的工程项目。由于采用国际性的公开竞争，可以提高工程项目施工的技术水平，尽可能地缩短施工期，并显著地降低工程成本。这些重大的优越性，使国际性公开竞争的招标承包机制风行于世界，各国的重要工程都采取这种招标和实施方式。

（3）适用于由咨询工程师进行施工管理的工程项目。这里所指的咨询工程师（Consulting Engineer，简称为工程师，Engineer），是既进行工程设计、又承担施工合同管理的法人。他同业主签订设计合同及施工技术服务合同，完成工程设计和施工合同管理任务，具有相当的技术权威。

二、世界银行推荐采用的施工合同条件

世界银行（The World Bank）的投资对国际性的工程承包事业影响甚大。其他的区域性金融组织或基金会，如亚洲开发银行（ADB—Asian Development Bank），非洲开发银行（AFDB—African Development Bank）等，也基本上采用世界银行推荐的合同条件，仅在个别细节有所调整。

在工程项目招标承包方面，世界银行发布了《工程采购招标文件样本》，详细地规定了国际竞争性招标的做法及条款，包括一整套的工程承包合同文件及附表格式。凡是接受世界银行贷款的工程项目，皆需采取这一套合同条件或经世界银行同意的其他合同条件。

世界银行制定的招标文件样本，具有以下主要特点：

（1）参照国际通用的FIDIC合同条件，制定了招标程序，建议全文采用FIDIC合同条件的"通用条件"，作为承包施工合同条件的第一部分。

（2）对工程所在国的承包商，如果符合投标资格时，在评标时可享受7.5%的优惠待遇。这一优惠包括由工程所在国承包公司控股的承包联营体。

（3）招标文件的"专用条件"有许多独到之处，对一些重要合同条款做了比较详细的建议。例如，对不同的工程部位，收取不同的误期损害赔偿费（Liquidated Damages for Delay）；对物价上涨调价公式提出了具体公式及系数，等等。

（4）在履约保函（Performance Bond）的格式示范中指出，当承包商违约时，保证人（银行）将立即对违约事项进行补救，并提出三种补救措施；但没有列入"见索即付"（On First Demand）的无条件担保等字句。这是比较公正的解决办法，避免了"无条件担保"的许多弊端。

在我国接受世界银行贷款的工程项目上，一般都按规定进行国际性公开招标，采用FIDIC合同条件的"通用条件"，并编制有特点的、比较严密的"专用条件"；在施工管理方面，实行工程监理制。当前的工程监理的具体做法，基本上符合FIDIC合同条件中咨询工程师的职责任务，但在某些细节方面，仍待总结改进。

三、英国常用的施工合同条件

在国际工程承包领域，英国是先行者。它对推进工程建设的合同、规范完善化，

起了很大的作用。

在土木工程建设和房屋建筑业领域，英国长期以来采用两个标准合同条款。它们不仅在英国的工程建设中起指导作用，而且在许多普通法系的国家和地区也广泛地参照使用。现分述如下：

1. 土木工程师学会的 ICE 合同条件

英国土木工程师学会（ICE—The Institution of Civil Engineers）编制的合同条件——The ICE Conditions of Contract，已修改出版到第 6 版（1991 年发表）。此合同条件的制定者，除 ICE 以外，还有英国咨询工程师协会（Association of Consulting Engineers）、土木工程承包商联合会（Federation of Civil Engineering Contractors）等组织。

ICE 合同条件是属于固定单价合同的格式。它同 FIDIC 合同条件一样，以实际完成的工程量和投标书中的单价来控制工程项目的总合同价。

ICE 合同条件共有 72 个条款，大体上与 FIDIC 合同条件近似，所不同之处主要在于：

（1）ICE 合同条件没有独立的第二部分——"专用条件"，它在合同条件标准本的第 72 条中，专门列举工程项目的特殊要求及有关数据，起专用条件的作用。

（2）ICE 合同条件对税收问题作了更详细的规定，在第 69 和 70 条中专门叙述税收规定，便于参照。

（3）对工程师的职责和权力，做出详细的规定。在以下各项问题上，工程师在发出指示以前必须征得业主的同意，如：延长工期，加速施工，发布工程变更指令，发布竣工证书，最终验收证书，以及决定是否属于不利的自然条件，等等。

（4）关于承包商的施工索赔，做了比较具体的规定，如：工程师拖期发放施工图纸或施工指令时，承包商有权提出索赔；索赔款额中允许包括管理费及资金利息，但不能包括利润，等等。

2. 皇家建筑师学会的 JCT 合同条件

英国皇家建筑师学会（The Royal Institute of British Architects，简写为 RIBA）是一个在房屋建筑领域有高度权威的组织，它编制的《建筑合同条件标准格式》在国际房建工程界享有高度信誉。这个合同条件标准格式因此被称为 RIBA 合同条件。

实际上，RIBA 合同条件的制定者，除 RIBA 以外，还有英国皇家注册测量师学会（RICS），英国咨询工程师联合会，以及地方当局负责人和分包商的代表。所有的参加者组成了一个"合同审定联合会"（JCT—The Joint Contract Tribunal），以它的名义发布《建筑合同条件标准格式》。因此，RIBA 合同条件也就是 JCT 合同条件，有时还被写为 RIBA/JCT 合同条件。

RIBA 合同条件比 ICE 合同条件有更悠久的历史。它是英国第一部建筑业合同条件，于 1902 年由皇家建筑师学会编成。此后，RIBA 合同条件由合同审定联合会（JCT）修订出版，遂被称作 JCT 合同条件。所以，准确地说，RIBA 合同条件的现名为 JCT 合同条件。

JCT 合同条件当前的最新版是第五版，于 1991 年发布。1980 年出版的 JCT 合同条件第四版，受到了业主们的不少批评，被认为对业主的利益考虑不够。因此，在 1987 年对第四版内容做了相当大的修改，于 1989 年又做了修改，于 1991 年正式发布。

JCT 合同条件包括四个部分：总论（第 1～34 条）；指定分包商及供货商（第 35～36 条）；价格调整（第 37～40 条）；仲裁（第 41 条）。此外，还附有 4 个标准格式：投标书格式；合同协议书；指定分包商合同；指定分包商标准格式。

同 ICE 合同条件相比，JCT 合同条件有以下特点：

（1）在对建筑师（Architect，即相当于 ICE 合同条件中的工程师——Engineer）的授权方面，JCT 合同条件授权较少。

（2）ICE 合同条件中的工程师，都负责工程项目施工中的监督工作（Supervision），但 JCT 合同条件中仅要求建筑师进行定期的现场监督，而将日常不断的监督工作改由承包商和业主承担。

（3）JCT 合同条件通常以总价合同（Lump Sum Contract）的形式出现。在施工过程中，某项工作的实际完成工程量较原合同有增减时，则作为工程变更，相应地调整总合同价的款额。

（4）JCT 合同条件中包括了一个"增值税补充协议书"（Supplemental VAT Agreement，其中 VAT—Value Added Tax），对税收做了详细的规定。

四、美国常用的施工合同条件

美国土木工程建设的规模很大，除国内以外，还大量承包建设许多国外工程。在承包施工的合同和法规方面，美国实行多渠道的制定和管理制度，涉及土建工程承包施工的合同条件甚多，这给外国承包商在美国境内进行承包施工竞争，带来很多困难。

当前，在美国应用较普遍、影响较大的土建施工合同条件，主要有 5 种。

1. 美国建筑师学会制定的施工合同条件——AIA 合同条件

美国建筑师学会（AIA—The American Institute of Architects）制定了许多形式的 AIA 合同条件，经常采用的有以下诸种类：

（1）咨询服务合同条件——AIA-B141

这是指《业主和建筑师协议书标准格式》，简称 AIA 合同文件 B141，于 1977 年 7 月发行第 13 版。

（2）承包合同的通用条件——AIA-A201

建设工程通用条件（General Conditions of Contract for Construction）具有重要的法律后果，因此，建筑师学会建议：如果要修改这个通用条件，需请律师咨询。

（3）总价合同协议书标准格式——AIA-A101

这是业主和承包商之间的总价合同的标准协议书格式，于1977年6月发行第十一版。

（4）成本加费用合同协议书标准格式——AIA-A111

这个标准格式被称为AIA合同文件A111，于1978年4月发布第九版。

2. 美国承包商总会制定的AGC合同条件

美国承包商总会（The Associated General Contractors of America）是一个承包商的组织，简称AGC。它于1984年8月制定发布了一个关于《建筑工程分包合同》（Subcontract for Building Construction）的标准格式，被称为AGC合同文件第600号。

3. 美国仲裁协会制定的AAA仲裁规则

美国仲裁协会（The American Arbitration Association，简称AAA）是美国有权威的仲裁组织，在解决建筑业合同纠纷方面，它制定发布了《建筑业仲裁规则》（Construction Industry Arbitration Rules），作为仲裁法执行。

最新出版的AAA仲裁规则，是1984年2月1日发布并生效的。它取代了1972年11月15日发布的仲裁规则。

美国国会亦关注合同纠纷的仲裁，于1978年1月19日通过并发布了《合同争议法》（Contract Disputes Act of 1978），成为解决合同争端的正式的政府法令。

4. 美国工程师合同文件联合会制定的EJCDC合同条件

美国的工程师合同文件联合会（The Engineer's Joint Contract Document Committee，简称EJCDC）是数个专业学术组织联合组成的一个委员会，它包括美国土木工程师学会（ASCE），美国专业工程师学会（NSPE），美国咨询工程师理事会（ACEC），施工技术规程协会（CSI），以及美国私人工程师协会（PEPP）等组织。

EJCDC制定的《建筑合同标准通用条件》（Standard General Conditions of Construction Contract），内容比较全面，在美国建筑界享有盛誉。

5. 美国联邦政府发布的SF-23A合同条件

美国联邦政府为了对政府部门为业主的工程项目进行施工管理，制定了《联邦政府标准合同格式》，被简称为"SF-23A"（Federal Government Standard Contract Form 23A）。

SF-23A合同条件包括3个部分：

（1）通用条件：有31个条款；

（2）通用条件的补充：另增加3个条款，使通用条款的编号达到34条；

（3）通用条件的再次补充：又增加了一条关于对妇女为业主的企业给予授标时优先考虑的规定。

以上简要介绍了国际上常用的一些合同条件。作为国际工程的承包商，应了解世界各国采用的主要施工合同条件，这对参加投标竞争、进行合同管理，以及施工索赔工作都是十分必要的。

第2节 承包商进行索赔的主要依据

施工索赔的目的,无非是希望得到工期延长或经济补偿;或者是既获得工期延长,又得到额外开支的经济补偿。

为了达到这个目的,承包商要进行大量的索赔论证工作,以充分翔实的资料来证明自己拥有索赔的权利,而且所提出的索赔款额是准确的,即论证索赔权和索赔款额。

对于每一项具体的索赔要求,都应该提出一套必需的证据资料。由于索赔的具体事由不同,所需的论证资料也有所不同。但是,对于所有的施工索赔而言,以下十个方面的资料是不可缺少的。承包商应该善于从合同文件中寻找索赔的依据,并以大量的施工现场记录等资料来补充论证。这十方面的依据是:

1. 招标文件

招标文件是承包商投标报价的依据,它是工程项目合同文件的基础。招标文件中包括的通用条件、专用条件、施工技术规程、工程量表、工程范围说明、现场水文地质资料等文本,都是工程成本的基础资料。它们不仅是承包商参加投标竞争和编标作价的依据,也是施工索赔时计算附加成本(Additional Cost)的依据。

2. 投标书

投标书是指投标报价文件。它是承包商依据招标文件并进行工地现场勘查后编标计价的成果资料,也是通过竞争而中标的依据。在投标报价文件中,承包商对各主要工种的施工单价进行了分析计算,对各主要工程量的施工效率和施工进度进行了分析,对施工所需的设备和材料列出了数量和价值,对施工过程中各阶段所需的资金数额提出了要求,等等。所有这些文件,在中标及签订施工协议书(Construction Agreement)以后,都成为正式合同文件的组成部分,也成为施工索赔的基本依据。

3. 施工协议书及其附属文件

施工协议书亦称为合同协议书(Contract Agreement),它是合同双方(业主和承包商)正式进入合同关系的标志。在签订合同协议书以前,合同双方对于中标价格、施工计划、合同条件等问题的讨论纪要文件,亦是该工程项目合同文件的重要组成部分。在这些会议纪要中,如果对招标文件中的某个合同条款作了修改或解释,则这个纪要就是将来索赔计价的依据。

4. 来往信件

在合同实施期间,合同双方有大量的往来信件。这些信件都具有合同文件同等的效力,是结算和索赔的依据资料,如工程师(或业主)的工程变更指令(V. O.——Variation Orders),口头变更确认函(Confirmation of Oral Instruction),加速施工指令(Acceleration Order),施工单价变更通知,对承包商问题的书面回答,等等。这些信函(包括电传、传真资料)可能繁杂零碎、但应仔细分类存档,以应急需。

5. 会议记录

在工程项目从招标到建成移交的整个期间，合同双方要通过许多次的会议，讨论解决合同实施中的问题。所有这些会议的记录，都是很重要的文件。施工和索赔中的许多重大问题，都是通过会议反复协商讨论后决定的。如标前会议纪要，施工协调会议纪要，施工进度变更会议纪要，施工技术讨论会议纪要，索赔会谈纪要，等等。

对于重要的会议纪要，要建立审阅制度，即由作纪要的一方写好纪要稿后，送交对方（以及有关各方）传阅核签，如有不同意见，可在纪要稿上修改，也可规定一个核签的期限（如7天），如纪要稿送出后7天以内不返回核签意见，即认为同意。这对会议纪要稿的合法性是很必要的。

6. 施工现场记录

承包商的施工管理水平的一个重要标志，是看他是否建立了一套完整的现场记录制度，并持之以恒地贯彻到底。这些资料的具体项目甚多，主要的如施工日志，施工检查记录，工时记录，质量检查记录，施工设备使用记录，建筑材料使用记录，施工进度记录，等等。有的重要记录文本，如质量检查、验收记录，还应有工程师派遣的监工员的签名。

7. 工程财务记录

在施工过程中，对工程成本的开支和工程款的历次收入，均应做详细的记录，并输入计算机备查。这些财务资料如工程进度款每月的支付申请表，工人劳动计时卡和工资单，设备、材料和零配件采购单，付款收据，工程开支月报，等等。在索赔计价工作中，财务单证十分重要，应注意积累和分析整理。

8. 现场气象记录

水文气象条件对土建工程施工的影响甚大，它经常引起工程施工的中断或工效降低，有时甚至造成正建工程的破损。许多的工期拖延索赔均与气象条件有关。施工现场应注意记录的气象资料，如每月降水量，风力，气温，河水位，河水流量，洪水位，洪水流量，施工基坑地下水状况，等等。如遇到地震、海啸、飓风等特殊自然灾害，更应注意随时记录。

9. 市场信息资料

大中型土建工程，一般施工期长达数年，对物价变动等报导资料，应系统地搜集整理。这些信息资料，不仅对工程款的调价计算是必不可少的，对索赔亦同样重要。如工程所在国官方出版的物价报导，外汇兑换率行情，工人工资调整决定，等等。

10. 政策法令文件

这是指工程所在国的政府或立法机关公布的有关工程造价的决定或法令，如货币汇兑限制指令，外汇兑换率的决定，调整工资的决定，税收变更指令，工程仲裁规则，等等。由于国际工程的合同条件是以适应工程所在国的法律为前提的，因此该国政府的这些法令对工程结算和索赔具有决定性的意义，应该引起承包商的高度重视。对于重大的索赔事项,如涉及大宗的索赔款额,或遇到复杂的法律问题时,承包商还需要聘请律师,专门处理这方面的问题。

第3节 承包商索赔可引用的合同条款

一、可引用的索赔条款

国际工程的承包人员,应熟练地应用工程项目的合同条款,来论证自己的索赔权。如果索赔权不能成立,则谈不上任何索赔要求。

在具体的施工索赔工作中,每一个索赔事项往往涉及几个合同条款,究竟引用哪一条更有利,更具有说服力,这需要统筹考虑决定。这要求索赔人员仔细地研究该工程项目的合同文件,并参照国际通用的 FIDIC 合同条件,或业主所推崇的某一种标准合同条件,来论证自己有索赔权。

在 FIDIC 合同条件(第四版)中,凡是承包商可以引用的施工索赔条款,在 FIDIC 总部编写的关于第四版的"摘要"("Digest of FIDIC Conditions")中做了论述,并分别列举出承包商和业主可引用的索赔条款。该"摘要"在列出可索赔条款的同时,还提出在每个不同的索赔内容时可以得到哪些方面的补偿,即不仅可得到附加的成本开支(Cost,以 C 为代号),还可得到计划的利润(Profit,以 P 为代号),或相应的工期延长(EOT,以 T 为代号)。

可以说,FIDIC 总部的这个"摘要"所提出的可索赔条款是相当明确的,无疑也是比较权威的,值得国际工程的承包商仔细研究和应用,见表3-1。

关于业主可引用的索赔条款,将在本书第10章"反索赔"中论述。

承包商可引用的索赔条款 表3-1

序 号	合同条款号	条款主题内容	可调整的事项
1	5.2	合同论述含糊	工期调整 T+成本调整 C
2	6.3～6.4	施工图纸拖期交付	T+C
3	12.2	不利的自然条件	T+C
4	17.1	因工程师数据差错,放线错误	C+利润调整 P
5	18.1	工程师指令钻孔勘探	C+P
6	20.3	业主的风险及修复	C+P
7	27.1	发现化石、古迹等建筑物	T+C
8	31.2	为其他承包商提供服务	C+P
9	36.5	进行试验	T+C
10	38.2	指示剥露或凿开	C
11	40.2	中途暂停施工	T+C
12	42.2	业主未能提供现场	T+C
13	49.3	要求进行修理	C+P
14	50.1	要求检查缺陷	C
15	51.1	工程变更	C+P
16	52.1～52.2	变更指令付款	C+P
17	52.3	合同额增减超过 15%	±C

续表

序 号	合同条款号	条款主题内容	可调整的事项
18	65.3	特殊风险引起的工程破坏	C+P
19	65.5	特殊风险引起其他开支	C
20	65.8	终止合同	C+P
21	69	业主违约	T+C
22	70.1	成本的增减	按调价公式±C
23	70.2	法规变化	±C
24	71	货币及汇率变化	C+P

注：引自《FIDIC Digest》，P77。

二、对承包商可索赔条款的分析

从表3-1中所列的24项索赔条款中，可以看出如下的规律性：

1. 从可索赔条款的主题内容分析

承包商有索赔权的事项原因是多方面的。其中：①属于工程变更的有6项（NO.11，15，16，17，20，22）；②属于进行修理或补充勘探方面的有5项（NO.5，9，10，13，14）；③属于工程师工作差错或拖交施工图纸的有3项（NO.1，2，4）；④属于特殊风险或业主风险的有3项（NO.6，18，19）；⑤属于不利的自然条件的有2项（NO.3，7）；⑥属于业主违约的有2项（NO.12，21）；⑦属于法规或汇率变化的有2项（NO.23，24）；⑧属于为其他承包商服务的有1条（NO.8），等等。由此可以看出，承包商可以提出索赔的事项，可以归纳为以上8个方面。

2. 从可进行调整的事项分析

在24项可索赔事由中，都可以得到经济补偿C（即附加成本开支）其中6项为仅调整成本C，不给予工期延长T或利润调整P；除调整成本C以外，又给工期延长的，有8项；除调整成本C以外，又给予利润调整P的，共有10项。

3. 可以得到成本调整

在所有24项可索赔、可调整事项中，每项的索赔事由都可以得到成本调整C。此外，在工期调整T和利润调整P二者之中，只能得到一种调整，即：或者进行工期延长，或者给予利润补偿，二者不可兼得。

4. 利润调整的机会较少

调整利润P的机会必须与调整成本C相结合。这就是说，调整利润P不能单独进行，只有在可以调整成本C的地方才可以调整利润P；而有相当多的场合，可以调整成本C，但不能调整利润P。利润调整的百分率应等于报价文件中的利润率。

5. 工期延长不一定有经济补偿

根据国际工程施工索赔的实际经验，有时承包商可以得到工期延长T，但不能得到经济补偿（即成本调整C）。这就是所谓的"可原谅但不给予补偿"的工程拖期索赔。这就是说，承包商取得工期延长时，并不一定能够得到经济补偿，如果他在延期施工中并没有发生额外成本开支的话。关于这一类索赔（工期索赔）的条款，没有包括在表 3-1 的范围内。表 3-1 所列出的索赔条款，是对经济索赔而言的。

第 4 节　承包商可索赔的情况

在国际工程承包施工的实践中，在什么情况下承包商可以提出施工索赔呢？本章第 3 节中列举的 24 个合同条款，是承包商进行经济索赔的合同根据。但是，在施工索赔的实践中，一般是首先出现了意外的情况，即由于计划外的困难或干扰，使施工进度受挫，或引起施工费用增加时，承包商便开始探索原因，考虑是否可以索赔。这时，他才从工程的合同条件中找根据，从一条或数条可引用的合同条款中选择最贴题的条款，来论证自己的索赔权。

因此，为了帮助承包商及时发现索赔的机会，有必要比较详细地列举可索赔的情况，以便根据可索赔的情况，研究提出"索赔通知书"（Notice of Claims）的问题，以及从工程项目的合同条件、合同文件中寻找可引用的条款。

这里列举了 12 种承包商可索赔的情况，并附以实例，其中包括在第 2 章第 4 节中所介绍的最常见的 4 种索赔问题。这 12 种可索赔的情况，基本上概括了承包商的索赔机会。

一、工程变更

工程变更（Variations，或 Changes）是土建工程施工中最常见的情况，也是承包商进行施工索赔最多的机会。它是一个广泛的内容，既包括合同范围以内的"附加工程"（Additional Work），又包括合同范围以外的"额外工程"（Extra Work）。在第 2 章第 4 节中所论述的"工程范围变更索赔"（Scope of Work Claims），就是针对额外工程而言的，即指超出合同工程范围的工作的索赔问题。

从严格的意义上讲，对附加工程的工程款的申报和获取，是合同实施中的正常工作，虽然咨询工程师有时要为"附加工程"补发变更指令（Variation Order），但它仍然属于合同范围以内的结算和支付问题，并不属于施工索赔的范畴。因此，工程项目的索赔管理人员，不要把这一部分工作视为索赔工作，也不要把这部分工程的工程款收入作为索赔款的范畴，以免从形式上增加索赔工作及索赔款的数额。

只有"额外工程"，即合同工作范围以外的工程，才是真正的索赔工作范围。对于这些额外工程，不仅要求咨询工程师发布正式的变更指令（V.O.），有时还应另订施工合同。如果属于额外工程，就不能套用原投标文件的施工单价，而要重新议定单价，并按此新单价支付额外工程的工程款，这才属于真正的施工索赔范畴。

1. 变更工程价格调整的四种方式

对于变更工程（Varied Work）的单价如何确定？这不仅是变更工程估价（Valuation of Variations）的一个重要问题，也是整个施工索赔中的一个关键问题。因为在单价合同中，施工单价决定着承包商工程进度款和索赔款的收入款额，单价调整是变更工程价格调整的最主要的内容。

按照 FIDIC 合同条件、ICE 合同条件等目前广泛采用的变更工程单价确定办法，从原则上讲，新单价应由合同双方协商议定；但在双方不能达成一致时，则授权咨询工程师"确定一个他认为合理的单价或价格，并相应地通知承包商及抄送给业主"，这里所谓的"合理的单价"，就要靠咨询工程师（监理工程师）的"公正"程度来决定了。不过，在这种情况下，承包商并不是毫无发言权——他如果认为工程师确定的单价太不合理时，他仍有提出索赔的权利。

一般地说，变更工程确定单价（Valuation of Variations）的步骤，可以分为以下四种方式。

（1）按报价书中的单价计算工程款。如果工程师认为投标单价适合于此项变更工程，他便可决定按投标单价（Bid Unit Price）计算，即

$$工程款额 = 投标单价 \times 实际完成的工程量 \quad (3\text{-}1)$$

工程师在做出此项决定时，他应该考虑：

1）变更工程的性质及数量（Nature and Amount）；
2）变更工程对施工开办费（Preliminaries）的影响程度；
3）发布工程变更指令的时间；
4）变更工程的施工方法；
5）变更工程的位置与原合同工程的差异程度，等等。

（2）参照投标单价确定新单价。如果原单价（投标书中的单价）与变更工程的性质、数量、地点、施工方法等差别甚大，而不适用原单价时，则参照原单价数额确定一个合理的新单价。这时往往用数量插入法或按比例分配法确定新单价。

（3）重新确定新单价。当投标单价还不能参照采用时，即变更工程与合同范围内的工程性质迥然不同时，则由工程师邀请业主及承包商进行充分酝酿（Through due consultation），共同确定一个合理的新单价。如果工程师与承包商不能协商一致，则由工程师确定一个他认为合理的单价，通知承包商，并抄报给业主。

如果对确定新单价没有时间限制，或没有进一步的要求时，则可由咨询工程师确定一个临时性的单价或价格（Provisional rates or prices），以便暂按此进行月支付。

根据 FIDIC 合同条件第 52.2 分条款，当咨询工程师认为任何变更工程的性质或数量与原合同工程（或其部分工程）有重大差异，而使原单价或价格不宜采用时，则应由工程师和承包商协商确定一个新的单价或价格。这一分条款也可适用于"任何一个工作项目"（Any item of work），包括拖期施工的工程，施工顺序变更的工程，施工方法变更的工程，以及工程量表（BOQ）中开办费项目（Preliminary Items）变动很大的工程。为了正确地确定这些新单价或价格，根本的问题是要懂得这些单价的组成部分，

即进行新的单价分析，并具备确定价格的可靠的知识。

（4）变更费用超过 15% 时进行合同价调整。在国际工程合同条件中，对变更费用的数额限度有所规定。FIDIC 合同条件第 52.3 分条款规定，如果在发出整个工程的接收证书（Taking-Over Certificate）时，发现由于全部变更工程的费用以及实测工程量全部调整费用（不包括备用金和计日工的费用，以及第 70 条的调整款数）的总和超过："有效合同价"（Effective Contract Price）±15% 时，则应通过协商，在合同价（Contract Price）上增加或减少某一"款额"（A Sum）。至于如何增加或减少此项"款额"，在 FIDIC 合同条件中没有具体地论述。但对此项"款额"的确定过程，则应仍按上述步骤办理：即首先由工程师和承包商充分协商（Due Consultation），议定一个"款额"；如果协商不能一致，则由工程师确定一个合理的"款额"，然后正式通知承包商，并抄报业主。

咨询工程师在确定此项"款额"时，应考虑以下诸因素：

（1）工程项目合同条件中原列的承包商的工地管理费和总部管理费（Site and General Overhead Costs）；

（2）承包商报价书中的单价分析资料及利润率规定；

（3）承包商报价书中合同价（Contract Price）中的开办费部分（Preliminary Costs Part）的具体数值。

（4）此项"款额"仅考虑超出 15% 的部分进行合同价调整。例如，某项工程由于工程变更（按第 52.1 及 52.2 两个分条款）的结果，承包商的实际结算款比合同价减少了 20%，这时，仅考虑超过 15%（大于或小于 15%）的部分，即仅对 5% 进行合同价调整。

至于此项"款额"是增加到合同价上去？或应从合同价中减去？从上例中可以判断出，当承包商实际完成的合同额"少于"原合同价的 20% 时，他实际上蒙受了"损失"，所以，此项款额应给他增加上去；反之，如果他实际完成的合同价"超过"原合同价的 20%，说明他在间接费方面占了一些"便宜"，所以要从他的合同价上减去此项"款额"。

有时，在遇到工程变更问题时，咨询工程师感到没有适用的单价，重新确定单价又比较费时，或者变更工作量不大，为便于结算，即可指令承包商按"计日工"（Day-work）的方式进行施工和结算。计日工一般由列在工程量表（BOQ）中的"备用金"（Provisional Sum）来开支，按承包商在工程量表中签报的计日工的单价及价格（Day-work Schedule of Rates and Prices），以及实际完成的工程量来计算工程款。

2. 工程变更的合法化

国际工程承包施工合同条件中的一个重要原则，是承包商无权主动进行工程变更；任何工程变更，必须由业主授权的代表（咨询工程师、建筑师、监理工程师、业主代表，或该项目合同通用条件中指定的任何主管人员）正式发布"变更指令"（Variation

Order，或 Change Order）后，承包商才有权按变更指令施工；除去项目合同文件指定的授权发布变更指令的人员以外，任何人无权指示变更工程；如果承包商按非授权人的指示进行工程变更，他将失去得到此项变更的经济补偿的权利。

因此，承包商在遇到业主方面领导人员在视察工地时口头指示进行工程变更时，必须和合同规定的授权人（大多数情况下是咨询工程师）联系，取得他的正式指示（见表3-2）后，再开始实施变更工程。如果咨询工程师发布口头的变更指令（Oral Instruction），他又不肯补发正式的书面变更指令（Written Variation Order）时，则承包商应主动填写"变更指令确认函"，送交工程师签字确认（见表3-3），得到确认后再实施变更。

工 程 变 更 指 令　　　　　　　表 3-2

发给　承包商　　　　　　　　　　　　　（白色纸）❶
　　　业主　　　　　　　　　　　　　　（黄色）
　　　工程师　　　　　　　　　　　　　（绿色）
　　　工程师的成本控制员　　　　　　　（粉红色）
　　　承包商的委托代理人　　　　　　　（蓝色）

工程的名称、地点及合同号：
咨询工程师的名称及地址：
承包商的名称及地址：
变更指令编号（或口头指令的确认函编号）：
变更指令发放者（咨询工程师，或其驻工地代表）：
发放指令日期：　　　年　　月　　日

作为合同规定的工程变更，指令进行下列变更（用√号指明）：

增加 □	形状 □	种类 □
取消 □	特征 □	位置 □
代替 □	尺寸 □	顺序 □
改变 □	高程 □	方法 □
质量 □	外形 □	时间 □

工程变更描述（文字说明变更内容）：

此变更指令的计价方式：
　BOQ 单价 □　　从 BOQ 单价中做扣除 □　　　按报价 □
　新定单价 □　　　　　　　　　　　　　　　　　计日工 □

此变更指令对工程造价及工期的影响，已经过下列手续：
　业主批准 □　　计划工程师审定 □　　作为拖欠费、记录在案 □
　通知了工程师或其成本控制员 □　　承包商的代理人评估 □

注：引自 M. Takei：《Dynamic Management of Construction Claims and International Arbitration》。

---

❶ 同样的一个表格，报送给不同的人时用不同色彩的纸张，以示区别，且便于档案查询。

口头变更指令确认函		表 3-3
发给	承包商	（白色）
	工程师	（绿色）
	承包商的委托代理人	（蓝色）

工程的名称、地点及合同号：
业主名称：
工程师的名称：
承包商的名称：
变更指令确认函编号：
变更指令确认者：　　　　　（咨询工程师，或其驻工地代表）
确认日期：　　年　　月　　日

口头指示内容：

说明：（1）上述口头指令由……发出，已记录在案，并正在执行中：
　　　（2）在此，对上述口头指令予以书面确认，并被视作工程师按 51.2 条发出的书面指令，除非用书面加以否认。

注：引自 M. Takei：《Dynamic Management of Construction Claims and International Arbitration》。

上述的口头变更指令确认函发出后，如果在 7 天以内未接到工程师的复函否认或改变，则可认为他已默认，即形成了"可推定的工程变更"（Constructive Variation，或 Constructive Change），承包商为此投入的附加开支，理应得到补偿。

在施工索赔实践中，由于工程变更未得到业主代表的确认，使变更工程合法化；或在实施工程变更以前对新单价未协商一致，往往形成了索赔争端，事后解决非常困难。因此，作者提醒国际工程的承包商：在实施变更工程以前，一定要同咨询工程师商定该变更工程的单价；在新单价未协商一致以前，不要开始实施工程变更。

3. 推定的工程变更

在解释合同条件时，美国率先使用"可推定的"（Constructive）合同条款这一概念，并在合同争端的法院判决词中引用。当前，在世界其他国家的合同解释中，亦开始采用可推定学说。

所谓"可推定的"，就是指"实际上已经形成的"，而且是合同双方均"已知道的"。例如，在施工进行过程中，业主方面的领导人员或咨询工程师经常口头指示承包商进行某种施工变更，或要求进行追加工作（附加工程或额外工程）。承包商已经照办，业主方面的主要合同管理人员亦已知晓，这一工程变更已经形成为"可推定的工程变更"(Constructive Variation)，它的合法性已得到业主的认可，因而应得到经济补偿。当然，承包商为了论证这一个工程变更是"可推定的"，应该提供相关的证据，如某月某日业主方面是如何指示的？谁指示的？在实施变更过程中某月某日咨询工程师曾到过施工现场，对正在实施的变更还进行过检查和指导，等等。

同上述"可推定的工程变更"相类似，在国际工程的合同争端和施工索赔中，还常常使用"可推定的加速施工"(Constructive Acceleration)，"可推定的暂停施工"(Constructive Suspension)等论点。国际工程的承包商应学会使用这些论点，来维护自己的利益。

【案例 3-1】 工程量增加引起的索赔

一段公路改建工程，包括土方挖填和弃土处理工作，承包公司 C 以低价中标，合同额 4979068 美元，工期 2 年。具体工程量包括：

表土层剥除，	挖深 0.3m，
堆于路旁待用，	共约 20500m³
开挖路基土方，用作填料	约 509600m³
路基开挖，将弃土运至弃土场	约 202500m³
路基填压	509600m³

弃土场距路基开挖地段的距离为 2km，系一废弃的采石场，容积约 274000m³。

在施工过程中，发现开挖路基的弃土量超出原标书工程量表所列的上述数量；而且，由于弃土量增加，原定的弃土场已不够用，因而必须在更远的地方另找新的弃土场。经承包商勘查，并经建筑师及业主同意，选定的新弃土场运距为 9.5km。因此，承包商向建筑师提出了索赔报告。

索赔报告中对工程量变更的计算见表 3-4。

表 3-4

工作项目	土方开挖，并将其用于路基填压	土方开挖，系作为弃土运走
工程量清单原列	509600m³	202500m³
开挖后，土体膨松增加体积 20%	$509600 \times 0.20 = 101920$ $+) 509600$	$202500 \times 0.20 = 40500$ $+) 202500$
松土运输总量	611520	243000
松土填压后，压缩体积 10%，实填量	$611520 \times 0.90 = 550368$ $-) 509600$	
工程量表中的填方量		
超出计划的填方量	40768	
超填量运走时的膨松体积		$40786 \times \dfrac{10}{9} = 45298$
运至弃土场的总体积		$+) 243000$ 288298
在弃土场压缩 5% 后的体积		273883　（将填满 274000m³ 的弃土场）

从上表可知，工程量表中的开挖弃土量（202500m³＋40500m³）以及填方余料（45298m³）已将原定的弃土场填满。但是，实际开挖的弃土量超过工程量清单上的土

方量（202500m³），实际的挖方弃土量为212468m³，即多挖9968m³，超过原定挖方弃土量的4.9%。而且，这些弃土必须运至较远距离（9.5km）的新弃土场，从而增加了承包商的施工费用开支。

承包商在处理这项索赔过程中，提出了两个具体要求：(1)挖方弃土量较标书文件增加了4.9%。因此，要求提高这部分土方的开挖单价，即从投标报价表中的每立方米2.5美元增至6.5美元。(2)对土方开挖量增加及弃土运距增加，要求建筑师发放工程变更指令（Variation Orders）。

建筑师认为：(1)挖方弃土量较BOQ增加仅4.9%，故不能改变开挖单价，亦不必签发工程变更指令；(2)至于弃土运距增加，由2km增至9.5km，可以予以公平调整（Equitable Adjustment），要求承包商提出新的运输单价分析。

承包商的运输费用单价分析要点如下：

汽车每次装土4.0m³，每小时运费　　28.0美元

每立方米弃土运价　　$\dfrac{0.75 \times 28.0}{4.0} = 5.25$美元

每立方米弃土工地管理费8%

$$5.25 \times 0.08 = 0.42 \text{美元}$$
$$\underline{+)\ 5.25}$$
$$5.67 \text{美元}$$

加上每立方米弃土总部管理费4%

$$5.67 \times 1.04 = 5.897 \text{美元}$$

总运费　　$5.897 \times 9968 = 58781$美元

以上新增运输费58781美元，为建筑师和业主所接受，同意列入下一月的工程款结算单中，此项索赔遂顺利解决。

二、工期拖延

在土建工程施工中，经常由于外界影响或意外干扰引起施工进度拖延（Delay of Progress），严重时会使工程项目不能按计划的日期建成。工期拖延必然带来工程成本的增加，因而经常引起索赔。

当发现工期延误时，承包商应首先客观地分析发生延误的原因。如果原因是在自己方面，则应尽快采取措施，克服拖延现象，实现按计划日期建成工程。如果是业主方面的原因，或者是由于客观的原因（既非承包商的责任，亦非业主的责任）时，则承包商有权提出工期索赔或经济索赔。

如果工期延误的责任在业主方面，或者由于客观原因，则承包商有权获得工期延长（EOT——Extension of Time），这就是FIDIC合同条件中第44.1分条款所列出的5种情况。

如果工期延误属于业主方面的责任，而且使承包商增加了工程成本开支（Additional Costs），则承包商不仅有权获得工期延长，还可以得到附加成本的经济补偿。

对于重大的工程项目，当工程量表中的工作项目（Work Items）繁多时，或同一工程项目上有数个承包商同时施工时，甲承包商的延误经常会连锁反应，引起乙、丙承包商的延误。这时，每个承包商应特别注意防止施工延误，使整个工程的施工在咨询（监理）工程师的统一协调下按计划进度实施。在这种情况下，业主对于工期延长掌握得很严：一般不轻易地批准某一承包商工期延长，除非这一延误是由于业主方面的责任，而且是处于关键路线（Critical Path）上的某一工作的延误。因此，作为国际工程的承包商，应该加强施工项目的合同管理工作，经常利用网络技术（Network Technique）在电子计算机上修正自己的施工关键路线图，并迅速采取措施，克服处于关键路线上的施工问题，保证实现施工进度计划。承包商的合同及索赔管理人员，应熟练掌握网络技术，善于用关键路线法（CPM——Critical Path Method）来论证取得工期延长的理由。

关于工程拖期所增加的额外费用（Extra Cost）的补偿问题，美国建筑师学会制定的施工合同条款 AIA—A201（通用条款）规定，在下列情况下，承包商可以得到经济补偿：

（1）建筑师（或工程师）书面指令的工程变更，或推定的工程变更指令（Constructive Change Order），可以获得工期延长（EOT）及额外费用补偿。

（2）业主命令停工，但停工的原因不属于承包商的过失，而是业主出于自己方面的原因（资金匮缺，规划设计的重大变更等），从而给承包商带来经济损失。

（3）业主命令暂停施工，或指示采用低效率的施工方法和施工顺序，从而造成工期拖延并给承包商带来经济损失。

（4）业主提供的施工技术规程（Specification）有错误或含糊矛盾之处，承包商据其施工，造成返工浪费或成本增加。

（5）业主不能按照合同规定的时间向承包商提供施工现场，或不能按时提供合同中规定的由业主提供的建筑材料，从而引起了工期拖延和额外经济亏缺。

（6）工程师不能按规定时间向承包商发放施工详图，或使承包商等待检查或试验的时间无故拖延，影响施工进度，并给承包商造成经济损失。

（7）业主不按照合同规定的时间向承包商支付工程款。

【案例 3-2】 由于工期延误引起的索赔

我国某水电站工程的施工支洞，全长 303m，地质条件比较复杂，承包商在开挖中遇到了断层软弱带和一些溶洞。断层带宽约 60m，给施工造成极为困难的条件。承包商因此改变投标报价文件中的施工方法，并经工程师同意，采用了边开挖、边衬砌的"新奥法"工艺施工。从而，实际施工进度比原计划拖后了 4.5 个月。为此，承包商决定调整钢管斜井的施工进度，利用原计划中的浮动工期，可挽回 1.5 个月的延误工期；

同时，请求工程师批准另外 3 个月的拖期。

工程师经过核实后，评价认为：(1) 施工支洞开挖过程中出现的不良地质条件，超出了招标时所预期的断层软弱带的宽度，属于承包商不能够合理预见和控制的不利施工条件，并非承包商的失误或疏忽所致，故确认属于可原谅的延误（Excusable Delay）。(2) 这一不利的施工条件，以及它所导致的工期延误，也不是业主及工程师所能预见和控制的，不是业主方面的错误。因此，此种工期延误是属于可原谅、但不予补偿的延误（Non-Compensable Delay）。(3) 根据以上分析，业主批准给承包商延长工期 90 天，但不进行经济补偿，即按投标文件中的施工单价和实际的开挖工程量向承包商进行施工进度款支付。

三、施工条件变化

在施工过程中遇到了"不利的自然条件或障碍"（Adverse Physical Conditions or Obstructions，简称为 APC），或"不同的现场条件"（Different Site Conditions，简称 DSC）时，一般都要出现施工索赔问题。这是因为它可能使工程成本大量增长，工期显著延长。

在提出和处理不利的自然条件（APC）索赔时，需要考虑以下 5 个方面的问题：

(1) 什么是本工程可以合理预料到的不利自然条件？

(2) 实际遇到的条件是怎样的？

(3) 实际的不利条件与承包商可合理预料的不利条件差异有多大？

(4) 实际遇到的不利条件是否引起了承包商的施工费用增加？是否导致了工期延长？

(5) 通过适当的标前现场查勘，是否可以发现这些不利条件？

通过分析这些问题，就可以判断这种不利条件是不是"一个有经验的承包商不可能预见的"？是不是有权利索赔？

在国际工程施工索赔的实践中，由于不利的自然条件而提出的索赔要求，一般不容易取得成功。这是因为：

第一，不利的自然条件包含着广泛的内容，它既包括由于勘探工作粗浅，因而在招标文件中描述失实的现场条件，即国际施工索赔通称的"第一类不利的现场条件（APC Type Ⅰ）"；又包括出乎工程实践经验而意外的出现了的现场条件，即所谓的"第二类不利的现场条件（APC Type Ⅱ）"。而且，这些不利的现场条件是以"一个有经验的承包商无法预见到的"为标准来确定是否属于"不利的自然条件"（或称"不利的现场条件"）。对于这个标准，合同双方经常有不同的理解或解释。

第二，施工过程中发现了不利的现场条件，如地质岩石状况与招标文件出入很大，说明设计和勘探工作的深度不够，这自然是设计工作者（咨询工程师）的责任。作为施工监理的咨询工程师，必然会找到各种原因来证明这是承包商的责任，是一个有经验的承包商应该预见到的问题，因此不应属于"不利的自然条件"。

虽然如此，这并不是说承包商不能提出属于APC性质的索赔；而是在提出这种索赔要求时要附以充分的论证资料，并紧密联系该工程项目的合同文件。或者，把笼统的"不利的自然条件"更具体化地提出来，如由于地质条件恶劣而要求修改施工单价；由于地下水涌出流量增加，而需要增加排水设备；由于工效降低而要求业主给予相应的补偿；由于工期拖长而要求给予管理费补偿，等等。这些具体的索赔要求，一般比较容易成功。

【案例3-3】 由于施工现场条件困难、工期延长，而要求补偿管理费

某地道工程规模较大，是城市交通的一条要道。合同额2493360美元，合同工期28个月。工程项目的合同文件包括：英国土木工程师学会的ICE标准合同条款，施工技术规程，工程量表，以及施工图等。

在施工过程中，发现地道穿过的山体岩石中有大量的软弱夹层，使掘进工作十分困难，只有在钢架支护的情况下才能掘进。因此，承包商以"不利的自然条件"为由向业主和咨询工程师提出了索赔要求。

咨询工程师的复函否定了承包商的要求，信中指出："地道中岩石状况是一个有经验的承包商应该预料到的，它并不比预料的更差。况且，你在报送投标书前已经看到了地质勘探报告及钻孔岩芯，而且已做过现场勘查（Site Investigation）。因此，我无法同意对此发出任何的变更指令（Variation Order）。"

在此基础上，咨询工程师拒绝了承包商对劳动力窝工、设备生产率降低等项索赔要求，而仅对工期延长 $\left(3\frac{1}{2}月\right)$ 期间的管理费进行了补偿，即：

合同总额　　2493360美元

总部及工地管理费，占14.5%　361537美元

合同工期28个月，每月管理费　12912美元

延期 $3\frac{1}{2}$ 月管理费补偿　45192美元。

四、加速施工

加速施工（Acceleration）一般来自工期延误（Delay）。当工程项目的施工计划进度受到干扰时，如果可能导致工程不能按时建成，业主不能按时得到工程效益时，就面临两种选择：

（1）延长工期：允许承包商拖后竣工的时间，宁肯工程项目较晚些发挥效益，亦不宜投入更多的建设费用。这是因为加速施工引起的成本增加大于工程晚期投入所产生的效益。

（2）加速施工：即由业主发布"加速施工指令"（Order to Accelerate），要求承包

商投入更多的资源，加班施工，以确保按计划的日期建成工程项目。当然，这里所说的加速施工，并不包含承包商的任何责任或原因。如果是由于承包商的原因，使施工进度计划落后时，则应由承包商自费进行赶工，业主不承担任何经济补偿，亦不会给予工期延长；而且，当工程项目最终不能按计划日期竣工时，承包商还要向业主交纳"误期损害赔偿费"。

【案例3-4】 加速施工索赔

某工程承包公司在一项道路工程投标竞争中取胜中标。工程项目按美国工程师合同文件联合会（EJCDC）制定的合同条件实施，中标合同价15287500美元，工期18个月。

在工程实施过程中，不幸遇到特大暴雨，洪水淹没了一段道路，可能使该道路工程不能按合同规定的日期竣工。在洪水过后的工地会议上，驻地工程师口头提出，希望承包商加快施工速度，把洪水造成的工期延误挽救回来，使工程仍能按期建成。当时，承包商也同意这个意见，希望在冬季到来之前完成道路工程，以免越冬施工时工效降低、施工成本提高。承包商以为这样已经达成了加速施工的谅解，故投入更多资源按期完成了道路工程。

但当承包商要求支付加速施工的额外费用时，业主不给予补偿，声称加速施工系承包商自愿，业主并没有书面的加速施工指令。

这一索赔争端报到索赔法院。法院裁定，口头要求足以表明业主希望承包商加速施工，形成了可推定的加速施工（Constructive Acceleration），因此承包商应得到付款。

五、工期延长

在国际工程承包施工中，工期延长意味着工程成本增加；承包商获得工期延长（EOT——Extension of Time）的前提条件，是工期拖延的原因不是由于承包商的失误或无能，而是由于不可抗御的客观原因，或由于业主方面的原因。

1. 在什么情况下承包商可获得工期延长？

按照承包施工索赔的惯例，在下列情况下承包商有权获得工期延长：

（1）业主未能按照合同规定的时间向承包商提供施工现场或施工通道；

（2）工程师未能按照合同规定的施工进度表提供施工图纸，或发出必要的指令；

（3）施工中遇到了不可预见的不利自然条件或障碍；

（4）业主要求暂停施工，或由于业主的原因被迫暂停施工；

（5）业主和工程师发出工程变更指令（V.O.），而该指令所述的工程系属额外工程（Extra work）；

（6）由于业主风险或特殊风险，引起工期延误或工程损害；

（7）施工中遇到了异常恶劣的气候条件（Exceptionally Adverse Climatic Conditions）；

（8）由于业主的原因，使施工受到了干扰或阻碍，等等。

2. 工期索赔与经济索赔的关系

对于同一个索赔事项（如施工拖期），工期索赔与经济索赔可能同时存在，同时获得批准；也可能二者只具其一，业主和工程师只批准二者之一。这要根据具体的索赔事项进行具体地分析，分别予以考虑和论证，不应把它们简单地联为一体。例如，有些人误认为：不批准工期延长，便得不到经济补偿；或者，得到了工期延长，便有权得到经济补偿；或者，得到了经济补偿，便不能再要求延长工期，等等。

关于工期索赔与经济索赔的关系，在本书第 2 章的表 2-3 中进行了分析，可归纳如下：

（1）凡是属于业主方面的原因引起的工期延误，都属于可原谅的和应予补偿的延误（Excusable and Compensable Delay），承包商既有权得到工期延长，又能够得到附加开支的经济补偿。

（2）有时，虽然是属于可原谅并应予补偿的延误，但业主在审核索赔报告时利用关键路线法（CPM—Critical Path Method）分析索赔事项在施工网络图上的位置。如果该项延误已影响了关键路线上的工作，则应给予承包商延长工期；如果承包商能证实引起的附加开支亏损，则又可给予经济补偿。如果该项影响不涉及关键路线上的工作，则业主便不同意给予工期延长，而只予以经济补偿。这种情况一般应用于大型土建工程，业主严格地掌握工程建成的时间，不轻易同意工期延长。

（3）凡属于客观原因引起的工期延误，即这种延误来自大自然或社会事态的影响，既非承包商的责任，也不是业主所能控制的。这种延误属于可原谅、但不予以经济补偿（Excusable but not Compensable），承包商有权获得工期延长，但不能得到经济补偿。

（4）凡属于承包商方面的原因引起的工期延误，则属于不可原谅的延误（Non-Excusable Delay）。在这种情况下，承包商既无权得到工期延长，也不能获得任何经济补偿；唯一的出路是自费采取赶工措施，以免最终不能按期竣工时承担延误损害赔偿费。

根据上述情况，承包商应善于分析形成索赔事项的原因，从合同条件中引用索赔的依据，并系统地积累资料和证据，分别论证和提出工期索赔或经济索赔，分别编写索赔报告。按照国际工程施工索赔的惯例要求，工期索赔和经济索赔应分开编写索赔报告，不要混在一个索赔报告之中，也不要要求业主和工程师同时做出决定，以免互相影响，使索赔要求长期得不到解决。

有时，鉴于工程规模较小，或工程虽大但索赔事项简单，允许承包商把工期索赔和经济索赔放在一个报告里，同时予以处理，如下列案例。

【案例 3-5】 由于施工图纸变更而导致的索赔

我国某水电站引水隧洞，合同图纸上标明的引水道压力钢管的 2 号和 4 号支管的开挖尺寸为高 8m、宽 7m。承包商据此完成了开挖，并对洞壁作了喷锚支护。此后，设计工程师发现，支管断面尺寸（8m×7m）不能满足运输钢岔管的要求，于是变更设计，要求将支管开挖尺寸加宽 1m。为此，承包商提出了额外补偿的索赔要求，原因是：

(1) 此二支管的开挖与喷锚均已完成，重新二次施工需再次投入资源，并延长了支管的施工期。

(2) 第二次开挖的施工条件困难，现有钻机高度不够，需用石碴将扩挖段填到 $\frac{1}{2}$ 洞高，作为临时施工平台，因而增加了临时施工平台的回填与清除费用。（第一次开挖时系采用二层台阶分二步开挖）

(3) 开挖已锚固的洞壁，岩石有锚杆相连，不同于正常的岩石开挖，使单位立方米开挖单价提高。

经工程师评价，通过合同双方协商，对此项设计变更采取了如下的解决办法：

(1) 对支管部位的施工期，给承包商延长一个月。

(2) 同意承包商采用石碴作施工平台的措施，对临时施工平台的回填和清除，由业主给予费用补偿。

(3) 按原报价单中所列的支管隧洞开挖的单价，向承包商支付扩挖工程量的全部费用。

六、业主风险

FIDIC 合同条件中，第 20.4 分条款"业主风险"（Employer's Risks）及第 65 条（65.1～65.8 分条款）"特殊风险"（Special Risks），在工程承包的风险分担（Allocation of Risks）上都属于业主方面承担的风险。这两种风险在 FIDIC 通用条件中共包括 11 种风险责任，因为互有重复，作者在本书第 1 章的图 1-1 中归纳为 7 条。所有这些风险所导致的经济损失，或引起的施工拖延，都应由业主承担，承包商有权得到经济补偿或工期延长。

风险分担与施工索赔存在着直接的关系。如果发生了应由业主承担的风险，毫无疑问，承包商有权提出此项索赔，以补偿自己由此项风险所蒙受的损失。根据这一原则，如果某项工程的合同条件中包含了大量的对业主责任的开脱性条款（Exculpatory Clauses），而这些开脱业主责任的条款同业主风险相抵触时，承包商仍可通过法律途径（诉讼）来否决这些开脱性条款。

招标文件中的错误，也应由业主负责，案例如下。

【案例 3-6】 由于招标文件错误而导致的索赔

我国某水电站工程，通过国际竞争性招标，选定外国承包公司进行引水隧洞的施工。

在招标文件中，列出了承包商进口材料和设备的工商统一税税率。但在施工过程中，工程所在地的税务部门根据我国税法规定，要求承包商交纳营业环节的工商统一税，该税率为承包合同结算额的 3.03%，是一笔相当大的款额。但外国承包公司在投标报价时没有包括此项工商统一税。

外国承包商认为，业主的招标文件仅列出了进口工商统一税，而遗漏了营业工商统一税，是属于招标文件中的错误，因而向业主提出了索赔要求。承包商在向业主提出索赔的同时，按当地税务部门的规定，已交纳了 92 万元人民币的营业税。

在承包商提出索赔要求之初，水电站建设单位（业主）曾试图抵制承包商的这一索赔要求，援引合同文件中的一些条款，作为拒绝索赔的论据，如："承包商应遵守工程所在国的一切法律"，"承包商应交纳税法所规定的一切税收"等等。但无法解释在招标文件中为何对几种较小数额的税收都作了详细规定，却未包括较大款额的营业税。

经工程师审查，业主的编制招标文件人员不熟悉中国的税法和税种。编写招标文件时并不了解有两个环节的工商统一税。

此项索赔发生后，业主单位在上级部门的帮助下，向国家申请并获批准，对该水电站工程免除了营业环节的工商统一税。

至于承包商已交纳的 92 万元人民币的税款，经合同双方谈判协商，决定各承担 50%，即对承包商已交纳的该种税款，由业主单位给予 50% 的补偿。

七、物价上涨

在国际工程承包施工中，遇到的普遍问题之一，就是工程所在国的物价上涨，尤其是在一些经济发展不稳定的国家。对于工期在 1 年以上的工程项目，就应该在合同条件中考虑物价上涨的调价问题，尤其是对于工期长达 3 年以上的大型土建工程。因为物价上涨引起人工费、建筑材料及当地费用的大幅度提高，往往使工程成本大量增加。

FIDIC 合同通用条件第 70.1 分条款专门规定了物价调整的问题，并在专用条件中提出了 3 种价格调整方案，供合同双方在签订施工协议书时参考选择，其中利用调价公式的做法，在大型国际工程中普遍采用。

1. 价格调整公式

国际工程合同价格调整采用的公式很多，所包括的调整项目各不相同。但它们的共同点是，根据每个可调整项目的物价浮动程度，利用公式先求出"物价变化系数"（Price Fluctuation Factor），然后利用这个系数计算调整后的合同价。

在接触到的许多形式的调价公式中，作者认为世界银行发布的"工程招标示范文件"中提出的价格调整通用公式（General Formula）最为合理。它包括了较多的可调整项目，共计 11 项；并且根据不同性质的工种，提出了建议的各项系数。

世界银行推荐的价格调整通用公式如下：

$$p = x + a\frac{EL}{EL_0} + b\frac{LL}{LL_0} + c\frac{PL}{PL_0} + d\frac{FU}{FU_0}$$

$$+ e\frac{BI}{BI_0} + f\frac{CE}{CE_0} + g\frac{RS}{RS_0} + h\frac{SS}{SS_0}$$

$$+ i\frac{TI}{TI_0} + j\frac{MT}{MT_0} + k\frac{MI}{MI_0} \tag{3-2}$$

式中　　　　　p——价格调整系数；

　　　　　　　x——固定系数；

a，b，……，k——可变系数；

$$x + a + b + \cdots + k = 1.00(见表3\text{-}5)$$

　　　　　　EL——外来工人的现时工资（Current Labour Rates），即进行价格调整时的工资；

　　　　　　EL_0——外来工人的基础工资，即投标报价书中的工资，或称初始工资（Initial labour Rates）；LL，PL，FU，BI，CE，RS，SS，TI，MT，MI——分别代表当地工人、施工设备、燃料、沥青、水泥、预应力钢筋、结构钢筋、木材、海运及其他调整项目的现时价格（Current Price or Rate）；

LL_0，……，MI_0——分别代表它们的初始价格（Initial Price or Rate），即投标文件中的价格（Bid Price or Rate）。

关于 a，b，……，k 等可变系数，根据工作性质的不同，亦应有相应变化。其目的是各个调整项目的比重适应该工作的性质，比较接近实际。世界银行推荐的对于不同性质的工程的可变系数见表 3-5。

可变系数表　　　　　　　　　　　表 3-5

系数 工种	x	a	b	c	d	e	f	g	h	i	j	k	合计
土方工程	0.10	0.13	0.10	0.38	0.15	0.0	0.02	0.02	0.0	0.0	0.05	0.05	1.00
结构工程	0.10	0.16	0.14	0.24	0.05	0.0	0.09	0.06	0.0	0.0	0.08	0.04	1.00
装修工程	0.22	0.12	0.15	0.32	0.10	0.0	0.0	0.0	0.0	0.0	0.04	0.05	1.00

在求出价格调整系数 p 以后，即可根据原合同价 p_0，计算出调整后的合同价 P，即：

$$调整后合同价\ P = P_0 \times 价格调整系数\ p \tag{3-3}$$

对于物价上涨的价格调整，一般每月进行一次。其现时价格系指调整时段（一月，或一个季度）的最后一天的市场价格；基础价格系指开标日（即公开开标日；如不公开开标，即为报送投标文件的截止日）28 天以前该日的价格。

2. 物价上涨价格调整的起点

在有些工程项目的合同条件中，对物价上涨引起的合同价调整提出了幅度限制。

例如,该合同条款中规定,如果物价上涨幅度较投标报价书中的价格小于5%时,不进行价格调整。这样,就把5%的物价上涨的风险,确定由承包商承担;上涨幅度大于5%时,再由业主承担。对于限制调整上涨幅度的合同条件,承包商在签订施工协议书时应慎重考虑。

【案例 3-7】 关于物价上涨的计划外成本索赔

我国某国际工程公司,承包国外的一座水电站的施工,协议合同额 12857000 美元,工期 18 个月。合同条款采用 FIDIC 标准"合同条款"(第4版),并有整套施工技术规程、工程量清单,以及施工图纸。

在施工过程中,由于工程所在国物价上涨,使承包公司面临亏损。在工程将近建成时,承包商要求价格调整,收回物价上涨引起的成本增加,并收回拖期支付的利息。

该合同采用下列调价公式计算价格调整系数:

$$p = 0.15 + 0.17\frac{EL}{EL_0} + 0.14\frac{LL}{LL_0} + 0.25\frac{PL}{PL_0}$$
$$+ 0.13\frac{CE}{CE_0} + 0.10\frac{ST}{ST_0} + 0.06\frac{TI}{TI_0} \tag{3-4}$$

式中 EL——出国人员调价时的工资;

EL_0——出国人员报价书中的工资;

LL——当地工人的工资,分别为 LL 及 LL_0;

PL——施工机械费,分别为 PL 及 PL_0;

CE——水泥价格,分别为 CE 及 CE_0;

ST——钢材价格,分别为 ST 及 ST_0;

TI——木材价格,分别为 TI 及 TI_0。

经过价格调查,上式中各项成本费的比例如下:

EL/EL_0	LL/LL_0	PL/PL_0	CE/CE_0	ST/ST_0	TI/TI_0
1.12	1.10	1.09	1.06	1.14	1.08

故价格调整系数 $p = 0.15 + (0.17 \times 1.12) + (0.14 \times 1.10) + (0.25 \times 1.09)$
$+ (0.13 \times 1.06) + (0.10 \times 1.14) + (0.06 \times 1.08)$
$= 0.15 + 0.1904 + 0.1540 + 0.2725 + 0.1378 + 0.1140 + 0.0648$
$= 1.0835$

采用下式公式,计算调整后的合同价 P 的值

$$P = P_0 \times p$$

式中 P——调整后的合同价;

P_0——原合同价;

p——上式求出的价格调整系数(1.0835)。

故　调整后的合同价 $P = 12857000 \times 1.0835$
$$= 13930560 \text{ 美元}$$

通过价格调整，合同额增加 1073560 美元，亦即由于物价上涨的索赔款。

上述物价上涨索赔款计算出来后，由于业主付款拖后 $4\frac{1}{2}$ 月。根据合同文件中规定，拖付款按年利率 9.5% 计算利息。故业主应补偿拖付利息为

$$1073560 \times \frac{0.095}{12} \times 4.5 = 38246 \text{ 美元}$$

故业主共付物价上涨调整款及其拖付利息共计为

$$1073560 + 38246 = 1111806 \text{ 美元}$$

上述两项索赔款占原合同额的比例为

$$\frac{1111806}{12857000} = 8.65\%$$

八、施工效率降低

在土建工程的施工过程中，经常会受到意外的干扰或影响，使施工效率降低（Loss of Efficiency），引起工程成本增加，因而形成了索赔问题。在国际工程施工索赔的实践中，由于工效降低而引起的索赔款额，达到各种索赔总款额的 10% 以上，有时甚至高达 40%～50%。因此，承包商应熟悉工效降低的索赔工作。

1. 工效降低的原因

土建施工中工效降低的原因很多，主要有：

（1）气候恶劣：如飓风，暴雨，大雪，洪水，超高温等。

（2）工程变更：如工程大幅度增减，工序变更，加班加速施工，工地拥挤等。

（3）地基出现问题：如发现断层软弱带，淤泥层或流砂层，被迫改变施工方法。

（4）施工准备不够：如征地工作进展缓慢，施工通道未及时建成，临建工程拖后等。

（5）施工供应不善：如施工机械进场日期拖后，建筑材料供应不及时，现场人员生活供应未安排好等。

（6）外界社会因素：如政局动荡，罢工罢市，传染病流行等。

2. 工效降低索赔应注意的问题

工效降低索赔中，经常出现合同双方的争论。其主要原因，是对工效降低的程度和原因有不同的解释，而确凿的证据往往难以取得。业主方面会提出质询：工效降低的原因是承包商对施工组织未做好，油料未及时供应，机械出勤率低，等等。承包商为了回答这些疑问，必须提出有说服力的证据，主要是做好以下工作：

（1）做好现场记录：对现场的施工机械、劳动力的数量、工作时间、工作内容、

完成工程量等数据，进行详细的登记。

（2）论证工效降低的原因：工效降低的原因是多方面。对于每一项引起工效降低的事由，都应做详细的具体记录；对有的事故或干扰，还应利用照相机或录像机记录下来。

（3）采取合理的计价方法：工效降低索赔的计价方法甚多，应根据具体事由选用有说服力的方法。详见本书第5章"工效降低计价法"所述。

【案例3-8】 工效降低引起的索赔

某土建承包商向一位房建总承包商分包一段道路的土方挖填工作，挖填方总量为 $1750m^3$，计划用8个台班的推土机，65个工日劳动力。

在施工过程中，由于总承包商施工的干扰，使这项工作在10天内完成，而每天出勤的设备和工人均未减少。因此，土建分包商向房建总包商提出了附加开支的索赔要求，即超过计划的2天的施工费用补偿如下：

2天的设备台班费	2×850元＝1700元
2天的人工费	2×8人×35元＝560元
	2260元
管理费（9.5%）	215元
	2475元
利润（5%）	124元
工效降低索赔款	2599元

房建总承包商对此项索赔予以接受，并支付给土建分包商3000元了结。

九、暂停施工或终止合同

在承包施工过程中，由于业主方面的原因或客观的干扰而发生暂停施工或终止合同时，承包商均有权提出经济索赔。

1. 业主方面暂停施工的原因

（1）施工过程中出现紧急状况，如战争，内乱，强烈地震，毁灭性水灾，传染病流行，等等。

（2）工程在规划设计上出现严重问题，需要修改设计。

（3）业主在工程款支付方面出现严重困难，原定的投资来源落空，等等。

在这里不包括由于承包商的原因而使业主下令暂时停工，如施工质量不符合技术规程（Specifications）的要求，虽多次提出警告但无改进。

2. 两种不同的终止合同

业主终止合同，大多数情况是暂停施工的原因发展到了极严重的程度，而在短期内得不到缓解。对于承包商来说，终止合同将是一个灾难性的事情。因为如果是由于承包商的原因而使业主下令终止合同，这将意味着承包商的名誉扫地，他在今后将不可能在投标时通过资格预审（Prequalification）；在经济上他将承受严苛的处罚与损失，很可能导致该承包公司的破产倒闭。因此，承包商应十分严肃地关注此事，懂得区分两种不同的终止合同。

（1）违约终止合同

所谓违约终止合同（Termination for Default），是指合同双方中的某一方严重违约，由非违约的一方按照合同条件给予的权利，向违约方提出终止合同。这个违约者可能是承包商，也可能是业主，要看具体情况来确定。

如果承包商无能力完成施工任务，或施工质量极差，或在经济上破产，或严重违反自己的合同义务，业主有权发出终止合同的决定。

如果业主长期拖付工程款，使承包商难以坚持施工时，承包商可根据FIDIC合同条款第四版中增订的第69.1分条款，在发出警告性的付款通知后的第14天以后，使终止合同正式生效。

（2）业主自便终止合同

所谓业主自便终止合同（Termination for Convenience），就是业主自己认为对自己方便或有利的情况下，向承包商提出终止合同，而丝毫没有承包商的责任。如果在工程项目的合同条件中列入业主自便终止合同的条款，这便是一个不公正的合同条款，它只对业主有利，使业主摆脱终止合同的责任，而使承包商蒙受重大的经济损失。因此，在国际通用的一些标准合同条件中，均没有列入这样的条款。承包商在投标时，应注意项目招标文件（一般是通用条件）中有无这样的条款。

3. 暂停施工应有时限

暂停施工应该有一个具体的时限，不能永无止境地停下去。这样对承包商是十分不利的。如果是由于承包商的原因（如施工质量差）而暂停施工，则在经过整顿改进以后，应允许承包商复工。如果业主要求暂停施工（因自己方面的原因），则应在84天以后恢复施工；如果承包商屡次要求复工，而业主不予理睬时，如果是部分工程，则应按"工程变更"处理；如果是整个工程，即可按"终止合同"处理。

【案例3-9】 业主自便终止合同引起的索赔

某项水利工程，计划进行河道拓宽，并修建两座小型水坝。通过竞争性招标，业主于1990年11月同选中的承包公司签订了施工合同，合同额约4000万美元，工期2年。

该河流上游有一个大湖泊，属于自然保护区，大量的动植物在这块潮湿地区繁育生长。河道拓宽后，从湖泊向下游的泄水量将大增，势必导致湖水位下降，对生态环境造成不良影响。因此，国际绿色和平组织不断向该国政府及有关人员施加压力，要求终止此项工程，取消已签订的施工合同。

业主国政府最终接受了国际绿色和平组织的请愿，于1991年1月解除此项水利工程施工合同。承包商对此提出了索赔，要求业主补偿已发生的所有费用，以及完成全部工程所应得的利润。

由于此项合同的终止出自业主的方便,而不是承包商的过失,是属于"业主自便终止合同"(Termination for Convenience)的情况。因此,业主应对承包商的损失予以合理补偿。经过谈判,业主付给了承包商1200万美元的补偿。

十、业主拖期付款

所有的国际工程合同条件对业主支付工程款,均有一个时间上的规定。对于工程进度款,一般规定当咨询(监理)工程师将经过审核签字的月结算单(Monthly Statement)送交业主后,在28天(或1个月)内应由业主向承包商付款。对于索赔款,一般是一经确定,就在当月内如工程进度款那样及时予以支付。

但是,在很多的情况下,业主往往拖付工程进度款和索赔款,有时甚至拖达半年以上,这时,承包商有权要求业主按拖付时间及一定的利率(合同文件规定的利率,或双方商定的利率)支付利息。

在拖期支付索取利息损失时,最难解决的是拖付索赔款的利息问题。在一般情况下,业主在审核索赔款额时反对列入利息,除非是明显地由业主责任形成的施工拖期索赔(Delay Claims)。即使同意在索赔款中列入利息,也不包括索赔处理时期,仅考虑确定索赔款额后至付清索赔款这一段的拖付期。

【案例3-10】 拖期付款引起的利息索赔

某房地产开发商委托一小型土建承包公司承建一栋别墅楼,议定合同价2936000美元,工期10个月,系固定总价合同。

在施工过程中,业主指令承包商增加修建别墅周围的绿化园地工程,议定增加工程款75000美元。直至工程建成时,承包商仅收到业主方面60%的合同价付款,其余均拖欠未付。

为此,承包商向索赔法院(Claim Court)提出诉讼,要求该房地产开发商支付下列费用:

拖欠原定合同款40%	1174400美元
拖欠增加工程款	75000
	1249400

拖付期7个月,按当时银行贷款
年利率9.25%计息

$$1249400 \times 9.25\% \times \frac{7}{12} = 67416 \text{ 美元}$$

共计　1316816美元

索赔法院裁定:承包商的索赔要求合理,应予补偿。

十一、业主违约

在 FIDIC 合同条件第 69 条里，对业主违约的主要事项及处理办法做了规定。这里所指的业主违约事项主要是：

（1）不按合同规定向承包商付款；

（2）干扰或阻挠工程师发出支付证书；

（3）破产倒闭，无能力履行合同义务，等等。

此外，从合同义务的广义范围上说，凡是违反合同规定、拒绝履行自己的合同义务的地方，都属于违约的范畴。例如：指令承包商暂停施工后，长期（超过合同规定的暂停时限）不允许承包商复工；无理干扰承包商的施工；对承包商合理的索赔要求，长期置之不理，等等。

就施工合同协议书的签约双方来说，由于咨询（监理）工程师是业主委托的监督合同实施的代表，凡是工程师工作中的差错，如设计错误，迟交施工图纸，侵犯承包商的权利或利益，从签约双方的合同义务上划分，都属于业主方面的责任，承包商有权就这些问题向业主提出索赔。

【案例 3-11】 把合同额以内部分工程转包给别的承包商而引起的索赔

某风景园林工程，包括铺敷表土层，种草植树，美化风景，建设工程，等等。合同文件包括：英国 JCT 标准格式合同条款，工程量清单，施工图纸，但没有施工技术规程。此工程项目合同额为 1245800 美元，工期 20 个月。

在总合同额 1245800 美元中，包括风景建设工程 115180 美元，后者之中又包括备用金（Provisional Sum）13750 美元，系准备用做专项建设。

承包商在实施此项目过程中，对进度抓得不紧，合同工期将满还有大量工作待做。因此，业主决定将风景工程部分转交给另一个专业承包商承担，以期尽早建成该合同项目。转包给专业承包商的合同部分如下：

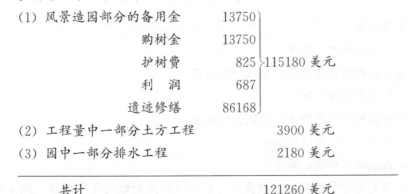

园林工程的承包商对业主的决定，持坚决的反对态度，认为自己有合同权力继续完成这些工程。但业主引用工程项目的通用合同条款，其中写明业主有权临时增加或

取消任何部分的工程。

因此，承包商向业主提出了利益损失的索赔要求。

按照惯例，在这种情况下，承包商有权要求业主补偿自己原计划应得的管理费和利润。在这项合同中，投标书中的管理费（包括总部管理费及工地管理费——General Overhead & Site Overhead）为22%，利润（Profit）为5%，共计为27%。

承包商可索赔的款额，计算如下：

（1）按BOQ完成的工作

土方工程　　3900
排水工程　　2180　92248美元
遗迹修缮　　86168

$$92248 \times \frac{27}{127} = 19612 \text{ 美元}$$

（2）备用金13750美元中，可提利润率5%，即 $13750 \times 5\% \times \frac{100}{105} = 655$ 美元

（3）购树金13750美元中，可提利润688美元。

以上3项合计，可得索赔补偿　　　　　　　　　　　　　　20955美元

十二、政府法令变更

在国际工程合同条件中，对工程所在国立法变更对承包合同价的影响，均有相应的规定。这就是在投标书递交截止日期前的28天内，由于政府法令的改变使承包商履行合同的费用有增加或减少时（一般都是使费用增加，极罕见减少），则所增加（或减少）的金额要由业主负责，而不应使承包商的经济利益因业主国政府法令改变而受到损失。

根据国际工程承包施工的实践，由于政府法令变更使承包商施工费用增加的情况主要有以下诸项：

（1）海关收税率提高；

（2）所得税、工商业等税率提高；

（3）外汇兑换率行政性指令变更，当地货币贬值；

（4）对货币汇兑的币种进行限制；

（5）对支付给承包商的原定的货币比例进行改变；

（6）对当地工人工资的法令性增加；

（7）对外来工人的特别征税，等等。

凡是由于上述政府法令而增加的工程费用，都可以列入新增的工程成本，由业主承担，承包商有权进行索赔。

思考题

1. 承包商的施工索赔要求，不外乎工期索赔和经济索赔两种。书中谈的"道义索赔"，是特殊情况下才存在的。请你详细写出工期索赔与经济索赔的关系、差别，以及它们同时存在的条件。

2. 承包商可索赔的条款（表3-1）是由FIDIC总部汇总提出的，对承包商发现索赔机会甚有助益。请你参照此表，对某个工程项目的合同文件进行逐条审阅，制定出该项工程的索赔工作人员可参照的索赔条款表，发给所有的合同管理人员，使自己不失去每一个索赔的机会。

3. 在国际工程承包施工中，终止合同的情况并不罕见，但有的承包商不会捍卫自己合理的经济利益，不知道识别该项终止合同是属于"业主自便的终止"（Termination for Convenience），却被业主找出的借口所蒙蔽，以自己无能力完成该项工程而同意终止了合同。这样，他不但放弃了索赔的机会，还受到业主的克扣，而且被列入了承包商无力履约的"黑名单"，在此后的多次资格预审时被排除在外。你说冤不冤？这关键在于有没有国际工程合同条件方面的知识。请你思考并列出识别业主自便终止合同的几条合同依据。

4. FIDIC合同专用条件第70条中列举出3种价格调整的计算方法。请你写出这3种不同的调价法的适用条件，并提出你自己对选用调价方法的见解，其目的是选用合理的、对方可以接受的调价方法或调价公式，以期得到较多的价格调整款。

5. FIDIC通用条件第52.3分条提出变更费用超过15%后的合同价调整方法，很重要。请你按照下列假设值，提出合同价调整的结论性意见。假定：中标合同价为1000万美元；完工时实际发生的总费用为1450万美元，其中包括：使用备用金25万美元，按日计工付款35万美元，物价上涨调价款12万美元，立法变更增加款5万美元，工程变更款180万美元，BOQ工程量增加款30万美元，索赔付款153万美元，工程进度款累计1010万美元。请你核算并决定：

（1）是否还应该进行合同价调整？

（2）如果应该调整合同价，那么应该在多少合同价以外进行调整？按多少美元调整？应增加或应减少？所增加（或减少）的调价款是对哪一项支出的补偿（或扣除）？

第 4 章　对合同条款的解释

> 为了做好施工索赔工作，无论对索赔者或被索赔方来说，都必须透彻地理解工程项目的合同文件，必须具备解释合同条款的知识。否则，就做不好施工索赔管理工作。
>
> 本章重点介绍国际工程承包界解释合同文件的一般规则，默示条款的主要内容，以及有关的国际惯例做法，全面深入地论证索赔权。

第 1 节　合同文件的重要性

在处理施工索赔问题或解决索赔争端过程中，首要的合同依据还是该工程项目的承包合同文件。但是，在对该合同文件进行解释时，往往由于该合同条款不完善或含糊不清，需要参照该合同文件所依据的某一种标准合同条件，如 FIDIC 合同条件，ICE 合同条件，AIA 合同条件，或其他的通用合同条件。有时，还需要参照类似的办案先例，或按照工程所在国的法律和规定办理。这些问题，都是工程项目合同管理的重要内容，是合同管理和施工索赔人员必须通晓的知识经验。

一、工程项目的合同文件

一个工程项目的合同文件，通常包括施工协议书，投标书，通用条款，专用条款，技术规程（Specifications）和施工图纸，等等。合同管理和施工索赔人员，必须熟悉这些文件，尤其对项目合同文件中的专用条款、通用条款和施工技术规程应了如指掌，并能熟练地应用，以便保护自己的合同权利，正确地履行自己的合同责任。

每个项目的合同文件包含着成千上万个条款和规定，内容庞杂。对于一个合同管理和施工索赔工作者，在全面了解各种规定和条款的同时，重要的是掌握其中的"关键性条款"，即对合同双方的经济利益具有关键性的条款。这种条款，国外的合同专家们有时形象地称之为"红旗条款"（Red Flag Clauses），预示着其对项目双方的经济利益起着决定性的作用。根据多年从事国际工程承包施工的经验，这些关键性条款可概括为以下 10 个方面：

1. 工程范围（Scope of Work）

施工合同及索赔管理人员，应从合同文件的有关部分中（如：投标邀请函，通用及专用条款，施工技术规程等）摘录出该项合同所包括的准确的工程范围，即哪些是承包商应建成的工程项目。如果超出了这个工作范围，即属于额外的工程（Extra Work），承包商有取得经济补偿（甚至工期延长）的权利。这个摘录出来的准确的工程范围，应逐项写明工程内容，如：

——主体工程，包括……

——辅助工程，包括……

——设备供应，包括……

——安装培训，包括……

——维修运行，等等。

2. 工程变更（Variations/Changes）

根据合同文件，具体列出：

——有无变更条款？是哪几条？

——谁签发书面的变更指令（Change Order，或 V. O.——Variation Order）?

——变更工程的估价和支付方式；

——如何确定变更工程的单价，等等。

3. 不利的现场条件（Differing Site Conditions）

——有无不利的现场（自然）条件的条款？

——遇到不利条件时的申报程序；

——如何进行经济补偿；

——如何确定工期延长，等等。

4. 合同风险的分担（Risk Allocations）

——业主风险（Employer's Risks）是哪些？

——特殊风险（Special Risks）是哪些？

——汇率变化风险有多大？

——有无物价调整规定？

——有无拖期付款风险？

——有无索赔条款？等等。

5. 支付条款（Terms of Payment）
——施工预付款的规定；
——工程进度款的支付程序；
——各种保函的规定；
——扣减保留金的规定；
——工程拖期或暂停时的支付规定；
——拖期支付是否计息；
——应付税款有哪些？等等。

6. 分包合同（Subcontracts）
——分包商的批准手续；
——分包合同有哪些风险？
——是否有指定分包商？
——对分包商的支付规定；
——分包合同中的索赔条款，等等。

7. 施工进度（Construction Progress）
——最终批准的施工进度计划；
——批准工期延长的条件；
——工期延误补偿金的规定；
——索赔要求的时限规定；
——加速施工的确定与计价；
——分阶段建成投产的规定，等等。

8. 暂停施工（Suspension）
——有无暂停施工条款？
——暂停施工的合同责任划分；
——暂停施工时的支付规定，等等。

9. 终止合同（Termination）
——有无终止施工的条款？
——提出终止要求一方的权利和义务；
——被终止方的责任及利益保护；
——终止合同时的支付规定，等等。

10. 施工索赔及仲裁（Claims and Arbitration）
——施工索赔的申报程序；
——索赔款的批准与支付程序；
——索赔争端的仲裁申报程序；
——仲裁机关及依据法律，等等。

二、标准合同条件

每个工程项目的合同文件一般都有其所参照的通用标准合同条件,如国际通用的 FIDIC 合同条件;英国及其影响地区所采用的 ICE 合同条件或 JCT 合同条件;美国常用的 AIA 合同条件、EJCDC 合同条件或联邦政府机关所采用的标准合同条件,等等。有的工程项目合同文件中的通用条件(General Conditions),则直接套用某一种标准合同条件。例如,世界银行规定,凡使用世界银行贷款作为工程建设资金的工程项目,其合同文件中的通用条件一律采用 FIDIC 合同条件(第 4 版)中的通用条件——"土木工程施工合同通用条件",其专用条件则由业主根据工程项目的特定条件予以编写。

在国际工程承包市场上,当前广泛采用单价合同(Unit Price Contract),如 FIDIC 合同条件、ICE 合同条件等。但有的工程项目,仍采用总价合同(Lump Sum Contract),而对总价合同当前人们知之甚少。因此,有必要对总价合同进行较详细的介绍。

三、总价合同的标准格式

在国际工程承包施工的实践中,有时采用总价合同格式(The Form of Lump Sum Contract),即承包商完成合同规定的全部工程项目,业主按合同规定支付一个总价工程款;而不是按照单价乘以实际完成的工程量的方式进行支付。

英国的合同审定联合会(Joint Contract Tribunal,简称 JCT)制定颁发的《建筑合同标准格式》(Standard Form of Building Contract)是一个权威的总价承包合同格式。它不仅在英国本土广为采用,而且在世界许多国家或地区广泛应用,其中包括许多大型土木建筑工程。因此,作为国际工程的承包商、业主以及咨询(监理)工程师,应熟悉应用这种总价合同条件。

合同审定联合会编写发行的 JCT 合同条件,内容相当完整,并具有悠久的历史。当前实行的是第 5 版,被称为"JCT 合同条件,1980 年版",(简写为 JCT—80)。实际上,现行的第 5 版合同全文于 1992 年出版,并包括了自从 1980 年以来进行的 9 次修改内容(Amendments 9)。从 1992 年出版以来,至今又进行了 4 次修改。对合同条款的论述不断地修改完善,是该合同审定联合会的工作宗旨。因此,在实际采用 JCT 合同条件时,应全面了解其不断完善的具体修改内容,才能准确地应用。

JCT 合同条件的前 4 版,分别于 1909,1931,1939 和 1963 年出版,是在批评声中不断修改完善起来的。当前广泛采用的第 5 版是在听取对第 4 版内容严格的批评和评论意见的基础上修改制定的,这些批评意见主要是:

(1)文字繁复、冗长和含糊;
(2)对常见的合同问题缺乏恰当的规定;
(3)把不可预见的风险主要地放在业主一方;

（4）名为总价，实际可调价之处甚多，故对承包商有利，等等。

JCT 合同条件（1980 年版）第 5 版的内容已相当完善，对业主和承包商的风险分担做了比较合理的划分（虽然它还受到对合同条件严格评论的英国合同界人士的一些批评）。

JCT《建筑合同标准格式》是由许多学术权威机构联合编写的，即：

（1）英国皇家建筑师学会（RIBA—The Royal Institute of British Architects）；

（2）建筑业主联合会（Building Employers Confederation）；

（3）皇家特许测量师学会（The Royal Institute of Chartered Surveyors）；

（4）县议会协会（Association of County Councils）；

（5）大城市主管机关协会（Association of Metropolitan Authorities）；

（6）地区议会协会（Association of District Councils）；

（7）专业承包商协会联合会（Confederation of Associations of Specialist Engineering Contractors）；

（8）专业分包商协会联合会（Federation of Associations of Specialist and Sub-Contractors）；

（9）咨询工程师协会（Association of Consulting Engineers）；

（10）英国房地产联合会（British Property Federation）；

（11）苏格兰建筑合同委员会（Scottish Building Contract Committee），等。

1. JCT 合同条件的种类

英国合同审定联合会主持制定的 JCT 合同条件，按照不同的使用单位及详细程度，共有 6 种不同的版本，即

（1）地区主管机关适用的 JCT 标准合同条件，其中包括工程量表；

（2）地区主管机关适用的 JCT 标准合同条件，但未列出工程量；

（3）私人适用的 JCT 标准合同条件，包括工程量表；

（4）私人适用的 JCT 标准合同条件，未列出工程量；

（5）地区主管机关适用的 JCT 标准合同条件，包括近似工程量表；

（6）私人适用的 JCT 标准合同条件，包括近似工程量表。

以上 6 种格式均系总价合同，但在合同文件中对工程量的描述深度各不相同。根据国际工程承包施工的实际经验，对于较大规模的工程项目，无论是土建工程或房屋建设，都应该在合同文件中包括工程量表，至少有近似的工程量表，以免在项目实施过程中形成是否存在"额外工程"（Extra Work）这一类的合同争端。

采用总价合同时，业主和承包商都应注意：由于合同文件对工程范围或工程量的任何含糊，都会带来合同纠纷。除非在合同文件中注明，此合同系"整体合同"（Entire Contract），意即：此合同所包括的工程项目是一个整体，不可分割为数个分项目，只有完成整个全部工程时，才有权获得合同规定的总价；不完成整个合同，则无权获

得任何报酬。否则,在一般的实践中,法院或仲裁机关可能判定按完成工程量依照总价的比例进行支付,即承认分期实施(Instalments),分批支付工程款。

2. JCT 合同条件的主要内容

在前述的 6 种不同的 JCT 标准合同条件版本中,最为广泛采用的是第 1 种,即"地区主管机关适用的 JCT 标准合同条件"。这一标准合同条件中的某些条款,考虑到同地方政府的有关法律和规定相符合,以便于应用于政府的工程项目;它又包括了工程量表,因而有利于合同实施。现将有代表性的"地区主管机关适用的 JCT 标准合同条件"的主要内容,介绍如下:

(1)标准合同条件分成 4 部分,即:

1)通用条款部分(Part 1:General),共计 34 条,包括承包商的义务,建筑师的指令,工程和材料,工程变更,合同总价,完工和维修,分包合同,施工保险,工期延长,终止合同,证书及支付等许多重要的通用性条款。

2)指定分包部分,包括指定分包商和指定供货商(Part 2:Nominated Sub-Contractors and Nominated Suppliers),共有 2 条,即第 35,36 条。

3)价格调整部分(Part 3:Fluctuations),共有 4 条,即第 37,38,39,40 条;包括税收调整,物价调整及价格调整公式等内容。

4)合同争端解决部分(Part 4:Settlement of Disputes),论述施工索赔问题,以及完成特别指定工程的有关规定,列入第 41、42 条。

(2)标准合同条件的补充条款

为了对通用条款第 15 条(增值税——Value Added Tax,简写为 VAT)进行详细的论述和规定,特意编入了一个补充条款——增值税协议书(The VAT Agreement),包括 8 条规定。

(3)标准合同条件的补充修订

JCT—1980 标准合同条件不断地被修改和补充,以臻完善。从 1984 年 1 月至 1994 年 1 月,先后进行过 13 次补充修订,从 Amendment 1 到 Amendment 13,其中以 1987 年 7 月制定的第 4 次补充修订(Amendment 4)最为重要。1992 年正式发行的《JCT—1980 标准合同条件》已经包括前 9 次的修改内容,Amendment 10 至 Amendment 13 的内容,另行印刷发行。因此,在阅读 JCT 标准合同时,应特别注意各次修改的内容,以便准确地应用 JCT 标准合同条件。

(4)一系列的"指定分包合同"标准条件

JCT 合同标准条件对指定分包商和指定供货商制定了十分详细的规定,发布了 7 个不同的标准分包合同文件,即:

1)投标邀请书(Invitation to Tender),以建筑师(Architect)的名义发给合格的分包商或供货商。这部分文件的代号为 NSC/T,Part 1,即指定分包合同的 1 号标准格式。

2）投标书（Form of Tender），即由每个分包商报送给建筑师的投标文件，代号为 NSC/T，Part 2。

3）分包专用条件（Particular Conditions of Sub-Contract），即由总承包商和指定分包商（或供货商）协商一致的分包专用条件，是指定分包合同的重要组成部分，其代号为 NSC/T，Part 3。

4）指定分包合同协议书（The Nominated Sub-Contract Agreement），即由总承包商和指定分包商（或供货商）协商一致的合同协议书，说明由建筑师指定的分包商（或供货商）已被总承包商接受，并签订了指定分包合同。这部分合同文件的代号是 NSC/A。

5）指定分包合同的通用条件（The Conditions of Sub-Contract），即与 NSC/A 协议书配套的通用合同条件，其代号为 NSC/C。

6）业主及指定分包商的分包合同协议书，是业主和指定分包商之间签署的一份合同文件，代号为 NSC/W。

7）指定分包商的指定令（Form to Nominate），即由建筑师签署的正式指定某一分包商（或供货商）的书面文件，而且是根据主合同（Main Contract，即业主和总承包商之间签订的承包合同）的规定而指定的。这一文件的代号为 NSC/N。

以上 7 个有关指定分包商的指定分包合同文件，都有相当详细的标准条款，内容甚多。以第 4）项文件——指定分包合同协议书 NSC/A 为例：这个标准协议书包括 9 个部分，即合同双方的意向，开工和建成，对施工的控制，支付及价格调整，法定的义务，工伤、赔偿及保险，终止分包合同，合同纠纷的解决——仲裁等，各部分又包含许多详尽的条款。

3. JCT 合同条件的主要特点

作为总价合同条件的国际性范本——"JCT 标准建筑合同"是值得从事国际工程承包施工的有关合同各方（业主，总承包商，建筑师或工程师，以及分包商等）予以充分地学习和关注，并能熟练的应用，好像对待国际通用的 FIDIC 合同条件一样。根据国际承包施工合同管理的经验，在应用 JCT 合同条件时，合同各方应对这一总价合同范本的主要特点，予以研究和掌握。

（1）JCT 合同条件源自以合同编写称著的英国，已具有百年的历史，内容丰富，结构严密，值得国际工程合同专家们仔细研究。尤其是在许多国家和地区，还以 JCT 合同条件为范本，采用总价合同的方式进行招标和建设。同以单价为计算基础的单价合同范本——FIDIC 合同条件相比，JCT 总价合同在计价、支付和施工索赔等方面，要求合同各方有更多的知识和经验。因此，全面研究和熟练掌握 JCT 合同条件，是国际承包合同管理者一项重要的任务。

（2）JCT 合同条件是一个标准的总价合同文本，即承包商在完成全部工程的前提下获得一个总价的报酬。但是，总价合同并不意味着这一总价始终不变，并不意味着合同价永远不能调整。事实上，总价是可以变化的，合同价是可以调整的，这就要求合同各方对总价合同的条款有深入的了解。尤其是承包商，他只有在熟练地掌握这种合同的实质时，才能提出符合合同规定的结算方法，才能利用价格调整的规定获得自己应得的收入，以维护自己合法的经济利益。

影响总价合同的合同价变化的诸多方面，在每个工程项目的合同文件中的反映可能差别甚大。但在总体上，这些影响总价变化的合同条款主要有：工程范围（Scope of Work）；施工条件（Site Conditions）；工程变更指令（Change Order）；不可抗力（Force Majeure）；价格调整（Price Fluctuation）；工期延长（Extension of Time）；索赔争议（Disputed Claims），等等。

（3）JCT合同条件种类繁多，对于不同的适用对象或工程描述的详细程度，制定出6种不同的版本。根据实践经验，对于较大规模的工程项目，应参照采用第1种版本——地区主管机关适用的、包括工程量表的版本。由于在合同文件中对工程范围和工程量有较详细的规定，在工程实施过程中的合同管理方面，可以避免许多合同纠纷，使工程建设顺利进行。

只是在工程规模小，工期较短（1年左右）时，或是私人业主的小型工程时，才可以考虑采用未列出工程量或仅列出近似工程量的合同文本。

（4）JCT合同条件对指定分包商或指定供货商制定了整套的标准合同格式，发布了7个指定分包合同范本。这些合同条款十分繁复严密，便于参照实施。

但是，根据国际工程承包施工合同管理的实际经验，指定分包商的采用应考虑到以下因素：

1）雇用指定分包商（Nominated Sub-Contractor）的优点是业主可以选择指定对某一专业有特长、有经验、施工质量优良的分包商，并把这一指定正式通知总承包商（Main Contractor，或General Contractor），经总承包商与其协商同意后，由总承包商与指定分包商签订"指定分包合同"（Nominated Sub-Contract）。

2）由于指定分包商是由业主（通过建筑师或工程师）指定的，并由业主与指定分包商签订"分包合同协议书"（Nominated Sub-Contract Agreement，代号为NSC/W）。这样，指定分包商同业主及总承包商之间都分别存在正式的合同关系，但在工作上则受总承包商全面指导和负责；在支付方面，由总承包商向指定分包商按月支付工程进度款，但业主对向指定分包商的支付却另辟"方便之门"，即：当总承包商未及时支付或支付款额不足时，业主可以向指定分包商进行直接支付，并将此款项从向总承包商的下一次支付款额中扣除。业主、总承包商和指定分包商三者之间的这样的合同关系，往往使总承包商处于困难的境地：他要向业主承担指定分包商工作的进度和质量问题，但指定分包商往往不听从总承包商的支配。因此，经常出现三者之间在合同责任方面的纠葛。这是雇用指定分包商的缺点。

3）鉴于指定分包制度上述的优点和缺点，建议业主方面在决定是否雇用指定分包商时采取慎重的态度。对于一般性的专业工程部分，如果技术性并不深奥，可以通过施工技术规程（Specifications）控制时，即可雇用普通分包商（Domestic Sub-Contractor）来完成。因为普通分包商的工作是总承包商可以严格控制的，他亦能够向业主承担全部责任，这样既简化了合同责任关系，又可以保证工程的进度和质量。只有当某一专业工程涉及技术保密、工程安全及尖端技术等问题时，才值得雇用指定分包商，而且在合同文件中对涉及指定分包的有关合同条款做严密的规定。

第 2 节 合同条款的类别

每一个工程项目的合同文件都包含着许许多多的合同条款。这些条款的重要性并非是同等的，因此要善于抓住关键性的重要条款，才能做好合同管理和施工索赔工作。同时，从每一条款的内容来看，它总是规范着某一合同行为，如：怎么进行工程款的结算支付，如何分配合同风险，如何进行超支补偿，如何划分合同责任，等等。一个有经验的业主或承包商，都应熟悉这些处理各种合同问题的条款，准确无误地进行合同管理和施工索赔工作。

在解释合同时，一般应熟练地掌握运用以下几种最主要的合同条款：

一、明示条款

合同文件中的明示条款（Express Terms），是指在形成合同文件的所有的文字叙述部分中明文写出的各项条款或规定，它包括合同的通用条款、专用条款、投标书、协议书以及施工技术规程（Specifications）等一系列合同文件。凡是在上述合同文件中有文字书写的条款（Written Terms），都属于明示条款。

明示条款清楚地显示了签约双方的意图，是解释合同条款含义的基础和出发点。因此，要正确地理解合同条款中每一个字的含义，并对其进行解释。在解释时，要从它们的通常含义和语法含义进行分析，并排除某些互相抵触或前后矛盾的含义。这是解释合同条款最重要的规则（The Golden Rule）。

但是，在实施国际工程合同的过程中，经常发现合同文件存在不少的含糊或矛盾之处，如：文字要求和图纸上的要求不一致，专用条款和施工技术规程中描述不一致，等等。遇到这种情况时，应由咨询工程师（或称监理工程师——Consulting Engineer）做出书面解释，并做出相应的合同调整。因为按照一般规定，工程项目合同文件的解释权首先由咨询工程师承担；只有当其解释不被合同双方（或任何一方）承认时，才形成合同纠纷（或合同争议——Contract Disputes），需要通过调解人、仲裁员或法官来解释或裁决。

在分析明示条款时，应该注意到以下几点：

（1）这一条款必须是合同文件的一个组成部分（A Part of the Contract），违反此条款即构成违约（Breach of the Contract），可能导致非违约方拒绝实施该项合同（to treat the Contract as repudiated）。

（2）要考虑到签约双方在商签合同时的环境和意图，即他们签订该项合同的目的。这些意图可能在他们签订的协议书（Agreement）中有较清楚的反映。

（3）要考虑口头证据（Oral Evidences）。这是普通法（Common Law）的一个原则，即书面证据和口头证据都是分析明示条款的根据。但是，当口头证据与书面证据有矛盾时，则应按书面证据为准；口头证据不能改变书面证据的事实，但可用来补充书面证据的不足之处。这就是国际工程合同学说中所谓的"口头证据规则"（Parol Evidence Rule）。

鉴于合同文件中明示条款的重要意义，合同双方在编写、协商和签订合同过程中，应尽量使合同条款的含义准确，没有含糊或矛盾之处，以便双方在实施合同过程中协调配合，顺利完成合同项目。为此，合同双方应注意做好以下三方面的工作。

第一，业主单位在编写合同文件时要细致慎重，避免各个合同文件部分之间出现矛盾或含糊。

对于大中型工程，其合同文件应参照当前国际上较普遍采用的各种标准合同文本，如FIDIC合同条件，ICE或JCT合同条件，世界银行等国际金融组织推荐的标准合同条件，或自己国家有关领导部门制定的标准合同文本，等等；并且根据工程项目的具体特点和情况，认真细致地编写合同专用条件（Special Conditions）、施工技术规程（Specifications）、工程量清单（Bill of Quantities）以及施工图纸（Construction Drawings）等专用的合同文件，并特别注意这些专用文件与通用的标准合同条件的吻合衔接，避免矛盾或含糊。

第二，承包商在编标报价时，要细致地研究全部招标文件，对模糊矛盾之处及时提出质询，要求予以澄清。

在投标报价之前澄清合同文件中的模糊矛盾之处，对承包商和业主都是有益的。这一澄清工作，可在施工现场调查（Site Investigation）之后举行专门的标前会议（Prebid Meeting），在会上由拟参加投标的各承包商提出，由咨询（监理）工程师代表业主予以答复，并形成书面纪要，成为该工程项目合同文件的组成部分。通过这些澄清工作，承包商可以比较准确地了解该工程项目的风险程度，有助于估算较为准确的报价，制定正确的投标策略，为中标和顺利实施项目打下可靠的基础。

第三，在授标后的洽商合同过程中，在签订施工协议书之前，业主和中标承包商对合同文件中个别条款的不同意见进行充分协商，力争达成一致，并形成文字记录，作为对原合同条款的补充或修改，以便在合同实施过程中双方共同遵守执行。

二、默示条款

默示条款（Implied Terms）是相对明示条款而言的，也是对明示条款的补充和完善。每一个工程项目的合同文件，无论它多么庞大齐全，也不可能全部以明示条款的形式表现出来。尤其是在发生合同争端（Contract Disputes）时，合同双方可能对某些合同条款理解不同，或各自引用对自己有利的条款，因而争执不已。这时，就需要有一个人以调解者或公断人的身份，研究有争议的合同条款，并从整个合同的含义、签约时的环境条件，以及签约双方的设想意图（Presumed Intention）出发，确定该合同中的隐含意愿或条件，即默示条款，来公正合理地解决合同争端。

1. 形成默示条款的必要条件

默示条款是一个广泛的合同概念，它包含合同的明文条款中没有写入、但符合合同双方签约时的设想愿望和当时的环境条件的一切条款。这些默示条款都成为合同文件中的有效条款，要求合同双方遵照执行。

但是，默示条款有其严格的合同意义，并不能随心所欲地被任何一方指定为默示条款，而强迫对方遵照办理。一个有效的默示条款，在其形成时必须满足以下 5 个条件：

（1）它必须是公平合理的；
（2）它必须能使合同有效地实施；
（3）它必须是显而易见、不言而喻的；
（4）它必须是清晰明确的；
（5）它必须符合该合同的明示条款，而不能与明示条款相矛盾。

一般来说，这些默示条款由咨询（监理）工程师、合同争端调解人（DRA——Disputes Resolution Advisor）、仲裁员（Arbitrator）或法官（Court Judge）做出。

2. 形成默示条款的依据

默示条款的来源，必须依据法律法规、实践惯例或整个合同条款的精神，从而使该项合同变成可以实施（Give effect to the presumed intentions），并与明示条款互相对照，互为补充。仲裁员和法官在解决合同争端时，不能修改或改善原合同，只能以合理合法的依据提出默示条款，要求争端双方遵照执行，以裁决争端。

默示条款的形成，主要依据如下：

（1）实践惯例默示的条款（Terms Implied by Custom and Practice）

任何合同所规定的工程建设或商品交易，都脱离不开它所处的外界环境和人们的实践惯例。在任何合同文件中，都没有必要明文写出人所共知、不言而喻的那些规则或要求；但如果任何一方违反了这些实践惯例，他将受到默示条款的制约，承担合同责任。例如：业主和承包商既然签订了工程承包施工合同，则双方理应密切协作，使该合同顺利实施；而不应该制造障碍或有意刁难，妨碍合同实施。这就是默示条款的一个基本方面——"协作责任"（Duty of Cooperation），即：默示的协作责任与明示条款的合同责任一样，对合同双方同样有约束力。

【案例 4-1】 惯例形成的默示条款

某国由工厂主和工人签订的一份劳工雇佣合同,在劳动报酬方面只写明了正常上班工资和加班工资,没有写明在法定节假日上班劳动的工资待遇。工厂主可能认为,按照加班工资(1.5 倍的正常工资)支付就可以了;但工人则要求按法定节假日加班支付(正常工资的 2.0 倍,甚至 3.0 倍)。法院裁定:虽然明示条款对法定节假日上班劳动的支付办法没有规定,但按照实践惯例,法定节假日上班劳动不能等同于一般的加班劳动,而应按法定节假日的规定支付劳动报酬。

由此可见,根据实践惯例做出的默示条款,是为了使已签订的合同能够实施并具有商务功效(Business Efficacy)。

(2)法律法规默示的条款(Terms Implied by Law or Statutes)

国际工程承包合同,如国际通用的 FIDIC 合同条件,英国的 ICE 合同条件及 JCT 合同条件,以及美国采用的 AIA 合同条件,在国际法系的隶属方面,属于普通法系(Common Law System),亦称英美法系。普通法要求合同双方准确地履行已签订的合同,允许合理的索赔,并允许对合同进行必要的默示解释,以利于合同实施。

国际工程承包合同,在其适用性方面,均明确服从工程所在国的法律,即按照该国的法律、法规对合同进行解释;合同文件中的规定不能违反该国的法律;在发生合同争端的仲裁或法院判决中,可根据该国的法律、法规对合同条款进行解释,公断人(仲裁员或法官)可以根据法律、法规对合同提出默示条款。这些默示条款,同该合同文件的明示条款一样,对合同双方均有约束力。

公断人在提出默示条款时,必须遵照这样的原则:对于原合同文件,默示条款的目的是补充其明示条款的空隙,以便合同双方能按照他们原来的意图(Presumed Intentions)实施完合同。因此,这个默示条款必须是"合理的"(Reasonable),而且是"必需的"(Necessary)。公断人不能仅仅由于是"合理的"就提出某一默示条款,因为公断人不能改善或修改合同文件,只能解释该合同,或在必要时提出默示条款。默示条款在合同争端中解释合同时必须既是"合理的",又是"必需的"。这样的一个默示条款,可使该合同变为合理而可行。

【案例 4-2】 法令提出的默示条款

建新房地产开发公司,购地建居民楼出售。其销售合同系按该国《1966 年住房法令》的规定实施。威廉先生以 105 万美元从建新开发公司购进 4 居室住房一套。购房合同中没有明示条款说明居室必须适合居住,也没有写明质量保证条件。

威廉先生迁入后不久,逢连阴细雨,居室地面潮湿,随即地面出水,墙壁生苔。威廉先生被迫搬出,并要求建新开发公司返工修缮。建新公司称:此系长期连阴雨所致,天晴后自会消失;合同中无保修条款,开发公司无责任保修;如坚持要修缮,则须支付修缮金。威廉先生无奈,将该房地产开发商告到法院。

法官在审理后认为:原售房合同中没有保修的明示条款,也没有规定售后保修期;但是,该售房行为及售房合同系按《1966年国家住房法令》办理。根据该《住房法令》,房地产公司应向住户提供"适合住家的条件"。据此,应对此购房合同提出默示条款,即"售房人应向购房人提供适合居住条件的房屋"。因此,法官决定由建新房地产开发公司对已售给威廉先生的住房进行维修,做好地面渗水防潮的工程处理,费用由该房地产公司自行负责。

(3)客观事实默示的条款(Terms Implied by Fact)

任何合同文件,均有其合同双方的意愿和目的,有其特定的客观环境,以及双方均愿如计划实现的愿望。但是,由于签约双方的疏忽或轻视,在合同的明示条款中未写明全部重要的规定,以致事到临头,双方各执一词,无法协调解决某项争议。根据普通法的观念,鉴于签约时的独特环境(One-Off Situation),以及合同双方的初始愿望(Presumed Intentions),为了使合同得到实施,应允许根据合同的"需要"和"事实"(Necessary and Fact),提出一些合理而必要的默示条款,使该合同的实施成为可能(Make the Contract Work)。这就是根据客观事实及实施合同的需要,提出在合同文件增加一定的默示条款。这种默示条款的特点,是在第三者看来,该合同条款中,不言而喻应包括的条款。如果在合同双方协商合同文件时,第三者提出应写入某项规定,合同双方均会欣然同意,并说:"是的,当然应包括这个条款!"

事实上,在签订工程项目的合同时,合同双方均从思想上做了承担某项义务的准备,企望合同能顺利实施,以便双方达到各自的目的。例如:甲乙双方都准备协调合作,密切配合,如期达到目的,这就是解释合同被经常提到的"协作的责任"(Duty of Cooperation)。从业主方面说,这些默示的许诺如:及时地解决承包商的合理要求,不妨碍其施工,提供的图纸要及时而准确,等等。从承包商方面说,要小心谨慎地施工,质量合格,向业主提供适用的建筑物,等等。这些问题,即使在明示条款中漏写,也应以默示条款的做法补充上来。

【案例4-3】 事实形成的默示条款

亨利先生租用平安拖船公司的货轮运输水果,船至预定码头,在卸货过程中,由于海水退潮、河水位猛降,货轮底板被水下的锐利硬物撞破,轮船底洞进水,造成船损及货损。

平安拖船公司向租船户亨利先生提出修船赔偿要求。亨利先生以此为由,要求租用的码头主人修好货轮,并赔偿水果被淹损失。

被告人码头主拒绝承担上述责任,辩称:海水退潮及河水位猛降是客观现象,码头主不能对此负责;货主在卸船过程中应自己注意,防止事故发生。

由于双方各持己见，争执不下，亨利先生向法院起诉码头主。在法院审理时，法官认为：作为码头主，应对码头地域水下地面情况经常进行检查和清理，应向租用者提供安全的卸货位置，应关注水底状况。被告码头主引导水果货轮停泊在被撞坏的地方，责无旁贷应负责修好货船，并赔原告租船人亨利先生所受的经济损失。

三、风险条款

国际工程承包施工是一项高风险事业，任何合同条件中都包含着有关风险分配的条款，许多国际通用的标准合同条款亦是如此。因此，在投标报价之前详细研究该合同文件中的风险条款，是一个有经验的承包商必须进行的工作。

国际工程承包市场是一个"买方市场"（Buyer's Market），这就必然地形成了在业主和承包商之间风险分配的不均等现象。在工程建设过程中，业主亦承担着许多风险，如不可抗御的天灾，不能控制的战争和动乱，国家或地区性的经济危机，以及工程效益能否全部实现，等等。但是，整个工程承包施工的主要风险，还是落在承包商一方。在任何的重大天灾或战争动乱中，承包商不可避免地要承担相当大的损失。此外，他还有许多经济风险、合同风险，以及施工风险。这些风险在各种标准合同通用条款中，均有陈述，诸如：

（1）不利的自然条件或障碍；对施工现场的自然状态、水文和气候条件，甚至地表面以下的情况，要"自行负责"，业主对提交的资料的准确性不负责；对投标书的完备性，承包商承担全部责任。

（2）严格地按合同规定完成工程并修补缺陷，直至使工程师感到满意；在战争动乱或重大天灾条件下，保护工程不受损坏。

（3）承包商完成的工程施工设计，提供的施工进度计划或操作规程等资料，即使已经得到工程师的审核批准，并不解除承包商的义务或责任；如发现任何错误，仍由承包商负责。

（4）承包商拖期建成工程时，要承担对业主的损失赔偿费；业主有权扣发工程进度款，甚至采取没收履约保证函的方式，以维护业主的利益。

（5）当工程所在国物价暴涨、当地币严重贬值时；在当地币同国际硬通货的汇率大幅度变化时，承包商面临严峻的经济风险；在一般通用的标准合同条件中，对外汇汇率风险不做规定，等等。

以上诸风险条款，是各种标准合同条件中所包含的。除此以外，在每个工程项目的合同文件中，还可能进一步地写入一些对业主有利的开脱性条款，从而更加大了承包商的工程承包风险，值得注意。

四、免责条款

在国际工程承包施工的实践中，有些业主为了免除或减少自己的合同责任，经常在起草工程项目的合同文件时写入一些对自己有利的合同条款，借以把相应的风险责任转嫁给对方——承包商。这样的合同条款，一般概称为免责条款或开脱性条款。

在国际工程的合同文件中，对免责条款有多种不同的称呼，如除外条款（Exclusion Clauses），限制条款（Limitation Clauses），例外条款（Exception Clauses），豁免条款（Exemption Clauses）或开脱性条款（Exculpatory Clauses），等等。这些条款的目的，是业主利用起草合同文件的机会，把一些合同责任引起的损失全部地或部分地转给合同的对方。根据从事国际工程承包施工的经验，这样的免责条款会给承包商带来巨额的经济损失，值得认真防范。

免责条款出现的形式，通常有以下 8 种：

（1）对违约的补偿责任予以限制。例如，合同规定：对工程款的拖延支付，不计利息；损失赔偿的总额，不超过合同额，等等。

（2）限制索赔要求。例如，合同条款中写入一条"工程延期不索赔"（No Damages for Delay），规定承包商不得以工期延长为由要求索赔。

（3）对物价上涨不予调整合同价。例如，合同规定：当物价上涨率不超过投标日物价的 5% 时，不调整合同价。或者，有的合同根本不提物价调整的问题，即无论物价上涨多少，该合同不考虑价格调整。

（4）对合同违约损失补偿提出时间限制。例如，规定要求货物运输途中损坏的索赔时间，为收货后的 7 天以内提出；否则不受理该项索赔要求。

（5）拒绝承担"不利的自然条件索赔"。合同规定：业主对由于不利的自然条件而引起的工期延长及经济损失不承担责任。

（6）无条件地保护业主的利益不受损害。例如，有的合同写明：业主人员和第三方人员的一切财产或生命损失，均由承包商负责，而不管受赔偿者有无自己的责任或错误。

（7）总价合同不许索赔。有的总价合同中写入明示条款：本工程项目为总价合同，对实施过程中所发生的一切额外开支，业主不予补偿。

（8）对工程所在国的立法变更给承包商造成的损失，业主不承担责任。这样，由于业主国的政策变更，如提高税款，限制外汇输出等法令，使承包商承受大量的、编标报价时没有考虑的开支，均由承包商自己承担，业主概不负责。

类似以上的免责条款，可能还有许多。很多的承包商由于缺乏防范经验，蒙受了大量的经济损失。因此，在每个项目的投标报价以前，应仔细地发现和研究合同文件中的免责条款。

对于免责条款的处理，根据我们的经验，一般可采取下列措施：

第一，在编标报价以前，对于合同文件中所纳入的所有免责条款，承包商应估算其可能带来的经济损失款额，并把这一风险损失计入报价。

第二，当业主经过评标审核向某一承包商发出授标意向书时，该承包商应利用合同谈判的机会，对合同文件中的某些免责条款提出异议，要求适当修改。如双方协商达成一致，则写入"会议纪要"，使其成为合同的组成部分，从而减少或避免了该免责条款可能带来的损失。

第三，当发生合同争议时，承包商利用仲裁或法院诉讼的机会，使某些免责条款失效。在仲裁或法院审理过程中，当争议的免责条款的含义模糊时，仲裁员或法官经常根据"反义居先原则"（Contra Proferentum），裁决该项免责条款无效。

五、保障条款

在合同条款中，经常要求签约人一方向另一方承担某些保障性义务，即当发生某种事件时保障另一方免受经济上的损失，这就是保障条款（Indemnity Clauses）。

在施工合同中，通常规定承包商保障业主免受损失，主要是当第三方（The Third Parties）在合同实施过程中受到伤害而提出索赔要求时，保障业主不受金钱上的损失；或者保障业主及其人员的生命财产不因施工事故而受到损失。因此，保障人（承包商）必须具备支付索赔款的能力。为了使这种保障建立在可靠的基础上，合同通常规定保障人必须对保障的问题进行保险（Insurance）。这种保险通常以保障人和被保障人的联合名义投保，由保障人付款经办。由此可见，保障条款是免责条款的补充和发展，它们一般都是为了维护业主一方的经济利益。

当投保的保障事件已经发生，而保险人（保险公司）有责任理赔时，受保障的一方不能既从保险公司又从保障人方面得到双倍的赔偿。即在接受保险公司的赔偿后，保障人便没有义务理赔。

在实施保障条款时，除非有明示条款规定，被保障人如果在此保障事项中犯有自身过失（Negligence）或违反法律责任（Statutory Duties）时，则此项保障条款不能适用于犯过失者的经济损失。

在国际工程承包施工合同中，常见的保障条款主要是：

（1）承包商要保障业主由于工程施工而发生的人身伤亡或财产丢失等事项带来的经济损失。

（2）承包商要以他和业主的共同名义对由于履行合同而引起的任何人身伤亡和财产丢失或损坏办理保险，即第三方险。

（3）承包商要保障业主免于工程事故对任何人员造成的损害赔偿、包括由此发生的一切索赔、起诉等费用。

（4）业主应保障承包商免于承担由于业主风险（Employer's Risks）所引起的一切索赔、起诉等费用损失，等等。

六、保证条款

在任何合同文件中，均包含着保证条款（Warranties），有的是明示的保证，有的是默示的保证（Implied Warranty），表示对工程质量、工期、合同责任等方面的保证。违反了这种条款时，受损害的一方有权要求赔偿。

在法律上，保证条款系属于合同责任，提供保证的一方负有不可推卸的合同责任和风险。有时，在主体合同以外，为了明确某项合同责任，由双方签订副保条款，作为对主体合同的补充。加入副保（Collateral Warranty，有时称 Collateral Contract）的双方，不一定都是主体合同的签约者。例如，一个业主和某个指定的分包商可以直接签订一项协议。这个协议中所规定的权利和义务，是属于他们各自将要与总承包商签订的合同中所规定的权利与义务的。

在工程承包合同中，经常包含的保证条款有：

（1）在合同条件中所明示的工程建成日期，意味着承包商的一项明示保证，除非有别的原因使原定的竣工日期有所改变。

（2）在合同文件技术规程（Specification）中所具体规定的施工方法和工程质量标准，也意味着承包商对业主的明示保证。

（3）如果业主提出的施工计划和技术规程（Plans and Specifications）有缺陷错误，承包商照此实施而造成工程缺陷时，则不是承包商的责任，而应由业主承担，这属于业主的默示保证。

（4）在业主同设计咨询单位（Design Professionals）之间签订的技术服务合同（Technical Service Agreement）中，对设计单位的责任则包含保证条款，错误的计划和技术规程则属于设计者的默示保证。

（5）有的业主承担供应建筑材料（如钢筋，水泥，沥青等）的责任。由于建筑材料的质量问题或强度等级方面的差异，可能造成主体建筑物的质量问题，有时导致保证责任的争议，是值得重视的一个问题。

（6）如果在合同实施过程中存在着"不能实施"（Impossibility）或"不切实际"（Impractibility）的情况，则承包商对原合同文件中的有关保证条款不承担责任。

第3节　解释合同的规则

每一项工程的合同文件，无论在编写过程中多么认真地推敲审核，都难免有遗漏或不准确的地方，也可能有与工程项目的实际情况有不符之处，尤其是在施工过程中发生意外情况时，就可能出现合同纠纷（Contract Disputes）。为了解决合同纠纷，咨询（监理）工程师及合同双方都力求解释有关的合同条款，企望达成一致的解决途径。但是，少数的合同争端仍然纠缠不清，不能协商解决，而必须诉诸仲裁或法院判决。在仲裁或法院审理过程中，不可避免地要对某些模棱两可或互相矛盾的条款进行推敲，以确定其准确含义，或签约时的意图；并对没有"明示条款"的某些争端寻求合理的解决办法，即探求其默示的意图，确定其"默示条款"。这些过程，就是解释合同

(Construing a Contract)。

在合同争端（纠纷）的审理过程中，并没有统一规定的合同解释规则，而是根据普通法的原则，并考虑该合同文件签订时合同双方的意愿，对该合同进行解释，以达到比较公正合理的解决。现根据国际工程合同管理的实践经验及国际惯例，对解释合同的规则（Rules of Construction of Contracts）归纳简介如下。

一、从整体上解释合同

合同争端产生的一个主要根源，是合同各方从自己的利益出发对某一条款的含义进行解释，使同一合同条款出现不同的理解；或对同一合同问题各自引证不同的合同条款，提出截然不同的处理意见。因此，仲裁员和法官在裁决合同争端时，坚持"从整体上解释合同"的原则（Contract read as a whole），从整个合同的意图出发，解释其各个条款的含义，使该合同的每一个条款与整个合同的意图一致。也就是说，对那些模棱两可、不同理解的合同条款，进行词义分析，并参照该合同文件中的明示条款和默示条款，从那些不同理解的合同条款中选择出符合整个合同意图的条款，作为主导条款，据此解释其他的含义模糊的合同条款。

在选定主导的合同条款时，可借助以下方法：

（1）确认该合同文件的组成部分，按其优先顺序（Priority of Contract Documents），选定优先位置的合同条款。

（2）查阅该合同文件的导言部分，那里通常列举出签订该合同的目的，即签约双方的意图，这些意图就是整个合同的主导目的。导言部分所列举的合同目的通常以"鉴于……"（Whereas……）开头。这就是合同的主导目的。

二、确定合同文字的含义

对合同条款含义的解释，最主要的是根据合同文字的含义。如果合同条款的文字表述是清楚明白的，仲裁员（或法官）即将按该文字的含义做出判断。如果合同条款的文字含糊不清，或条款之间的含义互相矛盾时，仲裁员则按照整个合同的精神，参考有关的明示条款或合理的默示条款，探讨该合同文字的通常含义（Ordinary Meaning）及合理含义（Reasonable Meaning），做出判断。

仲裁员和法官在对合同争端进行审理裁决时，只能根据该合同文件的文字含义及签约意向，以及合理的默示条款做出判断。他们无权修改（改善）合同，即使该合同是多么的粗糙或苛刻。这是仲裁员或法院裁决合同争端的一个规则。有的工程的承包施工合同文件对承包商列出了苛刻的明示条款，在一般情况下，仲裁员或法官只能按此裁决，而不能修改那些苛刻的规定，因为该合同文件已被合同双方签字，形成了要约和承诺（Offer and Acceptance），合同双方已承担起合同文件所规定的权利和义务，第三者无权予以修改。由此可见，合同双方在签约前应充分研讨合同条款，承包商应充分衡量自己的合同风险，在没有透彻了解合同条件之前不可轻易签字。合同双方一旦在合同文件上签字，就要受该合同的约束，正如合同的一般原则所述："在任何法系和环境下，合同都应该按其规定予以准确而正当地执行。"

三、手写文字为准

合同文件一般都印刷或打印成册。有时，签字双方中的任何一方要求对合同的某一条款进行进一步的诠释，使其含义更加具体明确；如果另一方同意此诠释意见，则可将其以手写文字的形式写在该条款之旁，或增写为一个新的条款，并由双方在手写文字上盖印或签字。在合同实施过程中，如果双方对该项条款的解释发生分歧，即印刷的条款与手写的条款有歧义时，按一般规律，应以手写文字为准（Written words prevail）。这是因为，人们认为签约前的商榷与诠释更确切地反映了合同双方的初始意图，更有代表性和效力。

但是，如果在签约以后，任何一方私自以手写文字方式改动合同条款，而无另一方的同意和签字盖印，则此手写文字无效。对合同文件的任何改动必须经合同双方协商一致，并签字盖印，方可有效。

四、定量优先

工程项目的合同文件，经常涉及论述数量的条款。有的合同文件在对数量的描述方面往往不够准确，或互相矛盾。在解释合同条款时，对这些含糊不清之处的处理原则是：以定量方式所做的解释优先于其他任何方式的解释。这就是通称的定量优先原则（Principle of Prima Facie），即说明具体数量的条款优先于笼统数量的条款。

有时，在同一个合同条款中，对具体数量描述的阿拉伯数字（如 1,258,975）与其对应的文字数量描述（即壹佰贰拾伍万捌仟玖佰柒拾伍）不一致时，则以文字数量描述为准。

五、反义居先

国际工程承包施工的合同文件，通常由业主委托的咨询工程师（监理工程师）编写。有的业主或咨询工程师借此机会在合同条件中写入一些对自己有利的条款，或以含糊的论述把承包风险划归承包商。如果由于合同文件中这些含糊不清、模棱两可之处导致合同争议时，仲裁员（或法官）解释合同时不是以合同文件编写者的意图为准，而是以其意图相反的解释居优先地位。这一解释合同的法则被称作"反义居先原则"（Contra Proferentum），即不允许合同文件的编写者利用含义模糊的条款为自己谋利。

反义居先的原则显示了仲裁的公正性，即不允许合同的任何一方投机取巧，趁另一方之不意而获取利益。

六、以法律为准

任何国际工程的合同文件，都有一个"适用法律"（Applicable Law）的问题，即该合同文件要根据工程所在国的有关法律来解释：符合有关法律规定的条款有效；违背有关法律规定的条款无效，而应根据该法律规定办事。

如果工程合同条款的含义有两种解释，一种符合适用法律，另一种不符合适用法律，则以前者为准进行解释和执行。

根据合同要符合适用法律的原则，凡是工程所在国的法律或命令如果给承包商带来额外的开支（Extra Costs）时，则承包商有权得到相应的补偿。例如，由于工程所在国的后续立法变更（Subsequent Legislation），即在投标书递交截止日期前的 28 天起，由于该国法令的变更增加了承包商的开支时，业主应予以补偿。

七、以明示条款为准

工程项目合同文件中的明示条款，如果字义上是明确而不含糊的，则应是合同双方必须遵守的，这是合同的一般原则。

如果发生合同争端，最终诉诸仲裁或法院判决时，仲裁员或法官有权根据整个合同的精神或合同双方的最初意向（Presumed Intentions），或根据法律以及签约时的具体情况，提出默示条款（Implied Terms），作为裁决的依据。但是，解释合同的一个重要规则是：默示条款（或称为隐含条款）必须符合合同的明示条款（或称为明文条款），而不能与明示条款（Expressed Terms）相矛盾，只能作为明示条款的补充，即在特定的条件下对明示条款没有提出的问题（或含糊不清的问题）做适当的补充。

八、可参照先例裁决

国际工程承包的标准合同条件，不论是 FIDIC 条件，ICE 条件或国际金融组织（如世界银行）制定的合同条件范本，均属于普通法系（Common Law System，或称为英美法系、习惯法系）。

普通法系的一个重要特点，是实行"按例裁决"的原则（Principle of Stare Decisis），即参照已经裁决的案子，对类似情况的合同争端可按此先例（Precedent）进行裁决。为此，许多法制健全的发达国家，均定期出版裁决书资料，以供社会参照。

按先例裁决的做法，已被国际社会所公认，当前绝大多数国家的司法界（包括仲裁）均实行这一原则，使按例裁决成为一种国际公认的惯例实践（Code of Practice，或称 Custom and Practice）。这一工作原则，对咨询工程师（监理工程师）、工程业主及承包商也是应该遵守的。

九、可使合同失效的情况

工程项目施工合同签订以后，在正式实施前，或在实施过程中，签约的一方如发现该合同在签订时存在异常情况，并严重损害了自己的利益时，可向法院申请要求该合同失效。对此类诉讼，法院一般采取慎重的态度，不轻易宣判一个合同失效。但如属下列异常情况，且证据确凿时，法院可裁定使该合同失效。导致合同失效的情况主要有以下 5 种：

1. 误解（Mistake）

普通法体系（Common Law System）只承认有效的误解。这种误解是具体的，即合同的双方或某一方对该合同的协议主题或现实基础存在误解，或者是弄错了合同的对象或对方的意图，使该合同存在显著的差错。这样的合同是可以被宣布无效。

但是，被裁定属于误解而失效的合同，必须属于下列具体情况：①必须是重大的误解和差错；②签订协议书时即存在这类误解；③必须是合同双方均存在误解，或一方误解而对方知其误解并利用其误解而企图达成协议。

2. 曲解（Misrepresentation）

曲解或称误导，系指在协商过程中某一方诱使对方签订一项合同，而对事实进行了不真实的陈述，但并不打算把这种陈述写入合同条文而成为一项有约束力的条款。

这种不真实的陈述又可分为两种不同的情况：一种是有意欺骗性的误导（Fraudulent Misrepresentation），则此种合同一般可宣布其失效；另一种是由于疏忽或无知，进行了不真实的陈述，则属于过失性的误导（Negligent Misrepresentation），此种合同一般不易使其失效。

3. 威胁（Duress）

威胁或称逼迫，是指一方以威胁的方式强迫另一方签订或修改某项合同，以达到自己的目的。在审理确定是否存在威胁时，要区分不同的情况：是由于合法的商务压力；或属于非法的施加压力。如果是前者，则此项合同不能轻易地被宣布无效；如果属于后者，则构成威胁，可能使合同失效，但原告必须证明，他当时实属被迫签约，而没有别的选择；例如，找另外一个承包商来代替自己，或寻找其他可能的摆脱威胁的方法。

4. 难以觉察（Unconscionability）

这种情况大多数出现在合同的某一方在协商合同时处于极为不利的地位，丧失了讨价还价的能力，而使对方在合同中处于绝对的优势。这种合同在风险分配上明显地表现为对某一方不利。

但是，对于一般的风险分配不均或对某一方过于苛求的合同，法院不会轻易裁定为无效，而认为是双方签约时某一方考虑不周所致，应由其承担后果。只有对一方有意的欺骗性行为而嫁祸于对方的合同，才宣布其为无效。

5. 实施受挫（Frustration）或无法实施（Impossibility）

实施受挫一般系指签约时合同双方均未料到会发生特殊的事态，如战争，或业主的土地被官方没收，等等。这些事态导致合同的实施受挫。在土木建筑工程的合同实施过程中，经常会由于极端恶劣的地质或土壤条件，或由于特大的天然灾害（如强烈地震、特大洪水、严重火灾等）而使合同的实施受挫，或无法实施。

有的合同规定，某些专业技术要求很高的工程部位，必须由专业分包商（Specialist/Trade Subcontractors）来施工，总承包商不能进行这些部位的施工。在这种合同条款的约束下，一旦专业分包商放弃合同，或被终止分包，则总承包商对此项部分工程即没有实施的能力，构成了无法实施的现实（Impossibility），这不是总承包商的责任，而应由业主重新选定专业分包商。

第4节　先例、案例和国际惯例

在解释合同条款的含义时，工程项目承包施工的合同文件是主要的依据。承包商在提出索赔要求时，咨询（监理）工程师在评审索赔报告书时，甚至仲裁员或法官在裁决合同争端时，首先应从该工程项目的合同文件中找寻合同依据。但是，这绝不能认为，合同文件是唯一的论据。事实上，除合同文件以外，还有许多可以作为有法律效力的或公认的解释证据，如合同争端的判案先例（Precedent），判案时所参照的过去的案例（Case Law），以及在解决合同争议或索赔要求时所遵循的国际惯例（International Practice，或称 Code of Practice）。这些先例或惯例，有时在解决合同争议时能发挥决定性的作用。在国际工程的索赔、仲裁和庭审过程中，经常会应用以下几种先例和惯例。

一、先例，即判案先例

国际工程承包市场所采用的标准合同条件，如 FIDIC 合同条件，英国的 ICE 合同条件或 JCT 合同条件，以及美国的 AIA 合同条件等等，都属于普通法体系（Common Law System）。普通法的一大特点，是以案例为基础判案，即对类似的案情可以参照先例判决。以前判决的案件已经成为法律的重要源泉，并成为有约束力的判例，这就是国际工程界公认的"按例裁决"的原则（Principle of Stare Decisis）。

这些办案先例的数量很大，其中一部分在公开出版的《法律报告》（Law Reports）上定期公布，供人们参照；但有不少的先例没有公开出版，或在许多国家还没有形成公布先例的制度。但是，只要是确有某个先例，在取得可靠证据的条件下，这些没有公布的先例仍有约束力的作用，可以作为法律权益论证的依据。在我国某工程承包公司的索赔实践中，对于一项在合同文件中失去索赔依据的事项，由于获得了可靠的先例为证，经过多方努力，仍然取得成功，是一个有启发性的索赔案例。

【案例 4-4】　*汇率损失索赔成功的范例*

我国某对外工程公司承包北非某国一水坝工程的施工。坝型为黏土心墙堆石坝，坝高 75m，控制流域面积 156km^2，库容 1.2 亿 m^3，是一个以蓄水灌溉和生活用水为目标的重要水利工程。工期 4 年，合同价 6400 万美元。

在投标报价及签订施工合同期间，承包商基于该工程所在国在多年内经济状况稳定以及该国货币与美元的兑换率较稳定的情况，进行做标报价。在签订合同时，业主提出以"浮动汇率"进行支付，即业主在支付工程进度款时，以当地币计价，其中的以美元支付部分在从当地币折算为美元时，按每次付款时的外币兑换率（即"浮动汇率"，Floating Exchange Rates）进行换算，向承包商支付；而不是按签订施工合同时的外币兑换率（即"固定汇率"，Fixed Exchange Rates）。双方并签署了按浮动汇率进行支付的"会谈纪要"。这一会谈纪要形成合同文件的法定组成部分，它把当地币万一贬值的风险全部转嫁给承包商一方。

在 FIDIC 合同条件（第 4 版）第 72.1 条中，专门论述了按固定汇率进行外币支付部分的规定，就是为了防止浮动汇率会给承包商带来汇率风险，如："如果合同规定将全部或部分款额以一种或几种外币支付给承包商，则此项支付不应受上述指定的一种或几种外币与工程所在国货币之间的汇率变化的影响。"由此可见，上述"会谈纪要"的规定与 FIDIC 第 72.1 条的规定恰好相反，如果工程所在国的当地币一旦贬值，承包商将面临严重风险。

事实果然出乎意料！在水坝工程开始施工以后，工程所在国的经济形势突然逆转，迅速恶化，当地币与美元的兑换率剧烈下滑，给承包商造成了极为严峻的亏损。在投标报价时，当地币（第纳尔）与美元的兑换率为 4.8∶1；开工后第 2 年下滑为 8.3∶1；以后滑至 16.1∶1；在长达 6 年的施工期（合同工期 4 年，延长工期 2 年）末时，第纳尔与美元的汇率（兑换率）竟跌至 23.5∶1！即在签约至工程竣工的 6 年期间，当地币贬值近 5 倍。

在面临如此严重亏损的形势下，承包商别无选择，只能要求汇率损失的索赔。但这一索赔的难度极大。第一，有上述"会谈纪要"的约束，该纪要明确规定外币部分按"浮动汇率"支付；第二，该工程项目的合同文件不规范，由业主国拟稿法定，未参照 FIDIC 条件或 ICE 条件，合同条文中没有提及索赔，即无法进行"合同索赔"（Contractual Claim）。要进行"非合同索赔"，却有"会谈纪要"的约束。

但是，在汇率变化造成如此重大亏损的事实面前，承包商如不进行索赔，则势必破产停工。业主亦意识到汇率损失的严重程度，但声称没有合同依据，无法考虑对汇率损失进行补偿。

承包商在探索论述索赔的道理过程中，引证了多种索赔的依据，如：①业主国家的货币在工程合同签约前的多年内比较稳定，这是承包商编标报价时的客观事实。工程开工后，业主国财政状况突然恶化，货币汇率急剧贬值，这种情况属于"一个有经验的承包商无法预见的特殊情况"，理应得到业主方面的补偿。②按照国际惯例，如果有类似情况的先例，即外国承包商在业主国因汇率变化而遭受亏损时已获取业主经济补偿的先例，可以循照先例办理。③从合同文件有关的条款中寻找"默示条款"，如果该默示条款可以作为汇率损失补偿的依据，亦可作为索赔的理由，等等。最后，在承包商通过当地律师咨询和调研以后，确实发现了一个相似的先例：该业主国曾向一家外国承包商给予汇率损失补偿。这一发现非同小可，它成为一个突破口，使业主也不得不改口：可以对承包商的汇率损失索赔予以考虑。

接着，业主又提出一系列的索赔证据要求，如：①工程施工期间（合同工期为4年，又延长工期2年，共计6年）承包商国家的通货膨胀率，职工工资增长指数等；②承包商利用硬通货（美元）购买施工设备或材料的厂家证明或发票，等等。业主还强调，在汇率损失索赔未解决之前，承包商应继续履行施工义务，并按照延长了的工期保证建成工程项目。

经过长期的索赔谈判，以及承包商提出多种证据资料以后，业主才开始同承包商谈判具体的结算付款的汇率（兑换率）问题。这个结算汇率，既不是23.5：1，也不能是4.8：1，而是其中间的某一兑换率，讨论开始期间，双方的意见分歧仍然甚大。后经多次磋商，最终达成协议：按6.55：1进行结算，以支付工程款的外币支付部分。这一重大的索赔争议终于获得了双方满意的解决：业主得到了一座施工质量良好并按期建成的水坝工程；承包商通过汇率损失补偿获得了662万美元，占工程合同额（6400万美元）10％以上的索赔款。

应该说，这项索赔问题的解决确实来之不易。它不仅是一项非合同索赔的成功，实质上是改变了合同条款规定，取消会谈纪要中关于按"浮动汇率"结算，而改为按"固定汇率"结算。为这一索赔事项的成功，承包商方面做出了多方面的努力争取，取得了宝贵的经验，主要是：

1. 认真履行合同义务

由于勘探设计工作深度不够，使施工中遇到许多困难。承包商密切配合工程师，进行设计修改，克服施工困难，最终按业主要求的日期建成工程，质量优良，获得业主的好评。

2. 同咨询（监理）工程师密切协作

帮助工程师解决设计工作中存在的问题，积极提出修改意见，尊重工程师的决定，使工程师对承包商的工作表示满意。

3. 坚持合理的索赔要求

由于当地币急骤贬值，给承包商带来巨额亏损，这是合同双方深有体会的客观事实，但合同文件却没有相应的索赔条款。虽然如此，但承包商却从各方面论证索赔要求的合理性，不断提出证据资料，并通过咨询调研发现了汇率索赔的先例，打破了索赔的僵局。

4. 在投标报价及签订合同时要重视汇率风险

在当前国际工程承包市场上，大多数国家的货币均存在不同程度的贬值。因此应按照 FIDIC 合同条件第 72.1 条的指示，在合同或协议书中写明按固定汇率结算支付外币部分。

二、案例

在法制比较健全的国家，法律部门每年定期地印刷出版在前一年度由法院判决的案例，详细地介绍争议事实和证据，并全文公布主审法官的讲话，说明裁决的道理，以便后人参照。

英国在工程建设合同争端方面的立法最为完备。有关工程合同的纠纷，一般由英国高等法院（High Court of Justice）的女王座庭（Queen's Bench Division）审理；严重的合同纠纷，甚至由最高层次的法院——上议院（或称大理院、贵族院，House of Lords）来审判。在案例的权威性（Authority）方面，上议院的判决案例的权威最高，往往成为高等法院、上诉法院（Court of Appeal）以及所有初级法院判案时的参照标准。英国的案例出版物已有很久的历史，其中如《全英法律报告》（The All England Law Reports），从 1936 年起即每年定期出版各重要法庭的裁判案例，每年甚至多达 3～4 大册，已形成十分丰富的案例库。此外如《建筑法报告》（The Construction Law Reports），从 1984 年连续出版至今，形成了详细的工程合同纠纷的判案记录案例库，等等。

美国的联邦法院和各州的地方法院也每年定期地公开出版各法院的判决案例，供公众参照。而且在所有的建设合同著作中，都利用案例来解释合同纠纷；或在论述合同原则时，利用案例来证明作者的观点。

在国际工程承包市场上，一个有经验的承包商在提出自己的具体索赔要求时，除引证本工程项目的合同条款以外，最好也能引用类似情况的案例，来论证自己的索赔权。同样，一个有水平的仲裁员或法官，在判决一项合同争端时，也应该引用历史案例，尤其是承包界比较熟悉的著名案例，来说明自己最终裁决的理由，使自己的判决建立在权威的理论基础上。

三、国际惯例

在处理施工索赔问题或解决合同争议时，合同有关各方经常提出参照国际惯例的做法。所谓国际惯例，是指国际工程承包界公认的一些原则和习惯做法，有助于公正合理地解决争议的问题。

对于国际惯例的具体内容，国内外有关工程承包合同管理的书刊中没有统一的论述，人们一般理解为在国际承包市场上普遍采用的合同原则或合同争议解决方法，比如：国际工程通用的标准条件所包含的原则；著名的判案先例；著名的案例；权威机构提出的合同争议解决方案，等等。

由此可见，对于国际惯例可以理解为广义的内容，如：合同具有法律效力；合同服从于法律；合同风险应合理分配；合同价可以因施工条件的变化而进行调整；索赔是合同实施的正常现象；咨询（监理）工程师是独立公正的法人代表，等等。但是，在解决合同纠纷或索赔争议时，更重要的是引用具体的惯例或规则，借鉴公正的解决方案，促进合同纠纷的迅速解决。根据作者的实践经验，下列一些国际惯例做法，虽然属于狭义的具体内容，但经常被咨询（监理）工程师或仲裁员广泛引用，对咨询（监理）工程师在解决承包商和业主之间的索赔争议时，甚有参考价值。

1. 巴尔特解决办法

这是在合同争议中最常遇到的一个问题，即：在施工过程中发生数量较大的工程变更时，承包商要求修改某一工作项目（Work Item，即工种）的单价，即调整（提高）该项工作的投标书中的单价，而用提高了的单价对变更增加的工程量进行支付。这一要求往往不易被业主采纳，而形成合同纠纷。

美国的旧金山海湾区高速运输线工程（Bay Area Rapid Transit Project，简称为 BART）施工管理局在处理单价（即合同价）调整争议中采用了比较聪明合理的解决办法，为美国及世界许多国家的工程界所赞赏和采纳，逐渐形成为在解决合同价调整方面的国际惯例，被称作"巴尔特解决办法"（BART Arrangement）。关于这一解决办法的具体内容，在本书第 2 章第 4 节中已叙述过。

这一国际惯例，由于其合理性和广泛性，被国际工程承包界所公认和赞同，遂被国际咨询工程师协会（FIDIC）在修订 FIDIC 标准条件第 4 版时予以采纳，并略作调整，写入 FIDIC 合同条件的"专用条件"第 52.3 条中，形成明确的合同条件，即：对某项工作的单价（即合同价）进行调整时，要满足两个条件：①这项工作的款额超过整个工程项目合同总价的 2%，即这项工作（This Work Item）在整个工程（The Project）的合同总价中占有比较大的分量；②实际发生的工程量变更较大，超出（或少于）原工程量清单（BOQ）中所列工程量的 25% 以上。可以看出，FIDIC 合同条件第 4 版在采纳巴尔特解决办法时，还做了适当的调整——将调整单价的要求条件有所降低，即将该单项工作所占总合同价的比例由 5% 降至 2%。

2. 可推定学说

在解释合同条款的含义时，国际工程界承认并应用可推定学说（Doctrine of Constructive Terms），来解决合同争端。

可推定学说源自美国。在一项关于是否属于工程变更（Construction Variation/Changes）的诉讼案中，承包商以工程变更为由提出索赔要求，业主认为并未发变更指令，未构成"工程变更"，双方争执不下。法官裁决时认为：该项工程变更事实上已经发生；在进行工程变更工作时业主亦知晓，已经形成事实，虽然当时业主未发变更指令（Change Order/Variation Order），从合同管理的角度看，应承认为符合合同条款的工程变更，即"可推定为工程变更"（Constructive Change/Variation）；"推定的工程变更"等同于发过变更指令的工程变更。由此形成了在处理合同争议时使用可推定学说的先例,即合同双方均知晓并已形成事实的合同行为,可推定为符合合同条款的规定;因为在形成事实的过程中,合同的另一方目睹其过程但未提出任何反对意见,表示认可。

后来,根据这一"可推定的工程变更"理论,形成了"可推定学说",推广应用到处理加速施工、暂停施工等方面的合同争议问题,被称之为:"可推定的加速施工"(Constructive Acceleration)、"可推定的暂停施工"(Constructive Suspension),详细内容请参阅本书第3章第4节。

3. 斯匹林学说

斯匹林学说(Spearin Doctrine)是用来解释合同中有关保证条款(Warranties)的责任问题的惯例。这一国际惯例的来源,是首先通过一项法院的裁决,后来被国际工程承包界广泛引用。

在解释合同文件的有关"默示条款"(即隐含条款)的规则中,有两个重要的原则:①签约双方均有积极配合使合同顺利完成的责任(Duty of Cooperation);②提出的工程设计和施工技术规程(Design & Specification)必须具备足够的准确性,这就是斯匹林学说的含义。

按照斯匹林学说,业主提出的合同文件中的工程规划设计及技术规程应保证其适用性和充分性。如果由于规划设计和技术规程方面发生错误,引起施工过程中的工期延误(Delay)、额外工程(Extra Work)、工程变更(Changes)以及施工干扰(Disruptions)等问题时,应由提出规划设计和技术规程一方(业主)负责,承包商有权获得由此而发生的工期延长(EOT)及额外成本(Extra Cost)。

4. 口头证据规则

口头证据规则(Parol Evidence Rule)是涉及在合同争议中如何提出证据的规则。

按照普通法(Common Law)的判案原则,口头辩论受到仲裁员或法官的重视,对证据的可靠性要求申诉人做出严密的解释,亦允许申辩人做出补充的口头辩论。这已经成为国际判案的一个惯例(Custom and Practice)。

这一国际惯例的实质,是给予双方争辩人充分的申辩和举证机会,使裁决更为准确合法。其具体规则是:

(1)当书面的协议书或证据材料不够完整,或没有包括合同的详尽内容时,需要口头证明来补充;

(2)书面的条款或证据需要口头进行解释,以作为证据;

(3)口头证据可以对书面证据进行补充或详述,但不能改变书面证据或提出相反的证据。

5. 同类规则

这是一条处理合同争议时有关事态类别归属的国际惯例做法,被称为同类规则(Ejusdem Generis Rules)。

在判断事件的性质时，如果同时发现数个不同的事件具有共同的性质，则可将这数个事件归为同一类别或同一等级，按同类进行判断处理。例如，施工拖延不是由于承包商的原因，如业主国政局不稳、战乱、修改设计、业主干扰施工、特别恶劣的自然条件（地震、特大洪水）等等，则这些影响均归为一类工期拖延的原因，而不属于承包商拖期的责任，从而应给承包商工期延长（EOT）。

6. 摩考克原则

这是由一个著名判案先例命名的国际惯例，逐渐变成对合同条款解释时形成默示条款的一个原则，在仲裁员或法官判案裁决时起相当重要的作用。

摩考克原则（Moorcock Principle）的含义是：由于合同某一方的潜在责任，（即从合同条款的默示责任来判断）造成另一方损失时，应向另一方承担损失赔偿。例如在本章第2节内"客观事实默示的条款"中所列举的［案例4-3］。

摩考克原则在合同纠纷案例中经常被引用，因为它树立了如何解释默示条款合同责任的公正判例。

7. 奈马导则

这是一个处理仲裁与法院裁决关系的国际惯例，因为它起始于Nema案件的法院判决，后被广泛引用，故名"奈马导则"（Nema Guildline）。

在解决合同纠纷时，仲裁员的裁决一般是终局的，受到仲裁事件的合同双方的采纳和尊重。但有时个别的仲裁决定因有缺陷，或不够公正，被争议的双方中某一方拒绝采纳，并被上告到同级法院或上级法院（如上诉法院），要求取消该项仲裁决定，在法律程序上称为"申请上诉批文"（Leave to Appeal），意即：要求法院批准不予执行仲裁员的裁决书。而上诉法院在处理这类申请时，掌握得较严，一般是驳回申请，即按仲裁员的裁决执行。但是，在个别情况下，如果仲裁裁决书中犯有明显的错误，或事关重大，则上诉法院将批准"申请上诉批文"，宣布原仲裁决定无效；进一步的做法有两种：一是将原裁决书驳回，要求仲裁员重新裁决；另一种是由上诉法院承接此案，予以审理判决。

在奈马案件中，争议双方为船主和租船人。双方协议，船主要为租船人在1979、1980的两年内运货7次，但后因工人罢工及大湖冰封，后3次运货难以完成。租船人对船主的后3次拒运提出申诉。仲裁员裁决为：1979年已部分因客观原因运货受阻，故裁决船主胜诉。租船人不服，上诉到贵族院（Court of Lords），申请上诉批文（Leave to Appeal）。贵族院支持仲裁员的裁决，驳回租船人的上诉。

奈马导则的实质，是肯定裁决书的结论及终局性（Finality），不能轻易上诉。但是，在实践中，个别的仲裁书有明显的错误，或判案不公，上诉法院将批准"申请上诉批文"，否决裁决书的结论。上诉法院这样处理，是基于以下的原因或情况：

（1）仲裁员在裁决中犯有法律性的错误（Error of Law），即引证的合同条款不对，或法律根据有错误。

（2）仲裁员裁决的后果严重，不是属于个别的情况（One-Off Case），而是对公共政策（Public Policy）有影响。

（3）仲裁员在审理过程中，对争议双方评论不公正，明显偏袒一方，被称为违反"自然公正"（Natural Justice）的原则。

（4）仲裁员在审理程序上违反规定，或私自与某一方有接触，属于"行为不端"（Misconduct）的错误。

第5节 工程所在国的法律

每一个工程项目的合同文件，在实施过程中，总有一个适合于什么法律的问题，例如在FIDIC《土木工程施工合同条件》第5.1条中所说的"适用于该合同并据以对该合同进行解释的国家的或州的法律"。

这里涉及合同与法律的关系问题。从原则上讲：法律高于合同；合同受法律管理。这里所讲的法律，一般是指该工程项目所在国（或州）的法律。在国际工程承包合同与工程所在国的法律规定出现矛盾时，都以工程所在国的法律规定为准。

国际工程的合同实施按工程所在国的法律规定行事，是比较合理的，因为很多具体问题的处理依据所在国的法律规定比较方便。例如：工作日及节假日；每日工作小时数；劳工雇佣法；设备和材料的进出口；税收；民俗习惯等等，都宜按工程所在地的规定办理。

但是，适用法律并不排除采用第三国的法律，尤其是工程所在国（或州）的法律不完善或尚无某种立法时。在当前国际承包市场上，合同纠纷的仲裁，往往到第三方的国家或国际性的仲裁机构去实施，比如法国巴黎的国际商会（International Chamber of Commerce，简称ICC），联合国国际贸易法委员会（UNCITRAL）等，至于完成工程量的测量方法，则一般按照英国皇家特许测量师协会（The Royal Institution of Charterd Surveyors，简称RICS）编写的《工程量标准测定法，SMM》（Standard Method of Measurement）办理，除非合同条款中另有规定。

鉴于所在国法律对合同实施的权威性和重要性，承包商在参加竞争性投标时应特别注意所在国有关工程承包方面的法律规定，注意到所在国法律可能给自己带来的风险。另一方面，在合同实施过程中，应学会利用所在国的法律规定来维护自己的利益，以减轻承包风险，现分述如下：

一、防止当地法律可能带来的风险

所在国的法律对工程项目合同的实施有决定性的影响，因此应特别注意这些影响对承包商造成的困难。一个有经验的承包商，在参加投标报价以前就应该仔细研究这些问题，尤其在编标报价之前，探明可能遭遇的风险，例如：

1. 不允许索赔

在当前国际工程承包市场激烈竞争的情况下,如果没有施工索赔的机会,承包商一般是不可能承担如此沉重的承包风险。但在少数国家,禁止外国公司向工程所在国政府或公民索取损害赔偿。在工程项目的合同条款中不列入索赔条款,也会使承包商的索赔要求成为"非合同索赔"(Non-contractual Claim),实际上难以索赔成功。

2. 高额税率

有的国家对外国承包商实行高税率、多税种政策,设备进出口的海关手续十分严格,或规定施工设备和机械在工程完工后不许运出,等等。这些不符合国际工程承包市场惯例的做法,会显著增加工程成本,在编标时应仔细考虑。

3. 外汇管制

有的国家对外汇的管理十分严厉,如规定外国企业每次换汇的额度,甚至下令在一定时期内禁止外汇出口,等等,均值得注意。

二、利用当地法律维护自己的利益

工程项目的合同适用于工程所在国的法律,同时意味着受所在国法律的保护。一个有经验的承包商,在遵守所在国法律的同时,应学会利用所在国的法律来维护自己的权益,以减少经济损失,例如:

1. 防止无理地没收保函

在承包海外工程施工时,业主或工程所在国的总承包商,往往以不能成立的理由没收外国承包商的保函,使其突如其来地蒙受重大经济损失,而猝不及防。因为银行开出的履约保函或预付款保函都是"见索即付"(Encash on first demand)。遇到这种情况时,唯一有效地途径是迅即上告当地法院,申诉没收保函违法(不符合合同规定)。根据作者的经验,法院的干预已使数起无理没收保函的企图落空。

2. 纠正错误的仲裁决定

在个别情况下,仲裁员的裁决有错误时,受损害的一方可以通过法院诉讼和开庭辩论,使法官判决仲裁书无效,或责成仲裁员重新考虑修改原裁决书。

3. 解决当地工人的劳务纠纷

外国承包商有时会遇到当地工人的罢工、增薪等劳务纠纷,难以协商解决。这时,除邀请当地律师调停处理以外,通过法院判决亦不失为一良策。

4. 论证索赔的权利

有些国家的法律法规有涉及承包索赔权的规定,也适用于外国承包商。因此,国际承包商也有权引用所在国法律的有关规定,以论证自己的索赔权。

【案例 4-5】 全面论证索赔权的范例

某大型石油管道工程,全长 1506km,管径 28 英寸,在设计、投资、施工和管理方面都是一项重大的国际工程。管道蔓延穿越热带雨林、沼泽和沙漠，跨过山脉和丘陵地区，直至运油轮船所抛锚的海湾，地理气候条件十分复杂。

此工程项目系按照总价合同（Lump Sum Contract）形式进行国际公开招标及施工合同管理。工程项目的合同文件系参照英国合同审定联合会（JCT—The Joint Contract Tribunal）发行的标准总价合同的格式编制的，但亦加进不少的工程所在国特有的合同条款。

在管道工程的实施过程中，承包商克服了难以设想的困难，出色地完成了合同规定的施工任务，保证了整个工程项目按规定时间发挥效益。但是，由于在管道埋设施工中遇到了大量的岩石段开挖，使施工成本大量超支，形成严重亏损。按照招标文件的描述，在管道沿线的 70km 的范围内将遇到岩石，需要进行岩石开挖埋设管道。但在实际施工过程中，管道岩石段开挖总长度达 685.8km，为合同文件所述的 9.8 倍。因此，承包商提出了索赔要求。连同施工过程中发生的洪水冲毁、管道改线等事项，索赔款总额达 4100 万美元。

对于承包商的索赔要求，业主（投资联营体）及其咨询工程师坚决反对，对索赔要求悉数驳回，不予考虑，所依据的理由是：

1. 总价合同已包含了承包商可能遇到的风险，总价内已考虑到了承包商可能遇到的额外开支。

2. "承包商对工程的现场条件及其影响的忽视与无知，不能解除它履行合同的责任，也不能作为它要求延长工期及经济补偿等索赔的基础。"

3. "业主在合同文件中提供的任何信息资料，都不能被认为是正式陈述或保证，仅为信息而提供。承包商对其所做的任何解释、推论或结论，业主概不负责。"

针对业主方面坚决拒绝索赔的态度，承包商陷入困境。但是如不进行索赔，则在巨额亏损下经济上难以承受，于是请索赔专家研讨索赔问题。

索赔专家亲赴工程现场，对工程项目的合同文件进行透彻的研究，对工程现状仔细考察，对已报出的多项索赔文件仔细研阅，对业主和咨询工程师的历次反驳索赔的函件进行研究，并听取项目合同部人员的详细汇报。在完成大量工作的基础上，索赔专家就承包商的索赔权问题写出 4 份论证报告，由项目经理部上报业主及咨询工程师。对于承包商应享有的索赔权，专家们进行了 5 个方面的论证，简述如下：

1. 就工程项目的合同文件而论

鉴于工程项目在地理和地质上的特殊情况，并考虑到项目的勘探设计资料极度匮乏。①招标文件中多处描述管道沿线的地理、地质条件甚好，"全线仅有约 10km 长度须在岩石条件下埋设管道……"②承包商在得到招标文件至投标报价的短暂时间内，进行了力所能及的现场勘察坑探等工作，对工程现场条件是了解的。因此，承包商在报价书中把管道上的岩石段估为 70 公里，而不是招标文件中所述的 10 公里。由于承包商在投标前进行上述大量工作，故不能认为"承包商对工程现场条件及其影响忽视与无知……"。③承包商在实施合同过程中认真努力，克服许多困难，保证施工质量，甚至较规定竣工日期提前，使整个管道投入输油运营，给业主创造了可观的经济效益。④业主在合同文件中对管道沿线1506公里长、幅宽10~20公里范围内的地质资料非常少，甚至连一张地质图也没有提出，致使承包商在如此长的管线上遇到了"不可预见的施工条件"，以致实际的岩石段长达685.8公里，较合同文件中所述的10公里增多68.58倍。基于以上具体情况，承包商聘请的（索赔）专家认为：

（1）咨询工程师引用的、作为拒绝索赔的合同条款是不符合工程现场实际的，因而是不适用的。

（2）承包商遇到完全不同的现场施工条件，即"不可预见的事态"（Unforeseeable Event），正如本合同条件第2.39条所说的，承包商遇到了"自己不能合理控制的不可预见的事态"。正如美国名著《不同现场条件索赔》一书中所述："需要通过详细的地表查勘才能显露出来的工地现场条件，不能责怪承包商为无知。"

（3）在施工过程中，承包商遇到了大量的岩石开挖段，所有岩石段的长度及资料，均报经业主的代表核实并取得业主代表的批准。根据本工程合同条件第2.39条"不可抗力"（Force Majeur），岩石段的极大增加属于不可预见的事态，不是承包商的责任，承包商有权得到合理的经济补偿。

2. 按照国际惯例

所有的国际性标准合同条件，包括本工程沿用的总价合同标准条件——JCT合同条件，对于承包商无力控制的不可抗力事态，承包商均有权得到相应的工期延长和合理的经济补偿。

在国际工程的合同管理实践中，没有任何的关于"总价合同不能索赔"的规定。

3. 参照总价合同的索赔先例

承包商聘请的索赔专家，为了进一步论证总价合同索赔权的合理性，引用了一个总价合同工程施工已经解决了的索赔先例。证明同样的土建工程项目，同属总价合同，已经合理地给予承包商经济补偿及工期延长。

更有说服力的是，这个先例项目恰好发生在咨询工程师所在国。而这位咨询工程师是承包商索赔的坚决反对者。

在这个索赔先例的事实面前，咨询工程师无力反对。

4. 遵照工程所在国的法律

工程项目合同通用条件规定，该合同受工程所在国的法律约束并按该国法律进行解释。这是国际工程合同的普遍规则。

通过当地的律师，承包商取得了所在国有关工程变更控制的法规。该法令称："如果由于一般不可预见的事件、使实施合同责任变得极艰难并可能使承包商遭受大量亏损的威胁时，法庭可考虑此情况……并将此合同责任进行合理的修改"；"如果合同责任超过原来的2/3时，此责任即属艰巨……"

按这项法令，如果承包商遇到了一个有经验的承包商不可预见的地质条件，使其将要完成的岩石段埋管工作量超过原合同中规定的岩石段埋管工作量的 2/3 时，即超过原定量的 66.6% 时，则此合同责任对承包商来说已变得极为艰巨，且会使承包商遭受大量的亏损。在这种情况下，承包商的合同责任应予以修改。

按照输油管道工程的实际情况，岩石段的埋管长度由合同文件中的约 70km 增加为 685.8km，即达到原定量的 9.79 倍，即 979%；因此，这一合同责任理应得到修改。这个修改的办法就是业主接受承包商的索赔要求，给予合理的经济补偿。

5. 结论：按照以上分析，无论从工程项目的合同条件的正确理解，或按照国际惯例及索赔先例的传统规则，以及遵照工程所在国的法律，输油管道承包商的索赔要求是有理而合法的，业主及其工程师不应拒绝。

在论证管道岩石段索赔权的同时，索赔专家还论证了关于管道受洪灾冲毁、管油充水及工期延长等另外 3 项索赔要求，为索赔总款额达 4100 万美元的多项索赔要求奠定了基础。

在对以上论证文件进行了审慎研究以后，输油管道工程的业主和工程师，改变了拒绝索赔的态度，接受了承包商的索赔要求，开始了正式的索赔谈判，逐项解决承包商的索赔事项。

思考题

1. 总价合同的特点，是承包商完成合同规定的工作，获得一笔总的工程款额，这个总款额中包含着一定的预防风险的金额。因此，不少的业主认为，总价合同款额中已考虑了承包施工的风险，因此不应再要求索赔。你同意这种观点吗？如果你认为这个观点不符总价合同的条件，那么请你逐条列出你的理由，用 JCT 合同条件来论证你的观点的正确性。

2. 单价合同或称为固定单价合同，是以 FIDIC 合同条件为代表的一种合同形式，在国际承包市场上占有重要地位。JCT 总价合同亦占有相当大的市场份额。请你分别地列举单价合同和总价合同的优点和缺点，进行分析比较，并提出在什么情况下适用单价合同？在哪种情况下适用总价合同？并进一步指出采用单价合同的注意事项；以及采用总价合同的注意事项。

3. 在解释合同条款的含义时，最常应用的是明示条款；但默示条款也有决定性的重要意义。请你列举并对比形成明示条款和默示条款的必备条件。

4. 合同条件中的保障条款和保证条款经常被人们混淆起来，不会区分。请你分别列举它们的区别和特点，并举例阐述。

5. 在索赔工作中，先例和案例占有重要地位。你经手过的工程项目索赔工作中，使用过哪些先例或案例？你认为本书第二版中列举的 40 个案例以外，还有哪些有代表性的案例值得补充进去。

第 5 章　索赔工作的程序

> 本章对国际工程施工索赔的程序做了全过程的论述，从提出索赔要求开始，直至索赔争端以法律程序最终解决。但是，在具体处理索赔过程中，应特别注意第 2 节中论述的处理原则，即：力争友好协商解决，争取调停解决，最后才靠法律裁决。
>
> 鉴于工程师在处理施工索赔中的重要作用，在第 3 节中专门论述了工程师的地位、作用和任务，比较详细地叙述了工程师在索赔管理中应完成的具体工作，并以数个实例来论证。

第 1 节　施工索赔的一般程序

在国际工程承包施工实践中，施工索赔实质上是承包商和业主之间在分担合同风险方面重新分配责任的过程。在合同实施阶段，当发生政治风险、经济风险和施工风险等意外困难时，施工成本急剧增加，大大超过了承包商投标报价时的计划成本。因而应重新划分合同责任，由承包商和业主分别承担各自应承担的风险费用，对新增的工程成本进行重新分配。

在合同实施阶段中所出现的每一个施工索赔事项，都应按照国际工程施工索赔的惯例和工程项目合同条件的具体规定，抓紧协商解决，并与工程进度款的月结算制度同时进行支付，做到按月清理。关于施工索赔处理的全部程序，一般按以下 5 个步骤进行：

（1）提出索赔要求；
（2）报送索赔资料；
（3）会议协商解决；

（4）邀请中间人调解；

（5）提交仲裁或诉讼。

上述5个工作程序，可归纳为两个阶段，即：友好协商解决和诉诸仲裁或诉讼。友好协商解决阶段，包括从提出索赔要求到邀请中间人调解四个过程。对于每一项索赔工作，承包商和业主都应力争通过友好协商的方式来解决，不要轻易地诉诸仲裁或诉讼。

一、提出索赔要求

按照国际通用合同条件的规定，凡是由于业主或工程师方面的原因，出现工程范围（Scope of Work）或工程量的变化，引起工程拖期或成本增加时，承包商有权提出索赔。

当出现索赔事项时，承包商一方面可以用书面信件正式发出索赔通知书（Notice of Claims 简写为 NOC），声明他的索赔权利；另一方面，应继续进行施工，不影响施工的正常进展。按照FIDIC合同条件（53.1分条）的规定，这个书面的索赔通知书应在索赔事项（Event）发生后的28天以内，向工程师正式提出，并抄送业主。否则，逾期再报时，承包商的索赔要求可能遭业主和工程师的拒绝。

至于索赔通知书的格式，可参照下面的两种写法。如果在写索赔通知书时，承包商已能肯定所根据的合同条款，据其论证自己的索赔权时，可采用下列措辞：

第001号索赔通知书

尊敬的先生

根据合同条款第……条，我特此向你通知，我方对实施……工程所发生的额外费用保留取得补偿的权利；该项额外费用的数额，我们将按照合同第53条的规定，以额外费用月报表的形式向你报送。

项目经理　×××

如果在写索赔通知书时，承包商还拿不准引用合同文件中的哪一个合同条款，则可暂不指明所依据的条款，仅申明自己的索赔要求，采用如下的措辞：

第001号索赔通知书

尊敬的先生

根据合同规定，我特此向你通知，我方对实施……工程所发生的额外费用保留取得补偿的权利；该项额外费用的数额，我们将按合同第53条的规定，以额外费用月报表的形式向你报送。

项目经理　×××

上述的索赔通知书格式，仅是一般的常规写法。它说明索赔通知书的内容很简单，

仅说明索赔事项的名称，引证相应的合同条款，提出自己的索赔要求即可。索赔工作人员可根据具体情况，在索赔事项发生后的 28 天以内正式送出，以免丧失索赔权。至于要求的索赔款额，或应得的工期延长天数，以及有关的证据资料，以后再报。

二、报送索赔资料

在正式提出索赔要求以后，承包商应抓紧准备索赔资料，计算索赔款额，或计算所必需的工期延长天数，编写索赔报告书，并在下一个 28 天以内正式报出。如果索赔事项的影响继续存在，事态还在发展时，则每隔 28 天向工程师报送一次补充资料，说明事态发展情况。最后，当索赔事项影响结束后，在 28 天以内报送此项索赔的最终报告，附上最终账单和全部证据资料，提出具体的索赔款额或工期延长天数，要求工程师和业主审定。

对于大型土建工程，承包商的索赔报告应就工期索赔和经济索赔分别（分册）编写报送，不要混为一体。因为每一种索赔都需要进行大量的合同论证、数量计算和证据资料，分量都相当大，需要工程师分别地审核并提出处理意见。至于小型工程或比较简单的索赔事项，在征得工程师同意后，可将工期索赔和经济索赔合在同一个索赔报告书中。

一个完整的索赔报告书，必须包括以下 4 个部分：

（1）总论部分，概括地叙述索赔事项；

（2）合同论证部分，叙述索赔的根据；

（3）索赔款额或工期延长的计算论证；

（4）证据部分。

至于这 4 部分的详细内容，请参阅第 7 章第 1 节。对于大型土建工程的施工索赔，或索赔款额很大时，承包商有必要聘请法律顾问（律师）和施工索赔顾问（施工管理专家）指导索赔报告书的编写工作，争取索赔要求得到合理的解决。

按照国际工程施工索赔的惯例，工程师在接到承包商的索赔报告书和证据资料以后，应迅速审阅研究，在不确认责任谁属的情况下，可要求承包商补充必要的资料，论证索赔的原因，重温有关的合同条款；同时，与业主协商处理的意见，争取尽快地作出答复，以免长期拖延而影响双方的协作，或使施工进展受到影响。如果对索赔款额有待核实，难以立即确定时，亦应原则地通知承包商，允诺日后处理。个别的工程师或业主，对承包商的索赔要求，不论合理与否，或一律驳回，或长期置之不理。这样做，不仅违背合同责任，还会加剧业主与承包商之间的矛盾，导致合同争端，甚至严重影响施工进展。

三、会议协商解决

当某项施工索赔要求不能在每月的结算付款过程中得到解决，而需要采取合同双方面对面地讨论决定时，应将未解决的索赔问题列为会议协商的专题，提交会议协商解决。这种会议，一般由工程师主持，承包商与业主的代表均出席讨论。

第一次协商一般采取非正式的形式，双方交换意见，互相探索立场观点，了解可能的解决方案，争取达到一致的见解，解决索赔问题。

如果需要举行正式会谈时，双方应做好准备，提出论证根据及有关资料，内容可接受的方案，友好求实地协商，争取通过一次或数次会谈，达成解决索赔问题的协议。

如果多次正式会谈均不能达成协议时，则需要采取进一步协商解决措施。

谈判也要讲究技巧。一个谈判能手，不仅要熟悉有关的法律条款，了解工程项目的技术经济情况和施工过程，而且要善于同对方斗智，在不失掉原则的前提下善于灵活退让，最终达成双方满意的协议。

四、邀请中间人调解

当争议双方直接谈判无法取得一致的解决意见时，为了争取通过友好协商的方式解决索赔争端，根据国际工程施工索赔的经验，可由争议双方协商邀请中间人进行调停，亦能够比较满意地解决索赔争端。

这里所指的"中间人"，可以是争议双方都信赖熟悉的个人（工程技术专家，律师，估价师或有威望的人士），也可以是一个专门的组织（工程咨询或监理公司，工程管理公司，索赔争端评审组，合同争端评委会，等等）。

中间人调解的过程，也就是争议双方逐步接近而趋于一致的过程。中间人通过与争议双方个别地和共同地交换意见，在全面调查研究的基础上，可以提出一个比较公正而合理的解决索赔问题的意见。这个调解意见，只作为中间人的建议，对争议双方没有约束力。但是，根据施工索赔调停解决的实践，绝大多数的中间人调解都取得了成功，调解失败的仅属个别例外。

中间人的工作方法，对调解的成败关系甚大。首先，中间人必须站在公正的立场上，处事公平合理，绝不偏袒一方而歧视另一方。其次，中间人应起催化剂的作用，善于疏导，能够提出合理的、可能被双方接受的解决方案，而不强加于任何一方。再次，中间人的工作方法要灵活，善于同双方分别地交换意见，但不能将任何一方的底盘或观点透露给对方。

上述四个步骤，都属于友好协商解决索赔争端的范畴。但愿所有的索赔争端，都能到此结束，取得双方均能接受的解决办法。遗憾的是，个别的索赔争端的双方，分歧严重，各执己见，不愿罢休，最后走向法庭或仲裁庭。

【案例 5-1】 索赔争端的调停解决

美国开发局和梦特雷工程公司（Monterey Construction Company）1984 年底签订了修建一个水坝（Brantley Dam）的施工合同。合同价 4400 万美元。施工过程中发现坝基地质状况恶劣，引起工期延误及施工费用大量增加，承包商于1989年提出了高达5600万美元的索赔要求。

由于索赔款额巨大，合同双方争执不下。一年多以后，承包商准备诉诸法律途径解决。合同上诉委员会（The Contract Appeals Board）了解此案后，建议争议双方通过调解处理索赔争端。经合同双方同意，合同上诉委员会努力调解，进行了大量的协商探讨工作，于1990年7月达成调解协议，业主同意支付4500万美元了结此项索赔争端。

据法律专家介绍，这一索赔争端如果提交法庭判决，要等到11月才能开始审讯，需要8～10周的时间，并须支付近1000工时的费用。

五、提交仲裁或诉讼

像任何合同争端一样，对于索赔争端，最终的解决途径是通过国际仲裁或法院诉讼而解决。它虽然不是一个理想的解决办法，但当一切协商和调停都不能奏效时，仍不失为一个有效的最终解决途径。因为仲裁或诉讼的判决，都具有法律权威，对争议双方都有约束力，甚至可以强制地执行。

有的败诉者不服从仲裁机关的仲裁结论，不支付裁决的款额时，通常由胜诉者一方向败诉者所在国的法院提出诉讼，由该法院再行判决。由于有联合国发布的《承认及执行外国仲裁裁决公约》（Convention on the Recognition and Enforcement of Foreign Arbitrat Awards）的约束，不仅是这个公约的缔约国，事实上是世界上绝大多数的国家都承认和执行国际仲裁的裁决。所以败诉者所在国的法院一般都会判决支持国际仲裁的决定，并由该法院强制败诉者执行仲裁机关的裁决结论。

国际仲裁机构有它严密的仲裁程序（Rules of Arbitration）和法律权威，一般均能秉公办事，做出公正的裁决。

在国际工程施工索赔的实践中，许多国家都提倡通过仲裁解决索赔争端，而不主张通过法院诉讼的途径。在FIDIC合同条件和ICE合同条件中，均列有仲裁条款，没有把诉讼列为合同争端的最终解决办法。这一方面是为了减轻法院系统民事诉讼案件数量的压力，更主要的原因是，施工合同争端经常涉及许多工程技术专业问题，案情审理过程甚久。

根据上述的施工索赔的处理过程，结合FIDIC合同条件的具体规定，可将其归纳如图5-1所示。

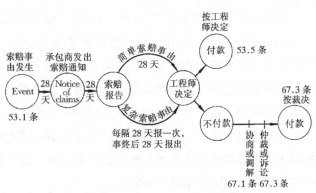

图 5-1 施工索赔处理程序示意图

【案例 5-2】 水电站工程合同争端的仲裁

非洲某水电站建设工程,通过国际竞争性招标,选定了法意两国承包商组成的联营体进行施工,合同额 2500 万美元,工期 34 个月。

在合同实施过程中,由于多方面的原因(包括工程变更、物价上涨以及不利的自然条件等),承包联营体提出多项索赔,要求将付款总额增加到 4500 万美元,即较原合同额增加 2000 万美元。

此水电站工程的设计和咨询工程师是澳大利亚的一个咨询公司。它仔细地研究了承包联营体的诸项索赔报告,提出了总计补偿 1200 万美元的意见,一揽子解决该工程项目的索赔问题。业主表示愿意接受工程师的决定,但承包联营体不同意工程师的决定,向巴黎国际商会(International Chamber of Commerce)提出了仲裁要求。

此项索赔的仲裁申请,系在水电站工程项目完工(1983 年 8 月)的前夕提出的,经过将近 3 年的仲裁过程,花费了将近 500 万美元的仲裁费,才得到解决。

此项仲裁的具体过程如下:1983 年 6 月,承包联营体向国际商会提出了仲裁申请。1983 年底,承包联营体和业主合同争议双方各自聘请了一名仲裁员。业主聘请的仲裁员是英国律师,承包联营体聘请的仲裁员是法国律师,他们都是国际商会承认的注册仲裁员。这两名仲裁员共同指定了一名瑞士籍的仲裁员,作为仲裁委员会的主席(或称首席仲裁员)。仲裁工作在第三国英国伦敦进行,采用比利时的仲裁程序法。1984 年 6 月,仲裁员共同考察水电站现场。1985 年 1~2 月,在伦敦进行 6 个星期的听证会(Hearings)。1985 年 4 月,仲裁委员会(或称仲裁庭)做出了第一个决定:承包商应得到全部额外费用的 60%的补偿。此后,就接着进行额外费用款额的具体计算工作。仲裁员们详细了解工程量等情况后,于 1986 年 1 月做出裁决:业主应给予承包商 1200 万美元的补偿。

第 2 节 索赔争端的解决途径

在国际工程承包施工实践中,在履行施工合同时往往难以避免发生合同争端(Contract Disputes)。如果不善于及时处理这些争端,任其积累和扩大,将会破坏一个工程项目合同各方的协作关系,严重影响项目的实施,甚至导致中途停工。因此,每个工程项目的合同双方,尤其是业主方面,应该重视合同争端的问题,及时而合理地解决任何争端,善于排除影响项目实施的一个个障碍。

合同争端的焦点,是双方的经济利益问题。在合同实施过程中,尤其是施工遇到特殊困难或工程成本大量超支时,合同双方为了澄清合同责任,各自保护自己的利益,经常会发生一些合同争端,例如:

(1)对工程项目合同条件的理解和解释不同。当施工中出现"不利的自然条件"

(APC—Adverse Physical Conditions),遇到了特殊风险(Special Risks)等重大困难,或者工程变更(Variations)过多而严重影响工期和工程总造价时,合同双方往往引证合同条件,对合同条款的论述和规定做有利于自己的解释,因而形成了合同争端。

(2)在确定施工新单价时论点不同。当施工过程中出现工程变更或新增工程时,往往会提出确定新单价的问题。由于单价的变化对合同双方的经济利益影响甚大,因此经常发生争议。虽然,按照一般规定,当合同双方在确定新单价时不能协商一致时,由咨询(监理)工程师确定单价。但该单价是否真正合理,承包商往往有不同的意见。

(3)在划分施工拖期的责任时意见不同。在大型工程施工中,由于自然、人为或社会环境的原因,经常出现工期延误(Delay)。在处理工期延误问题时,首先应明确延误的责任一方。事实上,工期延误的原因经常错综复杂:有时双方都有责任;有时双方都无责任,而是自然原因或政局动乱;只有在少数情况下,才明显地看出是哪一方的责任。因此,施工延误往往会引起严重的合同争端。

(4)业主拖期支付工程款引起争端。在承包施工实践中,有的业主不按合同规定的时限向承包商支付工程进度款,给承包商的资金周转造成很大困难。有时,为此不得不投入新的资金或增加贷款。因此经常引起争端。

(5)在处理索赔问题时发生争端。索赔是承包施工的正常现象,也是经常发生的问题。但有的工程师和业主对承包商的索赔要求有时长期搁置,不予答复;有时对索赔的合理要求也予以反驳或拒绝考虑;有时对索赔款长期不予支付,等等。这些问题,必然导致合同争端,有的甚至发展到严重的对立。

在各种各样的合同争端中,索赔引起的合同争端是最主要的一种。因为,所有的合同争端都是出自合同双方的经济利益;所有的不能解决的经济利益问题,最后都归结到索赔上来,受损害的一方都要靠索赔的手段,挽回自己不应该承受的经济损失,都要想方设法维护自己的经济利益。因此,处理索赔争端问题,应引起合同双方的高度重视。

根据国际工程施工索赔的实践,业主、工程师和承包商在处理索赔争端时,应坚持以下的原则。

一、力争友好协商解决

友好地协商解决索赔争端,是合同双方的共同利益所在。尤其是工程项目的业主,应将此作为自己的重要职责之一。

所谓友好协商解决,是指一切施工索赔问题通过业主、工程师和承包商的共同努力得到解决;即由合同双方根据工程项目的合同文件规定及有关的法律条例,通过友好协商达成一致的解决办法。实践证明,绝大多数的索赔争端是可以通过这种办法圆满解决的。

在友好协商地解决索赔争端的过程中,咨询(监理)工程师起着重要的作用。因为合同双方发生索赔或任何争端后，都要向工程师提出，要求工程师做出公正的决定。工程师在接到任何一方的争端申诉（References）以后，按照 FIDIC 合同条件的规定，应该在 84 天以内做出自己的决定，并正式通知争议的双方。如果工程师在 84 天以内不做决定，或争议双方中的任何一方不同意工程师的决定时，即可将此争端提交仲裁机关或法院判决。如果工程师在 84 天以内对争议的问题（如索赔款额）做出了决定，并正式通知给业主及承包商。在他们接到这个决定通知的 70 天以内，任何一方均未做出反应时，则工程师的决定自然生效，对争议双方均具有法律上的约束力。

根据作者的实践体验，当发生任何合同争端时，合同双方均应冷静客观地寻求友好协商解决的一切途径，切忌采取敌对态度，轻易地步入法庭或仲裁机关，这样有时两败俱伤；即是胜诉者，也可能把赢得的钱都花在诉讼或仲裁的费用上去了。正如国际工程承包界的一个著名格言所说的："好的诉讼不如坏的友好解决"（A poor settlement is better than a good lawsuit）。

当然，这并不意味着不能采取仲裁或诉讼的方法解决重大的索赔争端。有时，当索赔争端关系到重大的经济利益或公司信誉形象时，而且经过多次友好协商均不能达成一致时，争议的任何一方为了维护自己的重大经济利益或经营信誉，可以向仲裁机关或法院提出申请，要求通过法律审判途径解决合同争端。这时，法律裁决可能是唯一的有效途径，也是公正解决的办法。

国际仲裁机关也十分重视通过友好协商解决索赔争端的做法：按照仲裁条例的一般规定，在开始正式的仲裁工作以前，首先要进行调解工作，以期通过友好协商解决索赔争端，以免采取仲裁措施。如果经过调解，时过 56 天而仍无可能协商解决时，方可正式开始仲裁工作。

二、争取调停解决

当索赔争端不可能通过合同双方友好协商解决时，下一步的途径是寻找中间人（或组织），争取通过中间调解的办法解决争端，而不是立刻诉诸法庭判决。

调停解决的优点是：它可以避免合同争议的双方走向法院或仲裁机关，使争端较快地得到解决，又可节约费用，也使争议双方的对立不进一步的激化，最终有利于工程项目的建设。

因此，通过调停解决索赔争端的办法，已在世界各国解决国际工程合同争端中广泛地采用，而且取得了很好的成果。根据一些国家的调查统计，在所发生的全部建设工程合同争端中，大约有 60%～80% 的争端可以在工程项目合同双方的友好协商中得到解决；凡是提交中间人或中间调停机构解决的合同争端，大约有 80% 左右可通过调停解决；提交法院或仲裁机关通过法律判决的案数，大约占全部建设工程合同争端的 5% 左右。

在通过调停解决索赔争端方面，美国采用了多种有组织、有规定的调解途径，有的调解机构甚至在全美国和各州内建立调解组织，按照美国国会通过的"合同争端法"进行调解工作。这种做法，值得国际工程较多的国家参照采纳。在一些国家的国际工程项目上，已采用了美国的调解做法。

现将美国久已采用的、经验比较多的合同争端调解方式简介如下。这些调解方式被统称为"解决合同争端的替代方法"（Alternative Disputes Resolution，简写为 ADR），也就是在法庭外解决合同争端的方法。它主要包括 4 种不同的形式。

1. 小型审理

小型审理（Minitrials）也是一种简化的法庭审理。由争议双方的主要负责人出席，向双方共同选定的一位"中间人"（Neutral Party）申述自己的理由。这位中间人可能是退休的法官（律师），也可能是熟悉施工合同的施工专家。

中间人在全面了解争议双方的观点和书面资料以后，首先分别地同争议双方个别交谈；然后同争议双方一块交谈，提出中间人的解决意见，进行共同讨论。如能达成一致意见，争端即告结束，争议双方按照中间人的书面"调解意见"办理争端事项。如果第一次共同讨论达不成一致意见，则由中间人进行再一次地审理，采纳争议双方的合理意见，写出修正后的审理意见，争取达成一致。如果这次审理失败，则由争议双方寻求其他的调解途径，或直接诉诸法律判决，除非争议双方事前议定小型审理的"判决"意见具有约束力。

2. 中间调解

中间调解（Mediation）的方式与小型审理的做法类似，亦由争议双方共同选定的一位调解人（Mediator）从中斡旋，寻求各种可能的解决方案。但调解人的作用与上述中间人的作用不同：中间人是根据事实和法律寻找出一个公平的解决方案；调解人的目标则是通过反复的调解斡旋，在阐明争议双方观点的基础上，力图说服双方尽量向可能达成的协议接近，最终达成一致。

中间调解与小型审理之间另一个不同之处，是调解人的最终调解意见仍然对争议双方没有约束力。中间调解的失败，大多数情况是诉诸法律判决，即提交法院或仲裁机关判决。

3. 合同争议评审委员会

争议评审委员会（简写为 DRB）在解决大型国际工程合同争端中已日益表现出强有力的作用，现详述如下。

美国在调解合同争议方面推广采用"合同争议评审委员会"（DRB—Disputes Review Board）的做法，取得了成功的经验。这种做法已为其他国家的国际工程项目所采纳，并得到世界银行等国际金融组织的支持。我国的二滩水电站建设工程，亦采用了这种调解组织形式，取得了实践经验。

争议评审委员会（DRB）调解组织的实质，是争议双方邀请第三者进行调解，是属于邀请中间人调解（Mediation）的方式。不过，它的组织形式和工作程序比较完善，并作为一个工程项目合同文件的组成部分，包含在合同的专用条款（Special Provisions）部分里。

争议评审委员会的任务，是协助合同双方解决一切不能自行解决的重要合同争端，包括合同责任争议，施工质量争议，工期争议和索赔款额争议，等等。争议评审委员会的组成人员有三名：一名由业主推荐，经承包商同意；另一名由承包商推荐，经业主同意；第三名由已选定的两名成员提名推荐，并经业主和承包商同意；第三名成员将担任评审委员会的主席。在挑选评审委员时，对每个成员要考虑以下几点限制条件：

（1）任何成员不得与争议者任何一方有从属关系，不涉及本合同的经济利益问题；

（2）任何成员不曾受雇于合同的任何一方，没有与任何一方发生过经济关系；在受雇担任 DRB 成员期间，不得与合同任何一方探讨 DRB 工作完成后的受雇问题；

（3）任何成员在担任 DRD 工作以前，不曾介入过此工程项目的重要事务，以免妨碍他独立公正地进行调解工作。

合同争议评审委员会的工作原则是：

（1）对所争议的问题进行全面深入的调查研究，然后提出调解建议。此建议供争议双方参照实施，但不具法律约束效力，不是行政命令。

（2）对合同争议的调解，采取公正的中间立场，不偏袒任何一方。根据工程项目的合同文件，工程所在国有关的法律规定，以及工程现场的实际情况，提出解决争议的具体建议。

（3）在争议调解期间，工程项目的施工仍应按原定的计划进行，不得影响施工进度。

（4）为了深入了解争议的问题，评审委员可采取听证会（Hearings）的方式，听取争议双方的意见或辩论；亦可采取个别的调研查询。无论在听证会上或个别调研时，评审委员只提问题，不发表个人意见。

（5）为了使合同争议尽快地得到解决，在争议评审委员会的"调解建议"（DRB Recommendations）正式送交争议双方后的两周（14 天）以内，业主或承包商应书面回复，表示赞同或反对。如果在两周内未正式回复，即认为已接受了评审委员会的建议。

（6）当争议评审委员会的调解建议未能被争议的任何一方接受时，即认为此次调解失败。在此情况下，或由争议双方协商一致再次要求 DRB 重新评审，并再次提出调解建议；或由争议双方诉诸进一步的解决合同争端的机构——合同争端仲裁机关，或向法院起诉。

（7）合同争议评审委员会的费用，由争议双方对等支付。一般先由业主单位向 DRB 付款，然后由业主单位在支付给承包商工程进度款时，扣除应由承包商承担的 50% 的费用。

国际咨询工程师联合会（FIDIC）在 1999 年发布的新版《土木工程施工合同条件》

中，将 DRB 改称为 DAB（Dispute Adjudication Board——合同评判委员会），但其组织形式及任务仍与 DRB 基本相同。

4. 合同上诉委员会

合同上诉委员会（The Contract Appeals Board，简写为 CAB）是美国各级政府的建设部门都设置的一个组织，其职责是主持解决该部门内有关的合同争端。

为了规范合同上诉委员会的工作，美国国会先后通过并发布了"合同争端法"（The Contract Disputes Act of 1978），及"法庭改组法"（The Court Reorganization Act of 1982），成为各级建设部门合同上诉委员会的工作纲领，其目的是及时地审理解决合同争端（合同纠纷），减少法庭诉讼的数量。

美国联邦政府合同上诉委员会对合同争端处理工作，做了以下的规定：

（1）各级政府建设部门的合同上诉委员会必须有 3 名以上的专职审理员。他们应具备 5 年以上的公共合同法律方面的经验，由各级建设部门的领导任命。

（2）在合同争端审理期间，承包商仍应按合同要求继续施工，不得停工。

（3）合同上诉委员会可以发出传票，要求合同争端的有关人员出庭作证。如拒不出庭，当地的地方法院将命令其出庭；否则，以藐视法律治罪。

（4）合同上诉委员会做出的审理决定，争议双方如不服从，皆有权向上一级法庭起诉，即可向"美国索赔法院"（The U. S. Claim Court），各级"上诉法院"（The Court of Appeals），甚至"美国最高法院"（The U. S. Supreme Court）上诉。

从以上 4 种不同形式的合同争端调解组织的工作特点可以看出：

（1）无论是工程项目的工程建设单位，或者是各级政府的建设部门，都把及时地解决合同争端放在重要的地位，要求及时合理地解决合同争端，防止其大量地转入法院诉讼范畴。

（2）许多的合同争端审理组织其所以能够发挥作用，是由于受到政府及法律上的支持，带有准法律（Quasi-Legal）的权力。

（3）合同争端审理组织做出的调解决定，虽一般不具备法律上的约束力，争议双方或其中任何一方可以拒绝接受，但如果争议双方在接受审理以前达成协议，同意审理组织的调解决定具有约束力时，该调解决定一旦正式做出，对争议双方均有法律上的约束力，双方必须遵照执行。

三、最后靠法律裁决

依靠法律判决解决合同争端，这是最后的一个途径。所有的经过中间调停解决途径尚未解决的一切合同争端（合同纠纷），都将通过这一途径最后得到解决。

国际工程合同争端的法律解决途径，有两种方式，即法院诉讼判决和仲裁机关仲裁裁决。在这两种法律解决方式中，一般国家均尽量减少通过法院诉讼判决的方式，而强调采取国际仲裁的方式。例如，在 FIDIC 合同通用条件中规定（67.3 款）："除非在合同中另有规定,应按照国际商会(The International Chamber of Commerce)的仲裁和调解法规,由一个或几个根据该法规指定的仲裁员作最后决定。"

1. 仲裁机关裁决

当合同争端(主要是索赔争端)不能通过调解达成一致时,可按工程项目合同文件中的规定,将争端提交仲裁机关解决。仲裁作为正规的法律程序,其裁决对争议双方均有法律上的约束力。

工程项目合同文件中通常规定了仲裁机构、仲裁地点及仲裁所使用的语言,等等。至于具体的仲裁规则、程序及费用支付等问题,则按照该仲裁机构的章程办理。

(1)仲裁机构的选定

每一个工程项目的索赔争端要通过哪一个国际仲裁机构来裁决,一般在招标文件中已做了规定,这是业主责成咨询(监理)工程师在编写合同文件时已经做出的决定。但是,最终选定哪一个仲裁机构,在中标意向书发出后还有承包商发言的权利。选定的仲裁机构应该是业主和承包商共同协商确定的。

当前,在国际工程承包施工合同争端的仲裁方面,有以下一些主要的国际性常设仲裁机构:

1)中国国际经济贸易仲裁委员会;

2)国际商会(ICC—International Chamber of Commerce),总部设在巴黎;

3)联合国国际贸易法委员会(UNCITRAL—United Nations Commission on International Trade Law);

4)瑞士苏黎世商会仲裁院(The Arbitration Court of the Zurich Chamber of Commerce);

5)瑞典斯德哥尔摩商会仲裁院(The Arbitration Institute of the Stockholm Chamber of Commerce);

6)伦敦仲裁院(London Court of Arbitration);

7)美国仲裁协会(AAA—American Arbitration Association);

8)日本商事仲裁协会(The Japan Commercial Arbitration Association),等等。

每个工程项目在选定仲裁机构、仲裁地点方面,由合同双方在其仲裁协议书中共同确定,一般都选定为工程项目的所在国。这是因为,按照国际工程合同文件适用法律(Applicable Law)的原则,工程项目合同的适用法律为工程所在国的法律和有关规定。当然,仲裁地点也可以设在承包商的所属国家;也可以由合同双方事前协定选定一个第三国。

应该指出,我国有许多国际工程,如长江三峡工程,黄河小浪底工程,以及许多大型发电站、公路、海港、铁路、桥梁、海洋石油等工程项目,都是进行公开的国际竞争性招标,按照国际通用的合同条件实施。工程项目合同争端的仲裁机构、仲裁地点,应尽量在合同文件中明确在中国进行,这是因为:第一,中国的有关建设单位是业主，业主所在国的法律是工程项目合同文件实施中的适用法律。第二，中国国际经济贸易仲裁委员会已经是国际上有信誉的国际仲裁机关，它具有完善的组织机构和仲裁制度，聘任中外国籍的仲裁员约 300 名，仲裁过许多复杂的仲裁案例。尤其是我国政府于 1987 年正式成为联合国《承认及执行外国仲裁裁决公约》（Convention on the Recognition and Enforcement of Foriegn Arbitrat Awards）的第 72 个缔约国以来，中国已经成为世界主要的国际仲裁中心之一。

（2）国际仲裁索赔争端的优缺点

国际工程合同争端，尤其是索赔争端的最终的、最有权威的解决途径，只能依靠国际仲裁。国际性的以及各国的法律赋予了仲裁的法律地位，仲裁机关的裁决是终局性的，法律保证其得以强制执行。国际仲裁机构聘用大量的、有专门知识的专家为仲裁员，保证其裁决的公正性和高水平。因此，重大的施工索赔争端，通过国际仲裁机构的审理裁决，可以得到公正而权威的最终解决。

但是，另一方面，索赔争端的国际仲裁，由于其技术复杂，往往涉及数个国家的机构和人员，仲裁裁决的款额巨大，因而经常需要很长的时间（个别案例拖延 3～5 年才做出裁决），需要争议双方付出巨额的仲裁费用和索赔经费。因此，合同争议双方应该尽量寻求非仲裁的解决索赔争端的各种途径。

2. 法院诉讼判决

诉讼也是一种司法程序。如果国际工程承包合同规定采取司法程序解决争端，或者在合同条款中未提及解决争端的方式，那么，这类争端就不得不通过司法程序来解决。由于国际工程涉及数个国家的人员，因而要注意司法程序的管辖权问题、适用法律问题。即使合同中规定了适用法律，但其有效性还要取决于做出判决的法院所在国的国际私法规则，以及该法院的判决能否在当事各方国内强制执行的问题。这些都是采用诉讼方式解决国际工程合同争端将会遇到的困难问题。因此，对于国际工程，应慎用法院判决以解决争端的方式。

第 3 节　工程师在处理索赔中的职责和作用

在国际工程的承包施工中，尤其是由于当前广泛采用建设工程监理制度，咨询工程师（或称监理工程师，通常简称为"工程师"——The Engineer）在工程项目的实施中起着举足轻重的作用。因此，论述他在处理施工索赔中的职责以前，有必要对工程师的地位和作用予以简要叙述。

一、工程师的特殊地位和作用

在国际工程的承包业中，咨询工程师（Consulting Engineer）具有特殊的法律地位及重要作用。其所以有"特殊地位"，是因为：

（1）在工程项目的施工协议书上，咨询工程师不是施工合同的签约者，"合同双方"是指业主和承包商。但是，在合同条款中赋予他很大的权力，由他监督管理合同项目的实施。甚至当业主和承包商发生合同争端时，由工程师协调解决。工程师在法律地位上享有"准仲裁员"（Quasi-Arbitrator）的作用。

（2）从经济关系上说，咨询工程师受雇于业主。业主通过竞争性招标，从许多参加竞争的设计咨询公司中，选择一个满意的作为自己工程项目的"工程师"，他们之间签订有"服务协议书"（Service Agreement），他代表业主对工程项目的实施进行监督管理。但是，咨询工程师的工作绝不是完全站在业主的立场上处理问题，他的工作地位是独立性的，他在国际工程承包界是以"独立的工程师"（The Independent Engineer）的身份进行工作。

（3）咨询工程师必须"办事公正"（To Act Impartially），这是他开展技术咨询服务业务的基本原则和职业道德。工程师的这一"公正办事"的职业道德，是受国际工程承包界和国际工程金融组织密切注视和监督着的。世界银行投资的工程项目，其咨询工程师必须是在世界银行通过资审和登记的设计咨询公司。他们的工作表现经常受世界银行有关部门的监督检查。违背咨询工程师职业道德（办事公正）的工程师，将会被排除在世界银行登记册以外。

（4）在国际工程承包界，咨询工程师（监理工程师）的工作可以说是一种崇高的技术职业，因为他办事公正，采用先进的管理手段，有力地推动着国际工程承包管理工作水平不断提高；工程师虽然受雇于业主，但对业主的指示并不是"唯命是从"；如果不符合合同条件或国际惯例，他将不采纳业主的意见。工程师经常同承包商打交道，但他的职业道德准则不容许他从承包商那里获取利益。违背合同条件，片面袒护业主的单方面利益，损害承包商的合法利益；或者受贿于承包商，无原则地给承包商以好处，这样的工程师是丧失职业道德的工程师，是不合格的工程师。

二、工程师的任务

在国际工程的整个实施过程中，咨询工程师的任务可概括如下：

1. 工程的设计者

按照 FIDIC 合同条件，工程师应负责工程项目的设计工作，并计算工程量和造价；编制招标文件；协助业主完成招标、评标工作。在有的大型工程项目上，业主还聘雇咨询工程师参加工程项目规划阶段的可行性研究工作。

有些工程项目的业主，把设计工作委托给专门的设计机构完成，而在工程施工时另选施工监理单位。在这种情况下，为了工程项目的顺利实施，施工监理班子中应包括主要设计人员。

2. 施工监理

在工程项目进入施工阶段时，咨询工程师作为业主的代理人，对工程施工进行监督管理。施工监理的任务包括 3 个方面：施工进度监理、工程质量监理以及工程资金监督。

3. 合同管理

监督合同双方按合同文件的要求合作，要求承包商按施工技术规程（Specifications）施工，使业主得到一个符合设计的工程项目。当双方对合同的理解和实施发生矛盾时，工程师作为施工合同的中介人，授权对合同进行解释，以期迅速消除分歧，保证工程顺利建成。

工程师在合同管理工作的一项重要任务，是处理索赔问题，详如后述。

综合上述，可把咨询工程师称为：实施合同的中介人；工程项目的设计者；工程施工的监督者；合同纠纷的准仲裁员；工程资料的汇总者。通过咨询工程师的辛勤工作，业主从他手中接过该工程的全套资料，从承包商手中接过一个符合设计的工程项目。

三、工程师的索赔管理工作

在国际工程施工的索赔和反索赔工作中，咨询工程师（监理工程师）起着十分重要的作用。一个工程项目的索赔工作能否处理好，在很大的程度上取决于工程师的工作责任心和职业道德。

工程师在索赔管理工作中的任务，主要包括以下 4 个方面：

1. 预防索赔发生

在工程项目承包施工中，索赔是正常现象，是一项难免的工作。尤其是规模大、工期长的土建工程，索赔事项可能多达数十项。但是，从合同双方的利益出发，应该使索赔事项的次数减至最低限度。在这里，工程师的工作深度和工作态度起很大作用，他应该努力做好以下工作：

（1）做好设计和招标文件

工程项目的勘察设计工作做得仔细深入，可以大量减少施工期间的工程变更数量，也可以避免遇到不利的自然条件或人为障碍（APC），不仅可以减少索赔事项的次数，也可保证施工的顺利进行。

招标文件包括合同条件（Conditions of Contract）、工程量表（BOQ）、技术规程（Specification）和施工图纸等大量技术经济文件。这些文件的编写质量愈高，愈能减少施工索赔的发生。

（2）协助业主做好招标工作

招标工作包括投标前的资格预审（Prequalification），组织标前会议，组织公开开标，评审投标文件，做出评标报告，参加合同商签及签订施工协议书等工作。

为了减少施工期间的索赔争议，要注意处理好两个问题：一是选择好中标的承包商，即选择信用好、经济实力强、施工水平高的承包商。报价最低的承包商不一定就是最合适中标的承包商。二是做好签订协议书的各项审核工作，在合同双方对合同价、合同条件、支付方式和竣工时间等重大问题上彻底协商一致以前，不要仓促地签订施工合同。否则，将会带来一系列的争议。

（3）做好施工期间的索赔预防工作

许多索赔争端都是合同双方分歧已长期存在的暴露。作为监督合同实施的工程师，应在争议的开始阶段，就认真地组织协商，进行公正地处理。例如，在发生工期延误时，合同双方往往是互相推卸责任，互相指责，使延误日益严重化。这时，咨询工程师应及时地召集专门会议，同业主、承包商一起客观地分析责任。如果责任难以立刻明确时，可留待调查研究，而立即研究赶工的措施，采取果断的行动，以减少工期延误的程度。这样的及时处理，很可能使潜在的索赔争端趋于缓和，再继以适当的工程变更或单价调整，使索赔争端化为乌有。

在签订工程项目的施工合同时，如果对工程项目的合同价总额没有达成明确一致的意见，或者合同双方对合同价总额有不同的理解，或者合同一方否认了自己在合同价总额上的允诺，都会使合同价总额含糊不清，双方各执一词，必然会形成合同争端（Disputes），最终导致索赔争端。这种情况，合同双方在签订施工协议书以前，都应慎重仔细地办理，避免合同争端。

【案例 5-3】　由于合同价含糊不清造成的索赔

某商业中心大厦进行竞争性公开招标，要求工程项目在 21 个月内建成，采取固定总价合同，并规定无调价条款（No Price Fluctuation Provisions）。

业主单位选定的承包商，其报价为 364000 美元，工期为 24 个月，并要求取消无调价条款的规定，即对合同实施期间（2 年）的物价上涨进行价格调整。

按理说，中标的承包商的这些与招标文件要求悬殊的重要改变，如工期由 21 个月延长为 24 个月，取消不允许调价的规定等，都应在发出中标通知书之前谈判确定。仓促地选定承包商，显然是业主方面的一个失误。

此时，业主不得不对承包商的要求进行研究，并提出自己的意见。

业主和建筑师提出，不能接受取消无调价的规定，因为建筑业的法规规定，2 年以下（包括 2 年）工程项目不能采取调价条款。此外，建筑师在复函中还指出，承包商的报价书中有计算错误，应把报价 364000 美元再减去 7730 美元。

承包商对业主和建筑师的答复持不同意见，在书面答复中提出：(1) 如果业主坚持无调价条款，则承包商的报价要增加 75000 美元；(2) 既然是固定总价合同，又因为 BOQ 中有些单价估算偏低，故计算错误产生的 7730 美元不拟再减去；(3) 承包商的固定总价款额为 364000 美元＋75000 美元＝439000 美元，并准备以此总价实施合同项目的施工。

就这样，开始了商业中心大厦的施工，并按合同在 24 个月内建成完工。完工时，业主的工程量估价师（Quantity Surveyor，简写为 Q.S.）就工程项目的最终结算提出了如下的报告书：

固定总价合同额		364000 美元	
减去计算错误		7730	356270
工程量增加			49844
工程变更令	增加	52773	
	减少	42511	10262
施工准备费	增加	144277	
	减少	133520	10757
	合计		427133 美元

承包商不同意业主的估价师所提出的最终结算报告书，而提出了自己结算书，主要项目如下：

报标时的报价	364000 美元	
因无调价而增加报价	75000	439000
工程变更令		10262
施工准备费增加		10757
合计		460019 美元

因此，承包商要求索赔

460019－427133＝32886 美元

经过中间人的调解，业主接受了承包商提出的索赔款额。

2. 及时解决索赔问题

当发生索赔问题时，工程师应抓紧评审承包商的索赔报告，提出解决的建议，邀请业主和承包商协商，力争达成协议，迅速地解决索赔争端。为此，工程师应做好以下工作：

（1）详细审阅索赔报告。对有疑问的地方或论证不足之处，要求承包商补报证据资料。为了详细了解索赔事项的真相或严重程度。工程师应亲临现场，进行检查和调查研究。

（2）测算索赔要求的合理程度。对承包商的索赔要求，无论是工期延长的天数，或是经济补偿的款额，都应该由工程师自己独立地测算一次，以确定合理的数量。

这种测算工作就是对索赔事项进行全面的详细分析，即根据承包商提出的索赔报告，对照工程师的现场观察，对干扰事件的实际影响进行测算，以确定在干扰情况下可能引起的工期拖延天数，或导致工程成本附加开支（Additional Costs）的款数。工程师对索赔事项的实际状态进行的独立分析和测算，为自己书写"索赔评审报告"提供了依据。至于对索赔报告的分析工作，详见第4条所述。

（3）提出索赔处理建议。对于每一项索赔事项，工程师在进行独立的测算以后，都必须写出索赔评审报告及处理建议，征求承包商的意见，并上报业主批准，如图 5-2 所示。

工程师对承包商索赔报告的处理意见，不外乎两种情况：一是反驳承包商的索赔要求，论述该项索赔没有合同依据，说明承包商不具备此项索赔权，因此否决承包商的索赔要求。二是修正承包商的索赔要求，指出索赔报告中不应列入的事项，或计算上的错误，从而改变承包商要求的工期延长天数或经济补偿的款额。一般的结果，是核减承包商的要求，使工期延长缩短，经济补偿减少。

对于工程师的索赔处理意见，如果承包商不同意，或者承包商或业主都不满意时，工程师有责任听取双方的意见，修改索赔评审报告和处理建议，直到合同双方均表示同意。如果合同双方中仍有一方不同意，而且工程师坚持自己的处理建议时，此项索赔争端将提交进一步的评审机构，或提交仲裁。

【案例 5-4】 由于指定分包商违约总承包商提出的索赔

某饭店工程已选定总承包商，中标合同价为 2592300 美元，施工期为两年半(130 周)，合同文件采用英国 JCT 标准合同格式，包括通用合同条款、工程量清单和施工图。业主和建筑师决定把饭店的暖气和供热工程交给自己指定的分包商，要求总承包商与其洽谈，并签订分包合同。这部分工程的施工准备费为 262500 美元，但指定分包商的报价为 416750 美元。

根据建筑师的指示，总承包商与指定分包商进行了数次谈判，但无法达成协议，不能签订分包合同，原因是：(1) 指定分包商要求的工期太长。这部分工程按计划施工期为 18 个月，还要包括总承包商的有关工作时间。但指定分包商称，仅他自己的施工时间无论如何也不能少于 19 个月。(2) 指定分包商不愿意承担施工拖期损害赔偿费 (Liquidated Damages) 和第三方保险费 (Third Party Insurance)，而这些费用将落在总承包商肩上。(3) 据调查，指定分包商的财务状况不佳，连一个 85000 美元的履约保函也不愿提供。因此，总承包商正式函复建筑师，拒绝接受这家供热公司为指定分包商。

但是，建筑师和业主仍然坚持选用这家供热公司，因为工期已很紧，不容再物色别的分包商，而且找别的分包商时还要增加分包合同价 50000 美元。其次，从以往的实际考察，业主认为这家供热公司能够做好供热系统的设计和安装工作。

总承包商不得不采纳业主的决定，但正式复函时提出了自己的条件：(1) 要求业主延长工期两个半月（11 周）；(2) 指定分包商要承担他应承担的拖期损害赔偿和保险费；(3) 总承包商保留索赔的权利，当指定分包商违约造成总承包商的额外损失时，总承包商将向业主提出索赔。

不出总承包商所料，这个指定的分包商中途破产，接受清算（In liquidation），放弃实施分包合同。业主和建筑师不得不另找供热分包商。新的供热分包商拒绝承担原

第 5 章 索赔工作的程序

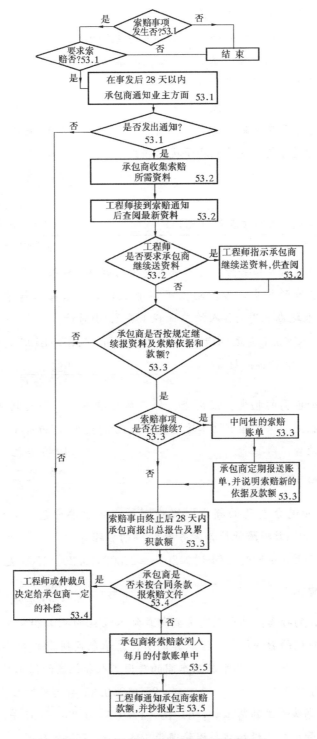

图 5-2 工程师处理索赔的程序示意图

注：引自 N. G. Bunni：《The FIDIC Form of Contract》，P266

指定分包商的一切经济技术责任，坚持要修改供热系统的设计，并按自己的计划进行安装工作。因此，这部分工程造成拖期28周。

总承包商履行自己提出过的条件，对指定分包商的违约给自己造成的经济损失提出了索赔要求。至于工期延长，建筑师已如数批准为28周。

总承包商提出的索赔项目及款额如下

（1）泥瓦分包商受拖期及干扰的损失　　　　　　13650美元
（2）水磨石分包商受拖期及复工的损失　　　　　　2190美元
（3）上下水管道分包商受拖期及干扰的损失　　　　9840美元
（4）总承包商受施工干扰损失　　　　　　　　　　35000美元

　　共计　　　　　　　　　　　　　　　　　　　60680美元
　　延期28周的管理费（15%）　　　　　　　　　　9102美元
　　总计　　　　　　　　　　　　　　　　　　　69782美元

建筑师接到上述索赔报告后，对其进行逐项的审核，结果如下：

（1）泥瓦分包商的损失：按劳动生产率降低计算，根据工作量记录，效率降低35%；10名工人在拖期8周内按人均工资6.1美元/小时计

$$10 人 \times 6.1 美元/小时 \times 48 小时 \times 8 周 \times 0.35 = 8198 美元$$

　　加12%间接费　　　　　　　　　984
　　　　　　　　　　　共计　　9182美元

（2）水磨石分包商的损失：经调查，停工后水磨石工人即转到别的工地上工作，没有劳动力窝工损失，仅计算重返工地的费用（1280美元），另加15%的管理费。

　　重返工地费　　　　　　　　　　1280美元
　　加管理费15%　　　　　　　　　　184美元
　　　　　　　　　　　共计　　1464美元

（3）上下水管道分包商的损失：较难测算，只能按分包工程的人工费总款额（22802美元）的20%效率降低计算，另加15%的管理费。

$$3508 小时 \times 6.5 美元/小时 \times 20\% = 22802 \times 0.20 = 4560 美元$$

　　加管理费15%　　　　　　　　　　684
　　　　　　　　　　　共计　　5244美元

（4）总承包商的损失：总承包商主要负责细木设施的施工和装修工作，指定分包商的违约及变更对他的影响最大。经测算调研，总承包商所受的效率降低程度，大致与泥瓦分包商相同（35%），细木加工车间的普通工人和机器的窝工费为：

　　8周期间的产值　　　　　　25508×0.35＝8928美元
　　4名高级木工的窝工费：8×48×4×9.5×0.35＝5107美元
　　8周内的管理费：投标书每周管理费1945×8＝15560美元
　　总部管理费　　　　　　　　　　1359美元
　　　　　　　　　　　共计　　30954美元

以上四项损失总款额为

$$9182+1464+5244+30954=46844 美元$$

比总承包商原报的索赔总额 69782 美元减少了 22938 美元。建筑师对总承包商的索赔报告进行认真的逐项审核后，使原索赔款额降低了 33%。

3. 处理业主的反索赔要求

国际工程承包业中，业主和承包商都享有索赔权，总承包商和分包商之间也互有索赔权。根据国际惯例，人们将业主的索赔要求称为反索赔。

业主的反索赔事由，是承包商违约，如不按期建成工程，施工质量不符合技术规程的标准，施工中给业主或第三方造成了财产损害或人身伤亡，等等。对于业主的反索赔要求，工程师要做的工作是：

（1）研究业主的反索赔要求。对业主提出的索赔事项，对照合同条件和具体证据进行研究，肯定合理的索赔要求，对有异议的同业主再次讨论。

（2）进行反索赔的处理。根据合同条件的规定，将业主的反索赔决定正式通知承包商，并在月结算单中予以扣减。

4. 分析承包商的索赔报告

咨询工程师（监理工程师）对索赔管理的一项重要任务，就是对承包商的索赔报告进行评审，并提出处理的意见。为此，他首先要十分仔细地对索赔文件进行全面的分析，即进行索赔分析（Analysis of Claims）。

索赔分析包含着大量的工作，主要是进行以下 3 方面的分析：

（1）合同文件分析

咨询工程师在接到承包商的索赔报告文件以后，并在必要时要求承包商对短缺的资料进行补充后，即开始合同文件分析工作（Contract Document Analysis）。

合同文件分析的目的，是根据已发生的、引起索赔的事项（Issue, or event, giving rise to the claim），对工程项目的合同文件中的有关条款进行严格的分析，以确定索赔事项的起因、是否可以避免、是否采取了减轻损失的措施，及其合同责任等四个方面的实际情况。

澄清这四个问题非常重要，它是进行工期索赔和经济索赔的基础。查明引起索赔的起因（Causation），往往涉及合同责任的问题。比如，由于发生工人罢工而引起工期延误 10 天，如果这次罢工是属于社会性的，是业主和承包商都无能为力的，则应给予承包商工期延长 10 天（如果这是影响到处于关键路线上的作业）；如果这次罢工是由于承包商处理劳工问题不当而引起，则属于承包商的责任，他不应得到任何工期延长。

查明索赔事项是否可以避免，以及承包商在索赔事项发生时是否采取了减轻损失的措施，都是涉及合同责任的问题，即承包商的索赔要求是否能够成立。因为按照合同条件的国际惯例,即使该项索赔事件的发生是不可避免的,但在发生时承包商也应采取一切能够减轻损失的措施,而不能坐视事态发展而不顾,只待事后来索赔。比如,在发生特大洪水、施工现场被淹之际,承包商应竭力抢救人员、设备和物资,力争减轻洪水造成的损失。这样,他才有了索赔的基础;如果他当时没有采取减轻损失的措施,或未竭力抢救,这将意味着他可能失去取得全部或部分损失补偿的机会。

由此可见,根据索赔事项的具体情况对合同文件进行严格分析,其最终目的是确定合同责任,这是索赔是否成立的基础。在进行合同文件分析时,要根据索赔事项的具体情况对有关的合同条件进行分析。下面的一些条款或证据资料,则是一般都需要研究的:

1)通用合同条件(General Conditions)中的涉及合同责任的条款,如一般义务,开工和拖期,缺陷责任,索赔程序,补救措施和业主违约,等等。

2)合同文件的有关补充条款和文件,如设计协议书,投标报价文件,现场施工记录,工人工资单,等等。

3)合同双方的往来有关函件,如工程变更指令,设计修改洽商记录,施工进度报告,索赔通知书,等等。

4)工程财务报告和有关资料,如财务报表,月结算单,工程成本核算表,付款通知单,付款收据,等等。

5)索赔事项发生现场的有关资料,如现场事态的照片或录像带,现场测验资料,事态严重程度分析,事态发展阶段报告,等等。

在完成合同文件分析工作并明确合同责任的基础上,再继续进行施工进度影响分析和工程成本影响分析,以确定不属于承包商责任的前提下可能发生的工期延长天数和索赔款额。

(2)施工进度影响分析

施工进度影响分析(Schedule Impact Analysis)的目的,是研究确定应给承包商的工期延长(EOT)的天数。

承包商在工期索赔报告中提出的工期延长天数,一般都偏于过长。这是因为他们往往把同时进行的作业工种的受影响的延误天数,简单地叠加起来,要求按叠加的总天数延长工期,而没有考虑是否影响关键工期,即处于施工关键路线上的、影响整个工程竣工日期的工种延误天数。因此,对索赔事项涉及的作业工种的影响程度,应进行逐项地具体分析。通常是利用电子计算机进行施工网络图分析,进行施工顺序的合理调整,以求得最短的、必需的工期延长天数。

在进行工期影响分析时,首先按原定的计划进度(As-Planned Schedule)绘制施工进度网络。然后,把施工的实际进度(As-Built Schedule)和索赔事项的干扰(Disruption)放进去,进行对比,即按下列顺序操作:

1)绘制确切的计划进度图;

2）核实详细的实际进度；

3）查明受到延误的作业工种；

4）查明影响施工进度的因素；

5）确定延误因素对工程进度及整个工程竣工日期的影响。

根据施工进度影响分析的结果，可以确定承包商有权取得工期延长的天数。有时，业主会发现，如此多的延期天数会给他带来极大的经济损失时，他可能选择加速施工的办法，使工程如期建成并发挥效益，因为加速施工发生的费用比工程拖期投产的损失款额要小得多。

（3）工程成本影响分析

工程成本影响分析（Cost Impact Analysis）的目的，是确定由于索赔事项引起的工程成本增加款额，也是可以同意支付给承包商的索赔款额。

咨询工程师进行工程成本影响分析时，分项核算不属于承包商责任而引起的工程投资增加款额，即计算承包商有权获得的索赔款额。至于索赔款一般包括的费用种类将在第5章第2节中叙述。至于索赔款的计价方法，将在该章第3节中介绍。其与承包商的索赔款计算不同之处，仅在于从业主的立场上考虑哪些费用是合理的，哪些费用是不能接受的，即由咨询工程师独立地进行索赔款计算，并以自己核算的成果与承包商的索赔要求款额来比较。一般地说，由咨询工程师通过工程成本影响分析计算出的索赔款额要比承包商在索赔报告中要求的款额少得多，有时甚至为要求款额的15%～20%

在索赔款额中，由于生产效率降低所引起的成本增加一般占很大比重。这是因为，所有的索赔事项对施工均造成了干扰（Disruption），这些干扰或者来自施工延误或加速施工；或者来自不利的自然条件或人为障碍；或者来自额外工程或变更指令；或者来自业主的违约，等等，都形成对原定施工进度和施工组织的干扰，这些干扰的直接影响则是生产效率下降，从而导致成本增加。因此，作为施工索赔的提出者，应该熟悉生产效率降低对成本的影响分析方法，使自己的索赔要求比较合理。

对生产效率降低引起成本增加的分析计算工作，称为生产率影响分析（Productivity Impact Analysis）。这种成本增加主要来自两个方面：一是施工设备窝工引起的费用（Idle Equipment Costs），二是工人工时的增加和管理人员费用（Labour Hours and Staffing Costs）。

生产率影响分析的关键，是通过可靠的现场施工记录资料，对原定的计划工时与费用以及实际的工时和费用进行对比，求出其差值，即为生产率降低而引起的索赔款额。至于生产效率降低的计价方法，可参阅第6章第4节及第3章第4节。

咨询工程师（监理工程师）在完成上述3种分析核算工作以后，即可对承包商的索赔报告提出解决的意见，并分别报送给业主和承包商。由此开始，合同双方即可对索赔的解决办法开始正式的会谈讨论，通过协商一致而得到解决。

【案例 5-5】 工程师处理一项索赔的过程

总承包商 B 以公开竞争性投标方式修建业主 A 的一幢大厦工程，中标价为 2850 万美元，工期 32 个月，系总价合同。在开挖地基过程中，发现原地面以下 9～11m 深处存在淤泥层透镜体，严重影响到大厦基础的稳固性。这一软弱地层在招标文件的资料中没有任何反映，在设计图纸（Drawings）及施工技术规程（Specification）、工程量表（BOQ）中，亦没有任何叙述及要求。因此，总承包商提出了索赔通知书（NOC Notice of Claims），并按时报送索赔报告。

该索赔报告以施工现场条件变化（Different Site Conditions）为由，提出需要增加打基桩以加固大厦基础，从而增加了额外工程量（Extra Work），经过详细计算，要求延长工期（EOT）4.5 个月。在费用索赔报告中，提出补偿成本超支（Cost Overrun）283 万美元。

业主的咨询工程师驻工地代表（Resident Engineer）对承包商 B 的索赔报告进行了仔细的研究，并做了施工进度影响分析（Schedule Impact Analysis）及工程成本影响分析（Cost Impact Analysis），即根据所发生的地质变化情况，参照合同文件的规定，由咨询工程师自己进行独立的分析和计算，以确定索赔事项（地基软弱层）对工程建设工期及工程成本可能发生的影响，从而确定可允许的（即业主可接受的）工期延长和工程成本增加数量，作为对承包商进行补偿的根据。经过对索赔报告进行全面的分析工作后，咨询工程师对承包商 B 的索赔报告，提出了以下处理意见，在征得业主同意后向承包商正式提出：

（1）根据新增加的额外工程工作量，对原定的施工进度重新进行网络分析，调整施工顺序安排，求得整个工程需要 35.5 个月的工期。即在原定工期 32 个月的基础上，再给 B 方 3.5 个月的工期延长。认为承包商要求的 4.5 个月的工期延长中，1 个月的工期要求不能成立。

（2）根据新增加的工程量，并考虑人工费、材料费和施工机械费的增加调整，计算出在完成额外工程的条件下，工程总造价为 3085 万美元，即较招标文件工程造价预算 3010 万美元增加 75 万美元。即认为可以给承包商补偿成本超支 75 万美元。对承包商提出的 283 万美元的索赔要求，只能满足 75 万美元。承包商 B 最后同意按此解决。

在费用索赔方面，承包商的索赔要求远远超出 75 万美元，经过咨询工程师的论证和说明，承包商得出了如下的经验和结论：

（1）承包商在竞争性投标时，为了争取中标而压低了报价，以 2850 万美元的报价达到了中标的目的。同大厦工程的总成本预算 3010 万美元比较，承包商少报 160 万美元。这是承包商自己主动承担的风险，应由自己承担，不应作为索赔的根据。

（2）承包商在索赔报告中，根据额外工程引起的投资增加量，计算出大厦工程的调整后的总成本为 3133 万美元，较其中标价 2850 万美元超出 283 万美元，遂要求索赔款额为 283 万美元。同实得索赔款 75 万美元比较，超出的 208 万美元不能得到补偿。这就是承包商"低价中标"策略给自己带来的经济损失。

(3) 根据咨询工程师进行的分析和计算,包括必须完成的额外工程(增打基桩)在内的工程总造价为 3085 万美元。而承包商计算出的新的总造价为 3133 万美元。这二者之差 48 万美元,反映出承包商在实施项目阶段的风险,它可能来自承包商的施工组织不善或施工效率不高,也可能来自承包商在计算索赔款额时有意地抬高索赔款额。

(4) 承包商为了中标而压低报价 160 万美元,说明在投标报价过程中就承担了 160 万美元的经济风险。如果不发生地基软弱层引起的索赔事项,他自己不可避免地要承担这一经济损失。发生索赔事项以后,承包商得到了 75 万美元的经济补偿;这时,他计算出的工程总造价(即总成本 3133 万美元)较咨询工程师计算的总造价(3085 万美元)少 48 万美元,这就是在项目实施过程中承包商所承担的实际经济风险。这说明,承包商 B 在投标报价中给自己形成的 160 万美元的经济风险,通过实施阶段的施工索赔,减为实际经济风险 48 万美元;这二者之差 112 万美元(160 万－48 万＝112 万),就是通过索赔事项相对地减轻了自己的经济风险。也就是说,承包商 B 由于索赔事项相对地得到了收益。

由此可见,承包商不要采取过分地压低报价以求中标,以免在工程还未实施时就给自己造成太大的经济风险;另一方面,承包商应加强施工管理,善于利用索赔的机会,以减轻自己的承包施工风险。从这个意义上说,人们通常所说的"中标靠低价,盈利靠索赔",有一定的道理。但是,应该注意的是:

(1) 不要过分地压低报价以求中标,否则,从工程开始就承担了大量的经济风险,甚至通过整个施工阶段也挽救不过来,直至工程项目结束时仍脱不出亏损状态。

(2) "盈利靠索赔"的论点虽然有一定的道理,但更正确的做法应该是"盈利靠管理"。因为索赔所得到的款额仅仅弥补了承包商"实际的附加成本"(Actual Additional Cost)。作为一个国际工程的承包商,应该把注意力放在不断提高施工管理水平上,这才是真正的盈利泉源。

本实例的索赔报告分析处理过程,如图 5-3 所示。

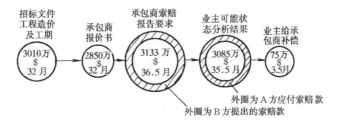

图 5-3 索赔报告分析处理过程示意图

思考题

1. 索赔工作的程序，按全过程共分五个程序（步骤）。但一般的索赔，均在前三个程序中得到解决。剩余的未决索赔案，绝大多数可通过中间人调解得到解决。书中对中间人调停介绍了数种方式，你认为哪种方式对我国的、进行国际性合同管理的工程项目最为合适？为什么？

2. 我国现行的"施工监理"同国际上通用的"咨询工程师"制度相比较，有哪些相同之处？哪些不同之处？请详细列表说明，你认为我国的施工监理制度是否已相当完善？如需改进，则应在哪些方面改进？

3. 咨询工程师（监理工程师，建筑师）在解决施工索赔方面起很大的作用。有的索赔长期得不到解决，往往与工程师的工作水平与能力有密切关系。假定你是一个项目的工程师负责人，你怎样公正、合理地解决索赔问题，请你为自己写几条工作原则，并供别的工程师借鉴。

4. 你是否知道一个索赔争端通过国际仲裁或法院判决而得到解决的案例？如果有，请你分析并写出该项索赔解决办法的优缺点，并提出你的评论意见。

5. 在我国的属于国际工程范畴的工程项目上（对外国的承包商来说，则是他们从事的海外工程），有的已经采用了"合同争议评审团"（DRB，本书中称其为"合同争议评审委员会"，以符合国际上的通常称呼）的组织形式，来解决合同争论（主要是索赔争端）问题。你认为，这种调停方式的优缺点是什么？还应该注意哪些改进？

第 6 章　施工索赔的计价法

> 本章从分析工程项目合同价的组成开始,详细论述索赔款的组成部分及其可索赔的程度;论述国际工程施工索赔常用的计价方法,并对各种计价法的优缺点予以评论;对工效降低的索赔通常采用的索赔计价法予以介绍,并对其计价方法提出评论意见。
>
> 本章内容是进行施工索赔计价的实质部分。

第 1 节　工程项目合同价的组成

为了计算可索赔的款额,必须参照该工程项目中标时的合同价的组成部分。因为索赔的款项必须是该工程合同价中已包括了的款项,索赔款额必须是超出原报价的新增款额。

承包商在投标报价时,应在报价书首页列出自己报价的汇总表(Summary of Tender),标明报价的各个组成部分及其款数,以及报价的总款额,以便咨询工程师和业主评审投标文件。下面给出一个报价汇总表(表6-1)的例子,以及对该报价的一些简要分析。

投标报价汇总表　　　　表 6-1

报价项目	金额(美元)	价格比例分析(%)	
1. 人工费	2318052	占直接费 34.48	占总报价 21.09
2. 设备费	1425738	21.21	12.98
3. 材料费	2978347	44.31	27.11

续表

报 价 项 目	金 额（美元）	价格比例分析（%）	
（直接费）	6722137	100.00	61.18
4. 工地管理费 （直接费的 12.5%）	840.267		7.65
5. 总部管理费 （1～4 项费的 7.5%）	7562404 567180		5.16
6. 分包费	8129584 1337512		12.17
（营业额） 7. 利润 （1～6 项费的 5.5%）	9467096 520690		4.74
8. 备用金	9987786 1000000		9.10
总报价	10987786		100.00

表 6-1 所示的报价款额中，工程的直接费（Direct Costs，即人工费、设备费和材料费的综合）为 6722137 美元，占总报价款额 10987786 美元的 61.18%，是合同价的基本部分。工程的间接费（Indirect Costs，主要是工地管理费和总部管理费）占总报价款额的 12.81%。分包费是指在投标报价时承包商拟定准备分包出去的部分工程的成本费，或是业主选定的指定分包商（Nominated Sub-Contractor）的承包报价款数，在此工程项目中占总报价的 12.17%。1～6 项费用的综合款额，就是承包工程的营业额（Turnover），它是承包总公司考察工地建设进度状况的一个重要指标。利润（Profit，5.5%）是承包商的净收益，也是他承担风险、苦心经营的目的，这是合法的获利，在索赔计价时也按此比例（5.5%）计入索赔款总额中。

这个报价款额，如果被业主所接受，而且经审核无误时，即成为中标的合同价（Accepted Contract Price），被写入施工协议书（Contract Agreement）中去。

合同价中的备用金（Provisional Sum），是一项专门备用款。根据咨询工程师的指令，它可以用于计划外的工程施工，或提供专项物资、材料和设备，或支付专项技术服务的费用。在国际工程的各种标准合同条款中，都对合同价在施工实践中的增加或减少提出了一定的限制。一般规定，当合同价增加或减少的数额超过"有效合同价"（Effective Contract Price）的 10% 或 15% 时，要对合同价进行增减调整。调整的基数是超过有效合同价（增加或减少）15% 的那一部分（根据 FIDIC 合同条款第四版文本）。这里所指的"有效合同价"，就是协议书中的合同价减去备用金、计日工（Dayworks）费用以及物价涨落调整款以后的实际发生的合同价。

在施工索赔工作中，当计算或协商确定索赔款额时，合同双方经常要对原合同价进行分析和测算，索赔工作人员要熟悉这方面的知识，才能在索赔时运用自如。

在上列合同价汇总表中，对合同价的各个组成部分进行了价格比例分析。以工地管理费为例，它占合同额的 12.5%，这是指直接费总额为 100% 而言。如果以总合同报价为 100% 而言，则工地管理费所占比例为 7.65%。在对合同价进行分析时，习惯上常常以直接费总额为 100%，在此基础上推算其他的间接费或利润所占的百分率。例如，工地管理费为直接费总额的 12.5%；总部管理费为直接费和工地管理费总额的 7.5%；利润则为 1～6 项费用总和的 5.5%，等等。当我们在计算总部管理费时，如果只知道直接费和工地管理费的总和款额为 7562404 美元时，那么：

$$总部管理费 = 7562404 \times 7.5\% = 567180 \text{ 美元}$$

如果我们已知包括总部管理费在内的总款额（1～5 项费用之和）为 8129584 美元，而不确知总部管理费的具体款数时（这种倒推算方法在分析计算索赔款时是经常要采用的），那么：

$$总部管理费 = 8129584 \times \frac{7.5}{100+7.5} = 567180 \text{ 美元}$$

第 2 节 索赔费用的组成部分

在计算索赔款额时，首先应分析索赔款的组成部分（Claim Cost Components），分辨那些开支是可以索赔的。

根据国际咨询工程师联合会（FIDIC）编写出版的关于 FIDIC《合同条款》（第四版）的《摘要》一书，凡是符合承包商可以引用的 24 项条款时，承包商有权得到索赔款（参见本书第 3 章第 3 节中表 3-1）。

一、索赔款的主要组成部分

施工索赔时可索赔费用的组成部分，同施工承包合同价所包含的组成部分一样，包括直接费、间接费和利润。具体内容如图 6-1 所示。

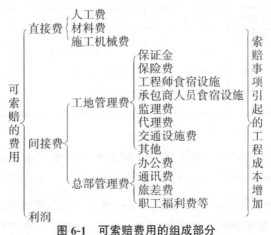

图 6-1 可索赔费用的组成部分

从原则上说，凡是承包商有索赔权的工程成本增加，都是可以索赔的费用。这些费用都是承包商为了完成额外的施工任务而增加的开支。

但是，对于不同原因引起的索赔，可索赔费用的具体内容有所不同。同一种新增的成本开支，在不同原因、不同性质的索赔中，有的可以肯定地列入索赔款额中，有的则不能列入，还有的在能否列入的问题上需要具体分析判断。

《施工索赔》一书（J. Adrian 著，Construction Claims，1988 年）对索赔款的组成部分进行了详细的具体划分，并指明在最常见的 4 种不同种类的施工索赔中，哪些费用是可以得到补偿的，哪些费用是需要通过分析而决定能否得到补偿的，哪些费用则一般不能得到补偿，见表 6-2。

索赔费的组成部分及其可索赔性　　　　　　　　　　　表 6-2

施工索赔费的组成部分	不同原因引起的最常见的 4 种索赔			
	工程拖期索赔	施工范围变更索赔	加速施工索赔	施工条件变化索赔
1. 由于工程量增大而新增现场劳动时间的费用	○	√	○	√
2. 由于工效降低而新增现场劳动时间的费用	√	＊	√	＊
3. 人工费提高	√	＊	√	＊
4. 新增的建筑材料用量	○	√	＊	＊
5. 建筑材料单价提高	√	√	＊	＊
6. 新增加的分包工程量	○	√	○	√
7. 新增加的分包工程成本	√	＊	＊	√
8. 设备租赁费	＊	√	√	√
9. 承包商原有设备的使用费	√	√	＊	√
10. 承包商新增设备的使用费	＊	○	＊	＊
11. 工地管理费（可变部分）	＊	√	＊	√
12. 工地管理费（固定部分）	√	○	○	＊
13. 公司总部管理费（可变部分）	＊	＊	＊	＊
14. 公司总部管理费（固定部分）	√	＊	○	＊
15. 利息（融资成本）	√	√	√	√
16. 利润	＊	√	＊	√
17. 可能的利润损失	＊	＊	＊	＊

注：本表引自 J. Adrian，《施工索赔》，P60。

上表中对各项费用的可索赔性（是否应列入索赔款额中去）的分析意见，用三种符号标识："√"代表应该列入"＊"代表有时可以列入，亦即应通过合同双方具体分析决定："○"表示一般不应列入索赔款。这些分析意见系按一般的索赔而论。在施工索赔的计价工作中，要考虑的具体因素很多，在不同原因的索赔中哪一种费用可以列入，均应经过合同双方的分析论证，并审核各项费用的开支证明，才能最后商定。

在具体分析费用的可索赔性时，应对各项费用的特点和条件进行审核论证，现分别概述如下：

1. 人工费

人工费是工程成本直接费主要项目之一，它包括施工人员（技术人员及工人）的工资、补助费、奖金、加班费以及法定的安全福利等费用。我国各对外承包工程的公司，在计算人工费的时候，出国工作人员的工资、旅费、奖金等支出占相当大的比例。

对索赔费用中的人工费部分而言，人工费是指完成合同计划以外的额外工作（Extra Work）所花费的人工费用；由于非承包商责任的劳动效率降低（Loss of Efficiency）所增中的人工费用；超过法定工作时间加班劳动（Overtime Working），以及法定人工费的增长，等等。

随着物价上涨，人工费亦在不断增长。如果由于工期延误或施工安排不当，承包商把大量的工作推迟到人工费较高的施工后期进行，则将发生人工费计划大量超支的现象。因此，有的业主在招标阶段要求承包商报送分季度的劳动力计划表，不仅是为了评标的需要，而且是处理索赔的依据之一。

在计算工程成本的直接费（Direct Costs）时，或在计算工程量表（BOQ—Bill of Quantities）中的某一工作项目（Work Item）时，或在计算直接费中的某一种（如人工费）费用时，采用哪一种计算单位，是承包商在索赔计价中或投标报价计算中应注意的一个问题。

各种工作的人工费计价，首先是按照国家或地区统一制定发布的人工费定额计算。例如，投标预算定额规定，现浇混凝土时的模板拼装工作的工作效率（Labour-Efficiency）为每 $10m^2$ 用 2.5 个模板工时，即 2.5 工时/$10m^2$；每个工时的标准工资为 9.0 美元。在实际施工时，实际工效由于各种原因而在变化：良好的施工组织或奖励制度可使工效显著提高；施工干扰或酷暑严寒则使工效大为降低。关于工资额（Labour Rate），除了按标准工资（Standard Labour Rate）以外，还可能在不同的工地现场根据实际情况进行适当的调整，以提高工人的积极性，如从每工时 9.0 美元调整为 9.5 美元，等等。

根据上述人工费在工效（Efficiency）及工资（Rate）两个方面的变化，可对人工费的变化进行分析计算，以便在计算索赔款（在计算投标报价时亦是如此）时更有根据。

人工费随着工效和工资的变化，可分为 3 种情况来比较。假定要立模 $300m^3$，人工费变化分析如图 6-2 所示。

根据上述分析，承包商适当地提高工人们的工资，从而减少工时，总的说是有利的，所以是可行的。但是，如果工资提高过多，所减工时有限时，则可能形成负数，说明工资提高的幅度应重新考虑。

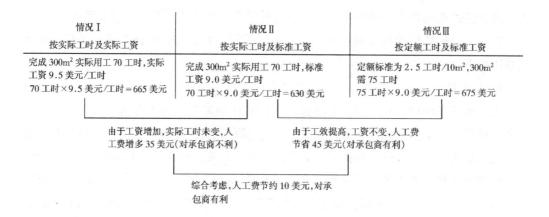

图 6-2 人工费变化分析

对于材料费的变化分析，亦可采用上述人工费变化分析的方法。即在材料消耗定额及材料价格的基础上，通过施工管理工作节省材料消耗量，减少浪费；并利用材料价格的变化，通过3种情况的分析比较，测算出材料费的变化情况，作为材料采购和使用管理的依据。

【案例6-1】 人工费索赔款额的计算

某承包商对一项 $350m^2$ 的混凝土模板支撑工作，即 BOQ 中的"模板"工作项目（Work Item）进行承包施工。在他的报价书中指明，计划用工 210 工时，即工效为 210 工时/$350m^2$＝0.6 工时/m^2，每小时工资按 6.0 元计，共计报价为 1260 元人民币。

在施工过程中，由于业主供应木料不及时，影响了承包商的支模工作效率，完成 $350m^2$ 的支模工作实际用工 265 个工时；而且，由于加班施工，实际支付工资时按 7.5 元/小时计，共实际支付 265 工时×7.5 元/工时＝1987.5 元人民币。

在这项简单的承包施工中，承包商遇到了不属于自己责任而造成的工时延长和工资提高的损失，他将理直气壮地提出索赔要求。

承包商对自己的损失（即附加开支 Additional Cost）分析如图 6-3 所示。

这两项增加开支给承包商带来的附加成本，即承包亏损款，是理应得到补偿的。或者说，承包商的计划成本较其实际成本超支（Cost Overrun）为：

$$1987.5 元 － 1260 元 ＝ 727.5 元$$

这项超支是由于业主方面的原因造成的，故业主同意予以补偿。

2. 材料费

材料费的索赔包括两个方面：材料实际用量由于索赔事项的原因而大量超过计划用量；材料价格由于客观原因而大幅度上涨。在这种情况下，增加的材料费理应计入索赔款。

材料费中应包括运输费、仓储费，以及合理破损比率的费用。如果由于承包商管

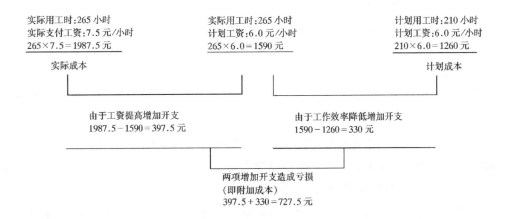

图 6-3　承包商损失分析

理不善,造成材料损坏失效,则不能列入索赔计价。

承包商应该建立健全的物资管理制度,记录建筑材料的进货日期和价格,建立领料耗用制度,以便索赔时能准确地分离出索赔事项所引起的建材额外耗用量。

为了证明材料单价的上涨,承包商应提供可靠的订货单、采购单,或官方公布的材料价格调整指数。

3. 施工机械费

施工设备费的索赔计价比较繁杂,应根据具体情况协商确定。

(1)使用承包商自有的设备(Contractor Owned Equipment)时,要求提供详细的设备运行时间和台数,燃料消耗记录,随机工作人员工作记录,等等。这些证据往往难以齐全准确,因而有时使双方争执不下。因此,在索赔计价时往往按照有关的标准手册中关于设备工作效率、折旧、保养等定额标准进行,有时甚至仅按折旧率收费标准计价。

(2)使用租赁的设备时,只要租赁价格合理,又有可信的租赁收费单据时,就可以按租赁价格计算索赔款。

(3)为了达到索赔目的,承包商新购设备时要慎重对待。新购设备的成本高,加上运转费,新增款额甚大。除非有咨询工程师或业主的正式批准,承包商不可为此轻率地新购设备;否则,这项新增设备的费用是不会计入索赔款的,见表6-2。

(4)施工机械的降低工效或闲置损失费用,一般也难以准确论定,或缺乏令人信服的证据。因此,这项费用一般按其标准定额费用的某一百分比进行计算,比如50%或60%。

(5)设备费中一般也包括小型工具和低值易耗品的费用,这部分费用的数量一般也难以准确论定,往往要合同双方判断确定。

下面的一个实例,比较详细地对一项工程的加速施工所发生的额外开支(Additional Cost)索赔进行了计算,其中包括人工费、材料费和设备费,也提到了利息和利润,是一个较全面的索赔计算案例。

【案例 6-2】 加速施工的索赔计算法

某大型商业中心大楼的建设工程，按照 FIDIC 合同模式进行招标和施工管理。中标合同价为 18329500 元人民币，工期 18 个月。工程内容包括场地平整，大楼土建施工，停车场，餐饮厅等。

在业主下达开工令以后，承包商按期开始施工。但在施工过程中，由于地基条件较预计的要差，施工条件受交通的干扰甚大，以及设计多次洽商修改，导致工期拖误，施工费用增多。为此，承包商先后提出 6 次工期索赔（即工期延长，EOT），累计要求延期 395 天；此外，还提出了经济索赔（即开支亏损补偿，Compensation of Additional Cost），申明将报送详细索赔款额计算书。

对于承包商的索赔要求，业主和监理工程师的答复是：（1）根据合同条件和实际调查结果，同意对工期进行适当的延长，批准累计延期 128 天；（2）业主不承担合同价以外的任何附加开支（No Additional cost to the Owner）。

承包商对业主的上述答复极不满意，并提出了书面申辩：

（1）累计工期延长 128 天是不合理的，不符合实际的施工条件和合同条款。承包商的 6 次工期索赔报告，包括了实际存在的诸多理由，如：不利的自然条件（APC）；设计中的错误（Design Errors）；设计施工图纸拖期交付（Delayed Shop Drawings）；监理工程师下达的工程变更（Variation Orders）；以及交通干扰（Physical Obstructions）等等。因此，要求监理工程师和业主对工期延长天数再次予以核查批准。

（2）根据业主的反复要求，从施工的第二年开始，承包商已采取了加速施工措施，以便商业中心大楼早日建成。这些加速施工的措施，监理工程师是熟知的，如：由一班作业改为两班作业（Two Shifts Operation）；节假日加班施工（Overtime Working）；并增加了一些施工设备（Increased Construction Plants），等等。这些措施所发生的一切费用，都是原合同价款额所未包括的，是承包商的附加开支（Additional Costs and Expenses）。这样的开支理所当然地应该得到补偿。

监理工程师和业主对承包商的反驳函件进行了多次研究以后，最后答复是：（1）最终批准工期延长为 176 天；（2）如果发生真正的计划外附加开支，则同意支付直接费和管理费，待索赔报告正式送出后核定。

应该指出，监理工程师和业主的上述答复是相当干练的，因为：（1）他们最终批准的工期延长的天数是工程拖期建成时实际发生的拖期天数。工期原订为 18 个月（547 个日历天数 Calendar Days），建成后实际工期为 723 天，即实际延期 176 天。业主在这里承认了工程拖期的合理性，免除了承包商承担误期损害赔偿费（Liquidated Damages for Delay）的责任，虽然不再多给承包商更多的延期天数，承包商也会感到满意。（2）作为一个通情达理的业主，对确属合同工作范围以外的工程附加开支，不得不给予合理的经济补偿。但业主在这里只允诺支付附加工作的直接费和管理费（Direct costs plus Overhead），不给予其他方面（如税金、利润等）的补偿。

在工程即将竣工时,承包商送来了索赔报告书,其索赔费用的组成如下:

(1) 加速施工期间的生产效率降低费	659191 元
(2) 加速并延长施工期的管理费	121350
(3) 人工费调价增支	23485
(4) 材料费调价增支	59850
(5) 机械租赁费	65780
(6) 分包装修增支	187550
(7) 增加投资贷款利息	152380
(8) 履约保函延期增支	52830
以上共计	1322416 元
(9) 利润 (8.5%)	112405
索赔款总计	1434821 元

对于上述索赔款总额,承包商在索赔报告书中进行了逐项地分析计算,主要内容如下:

(1) 劳动生产率降低引起的附加开支

承包商根据自己的施工记录,证明在业主正式通知采取加速措施以前,他的工人们的劳动生产率可以达到投标文件所列的生产效率。但当采取加速措施以后,由于进行两班作业,夜班工作效率下降;由于改变了某些部位的施工顺序,工效亦降低。

在开始加速施工以后,直到建成工程项目,承包商的施工记录总用技工 20237 个工日,普工 38623 个工日。但根据投标书中的工日定额,完成同样的工作所需技工为 10820 个工日,普工 21760 个工日。这样,多用的工日系由于加速施工形成的生产率降低,增加了承包商的开支,即

	技 工	普 工
实际用工	20237	38623
按合同文件用工	10820	21760
多用工日	9417	16863
每工日平均工资(元/工)	31.5	21.5
增支工资款(元)	296636	362555
共计增支工资(元)	659191	

(2) 延期施工管理费增支

根据投标书及中标协议书,在中标合同价 18329500 元中,包含施工现场管理费及总部管理费 1270134 元。按原定工期 18 个月(547 个日历天数)计,每日平均管理费为 2322 元。

在原定工期 547 天的前提下,业主批准承包商采取加速措施,并准予延长工期 176 天,以完成全部工程。在延长施工的 176 天内,承包商应得管理费款额为

$$2322 \text{ 元} \times 176 = 408672 \text{ 元}$$

但是，在工期延长期间，承包商实施业主的工程变更指令，所完成的工程费中已包含了管理费 287322 元。为了避免管理费的重复计算，承包商应得到管理费为

$$408672-287322=121350 \text{ 元}$$

(3) 人工费调价增支

根据人工费增长的统计，在后半年施工期间工人工资增长 3.2%，按规定进行人工费调整，故应调增人工费。

本工程实际施工期为 2 年，其中包括原定工期 18 个月（547 天），以及批准工期延长 176 天。在 2 年的施工过程中，第一年系按合同正常施工，第二年系加速施工期。在加速施工的 1 年里，按规定在其后半年进行人工费调整（增加 3.2%），故应对加速施工期（1 年）的人工费的 50% 进行调增，即：

技工 $(20237\times31.5)\div2\times3.2\%=10199$ 元

普工 $(38623\times21.5)\div2\times3.2\%=13286$ 元

共调增　23485 元

(4) 材料费调价增支

根据材料价格上调的幅度，对施工期第二年内采购的三材（钢材，木材，水泥）及其他建筑材料进行调价，上调 5.5%。由逐项计算结果，第二年度内使用的材料总价为 1088182 元，故应调增材料费

$$1088182\times5.5\%=59850 \text{ 元}$$

(5) 机械租赁费 65780 元，系按租赁单据上款额列入。

(6) 分包商装修工作增支

根据装修分包商的索赔报告，其人工费、材料费、管理费以及合同规定的利润率，总计为 187550 元。

分包商的索赔费如数列入总承包商的索赔款总额以内，在业主核准并付款后悉数转给分包商。

(7) 增加投资贷款利息

由于采取加速施工措施，并延期施工，承包商不得不增加其资金投入。这批增加的投资，无论是承包商从银行贷款，或是由其总部拨款，都应从业主方面取得利息 (Finance Charges) 款的补偿，其利率按当时的银行贷款利率计算，计息期为一年，即：

总贷款额　$1792700 \text{ 元}\times8.5\%=152380 \text{ 元}$

(8) 履约保函延期开支

系根据银行担保协议书规定的利率及延期天数计算，为 52830 元

(9) 利润

系指加速施工期及延期施工期内，承包商的直接费、间接费等项附加开支的总值，乘以合同中原定的利润率（8.5%）计算，即

$$1322416 \text{元} \times 8.5\% = 112405 \text{元}$$

以上 9 项，总计索赔款额为 1434821 元，相当于原合同价的 7.8%，这就是由于加速施工及工期延长所增加的建设费用。

此索赔报告所列各项新增费用，由于在计算过程中几经与监理工程师讨论，所以顺利地通过了监理工程师的核准。又由于监理工程师事先与业主充分协商，因而使承包商比较顺利地从业主方面取得了拨款。

4. 工地管理费

工地管理费和总部管理费（Site Overhead & General Office Overhead）属于工程成本的间接费（Indirect Costs），是工程成本的重要组成部分。工地管理费一般占工程直接费（Direct Costs）的 10%～20%，在国外施工时，工地管理费还要高些。

施工索赔款中的工地管理费（Site Overhead，Site Oncosts，或称 Job Overhead），是指承包商完成额外工程、索赔事项工作以及工期延长期间的工地现场管理，包括管理人员、临时设施、办公、通讯、交通等多项费用。

在分析确定索赔款时，有时把工地管理费划分成可变部分（Variable）和固定部分（Fixed）。前者一般指在延期过程中可以调到其他工程部位（或其他工程项目）上去的那一部分管理设施或人员，如监理人员。固定部分是指在施工期间不易调动的那一部分设施或人员，如办公、食宿设施等。

下面的一个施工索赔案例，是由工程拖期引起，它包括了工期索赔和经济索赔。在计算工地管理费（15%）时，运用倒推算方法，从工程的总合同额开始，逐步推算利润款额、总部管理费款额，最后计算出工地管理费的钱数。这个实例中展示的索赔款计算的一些具体方法，在施工索赔中是经常采用的，希望读者能熟练地掌握运用。

【案例 6-3】 工程拖期建成引起的索赔

某水泵站工程的承包施工，虽然土方和管道工程量不大，但种类繁多，而且可能有变动，因此确定采用固定总价合同，按 ICE 合同条款实施。合同文件有：ICE 通用条款，施工规程（Specification），工程量清单（BOQ），施工详图，工程量量测按英国皇家注册估价师学会制定的 CESMM（土木工程标准量测法）进行。

中标的合同额（固定总价）为 259850 美元，工期为 15 个月（65 周）。

签订施工协议书以后，一系列的麻烦接踵而至。首先，业主迟迟不能提供施工场地；接着是气候恶劣，阴雨连绵；施工场地煤气管道要改线；施工详图不能按期提供；业主供应的钢筋不能如期进场；施工中出现多次工程变更，变更量不大，但工序繁琐，影响工效和工期，等等。在这种情况下，承包商既提出了延长工期，又提出了经济补偿索赔。

1. 关于工期延长（EOT）

经过合同双方反复磋商，达成以下协议：

(1) 业主方面同意给承包商延长工期 24 周，其中 10 周是由于额外工程（Extra Work），3 周是由于煤气主管道改线，8 周是由于业主方迟交图纸、钢筋拖期进场以及特殊恶劣的天气。这 21 周的工期延长，由于是业主方面的责任，所以同意给承包商合理的经济补偿。其余的 3 周，是一般性的天气影响，属于承包商的风险，故只给承包商延长工期（EOT），不给经济补偿（Non-Compensable）。

(2) 中标通知书（Letter of Acceptance）发出后，业主方面迟迟不能提供施工现场，拖延达 3 个月之久。因此，承包商要求延长工期 3 个月（上述 24 周以外），并给予经济补偿。工程师认为，中标通知书的日期不是提供施工现场（Possession of Site）的日期，也不是开工的日期（Date of Commencement）；提供现场才是有效的开工日期。因此，晚提供现场不属于工期延长的问题。承包商方面最后同意了这个论点。

(3) 业主批准的 24 周工期延长，恰好吻合水泵站工程的实际完工日期，从而使承包商免去承担拖期损害赔偿费（Liquidated Damages）的经济责任。

2. 关于经济补偿（即承包商的经济索赔要求）

(1) 推迟开工 3 个月，承包商为此最初提出，除给予 3 个月的工期延长以外，要求经济补偿 7875 美元，即每月补偿增加的成本开支和管理费 2625 美元。

工程师认为，推迟 3 个月开工，不属于工期延长的问题，不能考虑管理费（Overheads）及利润（Profit）的问题。

承包商提出，即使如此，在正式开工之前已派 1 个职员和 1 个工长等待在工地上，形成了附加开支（Additional Cost）。经工程师同意，这 16 个人周按最低工资计算，即：

职员 1 人，每周 223 美元，8 周共计   1784 美元
工长 1 人，每周 171 美元，8 周共计   1368 美元
             以上共计   3152 美元

这样，承包商原提的这项经济补偿款额由 7875 美元，减为 3152 美元。

(2) 煤气主管道迁移，除引起 3 周的工期延长以外，亦给承包商造成了计划外的开支。在此期间，承包商派出 8 名职员、17 名工人在管道工程上工作，按最低工资计算，应为：

8 名职员，每人每周工资 169 美元，3 周合计 4056 美元

17 名工人，每人每周工资 144 美元，$\dfrac{\text{3 周合计 7344 美元}}{\text{以上共计 11400 美元}}$

至于此项补偿的工地管理费索赔款额，承包商亦有权获得，其计算方法如下：

工程总价合同额   259850 美元

5% 的利润 $259850 \times \dfrac{0.05}{1.05} = 12374$ 美元

减去 5% 利润后的合同额   247476 美元

8.5% 的总部管理费 $247476 \times \dfrac{0.085}{1.085} = 19388$ 美元

减去 8.5% 总部管理费后的合同额	228088 美元
15% 的工地管理费	$228088 \times \dfrac{0.15}{1.15} = 29751$ 美元
减去 15% 工地管理费后的工程直接费为	198337 美元

上述工地管理费 29751 美元，是指在整个工程施工期间（65 周）的费用，故每周的工地管理费为：

$$29751 \div 65 = 458 \text{ 美元/周}$$

故 3 周的工地管理费为　　　　　　　　　　　　458 美元 × 3 = 1374 美元

根据上述，煤气主管道迁移引起的经济补偿为：

人工费　11400 ＋ 工地管理费 1374 = 12774 美元

(3) 迟交图纸和钢筋拖期进场等引起的经济补偿，由人工费额外开支及钢筋加价等费用组成，分述如下：

在此项工期延长的 8 周内，形成了水泵站专业技工的窝工，共计 3 名木工，2 名钢筋工，5 名普工。按照他们的最低工资：

3 名木工，每人每周工资 175 美元，	8 周合计 4200 美元
2 名钢筋工，每人每周工资 158 美元，	8 周合计 2528 美元
5 名普工，每人每周工资 149 美元，	8 周合计 5960 美元
	以上工资共计　12688 美元

此项工期延长过程中，由于其他的施工照常进行，故不再计取工地管理费。

其次，由于业主负责供应的钢筋拖期进场，承包商获准以较高价格购进现货，因此形成了钢筋购货款方面的计划外开支，具体内容如下：

ϕ12mm 钢筋 15t，	95 × 15 = 1425 美元
ϕ16mm 钢筋 20t，	85 × 20 = 1700 美元
ϕ25mm 钢筋 25t，	84 × 25 = 2100 美元
	以上共计　5225 美元

根据前述，由于迟交图纸造成的人工费开支以及另购钢筋造成的计划外开支为：

$$12688 + 5225 = 17913 \text{ 美元}$$

(4) 额外工程（Extra Work）是指合同范围以外的新增工程，其工程款额为 21800 美元，为此需给承包商延长工期 10 周。

原总价合同额为	259850 美元
每周应完成营业额	$\dfrac{259850}{65} = 3998$ 美元
每周应完成直接费	$\dfrac{198337}{65} = 3051$ 美元

就整个工程而言，每周营业额为 3998 美元。额外工程的款额 21800 美元，相当于 21800 ÷ 3998 = 5.45 周的营业款额。

因此，承包商有权获得10周－5.45周＝4.55周的工地管理费、总部管理费以及此项工地管理费的利润，分别如下：

4.55周的工地管理费	458×4.55＝2084美元
增加8.5％的总部管理费	177美元
	2261美元
增加5％的利润	113美元
	2374美元

故由于完成了额外工程，除给承包商支付实测工程款21800美元以外，还应付给管理费和利润2374美元。

（5）综合上述，承包商应得的经济补偿共计为：

推迟开工的人工费	3152美元
煤气主管迁移的人工费及管理费	12774美元
迟交图纸和另购钢筋	17913美元
额外工程管理费和利润	2374美元
经济补偿总计	36213美元

这个水泵站工程的经济索赔款额36213美元，是其原固定总价合同额259850美元的13.9％，索赔款与合同额的比率较高。这是因为该工程项目在开工过程和施工过程中遇到了较多的困难和变化，使索赔款额增加了。

5. 总部管理费

总部管理费（General Office Overhead，或Head Office Overhead）是工程项目组向其公司总部上缴的一笔管理费，作为总部对该工程项目进行指导和管理工作的费用，它包括总部职工工资、办公大楼、办公用品、财务管理、通讯设施以及总部领导人员赴工地检查指导工作等项开支。

索赔款中的总部管理费，主要表现为工程延误期间所增加的管理费。这项索赔款（管理费）的计价是比较困难的，没有一个统一的方法可供参照。当前在国际工程施工索赔中，采用的总部管理费计价方法，有以下五种。

（1）按照投标报价书中总部管理费的比例（3％～8％）和索赔款额，计算索赔款中的总部管理费：

$$总部管理费＝索赔款总数×合同中总部管理费比率（\%） \quad (6-1)$$

（2）按照公司总部统一规定的管理费比率和有关索赔款额，来计算索赔款中的管理费：

$$总部管理费＝公司管理费比率（\%）×（直接费索赔款额＋工地管理费索赔款额） \quad (6-2)$$

式中公司管理费比率，是由公司总部根据该公司某一时期内的合同总额具体确定的，作为该公司向其所管理的各个工程项目征收总部管理费的统一标准。但在具体计算某个工程项目的索赔款时,业主一方可能认为承包公司总部规定的管理费比率太高,而拒绝接受。这时,就只好按公式(6-1)来计算。

(3)美国广泛采用的计算总部管理费的方法,是采用恩克勒公式(Eichleay Formula)来计算。此公式是由美国 Eichleay 公司在一项索赔中首先提出,并在美国的一个"军工合同纠纷仲裁团"ASBCA(The Armed Services Board of Contract Appeals)仲裁的一项索赔案中得到首肯而驰名的,后来被一些国际工程施工索赔的合同双方接受采用。这个公式的计算步骤分为3步:

1)对某一工程提取的管理费 = 同期内公司的总管理费 × $\dfrac{该工程的合同额}{同期内公司的总合同额}$ (6-3)

2)该工程的每日管理费 = $\dfrac{该工程向总部上缴的管理费}{合同实施天数}$ (6-4)

3)索赔的总部管理费 = 该工程的每日管理费 × 工程延期的天数 (6-5)

上列 Eichleay 公式(公式6-3、6-4、6-5)是在工期延误(或按照工期延长 EOT)的索赔中为计算总部管理费而提出来的,它以工程延期的总天数为基础,求出总部管理费的应索赔款数。

(4)在工程范围变化索赔(Scope of Work Claims)情况下,参照上列工期延误索赔(Delay Claims)的原则,国际工程承包界又提出了以额外工程的总索赔款数为基础的计算总部管理费的方法,它们是:

1)对某一工程提取的管理费 = 原合同期内公司的总管理费 × $\dfrac{该合同的原定直接费}{原合同期内公司的总直接费}$ (6-6)

2)每1美元直接费的总部管理费 = $\dfrac{该工程向公司上缴的管理费}{公司原定直接费总款数}$ (6-7)

3)索赔的总部管理费 = 每1美元直接费的总部管理费 × 额外工程的总款数 (6-8)

这3个公式除适用于工程范围变化的索赔以外,还可应用于工程变更(Variations,Changes)的索赔,它实质上是 Eichleay 公式的演变和发展。

(5)在英国,以及直接采用英国承包合同条件的一些国家,在计算总部管理费时经常采用胡德森公式(Hudson Formula)。此公式由 Hudson 在其著作《建筑及土建工程合同》中首先提出,并在索赔实践中逐渐被人们承认和采用。Hudson 公式的理论基础与 Eichleay 公式相同,它们都是基于工期延长(EOT)或施工延误(Delay)的条件下,如果仍按直接费的一定百分比提取总部管理费时,提取的总部管理费数额偏低,而不能补偿实际的管理费支出。

Hudson 公式的计算式如下:

索赔款中的总部管理费 = $\dfrac{工程合同价}{合同工期(周)}$ × 投标书中的(总部管理费% + 利 × 工期延误周数

润%） (6-9)

Hudson 公式的特点是：它把利润（%）包括在总部管理费（%）之中；以周（7天）为时间单位进行计算。因为在有的投标书中，承包商往往不单列利润，而将利润包括在总部管理费中。

6．利息

在索赔款额的计算中，通常要包括利息，（Interest 或 Finace Charges）尤其是由于工程变更和工期延误时引起的投资增加，承包商有权索取所增加的投资部分的利息，即所谓的融资成本（Finance Costs）。

另外一种索赔利息的情况，是业主拖延支付工程进度款或索赔款，给承包商造成比较严重的经济损失，承包商因而提出拖付款的利息索赔，即所谓的拖付款利息。

具体地说，利息索赔通常发生于下列 4 种情况：

（1）拖期付款（或欠款）的利息；

（2）增加投资的利息；

（3）索赔款的利息；

（4）错误扣款的利息。

在施工合同实施过程中，错误扣款的情况也时有发生。有时，业主未通知承包商一方，或在协商未达一致的情况下，自行决定扣除承包商的工程进度款，作为工程误期损害赔偿费（Liquidated Damages）、补偿保险失效（Failure to Insure）或补偿业主方面的人员和财产损失（Damage to Persons and Property）等等。总之，凡是业主一方错误地扣除任何款项，由承包商一方提出反驳并取得合法支持的条件下，错误地扣款应予归还，并支付扣款期间的利息。

至于这些利息的具体利率（Interest Rate）应是多少，在计算实践中采用不同的标准，根据业主国的有关规定或工程项目的合同条款来具体确定。在国际工程承包实践中，索赔利率主要采用以下规定：

（1）按当时的银行贷款利率。有的完全按银行利率（Bank Rate）计算；有的在银行利率的基础上加 1%；英国 ICE 合同条款第五版中规定为在银行利率上再加 3/4，即按 1.75 倍银行利率计算；有的采用银行最低贷款利率 MLR（Minimum Lending Rate）另加 2% 的办法；有的在银行间拆借利率（LIBOR）的基础上另加 1% 的做法，等等。无论采用哪一种具体利率规定，都应在合同文件的专用条款（Conditions of Particular Application）中或投标书的附录（Appendix to Tender）中予以肯定。

（2）按当时的银行透支利率。透支利率（Overdraft Interest）较一般银行利息率（Bank Rate）为高，主要适用于工程量和投资额的大规模增加。有时，当承包商长期承受业主的大量拖付、因而承担大量经济亏损的情况下，在索赔报告中要求按透支利率得到利息补偿。

（3）按合同双方协议的利率。在签订施工合同的过程中，承包商一方往往会提出增加拖期支付工程款时的付息问题，以维护自己按合同规定获得付款的权利。这时，合同双方可议定拖期支付的时限（Time Limit）和利率（Rate of Interest）。例如，付款期不得晚于承包商提出"月结算单"（Monthly Statements）后的2个月；如在2个月以后支付工程款，则应按拖付的时间和议定的利率（如5%～10%，甚至更高）向承包商支付利息。经过双方协商一致，即将协议的拖付时限和利率写入合同文件的专用条款中去。

【案例6-4】 业主拖付工程进度款引起的索赔

某体育馆工程，建筑面积5800m²，施工期1年，承包合同价485万美元，按FIDIC合同条款实施。

在施工过程中，由于设计多次变更，施工图纸长期拖后交给承包商，引起工期拖延。在工程进度款支付方面，业主拨款经常拖期，给承包商带来严重的经济损失。因此，承包商提出了工期索赔和经济索赔。在其经济索赔中，包括了拖延付款的利息，如下所述。

体育馆工程于10月15日开始施工，原定于翌年10月15日竣工。但在开挖基坑时，因遇到了流砂型地基，业主被迫暂停施工，并修改设计，由此引起一系列的工程变更及工期延误。在翌年2月5日，承包商报出了第一次工程进度款月结算单，款额为750835美元。按合同规定，承包商可以在4月5日以前得到第一批工程进度款。但迟至5月5日，才得到业主第一批工程进度拨款500000美元。不仅款额短缺250835美元，而且拖期1个月。以后各次的付款，均出现了类似的情况。因此，在翌年末时，承包商在其经济索赔文件中包括了下列拖期付款计息表（表6-3），要求业主支付补偿。

拖期付款利息表　　　　表6-3

计算日期 （每月6日）	月进度款（支出） （按工程师核定）	收到款（收入） （业主拨款）	亏欠款 （支出—收入）	年平均透支 利率（%）	利息（美元）
1994年					
5月6日	750835	500000	250835	11.5	2404
6月6日	823718	600000	223718	11.5	2144
7月6日	875285	750000	125285	12.0	1253
8月6日	783620	750000	33620	12.0	836
9月6日	728355	700000	28355	12.0	284
10月6日	613750	600000	13750	12.5	143
11月6日	507832	450000	57832	12.5	602
12月6日	305125	0	305125	12.5	3178
共　　计	5388520	4350000	1038520		10844

上表中的透支利率，系以年利率为单位。在逐月计算透支利息时，应换算为月利率（即除以12），再与逐月的亏欠款相乘。

上述利息索赔，因符合施工合同的规定，被监理工程师接受，并转报业主予以付款。这样，承包商不仅收回了业主累计拖欠的工程进度款1038520美元，还得到了拖付款利息10844美元。

这项体育馆工程，原合同价为 4850000 美元，月结算单累计为 5388520 美元，超过原合同额 538520 美元，即超过原合同额 11.1%。此外，承包商的工期延长索赔得到批准，延长工期 $2\frac{1}{2}$ 月，即免于承担拖期损失赔偿费（Liquidated Damages）。承包商的工程变更增加开支亏损索赔（即经济索赔）共 6 项，总计 987825 美元，亦得到监理工程师及业主的批准。这样，承包商建成并经验收移交体育馆工程项目以后，从业主方面取得的工程进度款（Progress Payments）和索赔款（Claimed Money）共计为 6376345 美元，较其原合同额 4850000 美元多得 31.47%。这对承包商来说，是获利匪浅的一个项目。

在索赔实践中，索赔利息同索赔利润一样，都是比较困难的。一般来说，索赔资金利息（融资利息或贷款利息），需满足以下两个条件：（1）额外贷款（或承包商额外资金投入）是由于业主违约引起，或由于监理工程师指示工程量大规模增加引起的；（2）承包商对额外贷款及额外支出提供足够的证明资料。

要求补偿索赔款的利息，比索赔额外贷款利息更困难。一般来说，在索赔事项处理的过程中，即从发现索赔、申报索赔直至最后由合同双方协商确定索赔款额的期间，不对索赔款支付利息，除非有证据证明监理（或咨询）工程师恶意地拖延了对索赔的处理。如果在索赔款额确定以后，业主仍有意拖延支付，则承包商有权提出索赔款的拖付利息，其处理方法可与工程进度款的长期拖付同样对待。

7. 利润

利润（Profit）是承包商的纯收益。它是承包商施工的全部收入扣除全部支出后的余额，是承包商经营活动的目的，也是对承包商完成施工任务和承担承包风险的报答。因此，从原则上说，施工索赔费用中是可以包括利润的。

但是，对于不同性质的索赔，取利润索赔的成功率是不同的。一般来说，由于工程范围的变更（如计划外的工程，或大规模的工程变更）和施工条件变化引起的索赔，是可以列入利润的，即有权获得利润索赔。对于工程延期索赔，如果该延期（或工程暂停施工）是由业主方面的责任发生的；以及业主自便终止合同（Termination for Convenience），由于是业主从自己的利益出发决定终止合同，承包商有权除获得已完成的工程款以外，还应得到原定指标的利润。

至于索赔利润的款额比率，通常是与原报价单中的利润百分率保持一致。在编标报价时，承包商一般列入 3%～10% 的直接费，作为该工程项目的利润。当发生索赔时，承包商可在索赔款的直接费部分上增加原报价单的利润率，作为该项索赔款的利润。

在国际工程施工索赔的实践中，承包商索赔利润时，有时列入一项"利润机会损失"（Loss of Opportunity Profit），作为另一种利润损失，要求业主方面予以补偿。这种利润机会损失是指由于工程延期（业主责任的延期），承包商不得不继续在本工程项目保留相当数量的设备、人员和流动资金，而不能按原计划把他的这些资源转到另一个工程项目上去，因而使他失去了下一个创造利润的机会。承包商的利润机会损失索赔，在理论上是可以成立的，尤其是对于那些由于业主方面的责任而发生的"可原谅的拖期"（Excusable Delays）。

在确定"利润机会损失"的索赔款的数量时，经常遇到的问题是在索赔款额上双方争论不休。这是因为要提出有说服力的论据甚为困难。承包商一般难于提出他在另外一个工程项目上确有把握地能获得的利润款额；他即使提出了一个利润机会损失索赔款额，也难以得到确切的证明，这就是利润机会损失索赔难以成功的原因。

下面的索赔利润的案例，说明了索赔利润时较常见的情况：（1）由于建筑师（咨询工程师，监理工程师）提出的额外工程，增加了工程量，引起了工期延长，承包商因而不仅取得了管理费的补偿，也成功地索赔到 5% 的利润。（2）以修改设计和迁移电缆为由提出的拖期索赔，其中包括的利润索赔部分，却被建筑师拒绝，被认为论证不足，虽然除去利润以外的其他索赔还是得到了一定的经济补偿。

【案例 6-5】 由于设计错误引起工程拖期的索赔

一条城郊道路工程，包括跨河桥梁及跨路人行桥，进行承包施工。其合同文件包括 JCT 合同条款，工程量清单和施工详图。中标合同价为 4493600 美元，工期 2 年。

中标的承包商在标书中把工期缩短为 $1\frac{1}{2}$ 年，并以此编造了报价。但建筑师仍认为合同工期 2 年有效。

开工以后，建筑师发现人行桥的设计有误，遂仓促指令承包商停止对人行桥的施工，并允诺在 3 周内提出修改后的施工图。但事实上，修改的图纸在施工暂停 6 周后才交给承包商。为此，承包商向建筑师提出了延长工期的要求，并以工期延长为依据提出经济索赔。考虑到延期 6 周提供图纸，并遇上特别恶劣的天气（Exceptionally Inclement Weather），以及建筑师数度提出工程变更（Variation Orders），故承包商提出延长工期 14 周，并附以经济补偿的索赔要求，要点如下：

1. 修改人行桥设计，停工 6 周，造成设备窝工的损失

9m³ 空压机，每周 383 美元，6 周计	2298 美元
3t 履带吊，每周 455 美元，6 周计	2730 美元
$\frac{1}{4}$m³ 混凝土拌合机，每周 118 美元，6 周计	708 美元
	5736 美元
加 12.5% 管理费	717
	6453
加 5% 利润	323
	6776 美元

2. 额外工程，需时 6 周，应得此期间的工地管理费（Site Overhead）。

投标书中工地管理费为 12.5%，即

$$4493600 \times 12.5\% = 561700 \text{ 美元}$$

相当每周 $\frac{561700}{78} = 7201$ 美元，6 周合计 $7201 \times 6 = 43206$ 美元

3. 公路干线上地下电缆迁移拖期，造成停工 6 周。增收 6 周的工地管理费，

$$7201 \times 6 = 43206 \text{ 美元}$$

加 5% 利润   2160

共计 45366 美元

以上 3 项合计

$$6776 + 43206 + 45366 = 95348 \text{ 美元}$$

对于承包商的上述索赔要求，建筑师开始时持反对态度，他认为：(1) 不必要给承包商延长工期，即使延期 14 周，也不超出原定的 2 年工期。(2) 人行桥虽然重新设计，但工程量和钢筋量没有变化，仅在钢筋布置上做了修改，故不拟考虑经济补偿。(3) 额外工程将按工程量清单上的单价付款，故不存在另付工地管理费的问题。(4) 公路干线上的电缆迁移，虽然影响了工期，但要求补偿管理费的理由并不充足，因为他的管理费本来是为 2 年工期使用的。虽然持上述反对工期索赔和经济索赔的意见，但建筑师仍将承包商的上述索赔要求转给了业主的工程估价师（Quantity Surveyor，或称工程量量测师）❶，请他提出具体意见。

工程估价师研究了各项索赔的详细情况后，根据合同文件的规定，并在审核承包商索赔报告的基础上，提出了自己对索赔款额的意见，报送给建筑师，主要内容如下：

1. 由于修改设计，使施工设备闲置 3 周。承包商按计日工的费率 （Daywork Rates）计算，我认为不宜，应该不高于设备折旧率。至于租赁的履吊，则可按租赁的费率计算。

2. 至于额外工程 （Extra Work），其产值为 185000 美元。按照对合同额的分析：

中标合同额   4493600 美元

减去 5% 的利润 $4493600 \times \frac{0.05}{1+0.05} = 213981$ 美元

4279619 美元

减去 7.5% 的总部管理费 $4279619 \times \frac{0.075}{1+0.075} = 298578$ 美元

3981041 美元

减去 12.5% 的工地管理费 $3981041 \times \frac{0.125}{1.125} = 442338$ 美元

每周的工地管理费 $442338 \div 78$ 周 $(1\frac{1}{2}$ 年$) = 5671$ 美元

工程的直接费为 $3981041 - 442338 = 3538703$ 美元

---

❶ 最近，有人建议将 Quantity Surveyor 称为造价工程师，比较合适。

额外工程款 185000 美元，按总合同额 4493600 美元在 78 周内完成的营业额（Turnover）计算，其每周的营业额为 4493600÷78＝57610 美元/周，则额外工程款的款额相当于 185000÷57610＝3.21 周整个工程的营业额。亦就是说，承包商要求的额外工程的工地管理费不应超过 3.21 周。承包商在自己的索赔报告中要求按 6 周支付，显然过多。工程估价师认为按 3 周支付较为合理。这样，承包商完成额外工程应得的工地管理费应为：

$$5671 \times 3 = 17013 \text{ 美元}$$

另加 7.5％总部管理费 $\quad \dfrac{1276}{18289}$

再加 5％利润 $\quad \dfrac{914}{19203}$ 美元

3. 地下电缆迁移引起的工程拖期，亦引起承包商工地管理费的增加。由于承包商的报价书确实是按 $1\dfrac{1}{2}$ 年（78 周）计算的，所以电缆迁移引起的工程拖期按合同规定应予以补偿，即：

$$5671 \times 6 = 34026 \text{ 美元}$$

至于总部管理费和利润，承包商未能提出有力的证据，故不予考虑。

工程估价师的上述建议，最终被建筑师和承包商接受，索赔争端遂获解决。

可索赔的费用，除了前述的人工费、材料费、设备费、分包费、管理费、利息、利润等七个方面以外，有时，承包商还会提出要求补偿额外担保费用，尤其是当这项担保费的款额相当大时。对于大型工程，履约担保的额度款都很可观，由于延长履约担保所付的款额甚大，承包商有时会提出这一索赔要求，是符合合同规定的。如果履约担保的额度较小，或经过履约过程中对履约担保款额的逐步扣减，此项费用已无足轻重时，承包商亦自动取消额外担保费的索赔，只提出主要的索赔款项，以利整个索赔工作的顺利解决。

在国际工程施工索赔的实践中，以下几项费用一般是不允许索赔的：

（1）承包商对索赔事项的发生原因负有责任的有关费用。这是索赔的基本原则，即承包商仅有权索取责任在业主一方的、符合合同条件的附加开支或亏损（Additional Expenses and Losses）。凡是涉及承包商责任的索赔事项，其费用业主不予考虑。

（2）承包商对索赔事项未采取减轻措施因而扩大的损失费用。在国际工程的承包施工合同中，承包商都有一个减轻工程事故损失的责任（Duty to Mitigate）。就是在任何工程事故发生时（或发生以后），承包商有责任采取一切相应的措施，以免事故扩大，造成更大的损失；而采取这些减轻事故扩大措施的费用，承包商有权从业主方面得到补偿。如果在索赔事项发生时，以及事故发生后继续扩大的过程中，未采取防护等措施，而任其损失扩大，则承包商无权取得扩大了损失的索赔费。这些减轻措施一般包括：保护工程尽量少受破坏，转移材料和设备，重新调配施工力量，改变器材供应计划，等等。

（3）承包商进行索赔工作的准备费用。每一项索赔工作，从申报索赔到决定索赔款额，是一个相当长的过程。在此过程中，承包商为了进行索赔要花费相当大的人力和财力，有时甚至要聘请专家或律师进行索赔咨询工作。所有这些费用，均不能列入索赔款中。

（4）索赔款在索赔处理期间的利息。关于这一点的道理，已在可索赔费用的利息索赔一节中论述。

（5）工程有关的保险费用。索赔事项涉及的一些保险费用，如工程一切险，工人事故保险，第三方保险等费用，均在计算索赔款时不予考虑，除非在合同条款中另有规定。

第3节 索赔款计价法

在论证应获得的索赔款数额时，采用正确的计价方法，对顺利地解决索赔要求有着决定性的意义。实践证明，在拥有索赔权的情况下，即根据合同条件的规定有权利要求索赔时，如果采用不合理的计价方法，没有事实根据地扩大索赔款额，漫天要价，往往使本来可以顺利解决的索赔要求搁浅，甚至失败。因此，客观地分析索赔款的组成部分，并采取合理的计价方法，是取得索赔成功的重要环节。

在国际工程施工索赔中，索赔款额的计价方法甚多。各个国家通常采用自己习惯的计价方法；每个工程项目的索赔款计价方法，亦往往因索赔事项的不同而相异。但是，在一些发达国家的施工索赔中，对索赔款的计算通常都遵循几种常用的原则，每项工程的索赔计价法通常是在这些原则的指导下具体地进行。

国际上常用的索赔款计价方法，大致可归纳为以下5种。

一、实际费用法

实际费用法（Actual Cost Method）亦称为实际成本法，是国际工程施工索赔计价时最常用的计价方法，它实质上就是额外费用法（或称额外成本法，Extra Cost Method）。

实际费用法计算的原则是，以承包商为某项索赔工作所支付的实际开支为根据，向业主要求经济补偿。每一项工程索赔的费用，仅限于由于索赔事项引起的、超过原计划的费用，即额外费用，也就是在该项工程施工中所发生的额外人工费、材料费和设备费，以及相应的管理费。这些费用即是施工索赔所要求补偿的经济部分。

关于承包商可索赔的这项"额外费用"，在工程承包界人员的口头或书面论述中，经常采用一些不确切的称呼，如"新增的费用"，"附加的费用"（Additional Costs）等等。索赔工作人员应该使用严密的合同语言，把这部分费用称作"额外的费用"，即投标报价时没有计算在内的费用（Extra Costs）。在施工索赔工作中，应该明确地区分"附加工程"（Additional Works）和"额外工程"（Extra Work），它们的计价原则是不同的（请参阅第2章第4节）。

用实际费用法计价时，在直接费（人工费、材料费、设备费等）的额外费用部分的基础上，再加上应得的间接费和利润，即是承包商应得的索赔金额。因此，实际费用法（即额外费用法）客观地反映了承包商的额外开支或损失（Extra Expenses／Losses），为经济索赔提供了精确而合理的证据。

采用实际费用法计算索赔款，其额外费用的组成部分，可参考本章第2节中的表6-2。它根据最常见的4种索赔，列举出哪些费用是可以索赔的，哪些是不能索赔（业主不予补偿）的，哪些是有可能索赔的。对于最后这一类费用，要通过合同双方的协商论证后才能确定可否索赔。这里主要是靠承包商能否提出令业主和工程师信服的证据或索赔前例（Precedent Claim）。

由于实际费用法所依据的是实际发生的成本记录或单据，所以，在施工过程中系统而准确地积累记录资料，是非常重要的。这些记录资料不仅是施工索赔所必不可少的，亦是工程项目施工总结的基础依据。

【案例6-6】 *新增工程的索赔*

美国某道路建设公司承包一条乡村公路的施工，合同规定公路长度为8015m，工期10个月，合同价4818500美元。

在施工期间，业主要求在此公路上增建一条支路，通往距公路干线700m的一个农场。承包商认为，此系合同工作范围以外的额外工程（Extra Work），应按实际费用法计算工程款，不同意按中标文件的单价进行结算。业主和主管项目的合同官员（Contract Officer）表示同意。

在这条支线工程完工时，承包商提出了如下的索赔款汇总表，并附以大量的票据证件及计算书，报合同官员及业主审核并予以支付。

经合同官员及审计师（Auditor）审核，基本同意承包商的索赔报告书，并向业主单位写出了建议书。

公路支线施工索赔汇总表

人工费	103950 美元	
材料费	110735	
设备费	87580	
临时设施	24840	
直接费合计	327105	327105 美元
项目现场管理费，10.5%	34346	361451

总部管理费,5.5%	19880	381331
保险费	7975	389306
贷款利息	23500	412806
利润5%	20640	433446 美元
索赔款总计		433446 美元

二、总费用法

总费用法(Total Cost Method)即总成本法,就是当发生多次索赔事项以后,重新计算出该工程项目的实际总费用,再从这个实际总费用中减去投标报价时的估算总费用,即为要求补偿的索赔总款额,即:

$$索赔款额 = 实际总费用 - 投标报价估算费用 \quad (6-10)$$

在计算索赔款时,只有当实际费用法(Actual Cost Method)难以采用时,才使用总成本法。采用总成本法时,一般要有以下的条件:

(1)由于该项索赔在施工时的特殊性质,难于或不可能精准地计算出承包商损失的款额,即额外费用(Extra costs)。

(2)承包商对工程项目的报价(即投标时的估算总费用)是比较合理的。

(3)已开支的实际总费用经过逐项审核,认为是比较合理的。

(4)承包商对已发生的费用增加没有责任。

(5)承包商有较丰富的工程施工管理经验和能力。

在施工索赔工作中,不少人对采用总费用法持批评态度。因为实际发生的总费用中,可能包括了由于承包商的原因(如施工组织不善,工效太低,浪费材料等)而增加了的费用;同时,投标报价时的估算费用却因想竞争中标而过低。因此,按照总费用法计算索赔款,往往遇到较多的困难。

虽然如此,总费用法仍然在一定的条件下被采用着,在国际工程施工索赔中保留着它的地位。这是因为,对于某些索赔事项,要很精确地计算出索赔款额是很困难的,有时甚至是不可能的。在这种情况下,逐项核实已开支的实际总费用,取消其不合理的部分,然后减去报价时的报价估算费用,仍可比较合理地进行索赔款的计算。

三、修正的总费用法

修正的总费用法(Modified Total Cost Method)是对总费用法的改进,即在总费用计算的原则上,对总费用法进行相应的修改和调整,去掉一些比较不确切的可能因素,使其更合理。

用修正的总费用法进行的修改和调整内容,主要如下:

(1)将计算索赔款的时段仅局限于受到外界影响的时间(如雨季),而不是整个施工期。

（2）只计算受影响时段内的某项工作（如土坝碾压）所受影响的损失，而不是计算该时段内所有施工工作所受的损失。

（3）在受影响时段内受影响的某项工程施工中，使用的人工、设备、材料等资源均有可靠的记录资料，如工程师的施工日志，现场施工记录等。

（4）与该项工作无关的费用，不列入总费用中。

（5）对投标报价时的估算费用重新进行核算：按受影响时段内该项工作的实际单价进行计算，乘以实际完成的该项工作的工程量，得出调整后的报价费用。

经过上述各项调整修正后的总费用，已相当准确地反映出实际增加的费用，作为给承包商补偿的款额。

据此，按修正后的总费用法支付索赔款的公式是：

索赔款额 = 某项工作调整后的实际总费用 − 该项工作的报价费用　　（6-11）

修正的总费用法，同未经修正的总费用法相比较，有了实质性地改进，使它的准确程度接近于"实际费用法"（Actual Cost Method，或称 Actual Cost Approach），容易被业主及工程师所接受。因为修正的总费用法仅考虑实际上已受到索赔事项影响的哪一部分工作的实际费用，再从这一实际费用中减去投标报价书中的相应部分的估算费用。如果投标报价的费用是准确而合理的，则采用此修正的总费用法计算出来的索赔款额，很可能同采用实际费用法计算出来的索赔款额十分贴近。

下面的一个案例，是通过一个施工索赔的具体事例，即该承包合同中所包括的3个部分工程的盈亏实际情况，采用不同的索赔款计价方法，来比较一下它们计算出的索赔款额的差别程度，并具体论述不同的计价方法的运算过程。

【案例 6-7】 索赔款计价方法比较

某承包商通过竞争性投标中标承建一个宾馆工程。该工程由3个部分组成：两座结构形式相同的大楼，坐落在宾馆花园的东西两侧；中部是庭院工程，包括花园、亭阁和游泳池。东、西大楼的中标价各为 1580000 美元，庭院工程的中标价为 524000 美元，共计合同价 3684000 美元。

在工程实施过程中，出现了不少的工程变更与施工难题，主要是：

（1）西大楼最先动工，在施工中因地基出现问题而被迫修改设计，从而导致了多项工程变更（Variations），因此使工程实际成本超过计划（即标价）甚多。可幸的是，东大楼的施工没有遭受干扰。

（2）在庭院工程施工中，由于遇到了连绵阴雨，被迫停工多日。又因为游泳池施工和安装时，专用设备交货期延误，数度处于停工待料状态，因而使工程费增多，给承包商带来亏损。

这三部分工程的费用开支情况见表 6-4。

表 6-4

工 程 部 分	中 标 合 同 价	实 际 费 用	盈 亏 状 况
1. 西大楼	1580000	1835000	-255000
2. 东大楼	1580000	1450000	+130000
3. 庭院工程	524000	755000	-231000
共　　计	3684000	4040000	-356000
4. 西大楼工程变更	155000	155000	
全部工程总计	3839000	4195000	-356000

从上表中可以看出：(1) 承包商在西大楼工程和庭院工程中均遭亏损，唯在东大楼施工中有盈利，盈亏相抵，总亏损为 356000 美元。(2) 在西大楼施工中，由于发生工程变更，承包商取得额外开支（Extra Expenses）补偿款 155000 美元。

在这一合同项目施工费用实际盈亏状况下，如果采取不同的索赔款计价方法，其结果差别情况如下：

(1) 如果按总费用法（Total Cost Method）结算，就要考虑该工程项目所有的三个部分工程的总费用，则其合同总价为 3684000 美元，但实际开支的总费用为 4040000 美元。按照总费用法的理论（Total Cost Theory）承包商有权得到的经济补偿为 356000 美元。

但是，在采用总费用法时，业主肯定要提出许多的质疑，认为承包商亦应对其亏损承担责任，不能把全部的费用超支 356000 美元都要求业主补偿；况且，为了弥补承包商在西大楼施工中遇到的干扰所造成的损失，业主和工程师已经以工程变更的方式向承包商补偿了 155000 美元。

因此，承包商还要提出许多的证据和说明，来证明他要求的款额是合理的。

(2) 如果按照修正的总费用法（Modified Total Cost Method）来计算索赔款，则不考虑 3 个部分工程的总费用，而仅考虑东、西两大楼工程的综合盈亏状况来索赔。因为这二座楼的结构形式相同，工程量相同；西大楼发生工程变更，东大楼没有受到干扰影响，因而是可比的（Comparable）。这样，其索赔款额应是

$$3285000 - 3160000 = 125000 \text{ 美元}$$

这样的计价，由于可比性强，且款额较小，是容易为业主所接受的。

根据以上的两种计价法的比较，采用修正的总费用法计算出来的索赔款额，仅占总成本法计算成果的 35%，自然容易被业主接受。但是，对承包商来说，他所得到的索赔款仅仅是西大楼的，而没有包括庭院工程施工中所承担的费用亏损（755000 - 524000 = 231000 美元）。对于庭院工程施工所受的亏损 231000 美元，承包商仍有权进行索赔。只要他的计价法合理，证据齐全可靠，他仍然可以获得庭院工程的索赔款。

四、合理价值法

合理价值法（Quantum Meruit，或称为 Reasonable Value Method）是一种按照公正

调整理论（Equitable Adjustment Theory）进行补偿的做法，亦称为按价偿还法。

在施工过程中，当承包商完成了某项工程但受到经济亏损时，他有权根据公正调整理论要求经济补偿。但是，或由于该工程项目的合同条款对此没有明确的规定，或者由于合同已被终止，在这种情况下，承包商按照合理价值法的原则仍然有权要求对自己已经完成的工作取得公正合理的经济补偿。

对于合同范围以外的额外工程（Extra Works），或者施工条件完全变化了的施工项目（Different Site Conditions），承包商亦可根据合理价值法的原则，得到合理的索赔款额。

一般认为，如果该工程项目的合同条款中有明确的规定，即可按此合同条款的规定计算索赔款额，而不必采用这个合理价值法来索取经济补偿。

在施工索赔实践中，按照合理价值法获得索赔比较困难。这是因为工程项目的合同条款中没有经济亏损补偿的具体规定，而且工程已经完成，业主和工程师一般不会轻易地再予以支付。在这种情况下，一般是通过调解机构，如合同上诉委员会（Contract Appeals Board），或通过法律判决途径，按照合理价值法原则判定索赔款额，解决索赔争端。

五、审判裁定法

审判裁定法（Jury Verdict Approach）是解决索赔争端、确定索赔款额的一个法律途径。它通过法庭审判、研究承包商的索赔资料和证据，并听取业主一方的申辩，最后确定一个索赔款额，以法庭判决的方式使承包商得到相应的经济补偿。

审判裁定法所依据的资料，包括工程项目的合同文件，承包商的索赔报告，以及一系列必要的证据和单据。

美国的索赔法庭（The United States Court of Claims）负责专门审理各级政府部门的工程项目的索赔案件，即业主为政府部门的索赔争端。索赔法庭允许采用审判裁定法确定索赔款额，但必须符合以下条件：

（1）利用其他的索赔计价法，如实际费用法、总费用法、修正的总费用法，以及合理价值法等等，均未能据其计算数额解决索赔争端，并且未找到其他的索赔计价法。

（2）承包商要求索赔的证据充足，可以据此做出公正、合理的裁决。

从实质上讲，审判裁定法所依据的证据资料同其他的索赔计价法一样，都是根据承包商的实际开支证明来作裁决。唯一不同的地方是，前四种索赔计价法是由合同双方协商一致而确定的，审判裁定法则是靠法院审判而裁定的。

六、对各种计价法的评论

以上介绍的是国际工程施工索赔中最常见的一些计价法。有些国家的工程项目要求采用自己国家的索赔计价法，如已支费用和预期费用法（Post Cost Plus Pre-Cost Method），主观费用和客观费用法（Subjective Cost Plus Objective Cost Method），等等。已支费用和预期费用法，实质上仍属于总费用法：它将总费用分成两部分，在计算索赔款的某日以前，为已支费用：在该日以后的预期支出称为预期费用。所谓主观费用和客观费用法，是对索赔款组成的两个部分——直接费和间接费而言的。客观成本（费用）一般指劳动力、材料、设备及工地现场管理费而言；主观成本（费用）一般指总部管理费，资金利息，利润等项费用而言。

根据施工索赔实践，以及索赔的实际成果，对施工索赔常用的索赔款计价法评价如下：

（1）计算索赔款额最常用的、合理的计价方法，是实际费用法。它客观地反映出由于索赔事项引起的工程成本的增加值，即承包商有权索取的额外费用。而且，这些费用有确凿的支付单据等证据资料。

（2）总费用法包含了诸多的争议因素，一般不容易被业主和工程师接受。但是，修正的总费用法已逐项核实了各项费用，已使索赔款额比较合理，所以仍是可采用的计价法。

（3）合理价值法和审判裁定法，均不失为可采用的、有效的确定索赔款额的方法。但它们的基础都必须是承包商提供的、经过审核而认为可靠的证据资料。

（4）已支费用和预期费用法，实质上仍属于总费用法的范畴。它的预期费用部分仍然包含着一些争议的因素。

（5）主观费用及客观费用法，应用较少。它的主观费用理论（Subject Cost Theory）和客观费用理论（Objective Cost Theory）还没有得到国际工程承包界的广泛理解和认可。

第4节　工效降低计价法的应用

在国际工程施工索赔的实践中，施工效率降低（Loss of Efficiency），有时被称为生产率降低（Loss of Productivity），经常引起施工成本增加，有时在索赔款额中占相当大的比重，个别情况下达到索赔款额的50%左右。这是因为，所有的引起索赔的事项，诸如施工现场条件变化，特别恶劣的气候条件，加速施工时的干扰拥挤等等，都会引起生产效率的降低。

所有的各种干扰（Disruptions/Interference），都会引起施工效率的降低，造成施工进度、施工方案的改变，形成工程成本的增加，因而引起了索赔。

在计算工效降低引起的工程成本增加款额时，需要参照承包商在投标报价书中列入的工效计算基础资料。根据这些工效基数，来确定工效降低的具体数量，由此计算出工程成本增加的数值，作为索赔的依据。

上述成本增加，如果不属于承包商的责任，均可作为施工索赔的依据。

一、工效降低计价的特点

工效降低所引起的工程成本增加款额相当大，有时成为索赔款的重要组成部分，在施工索赔中具有重要的意义。但是，在索赔计价时有以下两个难点：

（1）难以准确地计算工效降低所引起的成本增加款额数量。例如，由于延长工作时间（如每班连续作业 10 小时）所引起的工效降低，一般甚难准确地数量化，承包商提出的工效降低系数（Loss Efficiency Factor），即工效降低条件下的生产率同正常工作条件下的生产率的比例为 0.55，而工程师认为可能为 0.75。哪一种说法更接近实际，往往难以达成共识。因此，承包商应准备充分的现场工效记录资料，提出有说服力的证据。

（2）难以符合实际地划分责任。即在发生工效降低的现象时，到底是谁的责任，往往难以准确地划分。例如，由于多种作业集中在一个部位操作，形成互相干扰而工效降低，承包商会说是由于业主的加速施工指令（Acceleration Order）引起，业主则可能指出是由于承包商的施工组织不善、物资供应不及时，等等。因此，应该从合同责任或现场实况记录证据等方面建立自己的论据。

由此可见，承包商在处理涉及工效降低的索赔计价时，应拿出足够的证据；而这些证据资料，如果没有一个完善的施工现场记录和报告制度，并持之以恒地执行，是不可能得到的。

在具体实践中，利用工效指数（Efficiency Index）的变化来论证工效降低的数值，是一个行之有效的办法。这就是：为了完成同样的工作量（如浇筑 100m³ 的混凝土），在正常的、未受干扰的条件下所需要的人工费是多少？在受到干扰的、不正常的条件下所需的人工费是多少？将二者进行对比，即可求出工效降低所引起的人工费附加开支，即：

在正常生产率状态下，承包商的平均生产率指数可由下列公式求出：

$$平均生产率指数 = \frac{工程进度款总数}{工资总数} \quad (6\text{-}12)$$

比如，在正常的、未采取加速施工的情况下，承包商为完成某一数量的工程得到工程进度款为 100 万美元，而他的人工费开支为 40 万美元，则其平均生产率指数（Average Productivity Index）为 2.5。

为了求得在加速施工条件下承包商可能获得的人工费（工资）款额，将加速施工期间的工程进度款数额除以上述平均生产率指数 2.5，即承包商按照平均生产率所得的工资额：

$$平均生产率工资 = \frac{加速施工时的工程进度款}{平均生产率指数} \quad (6\text{-}13)$$

在上例中，如果承包商在加速施工期间的工程进度款收入为 75 万美元，除以 2.5 以后，他的平均生产率工资应为 30 万美元。

最后，计算承包商的由于在加速施工期间所蒙受的工效降低造成的人工费损失，即

$$工效降低人工费损失 = 实际工资 - 平均生产率工资 \quad (6-14)$$

如果承包商在加速施工期间所支付给工人们的实际工资为50万美元，而平均生产率工资为30万美元，则承包商应得的工效降低人工费损失（Loss of Labour Efficiency）为20万美元。这就是承包商应得的直接费中的人工费。此外，他还应得到为了加速施工所支付的其他与人工费有关的管理费和利润。

二、工效降低的计价法

由于工效降低而进行施工索赔时，首先应明确两点：

第一，像所有的索赔一样，工效降低索赔的前提是：引起工效降低的原因不是承包商自己的责任或风险，而是由于业主方面的原因或应由业主承担的风险。如果是属于承包商方面的责任，则承包商既无权得到工期延长（EOT），亦无权得到经济补偿。如果是属于客观原因，即承包商和业主都无能为力的原因时（如工人罢工、战争内乱、天灾、地震等），则承包商可以得到工期延长，而难以得到经济补偿。

第二，工效降低索赔的范畴是对人工费的超支而言，并不包括设备费、材料费等其他费用。由于工效降低，承包商完成一定量的工程时，使用了较投标报价估算量更多的工时（Man-Hour），形成额外开支。这项人工费额外开支，以及相应的管理费和利润，就是承包商应得的工效降低索赔款额。至于设备的窝工费，则应作为独立的索赔款组成部分，计入相应的索赔款额中去。

工效降低索赔款的计价方法很多，比较通用的有以下3种：

1. 以整个工程为基础的计价法

以整个工程为基础的计价法（Cost Method on a Job Basis）是以整个承包工程为单位，计算施工过程中实际开支的人工费，同投标报价时估算的人工费相比较，向业主要求补偿超支的人工费，即：

$$工效降低索赔款额 = 整个工程实际开支的人工费 - 报价估算的人工费 \quad (6-15)$$

这种计价法也被称为"实际成本与预算成本比较法"。它实质上是利用"总费用法"的原则来计算人工费超支的索赔款。因此，这种计价法包含着"总费用法"同样的弱点，如：

（1）实际开支的人工费比投标估算价中的人工费超出的那一部分，是否都属于业主方面的责任，承包商有无责任？

（2）投标报价时估算的人工费是否合理，有多少是为了中标而压低了的报价？

上述问题要回答清楚，达到令业主和工程师信服的程度，是相当不容易的。当然，承包商可以拿出整个工程的成本账（Job Cost Ledger）和大量的单据来证明，作为索赔的论据，但这可能使索赔议价长期拖而不决。

2. 以部分工程为基础的计价法

以部分工程或某项工作为基础的计价法（Cost Method on a Work Item Basis）是以

整个工程中的某一部分工程为单位,计算由于工效降低而增加的人工费开支,即:

工效降低索赔款额 = 某项工作实际开支的人工费 - 该项工作报价估算的人工费

(6-16)

显而易见,这种计价法同以整个工程为基础的计价法相比较,争议的因素减少了许多。因为它仅局限于某一项工作,该项工作在施工中由于非承包商的原因受了干扰,使工效大为降低,这一事实为业主和工程师所共同目睹,对其索赔要求自然容易接受。

当然,为了确定这部分工程中人工费支出额的合理性,业主和工程师还会要求承包商提出确凿的证据资料,如工资单、工人出勤记录、施工进度记录等。

3. 时段工效比较计价法

时段工效比较计价法(Cost Method using Comparison Period)的特点,是选定工效降低显著的施工时段,以其施工效率同正常状况下(未发生工效降低)的施工效率相比较,计算由于工效降低所受的损失,要求业主补偿。例如,为了完成同样的工程量,在正常状况下需要 800 个工时(Manhours),人工费为 16000 元;当工效降低时(如雨天)则需要 1028 个工时,人工费为 20560 元。这超支的 4560 元人工费,就是因为工效降低而得到的经济补偿,即:

工效降低索赔款额 = 工效降低期间的人工费 - 正常状态下的人工费 (6-17)

当然,在计算工效降低索赔款时,应在上列人工费(直接费)的基础上加上合理的管理费(如 8%)和利润(如 5%),则该项工效降低的索赔款额如下:

工效降低期间的人工费	20560 元
正常状况下等量工作的人工费	16000
人工费超支	4560 元
管理费 8%	364.8
	4924.8
利润 5%	246.24
工效降低索赔款额	5171.04 元

三、对工效降低索赔款计价法的评论

在国际工程施工索赔中,计算由于工效降低而发生的索赔款额时,比较通用的 3 种计价法中,时段工效比较计价法较为准确地反映了工效降低的实况,只要工效记录资料完整准确,就容易为工程师和业主所接受。因此,时段比较法是较为合理的计价法。

在其他 2 种计价法中,以部分工程为基础的计价法比较接近工效降低的实况,比以整个工程为基础的计价法要合理些。对于工程项目简单,工期短的工程,才考虑采用以整个工程为基础的计价法。

此外,在少数工程项目上,工效降低索赔 计价时采用"熟练曲线法"(Learning Curve Method)。熟练曲线的理论根据是:在生产实践中,随着生产者熟练程度的提高,生产单位产品所需的工时数则逐渐减少。也就是说,如果生产过程受到了外来因素的干扰,从而导致生产中途被迫停止,恢复生产时又要雇用新工人,他们要重新开始学习和熟悉生产技巧,因而使产值降低,成本增加。研究观察证明:当生产同一种产品的数量增加一倍时,生产每台产品所需的时间以一个固定的比率(At a Constant Percentage)而减少;这个比率就是熟练曲线上那个点的切线坡度(Learning Curve Slope = y/x)。在学习生产开始时,熟练曲线(见图6-4)急陡地下降。当生产持续时,生产每台设备的工时数逐渐减少,熟练曲线逐渐平缓,最后接近于水平线。这个切线坡度称作"熟练比率"。

图6-4所示的熟练曲线系按照80%的熟练比率绘成,即假设生产第一台设备时,用去100工时(Manhours),则第二台设备(增加一倍时)所需工时为80,依次类推如下:

生产的设备台数	每台所需工时
1	100.00
2	80.00
4	64.00
8	51.20
16	40.96
32	32.77
64	26.21

这条熟练曲线的方程式为:

$$y = ax^{-0.322} \tag{6-18}$$

式中 y——生产出每台产品所需工时数;

x——生产出的产品台数;

a——生产出第一台产品所需的工时数。

在生产实践中,不同工作的熟练曲线,其熟练比率各不相同,也有为70%、90%

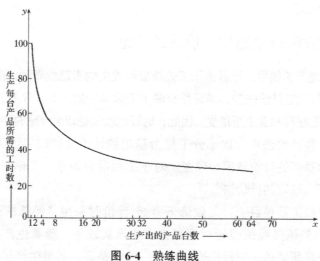

图6-4 熟练曲线

的。鉴于熟练曲线法在土木建筑工程中应用较少，故不再详述。

最后，还应指出，工效降低索赔的论证，是一件相当困难的事，要准确地计算出工效降低率，即：

$$\text{工效降低率}(\%) = \frac{\text{工效降低期的工时数} - \text{正常效率下的工时数}}{\text{正常效率下的工时数}} \quad (6-19)$$

只有准确地记录上述各种工时数，才能求出比较可靠的工效降低率。因此，在论证和确定大宗的工效降低索赔款额时，有必要聘请工程成本专家参与讨论，凭借第三者专家们的客观判断分析，确定工效降低的总索赔款额。

思考题

1. 本章第 3 节的案例 6-7 中，对索赔款的计价方法进行了比较。在该工程项目所包括的 3 部分工程——东大楼，西大楼和庭院工程中，西大楼和庭院工程的实际费用大量超过承包商的投标书报价，即中标合同价；仅东大楼工程有盈余。承包商总亏损达 356000 美元。但在索赔过程中，业主反对按总费用法计算索赔款，而同意按修正的总费用法给承包商补偿 125000 美元。

由于这 125000 美元仅是对西大楼工程所受亏损的补偿，而庭院工程所受的亏损 231000 美元并未得到补偿。因此，承包商将这一索赔争端报告给合同上诉委员会（Contract Appeals Board），请求予以公断。

假定读者是合同上诉委员会的成员，承担起调停解决的任务，你将如何建议合同双方解决争端？是否可以采用别的比较合理的索赔款计价法来调解这一索赔争端？

2. 某一房建工程，合同价 7500000 元人民币，工期 12 个月。在施工过程中，业主和监理工程师共发出 20 个变更指令（Variation Orders），承包商由于实施这些工程变更提出了索赔：延长工期 4 个月，附加成本开支补偿 2185600 元人民币。此项索赔经监理工程师和业主核审批准。请你根据索赔款的组成因素表（表 6-2）中所列的各项费用，对此项拖期索赔（Delay Claim）的总索赔款 2185600 元人民币进行假设分解罗列，并说明你的理由。

3. 在国际工程施工索赔实践中，要索赔到利润和利息比较困难些，但仍是可索赔的。请你详细写出在哪种情况下可索赔到？哪些情况下难索赔到？哪些情况下根本不能索赔？

4. 工效降低索赔计价法很多，本书中列举出 3 种主要的和常用的，请你再补充提出 2 种别的计价方法。

5. 请你详细列出工地管理费和总部管理费各包括哪些具体内容，以免做索赔报告时互相混淆。

第 7 章 索赔文件的编写法

> 索赔文件编写的完善与否，对索赔要求的成功与否关系甚大。一个有经验的国际工程承包商，应该具备编制一个高质量的索赔报告书的能力。
> 本章论述索赔文件的必要组成部分；编写索赔报告书时应注意的技巧问题；最后，通过一个索赔实例，展示一个索赔报告书的内容提纲，供读者具体编写索赔文件时参考。

第 1 节 索赔文件的组成部分

在国际工程施工索赔工作中，索赔报告书的质量和水平，对索赔成败关系极为密切。一项符合法律规程与合同条件的索赔，如果报告书写得不好，例如，对索赔权论证不力，索赔证据不足，索赔款计算有错误等等，轻则使索赔结果大打折扣，重则会导致整个索赔失败。因此，承包商在编写索赔报告时，应特别周密、审慎地论证阐述，充分地提供证据资料，对索赔款计算书反复校核，不允许存在任何计算错误。对于技术复杂或款额巨大的索赔事项，有必要聘用合同专家（律师）或技术权威人士担任咨询，以保证索赔取得较为满意的成果。

按照 FIDIC 合同条件的规定，在每一索赔事项的影响结束以后，承包商应在 28 天以内写出该索赔事项的总结性的索赔报告书，正式报送给工程师和业主，要求审定并支付索赔款。

索赔报告书的具体内容，随该索赔事项的性质和特点而有所不同。但在每个索赔报告书的必要内容和文字结构方面，它必须包括以下 4~5 个组成部分。至于每个部分的文字长短，则根据每一索赔事项的具体情况和需要来决定。

一、总论部分

每个索赔报告书的首页，应该是该索赔事项的一个综述（Overview）。它概要地叙述发生索赔事项的日期和过程；说明承包商为了减轻该索赔事项造成的损失而做过的努力；索赔事项对承包商施工增加的额外费用（Extra Costs）；以及自己的索赔要求。

总论部分字数不多。最好在上述论述之后附上一个索赔报告书编写人、审核人的名单，注明各人的职称、职务及施工索赔经验，以表示该索赔报告书的权威性和可信性（Credibility）。

总论部分应包括以下具体内容：

（1）序言；

（2）索赔事项概述；

（3）具体索赔要求：工期延长天数，或索赔款额；

（4）报告书编写及审核人员。

总论部分应简明扼要，对于较大的索赔事项，一般应以3~5页篇幅为限。

二、合同引证部分

合同引证部分是索赔报告关键部分之一，它的目的是承包商论述自己有索赔权（Entitlement），这是索赔成立的基础。

合同引证的主要内容，是该工程项目的合同条件以及工程所在国有关此项索赔的法律规定，说明自己理应得到经济补偿或工期延长，或二者均应获得。

因此，施工索赔人员应通晓合同文件，善于在合同条件、技术规程、工程量表以及合同函件中寻找索赔的法律依据，使自己的索赔要求建立在合同、法律的基础上。

在合同引证部分的最后，如果承包商了解到有类似的索赔前例，无论是发生在工程所在国的或其他国际工程项目上的，都可以作为例证提出，以进一步地论述自己索赔要求的合理性。

对于重要的条款引证，如不利的自然条件或人为障碍（施工条件变化），合同范围以外的额外工程，特殊风险等等，应在索赔报告书中做详细的论证叙述，并引用有说服力的证据资料。因为在这些方面经常会有不同的观点，对合同条款的含义有不同的解释，往往是施工索赔争议的焦点。

在论述索赔事项的发生、发展、处理和最终解决的过程时，承包商应客观地描述事实，避免采用抱怨或夸张的用词，以免使工程师和业主方面产生反感或怀疑。而且，这样的措辞，往往会使索赔工作复杂化。

综合上述，合同引证部分一般包括以下内容：

（1）概述索赔事项的处理过程；

（2）发出索赔通知书的时间；

（3）引证索赔要求的合同条款，如

——不利的自然条件；

——合同范围以外的工程；

——业主风险和特殊风险；

——工程变更指令；

——工期延长；

——合同价调整，等等；

（4）指明所附的证据资料。

三、索赔款额计算部分

在论证索赔权以后，应接着计算索赔款额，具体论证合理的经济补偿款额。这也是索赔报告书的主要部分，是经济索赔报告的第三部分。

款额计算的目的，是以具体的计价方法和计算过程说明承包商应得到的经济补偿款额。如果说合同论证部分的目的是确立索赔权，则款额计算部分的任务是决定应得的索赔款。前者是定性的，后者是定量的。

在款额计算部分中，承包商应首先注意采用合适的计价方法。至于采用哪一种计价法，应根据索赔事项的特点及自己掌握的证据资料等因素来确定。其次，应注意每项开支的合理性，并指出相应的证据资料的名称及编号（这些资料均列入索赔报告书中）。只要计价方法合适，各项开支合理，则计算出的索赔总款额就有说服力。

索赔款计价的主要组成部分是：由于索赔事项引起的额外开支的人工费、材料费、设备费、工地管理费、总部管理费、投资利息、税收、利润等等。每一项费用开支，应附以相应的证据或单据。

款额计算部分在写法结构上，最好首先写出计价的结果，即列出索赔总款额汇总表。然后，再分项地论述各组成部分的计算过程，并指出所依据的证据资料的名称和编号。这是国际工程施工索赔文件通用的编写格式。

在编写款额计算部分时，切忌采用笼统的计价方法和不实的开支款项。有的承包商对计价采取不严肃的态度，没有根据地扩大索赔款额，采取漫天要价的策略。这种做法是错误的，是不能成功的，有时甚至增加了索赔工作的难度。

款额计算部分的篇幅可能较大。因为应论述各项计算的合理性，详细写出计算方法，并引证相应的证据资料，并在此基础上累计出索赔款总额。通过详细的论证和计算，使业主和工程师对索赔款的合理性有充分的了解，这对索赔要求的迅速解决很有关系。

四、工期延长论证部分

承包商在施工索赔报告中进行工期论证的目的，首先是为了获得施工期的延长

（EOT　Extension of Time），以免承担误期损害赔偿费（Liquidated Damages for Delay）的经济损失。其次，他可能在此基础上，探索获得经济补偿的可能性。因为如果他投入了更多的资源时，他就有权要求业主对他的附加开支（Additional Costs）进行补偿。对于工期索赔报告，工期延长论证是它的第三部分。

在索赔报告中论证工期的方法，主要有：

（1）横道图表法（Bar Chart Method）；

（2）关键路线法（CPM　Critical Path Method）；

（3）进度评估法（PERT　Programme Evaluation and Review Technique）；

（4）顺序作业法（Task　Span Priority Method）等等。

关于这些施工进度的编制方法，从事国际工程管理人员应通过《施工管理》课目十分熟练地掌握。

承包商在索赔报告中，应该对工期延长（EOT）、实际工期（Actual Time for Completion）、理论工期（Theoretical Time for Completion）等工期的长短（天数）进行详细的论述，说明自己要求工期延长（天数）或加速施工费用（款数）的根据。

在工期论证中，应明确划分以下几个不同的工期。

（1）计划工期（As　Planned Schedule），也就是承包商在投标报价文件中申明的施工期，即从正式开工日起至建成工程所需要的施工天数。一般来说，承包商在报价书（Bid Documents）中的计划工期，就是业主在招标文件中所提出的施工期（Time for Completion）。

（2）实际工期（As　Built Schedule），就是在项目的施工过程中，由于多方面的干扰或工程变更，建成该项工程实际上所花费的施工天数。如果实际工期较计划工期长的原因不属于承包商的责任，则他有权利得到相应的工期延长（EOT　Extension of Time）即

$$工期延长（EOT）=实际工期-计划工期 \qquad (7\text{-}1)$$

如果工期延长的原因是由于施工效率降低（Loss of Efficiency），即实际的工作效率（Actual Efficiency）小于投标书中原定的工作效率（Tendered Efficiency）时，则实际工期可按第2章中公式（2-2）求得，即：

$$实际工期=计划工期\times\left(1+\frac{原定效率-实际效率}{原定效率}\right)$$

从上式可以看出，为了取得工期延长，承包商应该在自己的投标报价文件中列出各工种的施工效率，即完成单位工作所需要投入的资源，如 m^3/（马力·小时），或 t（吨）/（马力·小时）。

（3）理论工期（Theoretical Schedule for Completion），是指较原计划拖延了的工期（Delayed Schedule）。如果在施工过程中受到工效降低和工程量增加等诸多因素的影响，仍按照原定的工作效率施工，而且未采取加速施工措施时，该工程项目的施工期可能拖延甚久，这个被拖延了的工期，被称为"理论工期"，即在工程量变化、施工受

干扰的条件下,仍按原定效率施工、而不采取加速施工措施时,在理论上所需要的总施工时间。在这种情况下,理论工期即是实际工期。

如果采取了加速施工措施,则实际施工期的天数较理论工期的天数将显著地缩短。这个理论工期同实际工期之差,即缩短理论工期的天数,就是加速施工所挽回的工期天数。这个被挽回的天数,有时亦被称为"理论上的工期延长"(T. EOT Theoretical Extension of Time)。因此,在分析工期时可以说:加速施工所挽回的工期天数等于理论上的工期延长天数;或者说,加速施工的成绩使它挽回(克服)了理论上的工期延长。

这三种工期之间的关系,可用图 7-1 说明。

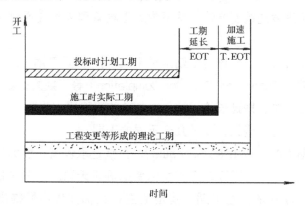

图 7-1 各种工期关系示意图

【**案例 7-1**】 如何确定实际工期和工期延长

高速公路施工中的一段土方开挖工作,预计开挖量 $1250000m^3$,计划在 2 个月内完成。承包商准备配备的施工机械为:

D9 推土机　　　　　　　4 台

MS230 履带挖掘机　　　4 台

投标书中指明,施工机械的工作系数(Working Coefficient,即出工率)为 79%,每月工作日为 22 天,每天工作 8 小时。这样,投标书中资源投入的工作效率(Working Efficiency)如下:

推土机:4 台×8 小时×22 日×2 月×410 马力=577280 马力·小时

履带式挖掘机:4 台×8 小时×22 日×2 月×135 马力=190080 马力·小时

投标书计划投入的资源总量为:

$$577280+190080=767360 \text{ 马力·小时}$$

计划工期中资源投入的施工效率为:$\frac{1250000}{767360}=1.63m^3/$(马力·小时)

在施工过程中发现,由于土质较招标文件中描述的远为坚硬,且杂以砾石,使开挖效率下降。而且,实际开挖量多达 $1672500m^3$。为此,业主指令承包商增加施工机械，争取在 $2\frac{1}{2}$ 个月内完成全部开挖工作，并批准承包商工期延长（EOT）0.5 个月。

承包商决定：为了满足业主的要求，从第 2 个月的第一天开始，再增加 D9 推土机 1 台，MS230 履带式挖掘机 1 台，并在每月工作 28 天，每天工作 10 小时。这样，承包商投入此项开挖工程的资源总量为：

(1) 第 1 月投入

推土机　　　4 台×8 小时×22 日×410 马力＝288640 马力·小时
履带挖掘机　4 台×8 小时×22 日×135 马力＝95040 马力·小时

$$\text{第 1 月共投入 383680 马力·小时}$$

(2) 后 $1\frac{1}{2}$ 月内投入

推土机　　5 台×10 小时×28 日×1.5 月×410 马力＝861000 马力·小时
履带挖掘机　5 台×10 小时×28 日×1.5 月×135 马力＝283500 马力·小时

$$\text{后 }1\frac{1}{2}\text{ 月共投入 1144500 马力·小时}$$

(3) 整个施工期（$2\frac{1}{2}$ 月）内投入资源总量为：

$$383680+1144500=1528180 \text{ 马力·小时}$$

(4) 整个施工期（$2\frac{1}{2}$ 月）内的实际施工效率为：

$$\frac{1672500 \text{m}^3}{1528180 \text{（马力·小时）}}=1.09 \text{m}^3/\text{（马力·小时）}$$

(5) 施工效率由计划工期中原定的 1.63m³/（马力·小时）减为实际效率 1.09m³/（马力·小时），因而使完成整个开挖工程所需要的实际施工时间（亦即上述的理论工期）延长了。根据第 2 章中式 (2-6)：

$$\text{实际所需工期}=\text{计划工期}\times\left(1+\frac{\text{原定效率}-\text{实际效率}}{\text{原定效率}}\right)$$

$$=2\times\left(1+\frac{1.63-1.09}{1.63}\right)$$

$$=2.66 \text{ 月}$$

(6) 业主批准工期延长为 0.5 月，使总工期增至 2.5 月，仍不能满足实际所需工期（理论工期）2.66 月的要求。

但是，由于业主要求必须在 2.5 个月内完成全部开挖工程。承包商为此必须采取进一步的加速施工措施，例如：延长每日施工时间在 10 小时以上，或将每月的工作天数增至 28 天以上，等等。这就是承包商采取加速施工措施的证明，也是他获取加速施工的经济补偿（加速施工费）的依据。

本实例所涉及的各种工期之间的关系，如图 7-2 所示。

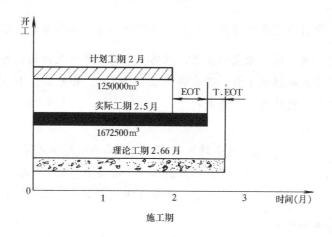

图 7-2 各种工期之间的关系

上图所示，计划工期（2个月）是业主在招标文件中规定的工期，承包商据此配备了必要的施工设备。实际工期（$2\frac{1}{2}$月）是业主批准 EOT（$\frac{1}{2}$月）后的实际施工时间。理论工期是按实际施工效率而延长了的工期（2.66个月）。由于采取了加速施工措施，实际工期由 2.66 个月缩减到 2.5 个月。图中的"理论工期延长"（T. EOT），即加速施工，它是由于采取加速施工措施而挽回的工期。

五、证据部分

证据部分通常以索赔报告书附件（Appendix）的形式出现，它包括了该索赔事项所涉及的一切有关证据资料以及对这些证据的说明。

证据是索赔文件的必要组成部分，没有翔实可靠的证据，索赔是不可能成功的。

索赔证据资料的范围甚广，它可能包括工程项目施工过程中所涉及的有关政治、经济、技术、财务等许多方面的资料。这些资料，承包商应该在整个施工过程中持续不断地搜集整理，分类储存，最好是存入计算机中以便随时提出查询、整理或补充。

在施工索赔工作中可能用到的证据资料很多，下面列举较常用的，供承包商施工管理部门收集资料时参考。

1. 工程所在国政治经济资料，如：

（1）重大新闻报道，如罢工、动乱、地震、飓风以及其他重大灾害等；

（2）重要经济政策，如税收决定，海关进出口规定，外币汇率调整，工资和物价的定期报刊，涉外经济法等；

（3）政府官员及工程主管部门领导人视察工地时的谈话记录；

（4）银行、报社、电视台代表参观工程时的谈话记录及新闻报道；

（5）国家气象台发布的天气和气温预报，尤其是异常天气状况的记述，等等。

2. 施工现场记录报表，包括：

(1) 现场施工日志；

(2) 施工检查员的报告；

(3) 业主和工程师的指令和来往信件；

(4) 每日出勤的工人和设备报表；

(5) 每日完工部分的验收记录；

(6) 施工事故详细记录；

(7) 施工现场会议记录；

(8) 工地风、雨、温度、湿度记录；

(9) 施工材料使用记录；

(10) 同业主和工程师的谈话记录；

(11) 施工质量检查记录；

(12) 施工进度实况记录；

(13) 施工图纸收发记录；

(14) 出现索赔事项的详细记录或摄像；

(15) 施工效率降低记录，等等。

3. 工程项目财务报表，包括：

(1) 施工进度款月报表及收款记录；

(2) 索赔款月报表及收款记录；

(3) 工人劳动计时卡及工资表；

(4) 材料、设备及配件采购单；

(5) 付款收据；

(6) 收款单据；

(7) 工程款及索赔款拖期支付记录；

(8) 拖付款利息报表；

(9) 向分包商付款记录；

(10) 现金流动计划表；

(11) 会计日报表；

(12) 会计总账；

(13) 批准的财务报告；

(14) 会计来往信件及文件；

(15) 通用货币汇率变化，等等。

上列诸项证据资料，并不是都要放入索赔报告书的附件中，而是针对索赔文件中提到的开支项目，有选择、有目的地列入，并进行编号，以便审核查对。

在引用每个证据时，要注意该证据的效力或可信程度。为此，对重要的证据资料最好附以文字说明，或附以确认函件。例如，对一项重要的电话记录，仅附上自己的记录是不够有力的，最好附上经过对方签字确认过的电话记录；或附上发给对方的要求确认该电话记录的函件，即使对方当时未复函确认或予以修改，亦说明责任在对方，因为未复函确认或修改，按惯例应理解为他已默认。

除文字报表证据资料以外，对于重大的索赔事项，承包商还应提供直观记录资料，如录像、摄影等证据资料。

综合本节的论述：如果把工期索赔和经济索赔分别地编写索赔报告，则它们除包括总论、合同引证和证据3个部分以外，将分别包括工期延长论证或索赔款额计算部分。如果把工期索赔和经济索赔合并为一个报告，则应包括所有五个部分。

第2节 编写索赔报告的技巧

实践证明，对一个同样的索赔事项，索赔报告书的好坏对索赔的解决有很大的影响。索赔报告书写得不好，往往会使承包商失去在索赔中有利的地位和条件，使正当的索赔要求得不到应有的妥善解决。因此，有经验的承包商都十分重视索赔报告书的编写工作，使自己的索赔报告书充满说服力，逻辑性强，符合实际，论述准确，使阅读者感到合情合理，有根有据。为此，报告书的编写者应注意写作技巧。对于重大的索赔事项，最好在索赔专家或律师的指导下编写。

一份成功的索赔报告书，应注意做到以下几点：

一、事实的准确性

索赔报告书对索赔事项的事实真相，应如实而准确地描述，不应主观臆造、弄虚作假。对索赔款的计算，或对工期延误的推算，都应准确无误、无懈可击。任何的计算错误或歪曲事实，都会降低整个索赔的可信性，给索赔工作造成困难。

为了证明事实的准确性，在索赔报告书的最后一部分中要附以大量的证据资料，如照片、录像带、现场记录、单价分析、费用支出收据，等等。并将这些证据资料分类编号，当文字论述涉及某些证据时，随即指明有关证据的编号，以便索赔报告的审阅者随时查对。

二、论述的逻辑性

索赔报告书中文字论述部分的逻辑性，主要表现在客观事实与费用损失之间的因果关系。对施工索赔来说，如果承包商施工费用的损失是由于工程变更或业主违约，这种因果关系就能够成立，承包商就有取得经济补偿的权利。如果费用损失是由于客观原因引起，既非承包商的责任，又非业主的责任时，这种费用损失将不能得到补偿，最多只能给承包商以适当的工期延长。如果费用损失是由于承包商的原因造成，如施工组织不善，物资供应耽误，等等，则承包商不仅不能得到任何补偿，还可能有承担工期延误赔偿（Liquidated Damages）的危险，这应该在索赔报告书中予以清晰的论述。

合乎逻辑的因果关系，是指索赔事项与费用损失之间存在着内在的、直接的关系。这样的因果关系，才具有法律上的意义。如果仅仅是外在的、偶然性的联系时，则不能认定二者之间有因果关系。比如，承包商在施工期间遇到了业主原因引起的暂停施工2个月，工程被迫较原定竣工期推迟了2个月，对承包商来说，这2个月是属于可原谅的和应补偿的延误（Excusable and Compensable Delay）。如果在这两个月的延误期间，碰巧遇到了业主国的政治性罢工，又使工期拖了半个月，则这半个月的延误不能与前2个月的延误等同对待，这是属于政治性的特殊风险，是一种可原谅、但不予补偿的延误。但是，如果由于业主原因的2个月的延误（暂停施工），必然地要引起承包商在雨季施工，则因雨季施工而形成的工期延误，以及由此引起的工作效率降低（Loss of Efficiency）而形成的施工费用增加，承包商有权均应获得。

三、善于利用案例

为了进一步证明承包商索赔要求的合理性和逻辑性，索赔报告书中还可以引证同类索赔事项的索赔前例（Precedent），即引用已成功的索赔案例，来证明此一同类型的索赔理应成功的道理。这是FIDIC合同条件所属的普通法体系（Common Law System）的判案原则——按例裁决的原则。国际工程的承包商，应学会熟练地应用这一索赔判案原则。

在施工索赔实践中，当论证索赔款额时，通常会遇到三种难度不同的新增费用：

（1）第一类费用——客观性较强的费用

所谓客观性较强的一类施工费用（More Objective Added Costs），是指人工费、材料费、设备费、施工现场办公费等直接费用。这些费用都发生在施工现场，有目共睹，只要有完备的现场记录资料，在索赔计价时一般容易通过。

（2）第二类费用——客观性较弱的费用

这一类费用包括新增的工地及总部管理费，在冬季和雨季施工时的工效降低费，发生工程变更时的新增成本的利息，等等。这些费用一般都是存在的，但其具体客观性不如第一类费用那么明显，故称为客观性较弱的新增费用（Less Objective Added Costs）。

虽然客观性较弱，但多年来仍为业主所接受，按照前例可循的原则向承包商支付，只是在确定索赔款额时要进行一些讨价还价。

（3）第三类费用——主观性判断的费用

这一类费用一般没有精确的计算方法，在相当大的程度上依赖主观判断。例如：

发生施工现场条件变更时或更换工人时，由于工人们在开始阶段操作不熟练而使工效降低所引起的施工费用增加，即国际工程承包界通称的新工人通过熟练曲线（Learning Curve）所花的费用；工人劳动情绪因受干扰而降低（Lowered Morale on the Job）所发生的新增费用；由于工期延长而使承包商失去下一个工程项目的承包机会，因而失去施工利润机会（Lost Opportunity Profit）的费用，等等。

这些费用款额的决定，往往带有相当大的主观判断成本，故被称为主观性判断的费用（More or Less Subjective Added Costs）。承包商想要取得这些费用，是相当不容易的，除非有类似的前例可循；业主即使同意支付这类费用，也要对承包商所提的款额"大砍一刀"。

四、文字简练，论理透彻

编写索赔报告书时应该牢记：你所写的索赔报告的读者，除了咨询工程师（监理工程师）和业主代表以外，主要的可能是业主的上级领导部门，他们是索赔的决策者。因此，索赔报告的文字一定要清晰简练，避免啰嗦重复，使工程项目的局外人也能一看即懂，认为你言之有理。

索赔报告书的文字，一定要注意反复推敲，用词婉转有礼，不要用强硬的、不友好的语言，如写一些令对方感到难堪的话：

"你方严重违反合同条件，……，使我方受到严重损害，……"；

"你方如不在×月×日以前满足我方的合理要求，……，我方则将诉诸仲裁机关……"，等等。

而应该这样写：

"……请求贵方做出公平合理的调整"；

"请考虑采用××合同条款的规定，对我方所承受的额外开支（Extra Costs）予以补偿……"，等等。

此外，索赔报告的编写者应该注意，把你的全部道理和论据不遗漏地写入索赔报告书，不要有"留一手"的做法，也不要采用"抛最后一张王牌"的策略。如果你想准备在索赔谈判会议上使对方信服你，不妨就已在索赔报告中列举的论据做进一步的深刻论述，以数据或科学分析来进一步地使对方更为信服。

五、逐项论述，层次分明

索赔报告书的结构，通常采用"金字塔"的形式，在最前面的1~2页里概括地、简明扼要地说明索赔的事项、理由和要求的款额或工期延长，让读者一开始就了解你的全部要求。这就是索赔报告书的汇总部分（Summary）。

接着，逐项地、较详细地论述事实和理由，展示具体的计价方法或计算公式，列出详细的费用清单，并附以必要的证据资料。这样，在汇总表中的每一个数字，就伸展为整段落的文字叙述，许多的表格和分项费用，以及一系列的证据资料。

这种结构形式的索赔报告书，层次分明，使读者一目了然。领导人员读 2~3 页后，即可了解索赔的全貌，使其决策"心中有数"；业主代表及咨询（监理）工程师，则可以逐项深入地审阅报告书，审查数据，检查证据是否齐全，并能较快地对承包商的索赔报告提出自己的评审意见及决策建议，供上级领导人员决策参考。

第 3 节　一个索赔报告的提纲

索赔报告书的总论和合同引证部分，均按索赔事项的具体情况编写。索赔款额计算部分的格式，可参考下面的一个实例。

【案例 7-2】　加速施工引起工效降低的索赔

高空电缆安装公司作为一个分包商，向承包建设宇宙飞船建筑物的总承包商分包高空钢构件安装工作。为了保证宇宙飞船按计划的时间发出，业主要求总承包商进行加速施工，总承包商遂向分包商提出同样的要求。

高空电缆安装公司完成分包任务以后，向总承包商提出了进行加速施工的费用申报书（即加速施工索赔），由总承包商转报给业主。

一、加速施工费用汇总（Summary of Acceleration Costs）

1. 人工费

加班施工	78277 美元
工效降低损失	115333
	193610

2. 其他的直接费

设备租赁	14565 美元
质控监理	5224
特别旅费	2122
现场服务费	10000
	31911 美元

3. 各项管理费（25.43%）　　　　　　　　　　　　　　57350

4. 利润（10%）　　　　　　　　　　　　　　　　　　28287

5. 上述 4 项索赔款总计　　　　　　　　　　　　　　311158 美元

二、分项费用详单　　　　　　　　　　　　　　　　所附证据

1. 人工费

（1）加班施工

——加班施工，共 3462.5 工时　　　　　　　　　　工资单

——加班综合工资，16.25 美元/工时

——加班总工资　3462.5×16.25＝56266 美元

——人工管理费　39.12％　　　　　　　　　　　　见证据 A

　　　　　　　　56266×39.12％＝22011 美元

——加班费共计　56266＋22011＝78277 美元

(2) 工效降低损失

——加班施工共计工时　15081 工时　　　　　　　工资单

——工效降低系数　0.3408　　　　　　　　　　　见证据 B

——工效降低损失工时　15081×0.3408＝5139.6 工时

——加班综合工资　16.13 美元/工时

——工效降低工时损失费　5139.6×16.13＝82902 美元

——人工管理费　39.12％　　　　　　　　　　　　见证据 A

　　　　　　　　82902×39.12％＝32431 美元

——工效降低总损失

　　　　　　　　82902＋32431＝115333 美元

(3) 人工费共计

——加班施工　　　　　78277 美元

——工效降低损失　　　115333
　　　　　　　　　　　―――――
　　　　　　　　　　　193610 美元

2. 其他的直接费

(1) 设备租赁费　　　　　　　　　　　　　　　　见租赁费收据

——起重机　　　　　　9145 美元

——电焊机　　　　　　2381

——起重机运输费　　　2105

——增购吊环　　　　　934
　　　　　　　　　　　―――――
　　　　　　　　　　　14565 美元

(2) 质控监理费

——监理工资　　　　　3262 美元　　　　　　　　工资单

——生活津贴　　　　　1962　　　　　　　　　　收据
　　　　　　　　　　　―――――
　　　　　　　　　　　5224 美元

(3) 特别旅费　　　　　2122 美元　　　　　　　　收据

(4) 现场服务费

——咨询费　　　　　　7500 美元　　　　　　　　收据

——旅费　　　　　　　2500
　　　　　　　　　　　―――――
　　　　　　　　　　　10000 美元

3. 各项管理费的核算（根据经过审核的财务报告）

(1) 直接费

——人工直接费及奖金	1562056 美元
——生活津贴	86322
——分包费	56101
——工资税	110455
——工人补偿保险	136987
——租赁设备	198366
——福利基金	362100
——雇员保险	1560
	2513947 美元

(2) 间接费

——物资及供应	33822 美元
——焊接设备及供应	40011
——煤气及油料	72463
——设备保险	16602
——设备维修及配件	29821
——运输费	40320
——建筑设备折旧	81808
——施工证书收费	592
——建筑设计费	1537
——其他税金	3330
——职员工资	25600
——其他人员工资	52120
——广告及接待费	3500
——汽车费	4000
——折旧费	19820
——应付款及预订费	3100
——损赠款	2000
——保险	6543
——办公费	11300
——设计费	16200
——旅费	18609
——工资税	9822
——其他税	13800

——电话及公用费   9470
——佣金及奖金   130729
——呆账   62512
       709431 美元

(3) 对上列间接费的修正

——运输费由 40320 美元核减为 38215 美元（减去 90t 起重机运费 2105 美元）

——旅费由 18609 美元核减为 16487 美元（减去特别旅费 2122 美元）

——其他人员工资由 52120 美元核减为 48858 美元（减去野外工程师工资 3262 美元）

——呆账 62512 美元，不予承认补偿

——以上共核减   70001 美元

间接费由 709431 美元核减为 639430 美元

(4) 各项管理费的费率

$$\frac{\text{间接费}}{\text{直接费}}=\frac{639430}{2513947}=25.43\%$$

以上计算，确认各项管理费的费率为 25.43%，款额为 57350 美元。

三、证据

1. 证据 A——人工管理费（根据经过审核的财务报告）

    ——人工直接费及奖金   1562056 美元

    ——人工管理费

福利基金   362100
工资税   110455
工人补偿保险   136987
雇员保险   1560
       611102

    ——人工管理费的费率

$$\frac{\text{人工管理费}}{\text{人工直接费及奖金}}=\frac{611102}{1562056}=39.12\%$$

2. 工效降低系数

论证说明：

高空电缆安装公司承担宇宙飞船建筑物的钢结构支架的安装工作。由于要求进行加速施工安装，极大地降低了高空作业工人们的生产效率。高空电缆公司连续施工 14 个星期，每星期工作 52 小时。接着，又连续施工 7 个星期，每星期工作 43 小时。

此项安装工作既困难，又危险。工人们在 100 英尺高的建筑物上高空作业，进行加速施工，既无脚手架，每日又逢大风。由于起重量极大，需要使用重型吊具。所有这些因素，都增加了施工的难度。

众所周知，加速施工使工效降低，尤其是在本工程项目上的长期加速施工，使劳

动生产率急剧地下降。调查研究表明，在高工资加奖金的条件下，如果连续在数周内加班工作后，每 1 美元工资的劳动生产率下降比率为：5 天内每天工作 10 小时，生产值下降至 75% 以下；6 天内每天工作 10 小时，生产值下降至 62% 以下。

高空电缆安装公司所经历的独一无二的既困难又危险的加速施工，其生产率降低值无疑比上述平均值还要大。

高空电缆安装公司最保守地估计是，每 1 美元工资产值的下降幅度不少于 62%。鉴于我公司已经要求独立地支付加班奖金；除此以外，我们按照产值下降 38% 进行计算工效降低损失，即

$$\frac{（加速施工总工时数）15081}{（加速施工总工时数+\frac{1}{2}加班小时数）16812} \times 38\% = 0.8970 \times 0.38 = 0.3408$$

故工效降低系数 = 0.3408。

思考题

1. 在索赔文件的 5 个组成部分中，分量最大的是索赔款额或工期延长天数的 2 部分，也是实质性的 2 个组成部分。本书中介绍了一个经济索赔的计价部分的格式实例，请你再补充提出一个工期索赔的分析计算工期延长天数的格式实例。

2. 索赔文件的第 5 个组成部分——证据资料，对索赔的成功与否关系亦甚大。书中列举了 3 个方面的证据名称。请你分别针对工期索赔和经济索赔两种不同的索赔要求，写出必不可少的所需证据资料名称，以便索赔工作者认真收集准备。

3. 关于为了获得施工费用开支亏损（Claim for Loss and Expense）或额外的费用（Claim for Extra Cost）的经济补偿，本书中继续采用了作者在以往著作中应用的名称——"经济索赔"。在 FIDIC 总部的著作中，亦将这种要求经济补偿的索赔统称为"经济索赔"（Financial Claims）。在有些著作中，将这种索赔称为"费用索赔"。这样称呼似乎更具体点，但具体而准确的称呼应该是"开支亏损费用索赔"或"额外费用索赔"，又嫌称呼太繁。所以，作者主张继续用"经济索赔"的叫法，以期概括而简明，并与"工期索赔"对应。读者诸君，高见如何？

4. 关于编写索赔报告书的技巧，系根据国内外的有关论述而概括归纳。你在索赔实践或理论研究中，是否有更好的补充，请予以详述。

5. 在本套教学丛书的编写过程中，通过许多专家的集体讨论，对施工索赔和合同管理等方面的几个词汇，改用了较为准确合理的名称，未沿用过去的习惯称呼。这在任何一个学科的发展深入过程中，都是难免的。这些被改变了中译名称的原词如：Liquidated Damages, Specifications, Terms of Reference, Quantity Surveyor, 等等，请读者再列举 3~4 个类似的词汇，并指出其差异。

第 8 章　施工索赔的组织与管理

> 本章对施工索赔工作的组织与管理进行概括性的论述，着重地说明业主、承包商及咨询（监理）工程师在这方面的主要任务，并就索赔管理方面比较广泛存在的问题予以阐述澄清。
>
> 为了阐明工程变更与索赔的关系，在本章第 4 节内将详细论述二者间的共性与差异，并进一步剖析工程变更的特点。
>
> 本章内将引入两个重大工程项目的业主单位在进行索赔管理方面的实例，借以详细阐述处理重大索赔事项的严密过程。

第 1 节　施工索赔在合同管理中的地位

施工索赔管理是工程项目实施过程中合同管理的组成部分，也可以说是一项最重要而比较困难的任务。做好索赔管理工作，对承包商和业主都是有利的。因为管理好索赔工作，可以避免合同争议，使工程项目能够按照原定的施工计划优质而按期建成。

在本书第 9 章第 2 节中，作者在论述"做好合同管理"工作时，绘制了一个索赔成功关键的示意图。这个示意图实质上包含了工程项目全部的合同管理工作的内容，并突出了施工索赔工作的重要地位。它形象地阐明：在整个工程项目的管理工作中，施工合同管理处于关键性的重要地位；而在施工合同管理工作中，施工索赔管理又居于关键性的重要地位，这是因为：

第一，对业主来说，良好的索赔管理工作，可以使业主以较低的投资成本获得所期待的工程项目，使工程项目顺利建成，避免了对合同双方都不愉快的合同争端。

第二，对承包商来说，做好索赔管理工作可以保证自己的合法经济利益，减轻承包工程的经济风险；同时，也促使承包商显著地提高自己的合同管理水平，在竞争甚烈的国际工程承包市场上站稳脚跟，并获取利润。

第三，就施工索赔这项工作而言，这是一项很复杂、很困难的任务。因为要做好施工索赔，必须十分熟悉整个合同文件，并能做到熟练地应用合同条款。合同实施中的问题，归根结底体现为合同双方经济利益的纠葛，要依照合同文件的明示条款及默示条款来解决。因此，施工索赔管理是合同管理的集中表现和高级形式，需要进行周密的组织工作。

施工索赔管理包括许多具体的工作，主要有：

（1）适时而细致地做好工期索赔和经济索赔（或称费用索赔）；

（2）熟练地掌握合同内容，明确合同的工程范围（Scope of Work），适时区别附加工程（Additional Work）及额外工程（Extra Work）；

（3）正确地处理工程变更，明确区分工程范围的变更和工程量变更的界限，按照合同妥善处理；

（4）适时进行价格调整，掌握单价调整的方法，把价格调整工作纳入月结算的轨道；

（5）善于进行索赔谈判，通过谈判明确划分合同责任，寻求公平合理的解决方案；

（6）熟悉工程承包的风险，掌握防范风险的知识，尽可能地减少风险损失，等等。

由此可见，施工索赔管理工作在工程项目建设的合同管理工作中占有极重要的地位，合同双方都应该充分重视并做好这项工作。为此，要建立相应的组织和人员配备，制定严密的工作制度。

第2节 业主方面的索赔管理工作

在处理施工索赔工作中，工程项目的业主起主导作用。承包商提出的任何索赔要求，都要由咨询工程师（监理工程师）来审核，然后由业主来决定。

业主方面的索赔管理工作，具体由咨询（监理）工程师负责处理，业主的项目经理（Employer's Project Manager）进行指导和决策。但是，从国际工程施工合同条件的实施原则上说，咨询（监理）工程师绝不是片面地站在业主利益的角度来处理承包商的索赔要求，而是应该公正地处理问题（to act impartially），虽然他和业主之间签订了咨询（监理）服务合同。

一、业主项目经理的索赔管理工作

在实施项目合同的过程中，业主建立自己的项目办公室，少数大型工程设立工程建设管理局，对工程建设进行监督管理。作为项目办的负责人，业主的项目经理代表业主解决项目建设中的重大问题，指导咨询（监理）工程师的工作。虽然大量具体的索赔管理工作由咨询（监理）工程师负责完成，但业主的项目经理仍负责处理以下诸

项重要的工作:

1. 预防或尽量减少索赔事项的发生

在国际工程承包施工过程中,索赔事项虽然难以避免,但为了业主的利益,项目经理应该采取一切可能的措施,预防索赔事项发生,或把它减少到最少。因为任何索赔事项均意味着工程项目的建成时间将会拖后,工程投资将会增加。

为了预防和减少索赔事项,首先要有一个较好的设计,使工程项目开工以后不发生意外不利的施工现场条件,不进行设计变更。其次,在施工过程中尽量减少工程变更,严格控制工程范围(Scope of Work)及工程量方面的变更。第三,严格按合同办事,迅速及时地处理合同纠纷,按时支付工程款,严格控制施工进度和质量问题,等等。

2. 尽量减少工程变更

工程变更(Variation, Changes)通常都会引起工期延长及成本增加,如果处理不当,还会导致施工索赔。因此,从业主的利益出发,应使工程变更减至最少的程度,尽量不发生工程范围方面的变更。因为任何工程范围的变更,意味着工程的性质和作用已超出了原定的合同范围,会引起施工单价的变更,甚至需要重新签订合同。

3. 及时解决索赔争议

承包商的索赔要求首先由咨询(监理)工程师负责审核,并提出处理意见,供业主考虑决定。咨询(监理)工程师在审核索赔报告书时,应按照合同规定的期限或国际惯例,抓紧进行;对承包商合理的索赔要求,予以支持;对其不合法的或过分的要求,予以解释和否定。业主在收到咨询(监理)工程师的审核建议后,应抓紧研究决定,及时予以解决。有的业主有意地拖延解决合理合法的索赔要求,以种种借口拖延或削减,都是不符合国际工程合同条件的做法,往往会激化合同争议,甚至导致仲裁或法院裁决。

二、咨询(监理)工程师的索赔管理工作

咨询(监理)工程师在工程项目施工索赔中起着关键性的作用,这不仅由于他代表业主对合同实施进行监督和管理,更由于他的法人地位公正、中立的特点,具有公正处理索赔争端的合同权威。这是国际工程合同条件中所规定的咨询工程师的地位和任务所决定的。

从1988年开始,我国开始建立实行工程建设的监理制度。但由于"建设监理制"尚处于完善和发展阶段,对监理工程师的任务、职责、权力和特点理解不一致;对监理工程师与国际上通称的咨询工程师(Consulting Engineer)的作用理解不一致,有的人认为监理工程师就是"施工监理",即仅仅在施工阶段进行监督和管理,有人甚至把监理工程师视同为"质量检查员"。这些理解和做法同国际上广泛实行的"咨询工程师"制度大相径庭。为了使我国的"建设监理制"同国际上的

"咨询工程师制"相接轨,这里不得不对我国的"监理工程师"的任务和作用进行较详细的讨论。

1. 监理工程师的职责任务和工作内容

由我国建设部和国家工商行政管理局制定的《建设工程施工合同示范文本》,在其"施工合同"有关各方中,把国际上通称的"咨询工程师"改称为"监理工程师";将"驻工地咨询工程师代表"(Engineer's Representative)改称为"总监理工程师"。在我国,凡是使用国际金融组织(如世界银行,亚洲发展银行,非洲发展银行,等等)的贷款,进行国际性公开招标、采用国际通用的合同条件进行施工管理的工程项目,都属于"国际工程"的范畴,都有许多世界知名的工程承包公司或设计咨询公司参与竞争。这样的工程承包市场无疑是世界性的"国际工程承包市场"的一个组成部分。因此,我国的"建设监理制"必须同国际上通行的"咨询工程师制"接轨,才能正确地运作,才能使我国的工程承包公司和设计咨询公司跨入国际工程承包市场,发展我国的工程承包事业。

因此,对于我国的监理工程师的职责任务和工作内容,必须有明确的认识和规定:

(1)把我国现行的工程"建设监理制"与国际上通用的"咨询工程师制"等同起来。我们的"监理工程师"即是国际工程界所谓的"咨询工程师"。因此,在英语称呼上应该把"监理工程师"称为 Consulting Engineer 或 Consultant,简称为 The Engineer;不要称为 Supervising Engineer 或 Supervisor,以免引起误解。

(2)建设监理工程师的工作内容应该同国际上的咨询工程师的工作范围相一致,即逐步做到"全过程"化和"全方位"化。所谓全过程,即是监理工程师的工作内容应从施工阶段的合同管理工作前伸至工程项目的勘测设计阶段,包括初步设计(甚至可行性研究评估报告)和详细设计;提出主要设计图纸;编写工程施工合同文件;编写招标文件;参加评标并提出授标建议;以及参加业主同承包商的合同谈判工作。不应该把监理工程师的工作局限在施工阶段,更不应该把监理工程师视同为质量检查员。

所谓全方位,是业主授权监理工程师全面负责施工合同的管理工作,具体包括对工程建设重大问题的"三控制"(进度控制,质量控制和成本控制);签发工程变更指令;核签工程进度款月支付证书;协调解决合同争端;审核索赔报告并提出处理意见;负责竣工验收并签发竣工证书,等等。

监理工程师工作内容的"全过程"、"全方位"化,有利于业主的整体利益,可以保证工程项目更好、更快、更省地建成;可以提高招标授标和施工管理的透明度和专业水平;也可能防止授标和采购过程中的不正之风。作为工程项目的业主,尤其是国家机关的行政管理部门,要有放权的远见和襟怀,要学会利用专家和专业组织进行管理工作。这样做,不仅使我国的工程建设咨询(监理)工作与国际界的做法接轨,而且对业主的宏观管理工作有以下好处:

第一,可以使业主集中精力管好工程建设的关键事项。承包施工中对工期、质量和成本（投资规模）的三项控制工作，无疑是业主十分关注的大事。在施工合同的具体管理工作中，虽然把"三控制"的具体工作委托咨询（监理）工程师负责，但在实际上，这三项大事的控制权仍掌握在业主手里，咨询（监理）工程师在处理涉及工期延长、工程变更及成本（投资额）增加的问题时，按照他与业主签订的技术服务合同，仍要先请示业主同意，然后才能向承包商发出指示或通知。

第二，可以使招标、授标工作，物资采购工作，以及专业管理等工作由专业人员具体操作，提高专业管理水平，增加透明度，防止业主方面的个别人员插手进行权钱交易或贪污受贿，使我国的建筑承包市场健康发展。

第三，业主单位仍设置有工程项目办公室，配备精干的工作班子，进行财务、物资、技术和行政方面的有关业务，对工程项目的实施进行监督管理。

2. 监理工程师的具体索赔管理工作

（1）监督管理索赔事项的全过程

在施工过程中发生的任何索赔事项，从发生的时刻开始，就成为监理（咨询）工程师的关注重点。工程师应深入施工现场，观察了解索赔事故的实际状态，接受承包商的"索赔通知书"（Notice of Claims），定期审阅索赔事项的处理过程资料；在索赔事项处理完成后，审核承包商的索赔报告书，并向业主提出工期延长或费用补偿的具体建议，直至合理地解决该项索赔要求。

（2）分析计算索赔事项的后果

索赔事项的发生，往往引起完工期的延误及工程成本的增加，这就是承包商将要提出的工期延长及费用补偿方面的索赔要求。对于大型工程，或重大的索赔事故，监理（咨询）工程师应该自己独立地进行分析和计算，从实际情况出发，并考虑到是否应该调整施工单价，对索赔事项进行施工进度影响分析（Time Impact Analysis）及工程成本影响分析（Cost Impact Analysis）。这些分析的做法，实际上是全面考虑索赔事项对工期及成本重新进行测算和分析，具体做法请参阅本书第5章第3节。

（3）分析审核承包商的索赔报告书

在每一项索赔事故处理完以后，承包商将提出正式的索赔报告书（Claims Report），明确要求延长的完工期天数（即工期索赔）和应取得的费用补偿款数（经济索赔）。

对于承包商的这些索赔要求，监理（咨询）工程师应进行大量的审核或独立分析计算工作，提出具体的建议，报业主审定。这一审核测算工作，一般有两种做法：

1）正规法

对于大型工程的重大索赔事项，监理（咨询）工程师应该自己动手进行独立的分析计算，即考虑到所发生索赔事项引起的工程量增加，施工难度增加，设备、材料和劳动力的增加等诸多因素，对此项处理工作进行成本测算，并利用计算机编制关键路线进度网络，求出此项索赔事故引起的费用增加款额和工期延长天数。

监理（咨询）工程师进行的这种工作，即使在没有阅读承包商的索赔报告书的情况下，也可以使自己在提出具体的处理建议时心中有数，甚至可以根据自己的分析计算成果，解决承包商的索赔要求，如本书［案例 5-5］所述。

2）简易法

对于比较简单、涉及工期或费用较小的索赔事项，监理（咨询）工程师可以不自己动手进行工期和费用的影响分析，而采取直接审核承包商索赔报告书的方法，即对该索赔报告中不合理的部分予以取消或更正，对合理部分进行审核确定。这种做法比较简易，然后通过与承包商的讨论达成一致意见。

这种做法如本书［案例 10-3］所述。

（4）主持索赔谈判，确定解决办法

当业主和监理（咨询）工程师对承包商的索赔要求处理方案协商一致以后，监理（咨询）工程师即通知承包商进行索赔谈判。索赔谈判是一个比较复杂的过程，合同双方需要逐项核对事实和数据，进行讨价还价，有时为一项索赔多次讨论而不决。

作为承包商，应通过索赔谈判充分论述自己的索赔权，通过证据论证自己在工期和费用方面的索赔要求。在谈判中应有耐心，善于做解释工作。

监理（咨询）工程师则应坚持自己的公正立场，在承包商和业主之间探讨合理的解决方案，适当调整业主方面的处理方案，力争使业主和承包商达成协议，使双方均比较满意地解决索赔问题。

第 3 节　承包商的索赔管理工作

施工索赔是一项复杂而困难的工作，需要有很好的组织管理保证和人员配备。施工索赔工作的艰巨性主要体现在以下几个方面：

（1）向业主索取原订承包合同价以外的经济补偿，以及原订工程建成日期以外的工期延长，直接涉及业主的工程计划及经济利益，本身是一项极为困难的任务。

（2）施工索赔人员要求具备很高的业务素质，他们应该是专业技术方面的专家，并熟悉法律和经济问题；能够全面地掌握整个合同文件，并运用自如地引证合同条款；有一定的施工实践经验，并熟悉施工索赔的操作知识；最好是能够用外语（主要是英语）工作，能用外语直接处理合同信函及索赔谈判。

（3）索赔工作要求积累大量的证据资料，要求写出完整的索赔文件，为此需要严密的组织保证和工作制度。

一、承包商的索赔组织

要使索赔成功，一个健全的组织是极为重要的。承包商的索赔工作，实质上是属于合同管理范畴，是该工程项目合同部工作的一部分。每一项大中型的国际工程，承包商为了实施有效的管理，一般需要在项目经理部下设立以下专职部门：施工部，技术部，供应部，财务部，合同部和行政部。

在合同部内部，一般应分设以下专职小组：

（1）联络组，负责与咨询（监理）工程师及业主联系；组织会谈和会议；掌管联系函件及会谈记录等资料。

（2）管理组，负责合同（包括分包合同）的实施情况，尤其是进度、质量和成本控制方面的资料；掌管工程质量验收、施工进度记录等方面的资料；解释合同；获取变更指令、竣工验收等证明；处理合同争议。

（3）结算组，负责工程进度款的申报表编制及催款工作；掌握工程项目的资金流状况，协助财务部做好成本控制。

（4）档案组，负责合同部全部进出文件的归档管理；保持工程项目的全套合同文件及其组成合同的纪要或补充协议；为索赔工作准备全套证据资料。

（5）索赔组，负责处理索赔和反索赔方面的全部具体事务；办理索赔通知书并编写索赔报告；参加索赔谈判并写出会谈纪要；催交索赔款，等等。

承包商的索赔组并不需要配备大量的人员。在成员业务素质较好的条件下，一般中型规模的工程项目有3～5人即可胜任。如果工程规模很大，索赔事项多而复杂时，可组建临时性较大的索赔班子，在索赔组原有人员的基础上从项目组的施工部、供应部和财务部抽调有关的专业人员，集中精力编写索赔报告书。报告书写完后即可解散，后续的索赔谈判等工作由索赔组的固定专职人员负责完成。

鉴于施工索赔工作的艰巨性和复杂性，重要的问题是加强对索赔组工作的领导。索赔组的组长最好由合同部的经理或副经理兼任，由索赔组固定专职人员中任命一位副组长。工程项目的经理应该抓整个项目的施工索赔工作，并亲自参加索赔会谈，同业主和咨询（监理）工程师直接商讨索赔问题，以便及时指导索赔工作取得符合合同规定的经济成果。

二、索赔组的主要工作内容

（1）全面掌握合同的实施状况。及时了解工程施工的进度、质量及成本支出情况，当发现在"三控制"方面存在问题时，应立即向项目经理报告，由施工部、技术部、财务部等部门经理采取措施予以纠正，以免形成工期拖延或成本超支等问题，并探讨可能采取的索赔事项。

（2）在透彻了解工程项目全套合同文件的基础上，编制出一个"索赔事项参考手册"，作为索赔组人员及工程项目组领导人员内部参考。该手册列出具体的合同工作范围（Scope of Work）以及主要的有关建筑材料、质量标准、施工顺序等方面的合同规定，以便在日常具体施工时易于发现是否超出了合同规定的工作范围或材质等级等问题，从而不失去提出索赔的机会。

（3）适时地提出索赔要求。在应该提出索赔要求时，按合同条款规定的时限，向咨询（监理）工程师及业主发出索赔通知书（Notice of Claim），并开始准备积累索赔所需的资料。根据合同管理的规则，在索赔通知时限过后的索赔要求，业主和工程师有权拒绝受理。

（4）建立系统的施工记录制度。根据施工索赔的需要，由合同部会同施工部、技术部、供应部、财务部等部门研究制定施工记录的制度，以项目经理的名义颁发，形成严格的工作制度，保证施工资料的完整。具体内容请参阅本书第3章第2节。

（5）保管、积累完整的项目合同文件。协助合同部档案组保管好全套合同文件，并不断积累施工过程中形成的合同资料，以满足索赔工作的需要。在论证索赔时，承包商同业主及工程师的往来函件、会谈纪要、变更指令等文件往往具有重要价值。这些合同资料要靠日常系统地积累。

（6）编写施工索赔报告书。在每一个索赔事项处理完后，应立即编写该项索赔的报告书（Report of Claims）。这是关系索赔成功的关键性文件，应尽量编好。至于编写方法，请参阅本书第7章。

（7）组织、参加索赔谈判。索赔谈判是对索赔报告书的口头论证及辩论过程，需要进行认真地准备，并在思想上准备多次辩论。索赔谈判过程中往往要求承包商补充举证，承包商应认真对待。

（8）处理索赔争端。如果由工程师主持的索赔谈判未能使业主或承包商达成一致，索赔争端就会升级。假如该合同中没有"合同争议评审委员会"（DRB），或DRB的调解失败，则将诉诸国际仲裁（Arbitration）。仲裁过程中有大量的工作，均应由索赔组负责完成。关于索赔争端的法律解决途径，请参阅本书第5章第2节。

【案例8-1】 业主、工程师和承包商在DRB参与下解决不利自然条件索赔的详细过程

某大型水利工程，按国际工程管理模式进行国际性公开招标，按FIDIC合同条件进行施工管理，采取国际通行的咨询工程师制度进行施工监理。由于业主及工程师的管理制度较严密，参与施工的承包商的水平较高，整个工程进展顺利，工程质量好。但是，由于地质条件复杂，在导流隧洞施工过程中发生多次塌方，引起了不利自然条件索赔问题，促使合同有关各方进行了大量的索赔研讨工作，取得了丰富的经验。

在导流隧洞施工过程中遇到中导洞先后十几处塌方，施工难以继续。一方面承包商停止开挖，根据工程师指示不断加固中导洞的顶拱支护，另一方面承包商借故提出导流隧洞工程的地质条件属不可预见。当时，承包商在现场雇佣了不合格的劳务，且管理不善，施工效率降低，实际工程的进度远不能满足计划的要求。结果是工期推迟，严重影响截流计划的实现，双方争议很大。承包商认为是地质条件变化，业主则认为现场占用时已经打通了中导洞，地质条件是清楚的，主要是承包商施工管理不善。最

后协商，搁置争议，实施赶工。当赶工达到可能实现截流的前几个月，即开挖障碍发生后的第2年，承包商提出了正式的详细索赔报告（其间有中间报告）。主要理由是：

(1) 由其他承包商完成的中导洞施工不适宜，不完全；

(2) 中导洞塌方；

(3) 设计变化和岩石支护要求的变更；

(4) 不良岩石性质引起塌孔和过量超挖；

(5) 业主保留了重要的地质信息；

(6) 工程师发布各种指令的延误；

(7) 在关于岩石支护的充足性、重新设计以及安全防护问题上，承包商与业主、工程师、设计者之间发生了分歧；

(8) 业主不顾实际情况，指令必须按最初的合同日期截流。

承包商的索赔报告内容十分庞杂，资料很多，但论述并非逻辑性极强。最后采用总费用法进行经济索赔，数额巨大。为此，工程师也进行了大量的工作，对承包商索赔的各种理由进行了分析。分析结果是不同意地质条件和障碍是一个有经验的承包商所不可预见的，不同意工期的延误是FIDIC合同条件第12.2款所致；经过各个事件的分析，不同意承包商工期延长的天数。工程师经过事态延期分析，只有承包商索赔延长工期的30%；同时同意给承包商以因变更和超挖分析后的超挖、超填量及其他项目的计量进行补偿。

承包商对于工程师的评估不满，因此于提交正式索赔后的一年，要求工程师对此索赔根据合同条件67款做出决定，承包商对工程师决定仍然不服，要求提交合同争议评审委员会（DRB）评审。

DRB（Dispute Review Board）经过阅读索赔文件，并多次召开听证会，听取了双方的立场和举证，最后DRB提出了建议，主要内容如下：

(1) 有经验的承包商不可预见的自然条件，不是无处不在（如承包商所称）；也不是不存在（如业主所称）。

(2) 仔细研究了地质素描图和招标文件中的地质资料，经过深思熟虑，认为至少有10个洞段承包商遇见了不可预见的地质条件，建议双方努力达成一致。

(3) DRB建议有5种延误事件，即：承包商的不良表现；中导洞造成的岩石松动；中导洞没有按规定进行支护（不可预见的障碍）；中导洞支护不充分，出现岩石松动（也是不可预见的）；不可预见的自然条件。并提出：承包商的不良表现，当然承包商没有权利延长工期；其余四个事件，根据合同条件第12.2款承包商有工期延长的权利。

(4) DRB认为，根据12.2款的工期延长权利，应该基于上面提到的四个事件所述问题的范围，还应该包括基于没有遇到不可预见条件下可能达到的施工进度。总体而言，根据第44款的工期延长取决于一个可原谅延误事件对工程完工或单项工程完工的影响范围；并且比较如果没有发生该延误事件会出现什么样的情况。

（5）根据以上原则，DRB进一步说明：尽管不可预见条件的范围是一件要参照一个"有经验的承包商"的标准进行评估的事情，但由于遇到不可预见条件而假定承包商没有遇到不可预见条件情况下而达到的施工速度（不是参照其他承包商或其他工程评估的施工进度）。这个施工进度确定起来有难度，基本是判断，判断的依据是承包商在其他洞段达到的施工进度。这些其他洞段（MM Measure Mile）洞段，即没有不可预见条件的洞段）本身也是判断。该部分洞段遇到的自然条件（事实）类似于"有经验的承包商"可以合理预见的自然条件。

（6）因此，DRB考虑了一个可能的方法，对不可原谅延误进行量化。

- 首先，不考虑中导洞锚杆安装不当洞段造成的延误，另行评估这些延误。
- 第二，考虑10个洞段所述桩号和承包商遭受可原谅延误洞段之外的洞段。根据这些洞段的长度和开挖这些洞段的天数，计划开挖这些洞段的平均进尺，我们称之为"非12.2款进尺"。"非12.2款进尺"可能包括不同的因素，如承包商施工效率低下，既有断层带开挖，也有非断层带开挖的洞段，岩石下落或其他认为是不可预见的恶劣条件如停工等，作为评估未受到上面提到的四个事件影响的洞段施工进度的一个工具，DRB认为是可行的。
- 第三，对于10个洞段的每个洞段，按"非12.2款进尺"进行划分，确定要不是12.2款条件完成这部分开挖所需要的时间，即如果没有遇到不可预见条件时完成这部分洞段开挖所需要的时间，我们称之为"要不是时间"。
- 实际用的时间减去"要不是时间"，得出由于12.2款条件发生的延误。

（7）DRB建议各方寻求同意并采用一个"非12.2款进尺"，或者，各方同意一个不同的但同样简单的计算方法。关于"非12.2款进尺"，DRB强调一点，它不应包括（3）中提到的四个事件，这些事件必须另作分析。

（8）DRB总结并进一步建议，各方绘制时标进度图，以落实根据上述计算延误影响并根据下述情况，努力就工期延长达成一致。

- 承包商遇到自然障碍和条件的洞段，而且这些自然障碍和条件根据招标文件、地质资料及投标商的现场考察（包括照片）是不能合理预见到的。
- 这些洞段实际的开挖进尺，（包括开挖没有进行的时间），该实际进尺的依据是DRB判定，其施工进度受到干扰在很大程度是由于实际遇到的条件造成的。
- DRB建议各方就一个"非12.2款进尺"（或其他方法）达成一致，作为这些洞段的总体平均进尺，该进尺是假定在这些洞段遇到的是可以预见条件下承包商达到的进尺。

（9）如果在某种程度上12.2款适用，那么，其结果就是要补偿承包商合理发生的实际费用。费用一词的定义，包括发生的所有正当开支，包括管理费和其他费用，财务费用是通常付出的管理费的一种。

DRB 的上述主要建议,双方虽存在一些意见,而且都采用提交仲裁的方式表达。然而,在开始仲裁前,尚存在有 56 天友好协商的时间,因此于正式索赔报告提交后的 3 年零 7 个月开始了双方派出正式代表进行友好协商。友好协商进行了 8 个月,才有了一个令业主做出决定的结果,但承包商仍不签字承认。承包商对索赔的工期得到了满足,对直接费用的核算也表示满意,但认为间接费包括管理费的计算存在一些不足。应该说这种延误的计算是基本合理的,所以业主给予支付。剩余的问题可由双方高层领导去对项目一揽子解决。

友好协商的策略双方都相同,即一方对问题的处理提出意见,如果错了,请对方提出意见,合理的改正,不合理的坚持,如此一个一个的解决。这样开了五十余次协商会议(还不包括小组交换意见),每次会议都作了会议记录,前次记录在下次会议开始之前签认。这些记录,在友好协商成功时有效;如不成功,在诉诸仲裁之时,一律不作为依据。因为友好协商过程中,双方都可能存在灵活处理,做出了平衡,都是有条件的,因此他不能作为仲裁的依据。友好协商以业主代表为主导地位,每次协商都提出议程,及下次会议的时间,应该说非常"正规"。

协商的过程及结果如下:

(1) 首先确定不可预见的地方。经协商,按照地质条件,如按岩石分类有困难,则按实际开挖过程的情况进行确定。即发现某年某月某日之前,隧洞的开挖作业是正常的,没有发现不可预见的如 DRB 确定的桩号地段及四个事件,而在此时间之后,却连续发生了塌方,不可预见的桩号,中导洞支护不充分,重新加固支护,以及其他的施工干扰等,因此,把某年某月某日之前已施工的洞段定为 MM 洞段,双方进行了确认。

(2) 既然确定了 MM 洞段,根据这些洞段施工记录,在时标进度图上分析了在开工开始时的学习曲线阶段的施工进度,也分析了属于承包商可预见洞段的正常施工进度,双方确认了这个施工进度就是 DRB 所说的"非 12.2 款进尺",但不是 DRB 所说的只有一个,而是每个工作面都有一个"非 12.2 款进尺"。协商过程中对这个数值争议很大,关于二、三、四期开挖的这个数值,还联合向 DRB 进行了报告,请 DRB 评审。

(3) 第三,在某月某日之后的实施施工进度线上,协商一个合适的起始点,画平行于"非 12.2 款进尺"的直线,这条直线即承包商"要不是"碰到不可预见条件下的可能达到的施工进尺,我们称之为"要不是"(But for)计划代替了承包商原来的合同计划。这样,正像上述(6)中 DRB 所说的,利用公式计算:

$$可原谅延误 = 实际用的时间 - "要不是"时间$$

详见图 8-1。

(4) 每个工作面的可原谅延误计算出来后,其延误的表达方式为工作面·天。这

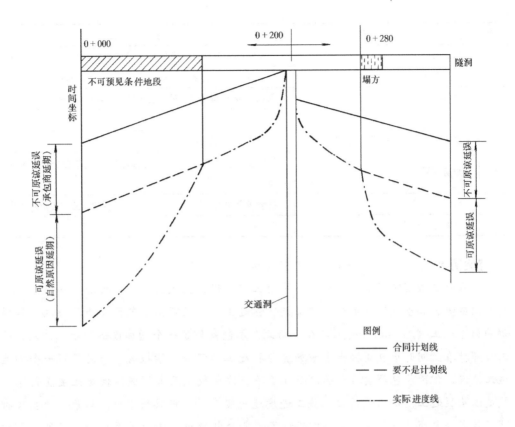

图 8-1 时标进度图

样利用每个工作面每天实际发生的费用减去每个工作面每天"要不是"的费用,即得出每个工作面每天实际发生的额外费用,从而乘以可原谅延误天数。即:

可补偿的费用＝每个工作面每天实际发生的额外费用×可原谅延误天数。

(5) 包括管理费、财务费、税金等在内的费用计算见表 8-1。

表 8-1

编号	费用项目名称	计 费 方 法
A	一期开挖费用 A1 与工作面的天数有关的费用合计 A2 因 12.2 款发生的一次性费用 A3 排水费用 A4 其他因 12.2 款发生的费用	每个工作面每天实际发生的额外费用×可原谅延误天数 实际统计,在工作面以外的辅助车间的费用等 投标时每天排水费用×最长延误的工作面天数 如为加快出碴而在碴场发生的倒运费
B	二、三、四期开挖费用 内容同上	同上

续表

编号	费用项目名称	计 费 方 法
C	管理费	（A+B）×总部管理费率 A、B在统计中已包括现场管理费
D	补充费用	承包商为12.2款索赔在国外发生的咨询专家费用
E	材料费	因12.2款处理施工问题在现场发生的额外材料费用
F	总计	A+B+C+D+E
G	过去已经支付的各项有关费用	根据支付凭证统计后扣除
H	财务费用	根据发生索赔费用应该支付的时间算起，按银行利率复利计算
I	税	按承包商收入款额交纳的营业税和所得税，业主应予以补偿
J	索赔净额补偿	F-G+H+I

【案例 8-2】 业主指令加速施工引起的索赔处理过程

某国际工程因可原谅延误原因而导致工期延误，业主为了保证按原合同进度规定的时间截流，和承包商确定为赶回工期实施赶工，工程师向承包商发布了隧洞工程衬砌的加速施工（Acceleration）指令。为此，承包商作了一个增加设备和赶工计划，经工程师批准。同时承包商提出了增加资源和赶工的经济补偿报告。当时想签一个加速施工协议，但因承包商要价太高，而且不保证按期截流而未签成。但是业主支付了一笔足以购买赶工设备的预付款。施工进度还是提高了，但效果不好。后来，业主又推荐了数家分包商给承包商，由他们签订了劳务分包协议。此后进度加快，直到完成衬砌，按时截流。

为此，承包商在截流在望的三个月前提出为实现截流赶工措施的估价，正式提出索赔报告，共3卷，第1卷讲的是权利，第2卷是估价，第3卷是附件，并提出了数额巨大的索赔费用。

工程师在承认承包商具有赶工索赔权利的基础上，同承包商进行了为期近一年的费用估价的澄清、交流和评估。其间承包商又不断地更新和补充支持文件266份。由于双方未能深入地就具体事项达成共识，这时，承包商提出题为"因指令赶工而引起的变更工作的估价根据R67款要求工程师决定"的报告，在这个报告中承包商的索赔数额比原索赔报告当地货币部分上升1/3，外币部分上升1/8。工程师的决定仍未使承包商满足，因此提交合同争议评审委员会（DRB）评审。

DRB 评审认为：

（1）加速施工（Acceleration）一词在合同中没有定义。实际上 FIDIC 条件中也没有使用这个词。在英语中这个词有多个同义词，而且一般都用于描述速度的增加。在工程和施工行业，加速施工（Acceleration）通常指的投入额外的资源，改变施工方法，重新安排施工计划，其目的是为了实现原定的完工时间，否则就要发生延误。

（2）通常情况下，工程师按 FIDIC 合同条件第 46.1 款发布指令承包商赶工（expedite)，并明确说明要求赶工是因为承包商的施工进度未能保持在足以按期完工的水平。而且承包商无权得到工期延长。

（3）因此加速施工一词本身并不说明业主是否要给承包商以经济补偿，谁承担赶工的费用并不取决于是 Acceleration，还是 expedite。

（4）在施工行业，"商定的赶工"（尤其是通过各方在实际赶工之前，达成一致的方案）和"建设性赶工"（含蓄的赶工指令，发出指令的起因是，尽管承包商遭受了可原谅的延误，仍要求他实现原定的完工时间）是完全不一样的。

（5）当时有加速施工协议吗？在提交给 DRB 的资料中以及争议听证过程中，各方都提到了工程师的决定。也提到了一个"协议"。但 DRB 认为当时没有书面的"商定的赶工协议"。审查一个非常详细的建议的赶工措施技术卷宗汇总，以及工程师对建议的一些修改，虽然得到了承包商认可，但这些卷宗有待于进一步的审查和批准，各方没有就赶工从技术方面和财务方面达成一致。工程师虽有指令，而是使用了变更条款又不适用于赶工。

（6）但是，双方显然还是继续为加速施工（Acceleration）进行了共同的努力，实际上根据合同条件第13.1款，承包商别无选择，只有遵循工程师关于"任何事情，不论合同里是否提到，承包商都要严格遵循与执行工程师的指令"。

（7）没有"赶工协议"而且变更条款也不适用，但承包商又不得不遵循工程师的指令，那么，现在怎么办？DRB建议采用哈德森（Hudson）《建筑和工程合同》一书中涉及习惯法中，法庭判案的原则是采用可比情况下曾经采用过的原则。这些原则的简单内容如下：

- 合同蕴涵的条件
- 准契约赔偿
- 具体确定的额度

（8）DRB 不知道中国是否存在类似的法律概念，但估计应该存在。因为类似的概念存在于许多的民事法系。在民法中，不需要双方签订书面协议就可确定一项任务。即不管承包商发生的可原谅延误，仍然通知承包商履行其完工任务，是愿意尊重实现这一完工日期的一种表达方式，这就会引起"辩论"。要问：承包商有工期延长的权利吗？回答是承包商有这样的权利。通过工期延长承包商从中得到好处了吗？回答是否定的。

结果是：承包商是一"受害方"，因为他丢失了使用延期进行施工的权利，他可以要求赔偿。

（9）我们还可以换引另一个法律原则，这就是"以旧代新"的原则。意思就是：一个承诺为另一个承诺取代，即构成一个新的合同。我们这儿的情况是，采用最初商定的资源和计划实现完工日期，被采用其他资源和不同的计划实现完工日期所代替。

（10）另外，良好信用的基本原则也是适用的。如果承包商有权延长某一中间完工日期，业主就不能要求承包商在不能得到额外补偿的情况下保持该中间完工日期不变（尤其是在要实施额外工作的情况下）。

（11）DRB认为，对可原谅延误的评估是公平地确定应付给承包商款额的关键。如果在某种程度上赶工是因为承包商的失误造成的延误，那么，要公平解决就必须考虑这样的延误。

（12）DRB认为，如果大量采用原来的工程量清单上的费率，就难以对赶工进行补偿。如果在赶工开始后遇到了设计变更影响，这种情况更是如此。看来，采用工程量清单的费率，加上赶工开始后额外资源的实际费用，或许是一个比较公平的办法。

根据DRB的上述建议，双方对承包商提出的加速施工索赔清单进行了协商。承包商的索赔清单是建立在原计划费用以外的额外费用，内容见表8-2。

表8-2

编号	项目名称	内容
A	导流洞内混凝土衬砌与时间有关的费用	因赶工而增加了项目经理部的人员、共享设备、设备租赁费、分包商的费用、设备维修人员、节假日加班费等，增加的当地劳务、在工地工作的外国员工的费用
B	导流洞赶工措施增加的费用	包括为赶工采购的施工设备、特制的模板、钢结构件、吊车梁及吊车等
C	导流洞进口、出口赶工措施费用	混凝土的冬季保温措施费、运输费用，进水渠的赶工、进水塔与消力塘的赶工等
D	导流洞和进出口共享资源费用	承包商原来设备的折旧和运输费的增加，砂石料场地设备的增加，拌和楼容量增加，钢筋场地的增加，电力和照明的增加
E	补充费用	为赶工而聘请的咨询专家费用和在工地的为赶工研究赶工措施的特别小组的费用
F	管理费	（A+B+C+D）×总管理费率（包括利润）
G	财务费用	[（A+B+C+D+F）-已支付的款项]的利息
H	税	包括因赶工而增加收入的营业税和所得税

合同双方协商过程主要商讨了：①承包商的赶工索赔已如前述，业主是承认承包商有权获得赔偿；②与时间有关的费用，引进了混凝土衬砌如果不赶工的费用和赶工后的实际发生的费用。而不是按承包商的原计划额外费用计算。核算证明在承包商原计划的时间内是完不成衬砌施工的；③其他各项目即B，C，D项，研究其在原计划基础上确定合理发生的数额，承包商索赔额中"余地"太大；④管理费率由承包商联营体各公司提供其有审计证明的管理费率，并按股份比例的加权平均获得；⑤补充费用因没有一个规矩，承包商提出的数额太大，必须根据业主掌握的资料分析核定，争论也是比较大的。

注：案例8-1及8-2撰稿人：黄河小浪底水利工程局总监理工程师　李武伦。

第4节 工程变更与索赔的管理

工程变更是施工过程中常见的现象,尤其是大型土木建筑工程,由于规模大、施工期长,以及受天时地质等条件的影响,施工中发生变更是不可避免的。由于工程变更,必然引起完工时间和工程造价的变化,引起施工索赔问题。

但是,在施工过程中的工程变更和索赔工作中,人们经常不能准确地区分工程变更与施工索赔的关系,不能正确地进行管理,有人简单地把工程变更纳入施工索赔的范畴;有人则绝对地将二者分开,忽视了它们之间的密切关系和转化。因此,在国际工程施工的合同管理工作,有必要对工程变更与施工索赔进行正确的区分,并对其密切联系的部分进行正确的管理。

一、两种不同的工程变更

在施工合同管理工作中,存在着两种不同性质的工程变更,即"工程范围"方面的变更和"工程量"方面的变更。

1. 工程范围的变更

每项工程的合同文件中,均有明确的"工程范围"(Scope of Work)的规定,即该项施工合同所包括的工程是哪些?合同规定的工程范围是合同的基础,也是双方的合同责任范围。超出合同规定的工程范围,就是超出了合同的管辖范围,是与原合同无关的工程。

例如,在一条高速公路的合同中,原合同工作范围为100km长,业主要求另修一条30km长的支线;在某项房建的合同中,原合同规定的工程为10层楼房,建筑总面积55 000m^2,业主要求在此主楼旁另修建8000m^2的5层副楼;又如,在某项水坝工程合同中,原合同工程为80m高的土石坝,未包括坝后式水电站厂房工程,在施工过程中业主提出另增建水电站厂房,等等。这些显然是超出原合同工程范围的新增工程,应该属于另外的合同,业主方面希望将这些新增工程作为原合同的工程范围以内的工作,按"工程变更"(Variations,或Changes)来处理,按原合同的投标单价结算支付。显然,这样的要求超出了原合同规定的工程范围,不能按照原合同的工程变更的规定办理。

对于这类工程变更,在合同管理上被称为"工程范围的变更"(Variation/Changes in Scope of Work)。它一开始就属于施工索赔的范畴,因为它超出了原合同的工程范围,属于"额外工程"(Extra Work),应该另定施工单价,甚至另订施工合同。这种性质工程的索赔被称为"工程范围变更索赔"(Scope-of-Work Claims),请参阅本书第2章第4节表2-1及第6章第2节表6-2。

2. 工程量的变更

工程量的变更(Variations/Changes in Quantities of Work)是指属于原合同"工程

范围"以内的工作，只是在其工程数量上有所变化（或增或减），它与"工程范围的变更"有本质的区别，一般被统称为"工程变更"。

工程量的变更本身又存在许多复杂的情况，如：是增加或是减少？增减量为原合同工程量15%以内或以外时如何处理？单项工程（即工程量清单BOQ中的每个工作项目Work Items）的增减量有无数量界限的规定？等等。这些不同的情况，在合同管理工作中都应区别对待和处理。

（1）在FIDIC合同条件（第4版）"通用条件"第52.3条中，规定了变更超过15%的处理原则。这里指在整个工程已基本完工时根据所有的变更对合同价格的影响，对结算的总价格进行适当的调整。具体做法请参阅本书第3章第4节"变更费用超过15%时进行合同调整"。这是对合同总价调整的原则。

（2）关于合同中的单项工作（BOQ中的Work Items）工程量的变更，FIDIC合同条件（第4版）的"专用条件"第52.2条中作了规定，即在满足两个条件的前提下，可调整该项工作的单价，即：①此项工作涉及的款额超过合同价的2%；②该项工作的实际工程量超出（或少于）工程量表（BOQ）中规定的工程量的25%以上。这是对单项工作在工程量变更的条件下进行单价调整的原则。这一规定是参照美国BART工程项目对单项工程单价调整的原则所做的改进，并列入FIDIC合同条件的"专用条件"第52.2条中，请参阅本书第2章第4节。

二、工程变更与索赔的关系

对于属于合同文件"工程范围"以内的工程量的变化，即一般统称为"工程变更"（Variations，或Changes），应该在施工合同实施的过程中按照上述第52.2条及第52.3条予以解决，是工程进度款支付中的正常工作，并不涉及施工索赔问题。

但在个别情况下，假如工程变更涉及的单价调整长期悬而不决，或者工程变更款的支付长期拖延，形成合同双方的争议，则此项争议即形成索赔问题，由争议双方协商解决。这是由于工程变更问题未及时妥善解决而形成索赔问题，正如其他任何合同问题未及时解决而变成专项索赔问题一样。

事实上，工程变更与索赔是两个互相独立的合同问题。在工程项目合同管理工作中，应及时地（每月）在工程进度款结算过程中解决工程变更的支付问题，避免工程变更的支付形成合同争议，转化为施工索赔问题。工程变更与索赔的区别，可从以下6点看出：

（1）在合同依据方面，工程变更按FIDIC合同条件第51条、52条办理；施工索赔按第53.1～53.5条办理。

（2）就合同范围而言，工程变更属于合同"工程范围"以内的工作，系"附加工程"（Additional Work）。索赔是对于超出合同"工程范围"的工作，属于"额外工程"（Extra Work）。

（3）就款额而言，工程变更的款额有一定的限度，即不得超过该合同"有效合同额"（Effective Contract Price）的 15%；索赔款额没有上限，按具体索赔事项而定，该索赔多少就索赔多少。

（4）就计价支付的方式而言，工程变更款的计价一般系按投标书中的单价计算，仅在个别情况下需要调整单价，并在每月支付工程进度款时包括在内。索赔则要调整单价，或新定单价（或新定一个总价），而且一般按专项申报支付，不纳入月进度款的总额。

（5）就发起人而言，工程变更应由工程师及业主提出，并签发书面的"变更指令"（Variation Order），承包商只能按指令办事。索赔则由承包商提出，向工程师和业主专项申报，业主同意后则补发："变更指令"，使该项索赔合法化。

（6）就复杂程度而言，工程变更系一般的合同问题，按合同规定办理即可。索赔则属于合同争议（Contract Disputes）的范畴，涉及合同责任及新定单价等问题，解决过程相当麻烦，往往要专案处理，包括申请、写索赔报告、工程师审核、业主决定等过程，还要在索赔谈判中讨价还价，解决起来颇费周折。

三、工程变更与索赔的合同管理原则

（1）所发生的一切工程变更，应按合同规定及时处理，按"变更指令"（或"变更指令确认函"）规定的单价进行计价，按月列入工程进度款予以支付。

（2）对于单项工作的工程量变更或单价调整，按 FIDIC "专用条件"第 52.2 条办理，列入月进度款中予以支付，防止拖而不决。

（3）在工程基本完工时，按 FIDIC "通用条件"第 52.3 条的规定，核查工程变更款额是否超出（或少于）"有效合同价"的 15%，据此对合同总价进行适当调整。

（4）假如工程量的变更未能按以上原则结算支付，形成了确定单价的悬案，或形成了按时支付工程变更款的悬案。这时，这些悬案即作为专项的索赔事项，作为索赔问题处理。

（5）对于工程范围变更的合同问题，如确定其已经超出原合同的"工程范围"时，即作为索赔问题专案解决；甚至可以另订合同，另定单价或总价，按新合同实施。

思考题

1. 施工索赔其实是工程项目合同管理工作中的一个组成部分，但由于其重要性和困难性，往往被国际工程合同专家们视为一门专门的学问，在国外论著汗牛充栋。本书作者经常把施工索赔说成"是合同管理知识的集中表现"，"是维护各自合同利益的高级形式。"请谈谈你的看法。

2. 咨询工程师和建筑师在国际工程施工合同管理中具有重要的地位，他们以"工程师"的法人地位在合同管理中享有相当大的权力。我国当前实行的"建设监理制"

同国际通行的"咨询工程师制"有许多不同之处。为了在国际工程合同管理工作中与国际接轨，请你提出在这方面的改革建议。

3. 承包商的合同管理工作中，应把索赔管理放在重要地位，并贯彻工程项目合同管理的全过程。你以为承包商在索赔管理工作中最主要的是抓好哪几项？

4. 在 FIDIC 总部发布的 1999 新版《土木建筑工程施工合同条件》中，提出了建立 DAB（合同争议评判委员会）的条款，请你研究其有关内容，并指出 DAB 与当前实行的 DRB（合同争议评审委员会）的职能有哪些相同之处，有什么区别？

5. 有人把工程变更引起的工程款增收列入施工索赔款的范畴内，使索赔款的总额变得很大。这样做对吗？为什么？请你举例说明工程变更与索赔的关系。

第9章 施工索赔的成败关键

> 本章所包括的内容，基本上是国际工程施工索赔经验教训的总结性论述。其中不少的见解和观点，是国际工程索赔书刊中所看不到的，它是作者在施工索赔实践中正反面经验的基础上，结合国内外大量的施工索赔案例而总结出来的；也可以说是在支付了相当数量的学费后学来的。因此，它可能对从事国际工程承包施工的同行们有参考价值。
>
> 如果从投标报价开始起，经过整个施工阶段，直至工程建成、施工合同完成，都注意采纳本章中所总结的经验，肯定会在施工索赔工作中取得更大的成绩。

第1节 施工索赔八项注意

在国际工程承包施工领域中的技术经济管理工作中，施工索赔管理可能是最难的一项工作；要想在施工索赔工作中取得成功，需要承包商具备丰富的国际工程承包施工经验，以及相当高的经营管理水平。

我国的对外工程承包事业，经过了10年（1980～1990）的开拓探索阶段以后，从90年代开始已经走上了开拓发展的时期。可以肯定，中国的对外国际工程承包劳务事业，将蓬蓬勃勃地发展起来，并取得辉煌的成绩。

我国各对外工程承包公司在10年探索开拓阶段，对国际工程施工索赔工作经过了由不认识到逐渐认识，由逐渐认识到逐步学会这样一个实践过程。在开始涉足国际工程承包市场时，我们由于报价失误、管理不善等原因，交出了不少的学费。对于本来应该索赔的费用，由于对索赔缺乏正确的认识（恐怕搞坏了与业主的关系；恐怕照抄资本主义的经营方法，等等），失去了不少的取得合理补偿的机会。但是，应该充分地认识到，施工索赔是一项融技术、经济、合同法律、管理策略于一体的工作，需要我们不断地实践提高。

根据作者的实践体验，并参照国际施工索赔的经验，建议在施工索赔工作中特别注意以下八个问题。

一、充分论证索赔权

要进行施工索赔，首先要有索赔权（Right To Claim；Be entitled to claim）。如果没有索赔权，无论承包商在施工中承受了多么大的亏损，他亦无权获得任何经济补偿。

索赔权是索赔要求能否成立的法律依据，其基础是施工合同文件。因此，索赔人员应通晓合同文件，善于在合同条款、施工技术规程（Specifications）、工程量表（BOQ）、工作范围（Scope of Work）、合同函件等全部合同文件中寻找索赔的法律依据。

在全部施工合同文件中，涉及索赔权的一些主要条款，大都包括在合同通用条件（General Conditions）部分中，尤其是涉及工程变更的条款，如：工程范围变更，工作项目（Work Items）变更，施工条件变更，施工顺序变更，工期延长，单价变更，物价上涨，汇率调整，等等。对这些条款的含义，要研究透彻，做到熟练地运用它们，来证明自己索赔要求的合理性。

为了论证索赔权，承包商在索赔报告书中要明确地、全文引用有关的合同条款，作为自己索赔要求的根据，使业主和工程师了解该项索赔的合理性。

除了工程项目的全部合同文件以外，承包商还可依据以下两方面的规定或事实，来论证自己的索赔权：

（1）工程所在国的法律或规定。由于工程项目的合同文件适用于工程所在国的法律，所以，凡是该国的法律、命令、规定中允许承包商索赔的条文，都可引用以证明自己的索赔权。因此，承包商必须熟悉工程所在国的有关法律规定，善于利用它来确立自己的索赔权。为此，对于大型工程或索赔款额巨大的索赔工作，承包商有必要聘雇当地的法律咨询或索赔专家来指导。

（2）类似情况成功的索赔案例。由于许多国家的工程项目合同文件采用FIDIC合同条件、ICE合同条件，或其他属于世界普通法系（Common Law System）的合同条件；这些合同条件均实行"案例裁决"（Stare Decisis）的原则，即在裁决时可以参照类似的前例。因此，承包商可以通过调查研究或查阅案例选集，寻找已经胜诉的类似案例，来论证自己的索赔权。

但是，承包商应该明确，在下列情况下自己是得不到索赔权的：

（1）在本工程项目合同文件和工程所在国法律规定中，均找不到索赔的合同和法律依据，又无类似情况的成功案例可循。

（2）压低报价以求中标，或报价时漏项失误而低价中标，造成施工中的大量亏损。这是承包商自己的责任，属于承包商的风险，无论亏损多么大，也不可能因此而获得索赔权。

（3）属于承包商责任而发生的费用超支（Cost-Overrun）或工期延误（Delay），承包商不仅没有索赔权，还要自费赶工（to Expedite），以免承担误期损害赔偿（Liquidated Damages）。

同合同条件中的合同责任一样，索赔权是合同权利之一，它对合同双方都是同样有效的。无论是承包商提出施工索赔，或者是业主提出反索赔，都有必要论证自己的索赔权，都要有合同或法律依据。

二、合理计算索赔款

在确立了索赔权以后，下一步的工作就是计算索赔款额，或推算工期延长天数。如果说论证索赔权是属于定性的，是法律论证部分；则确定索赔款就是定量的，是经济论证部分。这两点，是索赔工作成功与否的关键。

计算索赔款的依据，是合同条件中的有关计价条款，以及可索赔的一些费用。通过合适的计价方法，求出要求补偿的额外费用（Extra Cost）。

计算索赔款时应处理好以下问题：

（1）采用合理的计价方法。最好采用实际费用法（Actual Cost Method），进行单项索赔，合理地计算出有权要求补偿的额外费用。

（2）不要无根据地扩大索赔款额。在计算中不要有意地大量提高索赔款额，而应尊重事实，有根有据。漫天要价是不严肃的行为，会给索赔带来严重障碍。

（3）计算数据要准确无误。应该防止任何计算上的数字错误，对计算过程和成果进行反复核算。

三、按时提出索赔要求

在工程项目的合同文件中，对承包商提出施工索赔要求均有一定的时限。在 FIDIC 合同条件中，这个时限是索赔事项初发时起的 28 天以内，而且要求承包商提出书面的索赔通知书（Notice of Claims），报送工程师，抄送业主。

按照合同条件的默示条款（Implied Terms），晚于这一时限的索赔要求，业主和工程师可以拒绝接受。他们认为，承包商没有在规定的时限内提出索赔要求，是他已经主动放弃该项索赔权。

一个有经验的国际工程承包商的做法是：当发生索赔事态时，立即请工程师到出事现场，要求他做出指示；对索赔事态进行录像或详细的论述，作为今后索赔的依据；并在时限以内尽早地书面正式提出索赔要求。

四、编写好索赔报告

在索赔事项的影响消失后的 28 天以内，写好索赔报告书，报送给业主和工程师。对于重大的索赔事项，如隧洞塌方，不可能在编写索赔报告书时已经处理完毕，但仍可根据塌方量及处理工作的难度，估算出所需的索赔款额，以及所必需的工期延长天数。

索赔报告书应清晰准确地叙述事实，力戒潦草、混乱及自相矛盾。在报告书的开始，以简练的语言综述索赔事项的处理过程以及承包商的索赔要求；接着是逐项地详细论述和计算；最后附以相应的证据资料。

对于重大的索赔事项，应将工期索赔和经济索赔分别编写，以便工程师和业主核阅和决定。对于较简单、费用较小的索赔事项，可将工期索赔和经济索赔写入同一个索赔报告书中。

五、提供充分的索赔证据

在确立索赔权、计算索赔款之后，重要的问题是提供充分的论证资料，使自己的索赔要求建立在可靠证据的基础上。

证据资料应与索赔款计算书的条目相对应，对索赔款中的每一项重要开支附上收据或发票，并顺序编号，以便核对。

证据资料包括图表、信函、变更指令、工资单、设备租赁费收据、材料购货单、照片、录像等等，系根据索赔报告的论述部分和计算部分的需要而提供。无关的或可有可无的证据资料不必附入。

因此，承包商在每项工程施工开始时，就要建立起严密的资料累积制度，以便在出现索赔问题时按需要摘取。在施工过程中应注意积累的证据资料，主要是：

（1）施工过程中的记录资料，如：工地施工日志，施工进度记录，质量检查记录，气象水文记录，劳动力、设备和材料使用记录，施工过程中出现的技术问题或安全事故记录，等等。

（2）财务收支记录资料，如：施工进度款支付记录，工人工资表，材料、设备及配件采购单，会计日、月报表，贷款利息收据，等等。

（3）施工过程中的现场会议记录，工程师的变更指令或其他通知，往来函件，电话记录，等等。

六、力争友好协商解决

承包商在报出索赔报告书以后的 10~14 天，即可向工程师查询其对索赔报告的意见。对于简单的索赔事项，工程师一般应在收到报告书之日起的 28 天以内提出处理意见，征得业主同意后，正式通知承包商。

咨询（监理）工程师对索赔报告书的处理建议，即是合同双方会谈协商的基础。在一般情况下，经过双方的友好协商，或由承包商一方提供进一步的证据后，工程师即可提出最终的处理意见，经双方协商同意，使索赔要求得到解决。

即使合同双方对个别的索赔问题难以协商一致，承包商亦不应急躁地将索赔争端提交仲裁或法庭，亦不要以此威胁对方，而应寻求通过中间人（或机构）调停的途径，解决索赔争端。实践证明，绝大多数提交中间人调停的索赔问题，均能通过调解协商得到解决。

七、随时申报，按月结算

正常的施工索赔做法，是在发生索赔事项后随时随地提出单项索赔要求，力戒把数宗索赔事项合为一体索赔。这样做，使索赔问题交织在一起，解决起来更为困难。除非迫不得已，数宗索赔事项纵横交错、难以分解时，才以综合索赔（Compound Claims）的形式提出。

在索赔款的支付方式上，应力争单项索赔、单独解决、逐月支付，把索赔款的支付纳入按月结算支付的轨道，同工程进度款的结算支付同步处理。这样，可以把索赔款化整为零，避免积累成大宗款额，使其解决较为容易。

有时，在解决索赔问题过程中，由于新单价难以协商一致，承包商对工程师提出的新单价不满意，要求重新核算确定，而工程师亦不肯轻易让步。在这种情况下，承包商可同意按工程师确定的新单价暂行支付，而保留自己的索赔权，争取新单价有所提高；切不可拒绝暂付款，而坚持按自己的要求"一步到位"。实践证明，承包商在索赔中采取"算总账"的办法，是不明智的。

八、必要时施加压力

施工索赔是一项复杂而细致的工作，在解决过程中往往各执一词，争执不下。

个别的工程业主，对承包商的索赔要求采取拖的策略，不论合理与否，一律不作答复，或要求承包商不断地提供证据资料，意欲拖至工程完工，遂不了了之。

对于这样的业主，承包商可以考虑采取适当的强硬措施，对其施加压力，或采取放慢施工速度（Slow Down Construction）的办法；或予以警告，在书面警告发出后的限期内（一般为28天）对方仍不按合同办事时，则可暂停施工（Suspension）。在 FIDIC 合同条款的第四版中，赋予了承包商暂停施工或放慢进度的权利（第69.4条）。实践证明，这种做法是相当见效的。

承包商在采取暂停施工时，要引证工程项目的合同条件或工程所在国的法律，证明业主违约，如：不按合同规定的时限向承包商支付工程进度款；违反合同规定，无理拒绝施工单价或合同价的调整；拒绝承担合同条款中规定属于业主承担的风险；拖付索赔款，不按索赔程序的规定向承包商支付索赔款，等等。

第2节 索赔成功的关键

国际工程施工索赔的实践经验证明，每一件索赔要求的成功，都离不开以下4个

图 9-1 工程项目、施工合同和施工索赔管理范围示意图

方面的工作（见图 9-1），甚至可以说缺一不可。

一、建好工程项目

索赔成功的首要条件，是承包商认真地按照合同要求实施工程，并努力把工程项目建设好，使业主和工程师满意。

经验证明，如果承包商认真努力地实施合同，使施工质量合格，施工进度符合合同要求，并按规定的竣工日期完成工程建设，这就为索赔成功打下了基础。尤其是在施工过程中克服了重重困难，甚至发现原设计中不合理或错误的地方，提出了改进建议，并为业主和工程师采纳，既节约了工程造价，又改善了工程项目的运行条件。在这种情况下，承包商的索赔要求，一般均能得到适当的满足。有时，甚至是难以实现的索赔要求，或在索赔程序上有所疏忽，都能取得业主和工程师的谅解，使承包商的索赔要求得到比较满意的结果，在这方面，作者有多次的实践体验。

与此相反，如果没有把工程项目建设好，施工质量低劣，工期不断拖后，没有按照合同中规定的竣工日期完成工程建设。在这种情况下，承包商的索赔要求一般是不可能实现的，即使是有合同根据的索赔事项，也可能被业主拒绝。

有的承包商热衷于索赔，而不重视施工质量和信誉，索赔报告接二连三地送来，而工期却一拖再拖。在这种情况下，由于业主和工程师对承包商的履约行为不满，他们可以找出种种理由拒绝索赔要求，或使其无限期地拖延下去，甚至不了了之。这种处境，不少承包商都体会过。

为了建好工程项目，承包商应努力做好以下工作：

（1）按照施工技术规程（Specifications）的要求，保证工程质量符合合同规定的要求或标准。

（2）坚持议定的施工进度计划，保证工程项目按照原定的竣工日期竣工建成。

（3）按照业主和工程师的工程变更指令进行施工；对由此而发生的额外开支提出正当的索赔要求。

（4）努力克服特殊风险或人力不可抗御的天灾引起的施工困难，减少不利的施工干扰对业主可能带来的损失，但可提出相应的索赔要求。

只要承包商认真做好上述工作，他的索赔要求一般是可以实现的。有的业主和工程师赞赏承包商的良好的履约表现，除按照合同规定满足承包商的工期索赔或经济索赔要求外，有的还向承包商发放"优质工程证书"，或满足承包商的某种"道义索赔"（Ex-Gratia Claim）要求，即在承包商面临亏损的情况下，向其支付一定数额的经济补偿，以减轻承包商的损失。

下面的一个案例，是业主和监理工程师由于承包商良好的履约表现，在合同条件规定以外给承包商提供了一定的经济实惠，也可以归入道义索赔的范畴。

【案例 9-1】 以银行担保来代替保留金

某水电站工程，承包商重视施工质量，在隧洞开挖和衬砌工作中注意遵守施工进度计划，使其承担的施工部位提前 4 个月完工，使业主和工程师比较满意。

该工程项目的合同条件规定，工程师可以对几个单位工程分别发布竣工证书 (Certificate of Completion)，分别退还相应部分的 50% 的保留金（Retention Money），但维修期要从最后一个单位工程完工之日（即整个工程完工之日）开始起算，第二部分 50% 的保留金要在整个工程的维修期满以后一次退还。这样，即使承包商完成了某一单位工程，取得了竣工证书；但由于整个工程尚未完工，第二部分 50% 的保留金必须留在业主手中，直到整个工程维修期一年期满后，经最终验收合格，才能一并退还给承包商。

为此，承包商提出：在每个单位工程完工时，将保留金全部退还给承包商，而由承包商另外提供银行担保 (Bank Guarantee) 来代替。

对于承包商的这一要求，由于超出合同文件规定的范围，业主本来可以不予考虑。但鉴于承包商完成施工义务较好，在合同实施过程中双方合作较好，承包商曾经有意无意地忽略了某些索赔的机会。因此，业主经过研究，并经上级主管部门和世界银行同意，接受了承包商的要求，在整个工程完工时退还了全部保留金，由承包商另外提供的银行担保来代替；在整个工程的维修期满以后，经最终验收合格，将该项银行担保退还给了承包商。

二、做好合同管理

合同管理在工程项目的实施过程中占有重要地位，也是索赔成功的必要条件。合同管理的根本任务，是指导承包商的全部施工工作符合合同文件的规定，完成合同任务。

合同管理是整个工程项目管理工作的一个组成部分。每个工程项目的管理工作，包括施工前的规划设计管理，以及施工期间的技术管理、财务管理、物资管理、计划管理、行政管理以及合同管理等等管理工作，要求业主和承包商分别完成，它是建成一个优质工程的重要保证。

施工合同管理工作，是保证工程项目按照合同文件规定完成的重要手段。它的主要内容，是进行施工进度控制、工程成本控制，以及施工质量控制；并进行合同分析、合同纠纷处理以及工程款申报等项工作，实现承包商的经营目的。在施工合同管理 (Construction Contract Management) 中，施工索赔管理 (Construction Claims Management) 占有重要的地位。

索赔管理的根本任务，是通过合同实施过程中出现的计划外的事项，如工程变更、施工条件变更、施工干扰等等，索取投标价格以外的、由于索赔事项引起的附加成本开支（Extra Costs），以维护承包商的合理的经济利益。每项索赔的成功与否，直接取决于索赔管理工作的优劣。

施工索赔管理工作，包括多方面的内容，主要是做好下列工作：

（1）熟悉通晓工程项目的全部合同文件，能够从索赔的角度解释合同条款，不失去任何应有的索赔机会。

（2）从投标报价阶段开始，就仔细分析和掌握全部合同文件，了解合同中存在的各种隐蔽风险，并有预见地避开一切可以防范的风险，把承包商承担的风险及风险损失减少到尽可能少的程度。

（3）对合同规定的工作范围（Scope of Work）了如指掌，随时注意业主和工程师发布的变更指令或口头要求，一旦发现实际工程超出合同规定的工作范围时，及时地提出索赔要求。

（4）在编写索赔报告文件和进行索赔谈判时，会运用合同知识来解释和论证自己的索赔权；会运用正确的计价方法来提出自己应得的工期延长或经济补偿。

为了形象地表述工程项目管理、施工合同管理和施工索赔管理三者之间的关系，请参阅图9-2。

三、做好成本管理

每个工程项目的成本管理工作，应该从投标报价时开始，贯穿整个施工阶段，在工程建成投产后结束。

关于投标报价阶段的成本管理工作，包括进行工程概预算和决定投标报价的合同额。对于一个有经验的国际工程承包商来说，还应该懂得从招标文件中探索施工索赔的可能机会，并在报价书中写入将来进行施工索赔所必需的数据。

关于施工阶段的成本管理工作，主要包括定期的（如每月或每季一次）成本核算和成本分析工作，进行成本控制，随时发现成本超支（Cost Overrun）的原因。如果发现哪一项直接费的支出超出计划成本时，应立即分析原因，采取相应的措施。如果发现是属于计划外的成本支出时，应提出索赔补偿。

因此，成本管理人员应熟悉工程项目合同文件中的经济条款，并利用这些经济条款取得承包商应有的资金收入，维护自己合理的经济利益。

为了做好施工索赔工作，在工程项目成本管理方面应努力做好以下工作：

（1）在每月申报工程进度款的同时，编报索赔款申报表，争取每月都能得到一定数额的索赔款，以免索赔款长期拖欠累计，形成惊人的巨额，使索赔难度增加。

（2）熟悉索赔款的计价方法，使自己的索赔款建立在正确的计价方法上，并有充分的说服力，不被业主或工程师拒绝。

（3）熟悉索赔款的单价分析和单价调整方法，能够比较准确地确定索赔事项的施

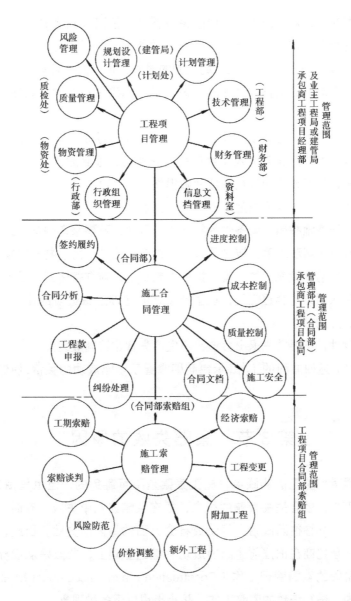

图 9-2 索赔成功的关键示意图

工新单价，使自己的索赔款建立在合理的基础上。

（4）施工索赔需要大量而完整的成本资料和单据，使索赔要求具有充分的证据和成本分析计算资料。因此，成本管理人员要学会积累成本资料，定期进行成本核算和分析，既满足成本控制的需要，又满足索赔论证的需要。

四、善于进行索赔

施工索赔工作通常要持续一个相当长的时间，并通过反复的协商和谈判，才能得到解决。在进行索赔的过程中，除了编好索赔报告以外，也要善于进行索赔谈判。

关于如何编好索赔报告文件，已在本书第 6 章中专门论述。经验证明，施工索赔人员的谈判能力如何，对索赔事项的成败关系甚大。索赔谈判者必须熟悉合同，懂工程技术，并有利用合同知识论证自己索赔要求的能力。如果索赔谈判者能够利用英语（或法语）直接交流意见，不仅可以节约谈判的时间，也可能达到较好的结果。因为当前的国际工程合同应用的语言，绝大多数是英语，无论是在外国的或在我国境内的国际工程，均是如此。

在施工索赔谈判中，会谈双方均应信守一个原则，就是力争通过协商和谈判友好地解决索赔争端，力戒把谈判引入尖锐对抗的死胡同，最后靠国际仲裁或法庭诉讼来解决。实践证明，仲裁或诉讼往往造成两败俱伤。

在施工索赔谈判中，双方应注意做到以下几点：

（1）谈判应严格地按照合同条件的规定进行争议，不要采取强加于人的态度。

（2）谈判双方应客观冷静，以理服人，并具有灵活性，为谈判解决留有余地。

（3）每次谈判前要做充分的准备，拟好谈判提纲，对准备达到的目标心中有数。

（4）善于采取对方的合理意见，在坚持原则的基础上做适当的让步，寻求双方都可能接受的解决办法。

（5）要有耐性，不要首先退出会谈，不宜率先宣布谈判破裂。

认真地做好上述四方面的工作，承包商即掌握了索赔成功的关键，使索赔要求开花结果。

第3节　索赔失败的原因

在国际工程承包施工的实践中，施工索赔是不可避免的，但也是相当困难的事。承包商如处理不当，就会失去索赔的机会，或在索赔谈判中失败。有时，甚至是十分合理的索赔要求，亦往往因政治、经济或社会方面的原因而失败。因此，为了取得施工索赔的成功，承包商在把握前述四项成功关键的基础上，要做好从投标报价至工程建成整个建设阶段的索赔管理工作（Construction Claim Management），在工程承包实施的四个时期内，进行细致的索赔工作，防止出现以下各种现象。

一、投标前对合同文件研究不够

一个有经验的承包商，尤其是他的索赔管理人员，应该从准备投标开始，就研究探讨该合同项目的索赔问题。首先，要把合同文件中涉及施工索赔的条款和规定，深入透彻地进行研究。因为，每个工程项目的合同文件，都是由工程的设计咨询单位在业主的直接指导下专门编制的。即使采用了某一标准合同的"通用条款"（General Conditions of Contract），如FIDIC条件，ICE条件或AIA条件，但在其工程项目的"专用条款"（Conditions of Particular Application）中，必然要引进一些专门的、有特殊性的规定，这些专门规定对工程结算和索赔往往具有决定性的作用。因此，在投标报价以前必须仔细研究合同文件，尤其要注意该合同文件中是否存在以下问题：

1. 在合同文件中没有列入有关索赔的条款

在大多数的国际工程招标文件中，都包括索赔条款，如"索赔的程序"（Procedure for Claims），"要求调整合同价"（Claim for Adjustment in Contract Price），等等。但有些招标文件中根本没有索赔条款，没有有关"附加成本的补偿"（Compensation for Additional Costs）的字句，这就会使承包商没有索赔的合同依据，即失去了索赔的权利。

更有甚者，有的工程项目的合同文件中明确指出：业主将不考虑承包商的任何索赔要求。少数至今还执行"卡尔沃学说"（Calvo Doctrine）的国家，法律规定禁止索赔："任何外国人或外国公司，不得向所在国政府或有该国国籍的公民索取损害赔偿金。"

类似于无索赔条款，有的合同文件中还明确提出以下有关工期索赔或经济索赔的规定，例如：

（1）业主对施工受到干扰引起的损失，不负任何责任；

（2）本工程应按合同规定日期建成，不考虑工期延长；

（3）由于原设计图的差错而引起的修补工作，业主不承担修补费用；

（4）由于施工规程和施工计划含糊或错误造成的额外开支，业主不予支付；

（5）业主人员和第三方人员的一切财产或生命损失，由承包商负责，而不管受赔偿者有无自己的责任或错误；

（6）工程进度款的支付期超过3个月以上，而且没有超期付息的规定；

（7）在合同实施期内不考虑物价上涨引起的计划外成本开支；

（8）合同条款中没有预付款的规定，等等。

类似上述条款，都是把承包施工的有关风险转嫁到承包商方面去，是不符合国际工程承包施工的惯例做法的，应引起承包商的特别关注。这种开脱业主合同责任的合同条款，在国际承包合同中被称为"开脱性条款"（Exculpatory Clauses）。

2. 在施工现场条件方面列入了开脱性条款

施工现场条件对工程造价起着决定性的作用，而且是施工索赔最常见的一种。在合同条款中列入"不利的自然条件"或"不利的现场条件"这类条款，对承包商和业主都是有利的。这类条款向承包商申明：如果承包商遇到了哪一类不利的现场条件（APC，Type Ⅰ或Type Ⅱ），他都有权要求补偿增加了的开支或延长了的工期。这样，可使承包商减轻对承包风险的估计，使报价降低下来，也使业主的工程成本相应减少。

但是，有的业主在承认"不利自然条件"（APC）的同时，在工程项目的合同条款中去列入了对自己的"开脱性语言"（Exculpatory Language），如：业主"对招标文件中所附的地质资料和试验数据的准确性不负责任，而要求承包商自己进行勘探和试验"；业主"对不可预见的施工条件的变化不负责任"；业主"对不利的自然条件引起的工期拖延和经济损失不负责任"，等等。这样的开脱性语言，必然对承包商可能提出的"不利自然条件索赔"（Claims for APC，或 Changing Site-Condition Claims），造成"不予承认"的后果。

这样的开脱性语言显然是不合理的。一个工程的现场条件资料，如地质钻孔资料、水文观测资料，是业主多年的勘察试验工作得来的成果，难道承包商在一个月时间的投标前的现场调查资料，比业主多年积累的资料还准确吗？因此，作为国际工程的业主和咨询工程师，不应在自己的合同文件中写入这种不合理的开脱性语言。

3. 在合同条款中列入了"无延误补偿"条款

所谓"无延误补偿"条款（No Damages for Delay Clauses），即是在工程项目的"通用合同条款"（General Conditions of Contract）中列有一个分条款，规定承包商将放弃因业主方面的原因而导致工期延误时要求补偿的权利。这就是说，虽然承包商可以根据工期延长条款获得工期延长（EOT），但无权得到经济补偿，即不能提出经济索赔。

对于业主（或总承包商）来说，他们愿意有一个"无延误补偿条款"。但是，对承包商（或分包商）而言，他们不应接受总包合同（或分包合同）中的这种条件。这种条款可能会给承包商造成巨大的经济损失。

在解决这方面的合同纠纷时，法院一般都严格地解释无延误补偿条款的适用问题。通常认为：如果某些施工延误是可以预见的，或在双方签约时已经注意到的，则这种无延误补偿是有效的，即具有约束力；如果所发生的延误是业主的责任造成的，或者是承包商在一般施工中不能预见到的，则此类无延误补偿条款将是无效的，即承包商应该得到经济补偿。

以上列举的都是合同条款中经常出现的"开脱性条款"（Exculpatory Clauses），都是业主和设计咨询工程师在编写招标文件时为了减少自己的风险而采用的开脱性语言。作为国际工程的承包商，应在投标报价之前仔细研究招标文件，识别这些开脱性条款，并制定自己的对策：或者是不参与投标，避免如此巨大的承包风险；如果还想参加投标竞争则应采取以下对策：

（1）编标报价时，适当考虑风险损失，相应地提高报价（Mark-up）；

（2）如果有中标的可能性（接到"授标意向书"时），或在中标以后的合同谈判过程中，承包商可对合同条款中存在的重大风险提出问题，要求业主予以适当地修改，并将这些修改写入"会谈纪要"（Minutes of Meeting），成为合同文件的组成部分。

下面列举一个有关开脱性条款的案例，是颇有代表性的。

【案例 9-2】 合同中有开脱性条款时的索赔

国外 C 工程承包公司承担了一个湖泊的清淤工程。在承包合同文件中有这样的规定：

"承包商同意，通过自己的调查研究，对工程的所有条件感到满意，而且将不会因任何不合理的原因向业主索赔。因合同工作的性质或施工过程中可能遇到的不可预见障碍或困难而产生的所有损失或损害，均应由承包商负担。"

"该湖泊已经排干，并且在淤泥清除工作完成之前，均将保持无水状态。要求承包商按图纸所示清除湖中的淤泥。"

对于这样一个有开脱性合同条款的湖泊清淤工程，承包商以最低报价中标。开工前，承包商进行第二次现场调查，发现现场情况同标前调查时一样，湖泊处于排干无水状态。

但是，当承包商接到开工令后，进点准备施工时，却发现湖泊中灌满了水。因此，承包商立即将此情况正式通报给业主的现场工程师，要求业主将湖水排干，以便承包商施工。实际上，在整个施工期间，湖水始终未被排干，只是由业主的雇员不时地乘船来开闸放水，但收效甚微。

为此，承包商因增加了施工的额外成本而向业主提出了索赔要求。但业主认为，合同条款中已经规定免除任何补偿的责任，故驳回了该项索赔要求。因此，承包商将这一合同争端提给了仲裁机关。

在仲裁过程中，承包商成功地进行了关于开脱性条款无效的申辩。仲裁庭认为，如果业主对承包商的工作造成了干扰，或没有履行使承包商施工得以顺利进行的基本义务，则此类开脱性条款不能免除业主的责任。因为工程的施工技术规程（Technical Specification）明确论述湖水已排干，并保持干燥状态。业主显然应该有义务做到这一点，何况承包商在投标时已经知道湖水是被排干的。如果开脱性条款与该工程合同文件的其他有关具体规定相互矛盾，则其开脱性条款无效。因此，仲裁庭认为，业主没有履行合同文件中规定的属于自己的责任（义务），对承包商的施工形成干扰，应当对相应增加的成本负责，对承包商的经济损失进行合理的补偿。

二、编标时对报价计算考虑不够

一个有经验的国际工程承包商，在编写报价文件时，就应考虑到施工索赔，把索赔计价所需要的一些基础数据写入投标文件中去；或在确定施工单价时，考虑到可能发生的索赔。具体的做法是：

1. 在报价计算书中列入工作效率数据

报价计算书中的工作效率（Efficiency）数据，说明在正常生产状况下完成各种工作项目（BOQ 中的 Work Items）时的工作效率，即单位资源在单位时间内所完成的工作量，如 m^3/（马力·小时），m^3/（人工·小时），t/（马力·小时），m/（马力·小时），等等。例如，在计算碾压土坝的填筑效率时，写明每马力设备在每小时内可以填筑土坝坝体 $2.5m^3$。这样，如果在施工时遇到了外部干扰、工效降低时，如每马力设备、每小时只能填筑土坝 1.75m³ 时，就可以计算出由于工作效率降低而增加的附加开支（Additional Cost），为工效降低索赔打下了基础。

有的承包商缺乏经验，在报价书中仅列出了生产率（Productivity），即单位时间内完成的工作量，如每小时完成坝体填筑 20.5m³。这里没有写明所投入的资源数量（多少个马力？或多少个人工工日？）。因此在遇到工作效率降低时，在标书中找不到联系投入资源的数据，计算工效降低而增加的附加开支时就缺乏根据。事实上，作标人员在进行报价计算时，已考虑所采用的施工设备或劳动力的效率，只是在文字中没有写明所采用的效率，而仅写出了生产率。

2. 在报价时要搞清主要工作量的虚实

招标文件中的工程量表（BOQ）所列的各个工作项目的工程量，通常并不准确，只供承包商在计算报价时采用；而在结算工程款时，则按实际的工程量计算付款。因此，一个有经验的承包商往往对工程量表中的主要工程量事前进行估算，从而发现哪些工作的工程量偏少，哪些工作的工程量偏大，从而在确定报标单价时予以考虑。

如果在校核工程量时发现，某项工程量比实际可能发生的数量大得多，如按表中所列的工程量计算总价，则标价抬得很高，而实际上拿不到钱，也不利于得标。在这种情况下，可采取转移费用的办法，降低这项工作的单价。例如，某工程量表列所需钢筋量为 7300t，实际可能仅需 3000t，每吨钢筋成品单价 750 美元。如按计划量报价，则钢筋一项价格为 5475000 美元，而实际上只能有 2250000 美元的工程量。如果报价书中将钢筋单价改为 350 美元/t，则钢筋一项价格为 2555000 美元。钢筋实际工程量为 3000t，每吨少报 400 美元，总计少报 1200000 美元，将这个少报款额转到另外的工作项目中去（如均匀摊入混凝土单价）。这样处理后，总报价可降低 1720000 美元，而承包商的实际收入并未减少。

反之，如果发现工程量表中某一工作的工程量比实际可能发生的要小得很多，则可以适当地提高这项工作的单价，而把多报的款额均匀地摊减到别的工作项目中去，使总标价不提高，从而在维持同样中标机会的前提下，使承包商的实际工程款收入有所增加。

【案例 9-3】 招标文件数据不准确引起的索赔

国外某仓库工程进行招标，采用英国皇家建筑师学会的标准合同格式 JCT 合同条件。招标文件中除 JCT 合同通用条件外，还有工程量清单（BOQ），施工详图，没有施工技术规程（Specification）。合同总价 362 万美元，施工期 21 个月。

在合同实施过程中，由于招标文件中没有施工技术规程，而且施工详图和工程量表中的描述有时互相矛盾。因此，在施工过程中承包商先后提出了 3 项索赔要求。

1. 混凝土强度等级要求互相矛盾

钢筋混凝土梁和楼板的混凝土强度等级，施工详图上标明为 C25P，但工程量表中写为C20P。承包商就此向业主、建筑师提出询问后，建筑师正式函复：梁和楼板均采用C25P号混凝土。

根据工程量表，钢筋混凝土楼板厚25cm，工程量1450m³，单价61.4美元；钢筋混凝土梁横断面为30cm×50cm，浇筑量450m³，单价59.5美元；均为C20P混凝土。

由于工程量表中指定为C20P混凝土，而业主和建筑师来函正式确定按图纸上的混凝土强度等级（C25P）施工。因此，承包商提出补偿C25P与C20P的价差。根据单价分析，两种强度等级的混凝土单价差为4.5美元/m³。故承包商提出索赔款额

$$(1450+450)\ m^3 \times 4.5\ 美元/m^3 = 8550\ 美元$$

此项索赔要求被业主和建筑师接受。

2. 工程量表中基础开挖量差错

招标文件的工程量表中写明：基础土方开挖量为184m³。但在施工时发现，这个工程量显著偏小。经实测计算，实际开挖量为1840m³，这显然是编制工程量表时的笔误。

按理说，这个问题并不复杂，承包商可以按照实际的挖方量和自己投标书中的单价获得工程进度款。问题出在承包商投标时把基础土方开挖的单价报得太低了，这样实际挖方量成10倍的增加，给承包商造成了一大亏损。原来，建筑师在审核承包商的投标书时，就发现了他的这一单价有误，明显地偏低，并直率地提出：承包商的编标人员是否把6.8美元/m³误写为1.8美元/m³。当时，承包商亦意识到了这一笔误，但他一心想争取中标，恐怕价格增长上去后使自己的报价失去竞争力，影响中标。况且，他认为挖方量不大（184m³），亏损不了多少。现在，他面临一笔不小的亏损：

$$1840m^3 \times (6.8-1.8)\ 美元/m^3 = 9200\ 美元$$

因而想借此时机修改挖方单价，挽回亏损，便向业主提出了索赔报告。

承包商在索赔报告中提出：

(1) 鉴于工程量表标明的挖方量严重偏低，承包商仅对BOQ表中的挖方量（184m³）负责，即按原报单价（1.8美元/m³）收取工程款；至于超过BOQ表中挖方量的那一部分（1840-184=1656m³），则应按实际单价（6.8美元/m³）结算。即承包商应得到下列补偿：

$$1656m^3 \times (6.8-1.8)\ 美元/m^3 = 8280\ 美元$$

(2) 又鉴于基础挖方地区土质坚硬，含有钙质夹层，开挖困难，使开挖造价大量增加。招标文件所附的钻孔资料中，并未标明挖方地区存在钙质夹层。因此，承包商要求予以补偿：将每立方米挖方单价增加4.5美元/m³，即补偿

$$1840m^3 \times 4.5\ 美元/m^3 = 8280\ 美元$$

以上共计，要求挖方施工补偿 16560 美元。

业主和建筑师研究过承包商的上述索赔报告后，做了这样的答复：

(1) 基础土方开挖量实际为 $1840m^3$。因此，承包商有权获得超出 BOQ 表中开挖量（$184m^3$）部分的工程款，即

$$(1840-184)\ m^3 \times 1.8\ 美元/m^3 = 2980.8\ 美元$$

(2) 至于修改开挖土方的单价，即从 1.8 美元$/m^3$ 改为 6.8 美元$/m^3$，这是我们在评标过程中向承包商提出过的问题。你们未予改变，并表示按所报单价结算。时至今日，根据 JCT 合同通用条件第 13 条的论述，我们认为此单价不能修改。因此，我们拒绝此项索赔要求。

(3) 关于基础土方开挖困难的问题，承包商没有提出他的索赔要求是根据哪一条合同条款所给予的索赔权。我们认为，合同条款中没有这样的条款。因此，承包商的这一索赔要求不能成立。

由此可见，承包商关于基础工程开挖方面的索赔要求 16560 美元中，业主和建筑师仅仅同意补偿 2980.8 美元，拒绝了改变施工单价的各种要求。

3. 对模板工程计价方法的不同理解

工程量表中关于基础混凝土是这样描述的：

基础混凝土采用 C10P 强度等级，厚度在 300mm 以上，包括模板的组装和拆除工作；基础混凝土共计 $384m^3$，模板在开挖的基坑中按垂直面布置。

承包商认为：(1) 不能把模板的计价同混凝土的计价放在一起，而应分开计价，模板以 m^2 为单位计价，混凝土以 m^3 为单位计价。(2) 为了安装模板，必须进行开挖和回填工作，因此应支付开挖费和回填费。基坑土方开挖单价应为 6.8 美元$/m^3$，土方回填单价为 3.6 美元$/m^3$，土方开挖量为 $865m^3$，故应付款为：

$$865m^3 \times (6.8+3.6)\ 美元/m^3 = 8996\ 美元$$

建筑师认为，基础土方开挖单价不应改变，仍应按 1.8 美元$/m^3$ 计价；至于回填土方的计价，可按 3.6 美元$/m^3$ 计价。即：

$865m^3 \times (1.8+3.6)$ 美元$/m^3 = 4671$ 美元，而不应是承包商所要求的 8996 美元$/m^3$。

承包商对建筑师的这个答复持不同意见。他们认为，不改变原先的特低开挖单价（1.8 美元$/m^3$），将使承包商造成很大的亏损。根据 JCT 合同通用条件的 12(2) 条和 11(6) 条，不把模板工程列为工程量表中一个独立的工作项目（Work Item），是招标文件编写上的一个错误；这样的错误应该作为一个工程变更（Variation）来对待，为此应给承包商的亏损（Loss and Expense）予以补偿。

承包商的这一申述是有道理的，它合乎合同条件的规定。因此，建筑师委托他的工程量估价师（Quantity Surveyor）同承包商一起计算出承包商在这一问题上所承担的真正的亏损数额。经双方逐项计算直接费、间接费和利润等项亏损款额后，计算出

应给承包商补偿6030美元。

以上3项索赔事项中，承包商提出的索赔款额以及业主、建筑师同意支付的索赔款额，见表9-1。

表 9-1

索 赔 事 项	承包商要求补偿款额	业主同意支付款额
1. 混凝土标号变更	8550 美元	8500 美元
2. 土方开挖量差错	8280+8280 美元	2980.8 美元
3. 模板工程计价问题	8996 美元	6030 美元
共　　计	34106 美元	17560.8 美元

承包商实得的支赔款额，占其要求索赔款额的51.49%。

三、施工时对合同管理不善

施工时的合同管理工作，包括施工进度管理，施工质量管理，财务管理，物资管理以及索赔管理等。完善的合同管理为进行施工索赔创造条件；为了做好索赔工作，必须全面地做好合同管理工作。

在整个施工过程中，如果在索赔管理工作中出现下列问题，则必然影响到索赔的成功，这是承包商应力争避免的。

1. 没有在规定时限内发出索赔通知书

FIDIC合同条款第53.1条明确规定，如果承包商想提出额外付款的索赔要求，他应在索赔事项初发时起的28天以内，向咨询（监理）工程师和业主发出"索赔通知书"（NOC—Notice of Claims）。

这个时限，在不同国家或不同工程项目的合同条件中，具体天数可能不同。承包商应根据具体工程项目合同文件的规定执行，不可忽略时限天数。否则，业主和工程师认为承包商自己放弃索赔，因而拒绝该项索赔要求。

2. 索赔报告对事实论证不足

根据国际施工合同标准条件，承包商在发出索赔通知书（NOC）以后，每隔28天应报送一次索赔证据资料，并在索赔事项结束以后的28天以内报送总结性的索赔报告。在这个报告中，应附有索赔款的详细计算书，以及必需的索赔证据资料。这些证据是否充分有力，对索赔的成败关系重大。

至于每一项索赔应附哪些证据资料，请按本书第7章第1节中的论述准备。重要的是，证据资料应集中论证该项索赔的发生过程、严重程度，以及造成的具体损失款额。

3. 对工程师的口头指令未及时取得确认

在承包施工的过程中，有的咨询（监理）工程师常向承包商发出口头的工程变更指令，要求承包商照办，而不愿下达书面的指令，对单价调整办法更避而不提。这时，承包商应设法取得工程师的书面确认，作为将来计算索赔款的依据。

按照国际工程承包施工惯例，如无工程师的书面指令，承包商无权实施工程变更。在工程师发出口头的工程变更指令以后，承包商应立即要求工程师的书面确认；否则，承包商有权不实施工程师的口头指令。一般规定，在工程师口头指示后的7天以内，承包商应备函要求确认；在此函发出后的7天以内，如未接到工程师的书面复函予以否认或改变，则认为原来的口头指示有效。

国际工程施工索赔中常用的"工程变更指令"和"口头变更指令确认函"的格式，请参照本书第3章表3-2、表3-3办理。

4. 没有及时申请并获准延长工期

在土建工程施工过程中，由于多方面的原因，经常导致工期拖延。根据 FIDIC 合同条件第44.1条所列的5种情况，承包商有权得到工期延长（EOT）。工期延长改变了原定的施工进度计划，即改变了原定的"施工顺序或施工时间。"有时，由于工程进度的变化很大，使原施工进度计划的 BOQ 单价已不适用，需要重新议定单价，或另付加速施工费，这就为承包商的经济索赔提供了条件。

因此，在施工过程中，当出现有合同依据的延长工期的机会时，承包商应及时申报，取得业主和工程师的认可。这样，不仅避免了将来因工程建成拖期而承受误期损害赔偿费（Liquidated Damages）的风险，而且可以在比较从容的情况下完成工程建设，并可能获得一定的工期延长的经济补偿。

5. 没有及时明确"可推定的"变更指令或加速施工指令

在国际工程承包施工有关的各国的合同条款中，美国的联邦合同条款中率先采用"可推定的"合同条件概念（"Constructive" Conditions of Contract），并在国际工程合同管理和合同纠纷仲裁中采用，并逐步地在国际工程承包界得到普遍承认和采用。

在解释国际工程的合同条件时，经常采用"可推定的变更指令"（Constructive Variation Order），"可推定的变更"（Constructive Change），或"可推定的加速施工指令"（Constructive Acceleration Order）等合同语言，其含义是：这些变更或加速施工等工作，虽然业主和工程师没有发出书面指令，但根据他们的口头指示或承包商给他们的书面报告，事实上已经发挥了正式指令的作用，形成了"事实上的"工程变更指令或加速施工指令。这种"事实上的"、即"可推定的"指令，在解释合同时具有正式指令的意义，等同于正式的书面指令。

因此，在工程项目的实施过程中，当遇到工程变更或加速施工等情况时，承包商应及时地向业主和工程师正式书面报告发生的情况，叙述采取的措施，要求业主和工程师书面批准；或者向业主和工程师发出要求确认函，使他们的口头指令合法化。这样形成的"可推定的"指令，在施工索赔中与正式的指令具有同等的合同效力。

6. 在业主拒绝索赔的情况下，继续施工并建成工程

在国际工程承包施工的实践中，有时出现业主和工程师对符合合同规定的索赔长期置之不理，有的甚至坚决拒绝索赔；有的业主虽承认了索赔要求，但长期拒付索赔款。在这种情况下，按照国际工程承包施工合同的惯例，承包商有权采取相应的对策——放慢施工速度（Slow Down Construction），或暂停施工（Suspension of Work）。

FIDIC 合同条件第 69.4 条规定，当业主不按合同规定付款时，承包商有权暂时停工或放慢施工速度，甚至终止合同（Termination of Contract）。

曾经有这样的实例：在施工索赔过程中，业主口头允诺支付承包商索赔款，条件是承包商继续施工并按规定日期建成工程。但当工程建成后，业主和工程师的态度大变，对承包商的索赔要求提出一系列的指责，将其合理的索赔无止境地拖延了下去。

四、进行索赔时做法不当

国际工程的施工索赔是一件复杂细致的工作，它不但包含着相当熟练的工程技术知识、合同知识、法律知识、工程成本和财务知识，还要求索赔工作人员采取恰当的索赔工作方法。由于索赔工作的做法不当，往往会把一些合理的索赔机会断送掉。

在施工索赔的实践中，下列的一些索赔做法会把整个索赔引向失败。

1. 计价方法不当，索赔款额过高

索赔款的计价方法有多种，经常采用的有实际成本法（Actual Cost Method），总费用法（Total Cost Method），修正的总费用法（Modified Total Cost Method）等。在这些计价方法中，反映额外成本的"实际费用法"比较适用。因为它只计算索赔事项引起的计划外的附加（即额外）开支，计价项目具体，容易被业主和工程师接受，可使经济索赔较快地得到解决。

在索赔计价时，有的承包商采取"高额索赔"的策略，企望自己的索赔款额经过业主大量扣减以后，仍可弥补自己的实际成本超支（Actual Cost-Overrun）。这种作法往往使咨询（监理）工程师和业主产生反感，对其索赔要求置之不理。有的业主对此采取反索赔措施，以高额反索赔对付高额索赔，使索赔工作复杂化，甚至失败。

经验证明，承包商在施工索赔计价时，一定要讲求实际，使每项索赔款有根有据，切忌漫天要价。这样做，不仅会导致索赔失败，亦损害了承包商自己的信誉。

2. 采取了"算总账"的索赔方法

施工索赔的正确做法，是把索赔纳入按月结算的轨道，在每月报送工程进度款的同时，报送索赔款月结算单，要求工程师和业主按月结算和支付索赔款。这样，使索赔款逐月地解决，以免累积成为巨额。根据经验，巨额索赔是很难解决的。

有的承包商不抓紧按月结算索赔款，或对工程师决定的索赔款额不满意而拒收，因而使索赔款累积成堆，企图以算总账的办法一次收回。实践证明，这种做法是很不策略的。它使承包商本来可以得到的一些索赔款亦化为泡影了。

3. 未坚持采用"清理账目法"

在索赔款的审核和支付过程中,即使是按月支付索赔款,也常常存在未支付的索赔款余额,即承包商要求的索赔款与业主同意支付的索赔款额之间的差额,称为索赔未决款或余额。

对这部分索赔款余额,承包商应按照"清理账目"(Cleared Billing Sheet)的做法,在每月的结算申报单中列出累计的索赔款余额,要求业主支付。即使业主仍未支付,承包商亦保留了自己的索赔权。这对将来的索赔谈判,也是必要的。

FIDIC 合同条件第 60.9 条规定:如果承包商在自己的最终结算单(Final Statement)和竣工结算单(Statement at Completion)中还不提出索赔款(余额)的要求,则业主将不承担任何支付义务。

因此,采用清理账目法,在月结算单、最终结算单和竣工结算单中列出未支付的索赔款余额,是取得索赔款的必需的做法。

4. 同业主方面处于对抗地位

在国际工程承包施工中,合同双方应密切配合协作,公正合理地解决合同实施中出现的任何问题,保证工程项目顺利建成。在处理施工索赔问题时,双方也应持这个态度。

但是,在索赔实践中,合同双方易发生对抗,甚至形成严重的合同争端。有的咨询(监理)工程师在处理承包商的索赔要求时,不能坚持公正的立场,往往偏向于业主。这是不符合工程师的职业作风的(Lack of Professionalism)。

同样,有的承包商在索赔中对工程师和业主采取对抗的态度,不努力探索协商解决的途径,而以诉诸仲裁或法院来威胁。这种做法是不明智的。国际工程的承包商,应充分认识施工索赔的艰巨性,采取耐心细致的工作方法,防止与业主和工程师处于对抗地位,否则只能对承包商自己不利。

以上列举承包商在施工索赔中失败的诸多经验教训都是来自实践,应引起承包商的认真对待。当然,在失败的索赔实例中,也有因政治风险导致索赔工作失败,如业主国政局动荡,战争或内乱,政府频繁改组,国家财政危机,同承包商所在国的国家间政治关系恶化,等等。这些问题,属于国际工程承包市场选择的范畴,承包商应在投标报价之前,审慎研究决策。

下面一个案例,说明某项大型工程施工索赔失利的主要原因,很值得读者引以为戒。

【案例 9-4】 因做法不当而使索赔失利的一个工程项目

1. 工程概况

南亚某国的水电站工程,利用 13km 河段上的 95m 水头,修建拦河堰和引水隧洞发电站。水电站装机 3 台,总装机容量 6.9 万 kW,年平均发电量 4.625 亿度。

首部混凝土拦河堰长 102m，高 23.5m，蓄水量为 625 万 m^3。堰顶安装弧形闸门 5 扇，控制发电站进水口的水位。当 5 扇闸门全部开启时，可宣泄洪水 $9100m^3/s$。

电站引水洞经过岩石复杂的山区，洞长 7119m，直径 6.4m，全部用钢筋混凝土衬砌。在施工过程中，承包商遇到了极不利的地质条件。在招标文件中，地质资料说明：6%的隧洞长度通过较好的 A 级岩石，55%的隧洞长度通过尚好的 B 级岩石，在恶劣状态的岩石（D、E、F 级岩石）中的隧洞长度仅占隧洞全长的 12%，其余 27%隧洞长度上是处于中间强度的 C 级岩石。事实上，通过开挖过程中的鉴定，D 级岩石占隧洞全长的 46%，E 级岩石段占 22%，F 级岩石段占 15%，中间强度的 C 级岩石段占 17%，根本没有遇到 B 级和 A 级岩石。因此，在施工过程中出现塌方 40 余次，塌方量达 340 余立方米，喷混凝土支护面积达 $62486m^2$，共用钢锚杆 25689 根。

水电站厂房位于陡峭山坡之脚，在施工过程中发现山体可能滑坡的重大威胁。因此，出现了频繁的设计变更。调压井旁山体开挖边坡的过程中，先后修改坡度 6 次，使其实际明挖工程量达到标书工程量表（BOQ）的 322%。厂房工程岩石开挖中，修改边坡设计 3 次，增加工程量 $23000m^3$。

虽然遇到了上述诸多严重困难，但在承包商联营体的周密组织管理下，采取了先进的施工技术，使整个水电站工程优质按期地建成，3 台发电机组按计划满负荷地投入运行，获得了业主和世界银行专家团的高度赞扬。

2. 合同实施情况

水电站工程的施工采取了国际性竞争招标，使业主收到了投资省、质量好、建设快的好处。合同格式系采用 FIDIC 土建工程标准合同条款，辅以详尽的施工技术规程（Technical Specifications）和工程量表（BOQ）。设计和施工监理的咨询工程师由欧洲的一个咨询公司担任。

通过激烈的投标竞争，最终由中国和一个发达国家的公司共同组成的国际性的"承包联营体"以最低报价中标，承建引水隧洞和水电站厂房，合同价 7384 万美元，工期为 42 个月。这是该水电站工程中最艰巨的部分，其工程量比混凝土拦河堰和输变电工程要大得多。

为了进行引水隧洞和水电站厂房的施工，"承包联营体"（Contractor's Joint Venture）配备了先进的施工设备和精干的项目组领导班子，下设工程部、财务部、供应部、合同部和总务部等施工管理部门，并由中国派出了在隧洞施工方面具有丰富经验的施工技术人员。

由于勘探设计工作深度不够，招标文件所提供的地质资料很不准确，致使"承包联营体"陷入严重的困境，面临工期拖延和成本超支的局面，因此向业主和咨询工程师提出了工期索赔和经济亏损索赔。

在索赔方式上，"承包联营体"最初采取了结合工程进度款支付的逐月清理索赔款的方式。即每月初在申报上个月工程进度款的同时，报送索赔款申报表，使咨询工程师和业主已核准的索赔款逐月支付，陆续清理。这样，可使项目繁多的索赔争议逐个解决，并使索赔款额分散地支付，以免索赔款积累成巨额数字，增加索赔工作的难度和业主与"承包联营体"之间的矛盾。这种索赔方式，也符合施工合同文件的规定，以及国际工程施工索赔的惯例做法。不幸的是，在个别索赔"顾问"的怂恿下，"承包联营体"牵头公司（Sponsor）坚持要改变这种按月单项索赔的方式，改而采用总成本法的综合索赔方式，停止逐月申报索赔款，而企图一次性获得巨额索赔款，并不顾中方代表的反对，采取了一系列不恰当的索赔做法。

在索赔款额方面，由于联营体牵头公司固执己见，使历次报出的索赔款额变化甚大，数额惊人，以致索赔款总额接近于原合同价的款额。

对于承包联营体所采取的算总账方式的巨额索赔做法，咨询工程师和业主采取了能拖就拖的方针。在两年多的施工索赔过程中，对承包联营体报出的 4 次索赔报告，咨询工程师均不研究答复，只是一味地要求联营体提供补充论证资料，或反驳联营体的索赔要求。这样，合同双方的索赔争议日益升级，无丝毫协商解决的可能性。因此，承包联营体遂向"巴黎国际商会"（ICC—International Chamber of Commerce）提出国际仲裁的要求。国际商会经过征询业主的意见后，接受了仲裁要求。合同双方高价聘请了索赔专家（律师），对峙于国际商会的仲裁庭上，开始了马拉松式的索赔论证会或听证会（Hearings）。在将近一年的时间内，索赔争议双方花了不少的人力财力，听证会间断地举行过几次，但仲裁结果仍渺无信息。这时，争论双方意识到有必要寻求较快、较经济地解决索赔争端的必要性，在第三者的说合下，承包联营体和水电站业主又重新回到了谈判桌旁，开始了比较现实的谈判。

应该说，这个水电站工程的施工索赔工作经历了一个不正常的反复。值得指出的是，承包联营体在实施水电站的施工合同方面是无可指责的，他们严格遵守协议，采取了一切措施赶回了延误的工期，克服了极为困难的隧洞地质条件，优质按期地建成了水电站工程，并为此工程承担了相当数额的经济亏损。承包联营体作为一个从事国际工程的跨国联营企业，在实施合同的信誉方面，受到了崇高的评价。

3. 索赔工作的经验教训

当合同双方重新回到谈判桌旁以后，业主和咨询工程师开始表现出谈判解决的诚意。这是由于该水电站工程优质按期地建成，及时并网发电，并取得了显著的经济效益的缘故。在解决索赔争端的方式上，双方同意采取踢毽子解决的办法，即议定一个总索赔款额，而不再进行逐项的详细算账。经过几个回合的谈判，双方议定由业主向承包联营体一次性地支付总索赔款 350 万美元，而宣告索赔争端结束。

这 350 万美元的索赔款额，相当于该合同项目合同额 7384 万美元的 4.74%。此外，承包联营体还在逐月结算过程中获得了隧洞施工中新增工程量的工程进度款，使联营体的工程款实际总收入达 10560 万美元，为该项目合同额 7384 万美元的 1.43 倍，即：

(1) 水电站引水隧洞和发电厂房项目合同额——7384 万美元
(2) 承包联营体施工结算款总额　　　　　　　　　　　10560 万美元
(3) 施工索赔一揽子付款总额　　　　　　　　　　　　　350 万美元
(4) 承包联营体实际收入总款额　　　　　　　　　　　10910 万美元
(5) 联营体实际收入为项目合同额的　　　　　　　　　　147.8%

由于该水电站工程施工过程中发生的新增工程和工程变更较多，加上索赔款，使承包联营体的实际总收入款额为该项目合同额的 1.478 倍。但这项工程的索赔工作，由于多方面的原因，应该说是不成功的。联营体实际上承受了亏损，没有把应得的索赔款要回来，反而为仲裁工作付出了相当的代价。

这项施工索赔失利的原因，主要在于：

(1) 承包联营体采取了高额索赔的策略。

工程项目组根据索赔"顾问"的建议，采用了高额索赔策略，期望在业主"狠砍一刀"的情况下，仍能得到足够的经济补偿。在这种指导思想下，索赔报告的篇幅和款额都大得惊人。索赔总款额接近工程项目的原合同价，而且在前后数次的索赔报告中索赔款额相差悬殊。这样，索赔文件被咨询工程师长期压置，不予理睬。

(2) 采取了"算总账"的索赔方式

在索赔初期，项目组采取按月申报索赔的方式，进行单项索赔，逐月要求付款，并专门聘请了一个欧洲的设计咨询公司指导联营体进行索赔工作。遗憾的是，联营体牵头公司采纳了索赔"顾问"的建议，终止了这一正确的索赔做法，采取了"算总账"的"总成本法"(Total Cost Method)，进行索赔款计价。结果，不仅使索赔款累积成堆，款额巨大，而且这种索赔计价方法遭到咨询工程师的拒绝，以至于在工程建成竣工时，索赔仍处于争议阶段。

(3) 咨询公司采取了对抗索赔的策略

这项工程的施工索赔，主要属于"不利的自然条件"方面的原因，涉及设计咨询公司的工作深度和信誉。因此，从一开始便遇到咨询工程师的抵制，对承包商的索赔提出了一系列的责难和质询，长期拖延不决。承包联营体亦采取了强硬的态度，经常以"仲裁"解决来威胁，使合同争议激化。虽然诉诸国际仲裁，但长期不能裁决，最后还是通过合同双方协商使索赔争端得到解决。

思考题

1. 在施工索赔八项注意的最后一条中，作者提出了"必要时施加压力"。这不仅符合国际惯例做法，在合同条件中也是允许的。这一条对索赔成功很有促进作用，但也有合同风险。请你详细写出使用这一条措施时的注意事项。

2. "成本管理"对施工索赔工作十分重要。影响工程成本的最重要的一个因素，是正确地确定每项工作的单价，尤其是对"固定单价合同"的工程项目。请你做一个详细的单价分析计算（例如，每立方米的现浇混凝土的单价），熟悉单价的组成和调整。

3. 每个工程项目的合同条件中，或多或少地总是包含着一些对业主的"开脱性条款"，这就给承包商进行索赔工作设下陷阱。因此，在投标报价以前就要仔细识别这些陷阱，以免亏损或破产。请你选取一个工程项目的合同条件文本，详细列出其中包含的这种开脱性条款。

4. 请你举一个例子，说明在投标报价时因漏项或计算错误而造成的失误，使报价偏低了。在发现这一问题后，你采取了什么办法来挽救？成效如何？

5. 你在施工索赔工作中是否有过失误，或者当时考虑不周的地方？你采取过哪些挽救措施？效果如何？

第 10 章 反 索 赔

> 反索赔是指业主向承包商提出的索赔要求。它是对承包商向业主的索赔而言的。索赔和反索赔，反映了国际工程合同条件中的维护合同双方合理利益的原则，使受损害的一方有权得到应有的补偿。
>
> 本章在反索赔工作的内容、合同依据、具体做法等方面做了较详细的论述，是在反索赔方面的一篇比较全面的论文。它概括介绍了当前国际承包界在反索赔工作中的最新实践。

第 1 节 反索赔的定义与种类

一、定义

反索赔是对索赔而言的。在国际工程合同条件中，对合同双方均赋予提出合理索赔的权利，以维护受损害一方的正当利益。

在国际工程承包施工实践中，当承包商遇到了难以预见的或自己难以控制的客观原因而使工程成本增加时，他将提出进行公平调整的要求（REA—Request for Equitable Adjustment），即索赔。业主和咨询（或监理）工程师对这一"公平调整要求"的反应，有时是向承包商提出一个"反索赔"（Counterclaim）要求。

反索赔是业主为了维护自己的利益，向承包商提出的对自己的损害进行补偿的要求。

按照国际工程承包施工中的习惯，通常把承包商向业主提出的索赔要求称作"施工索赔"（Construction Claims），简称为"索赔"；把业主向承包商提出的索赔要求称作"反索赔"（Counter Claims，或 Defense Against Claim）。

反索赔是被要求索赔一方（Defendant）向要求索赔的一方（Claimant 或 Claimer）提出的索赔要求。它是对要求索赔者的反措施，也是变被动为主动的一个策略性行动。当然，无论是索赔或反索赔，都应以该工程项目的合同条款为依据，绝不是无根据的讨价还价，更不是无理取闹。例如，承包商向业主提出施工索赔时，业主同时也向承包商提出了反索赔要求；分包商向总包商提出索赔时，总包商也向分包商提出了反索赔；建筑承包商向供货商提出索赔时（因供货拖期，或质量不符等），供货商也可以向建筑承包商提出反索赔（如拖付货款），等等。

所以，索赔和反索赔是对立的事物；处理索赔和反索赔要求，是按照合同条款或法律规定使对立事物达到统一的过程。这个过程并不是轻易完成的，它要求合同双方具备丰富的施工经验和合同、索赔管理（Contract and Claim Management）知识。

二、种类

反索赔的实质性目的有两个方面：第一，它可以对索赔者的索赔要求进行评议和批评，提出其不符合合同条款的地方，或指出计算错误的地方，使其索赔要求被全部否定，或去除索赔计价中的不合理部分，从而大量地压低索赔款额。第二，它可以利用工程合同条款赋予自己的权利，对索赔者违约的地方提出反索赔要求，以维护自己的合法利益。

在国际工程承包施工实践中，索赔和反索赔往往是伴生物。通常的现象是：承包商提出施工索赔要求时，极少有业主只接受索赔要求而不采取反索赔措施的。因此，索赔和反索赔是国际工程承包施工中的正常现象。

承包施工中的反索赔，主要有以下3个方面。

1. 工期延误反索赔

在工程项目的施工过程中，由于多方面的原因，往往使竣工日期较原定竣工日期拖后，影响到业主对该工程的利用计划，给业主带来了经济损失。按照国际工程承包施工的惯例，业主有权对承包商进行索赔，即要求他承担"误期损害赔偿费"（Liquidated Damages for Delay）。承包商承担这项赔偿费的前提是：这一工期延误的责任属于承包商方面（参看本书第2章第4节表2-3）。

土建工程施工合同中规定的误期损害赔偿费，通常都是由业主在招标文件中确定的。业主在确定这一赔偿金的费率时，一般要考虑以下诸项因素：

（1）由于本工程项目拖期竣工而不能使用，租用其他建筑物时的租赁费；

（2）继续使用原建筑物或租用其他建筑物的维修费用；

（3）由于工程拖期而引起的投资（或贷款）利息；

（4）工程拖期带来的附加监理费；

（5）原计划收入款额的落空部分，如过桥费，高速公路收费，发电站的电费，等等。

土建工程的施工期，一般是指从咨询（监理）工程师"开工令"（Notice to Commence）中所指明的日期开始，直至工程"实质性建成"（Substantial Completion）的日期。所谓实质性建成，是指整个工程已基本建成（虽然可能还有少量修整工作需进行），可以按照原定的设计要求交付使用。实质性完工标志着：业主向承包商交付了大部分的工程款；承包商开始实施缺陷责任期（Defects Liability Period）的职责；业主开始使用该项工程，并向承包商退还50%的保留金（Retention Money），等等。

至于误期损害赔偿费的计算方法，在每个工程项目的合同文件中均有具体规定。一般按每延误一天赔偿一定的款额计算。业主应该注意赔偿金费率的合理性，不应把它定得明显偏高，超出合理的数额。而且，在国际工程承包施工实践中，一般都对误期赔偿费的累计扣款总额有所限制，如不得超过该工程项目合同价的5%～10%。

下面的一个案例，说明一个大型水电站工程的误期损害赔偿费是如何确定的。

【案例10-1】 关于误期损害赔偿费的规定

某大型水电站工程，系世界银行贷款项目，采用FIDIC合同条件。拦河坝为黏土心墙堆石坝，最大坝高103.5m。发电站引水隧洞长9382m，设计引水流量230m³/s。水电站装机容量60万kW，安装单机容量为15万kW的发电机组4台。引水隧洞工程的招标通过国际性竞争，中标价为8463万元人民币。

这个工程项目的合同文件中关于工期延误赔偿的条款，主要有：

(1) 承包商从工程师发布书面开工令之日起，在表10-1规定的天数内完成相应各项单位工程的施工。

(2) 如果承包商不能在上述时间内完工，则应承担工程延误期间的延误损害赔偿费，其费率见表10-2。

表 10-1

项目号	施工天数（天）	需要完成的单位工程
1	1597	引水隧洞
2	1325	调压井
3	1325	1号钢管道
4	1325	2号钢管道
5	849	厂房后部的全部开挖工作，以及各条斜井的混凝土衬砌
6	1597	整个工程

表 10-2

适用项目号	延误赔偿费（元/天）
1、2	200000
3	20000
4、5、6	200000

(3) 误期损害赔偿费的累计总额，以合同价的10%为限。

就整个引水隧洞工程而言，合同价为 8463 万元人民币，要求在 1597 天内建成，相当每天完成合同价款额 52993 元。由此可见，业主规定的误期赔偿费率大致为实施合同每天营业额的 3.8 倍，是比较合理的。

2. 施工缺陷反索赔

承包施工合同条件一般都规定，如果承包商的施工质量不符合施工技术规程（Specification）的要求，或使用的设备和材料不符合合同规定，或在缺陷责任期满以前未完成应该负责修补的工程时，业主有权向承包商追究责任，要求补偿业主所受的经济损失。如果承包商在规定的期限内仍未完成缺陷修补工作，业主有权向承包商进行反索赔。这就是施工缺陷反索赔（Counterclaim for Remedying Defects），或称为质量缺陷反索赔。

施工缺陷包括的主要内容是：

（1）承包商建成的某一部分工程，由于工艺水平差，而出现倾斜、开裂等破损现象。

（2）承包商使用的建筑材料或设备不符合合同条款中指定的规格或质量标准，从而危及建筑物的牢固性。

（3）承包商负责设计的部分永久工程，虽然经过了工程师的审核同意，但建成后发现了失误，影响工程的牢固性。

（4）承包商没有完成按照合同文件规定的应进行的隐含的工作（Implied Work，或称默示工作），等等。

上述工程缺陷或未完工作，引起业主的任何损失时，业主均有权向承包商提出反索赔要求。

这些缺陷修补工作，承包商应在咨询工程师和业主规定的时期内做完，并经检查合格。在缺陷责任期届满之际，工程师在全面检查验收时发现的任何缺陷，应在 14 天以内修好，才能向业主移交工程，从而完成了缺陷责任期的责任。否则，业主不仅拒绝接收工程，并要向承包商提出索赔。

缺陷处理的费用，应该由承包商自己承担。如果承包商拒绝完成缺陷修补工作，或修补质量仍未达到合同规定的要求时，业主则可从其工程进度款中扣除该项修补所需的费用。如果扣款额还不能满足修补费的需要时，业主还可从承包商提交的履约保函（Performance Bond）或保留金（Retention Money）中扣取。

业主对工程缺陷向承包商提出反索赔索求时，其款额一般较高，往往不仅包括修理工程缺陷所产生的直接损失，也包括该缺陷带来的间接经济损失。例如，由于承包商的原因，在修建屋顶时未达到合同文件要求的不允许漏水的要求时，业主不仅提出修复屋顶、使其不漏的直接费用，即人工、材料、设备等项费用，他还将提出由于漏水而带来的其他损失费用，如被淋坏的家具修理费，该房屋推迟出租的损失费等等。

3. 承包商违约反索赔

除了上列两项主要的反索赔以外,业主还有权对承包商的其他任何违约行为提出索赔,以免自己承担承包商所造成的经济损失,这就是由于承包商违约的反索赔(Counterclaim for Contractor's Defaults)。

在国际工程承包施工的反索赔实践中,常见的由于承包商违约而引起的反索赔主要有:

(1) 承包商运送自己的施工设备和建筑材料时,损坏了沿途的公路或桥梁,公路交通部门要求修复。

(2) 承包商所申办的施工保险,如工程一切险,人身事故保险,第三者责任险等,由于过期或失效时,业主重新申办这些保险所发生的一切费用。

(3) 由于工伤事故,给业主人员和第三方人员造成的人身或财产损失。

(4) 承包商的建筑材料或设备不符合合同要求,而需要重复检验时的费用开支。

(5) 由于不可原谅的工期延误,引起的在拖期施工时段内的咨询(监理)工程师的服务费用及其他有关开支。

(6) 承包商对业主指定的分包商拖欠工程款,长期拒绝支付,指定分包商提出了索赔要求,等等。

三、反索赔的特点

同承包商提出的索赔一样,业主的反索赔要求也是为了维护自己的经济利益,避免由于承包商的原因而蒙受经济损失。所以,从经济角度分析,索赔和反索赔的目的是相同的。因此,在有的教科书或索赔报告中,把索赔和反索赔统称为"索赔",至于是谁向谁索赔,要根据上下文来判断。

但是,在具体的工作程序方面,反索赔工作不像承包商的索赔工作那么繁复;在处理反索赔款方面,亦没有那么困难。这些特点和区别,亦是国际工程承包市场上占统治地位的"买方市场"规律所决定的。

反索赔工作的特点,主要表现是:

(1) 业主对承包商的反索赔措施,基本上都已列入工程项目的施工合同条款中去了,如投标保函,履约保函,预付款保函,保留金,误期损害赔偿费,第三方责任险,缺陷责任,等等。在合同实施的过程中,许多的反索赔措施顺理成章地已一一体现了。

(2) 业主对承包商的反索赔,不需要提什么报告之类的索赔文件,只需通知承包商即可。有的反索赔决定,如承包商保险失效,误期损害赔偿费等,根本不需要事先通知承包商,就可以直接扣款。

(3) 业主的反索赔款额,由业主自己根据有关法律和合同条款确定,且直接从承包商的工程进度款中扣除。如工程进度款数额不够,便可以从承包商提供的任何担保或保函中扣除。如果还不够抵偿业主的反索赔款额，业主还有权扣押、没收承包商在工地上的任何财产，如施工机械等等。这同承包商取得索赔款的过程和难度相比，真有天壤之别。

当然，虽然如此，这并不意味着业主可以任意而为。业主应通情达理，咨询（监理）工程师应公正行事，这在国际工程承包界已是众所周知的职业道德问题。

第2节 反索赔工作的内容

反索赔的目的是维护业主方面的经济利益。为了实现这一目的，需要进行两方面的工作。首先，要对承包商的索赔报告进行评论和反驳，或者否定其索赔要求，或者大刀阔斧地削减索赔款额。其次，对承包商的违约之处，提出进一步的经济赔偿要求——反索赔，以抗衡承包商的索赔要求。这两方面的工作，就是广义上的反索赔工作的内容，是有经验的国际工程承包界的业主们（以及他们聘用的咨询或监理工程师）应该熟悉的工作范围。至于前者，即仅对承包商的索赔报告进行评审和反驳，是狭义上的反索赔工作，它应该是业主进行的全部反索赔工作（广义上的反索赔）的一个组成部分。

现将反索赔工作所包括的两方面的工作内容，详述如下：

一、评审承包商的索赔报告

承包商的施工索赔要求，不论是哪一类原因引起的索赔，不外乎提出延长工期或经济补偿的要求；或者既要求延长工期，并要求经济补偿。这是承包商索赔报告书的目的和结论。

业主在评审、反驳承包商的索赔报告时，要分别进行以下两项工作。

1. 审定索赔权

国际工程施工索赔的法律依据，是该工程项目的合同文件，并参照工程所在国有关土建工程施工索赔的法规。业主和咨询（或监理）工程师在评审承包商的索赔报告时，首先要审定承包商的此项索赔要求有没有合同依据，即有没有该项索赔权。

在施工索赔的实践中，承包商的索赔要求往往不符合工程项目合同文件的规定，被认定没有索赔权，而使该项索赔要求落空。

在审定承包商的索赔权时，要全面参考合同文件中的所有有关合同条款，客观评价，慎重对待。应该防止有意地轻率否定的倾向，以免合同争端升级；而应实事求是地审定承包商的索赔权，为顺利地解决索赔争端创造条件。

根据施工索赔的实践经验，在下列诸情况下，业主可能否决承包商的索赔权（Right to Claim）。

（1）承包商没有在合同规定的时限内发出"索赔通知书"（NOC—Notice of

Claims)。在 FIDIC 合同条款中,这个时限为 28 天,即在发生索赔事项(如隧洞施工中发生塌方,海港工程施工中遇到了海啸等)后的 28 天之内,向业主和工程师发出书面的索赔通知书。逾期不申报,业主和工程师可以认为承包商自动放弃了该项索赔,以后可以不予接受该项索赔要求。

(2)承包商在索赔报告中引用的索赔理由不充分。承包商要以充分的事实和证据,并参照援引合同文件中的有关条款,来论证自己的索赔权。否则,业主和工程师可以否决该项索赔要求。例如,在某水坝的施工中,由于一般性的气候原因(多雨),而不是由于特殊恶劣的气候条件,或由于人力不可抗御的天灾(如特大洪水),而使工期拖延。一般性的天气原因是属于承包商的风险,故业主将拒绝这一延长工期的要求。

(3)承包商在没有取得合法指令的情况下,完成了合同工作范围以外的工程。根据承包施工合同的惯例,凡是实施合同范围以外的工程(额外工程,Extra Work)时,都应有业主正式授权的代表下达工程变更指令(Variation Order),或者有他正式确认的函件。否则,承包商可能失去这项工程额外开支(Additional Cost)的索赔权。例如,在某学院的楼房施工中,当底层和第一层楼房建成后,被洪水淹没。承包公司根据设计代表的意见进行了排水和修复工作。当承包商向业主提出索赔要求时,被业主拒绝。因为该项工程合同文件规定,任何工程变更指令应由该学院的董事会正式发布,设计代表不是业主授权的发布变更指令的代表人。承包商对业主的拒绝索赔不服,向法院起诉。法院仍判决按合同条款不予补偿修复费用。

下面的一个案例,亦说明业主和咨询工程师否决承包商索赔权的理由。

【案例 10-2】 因不利的自然条件而要求索赔

某别墅群工程,共有 20 栋小楼,以及附属道路的建设,合同额 5557300 美元,工期 $2\frac{1}{2}$ 年。合同文件有:FIDIC 标准合同条款,施工技术规程(Specification),工程量清单(BOQ)以及施工图纸。

此合同工程包括大量的土方挖填工作。施工技术规程要求:挖方的土料应用于别墅基础和道路的填方部位,多余的弃土运至别墅区内的弃土场。

在施工过程中,承包商发现基础土质和投标时预测的大不相同:①挖方地段挖出的土料太湿,不能用以填筑别墅基础和道路的填方地段;②原施工图上标明的岩石高程已挖到,但未见岩石。因此,用这些岩石挖方石料修筑路面的施工计划落空。由于这条道路越过河谷通往别墅区,是施工设备进场的必经之道,道路修建拖后,将使整个别墅群工程的施工拖后。

由于合同项目的施工拖后 4 个多月,业主甚为不满,而承包商亦以"不利的现场条件"为由,向业主提出了延长工期(EOT)及补偿亏损的索赔要求。

由于过河谷的道路路面填筑没有石料,已严重地影响别墅区的房建进度,承包商迫不得已从外地采购石碴修路,从而承担了相当大的经济亏损。他因此提出了索赔要求，要点如下：

$$索\ 赔\ 报\ 告（要点）$$

(1) 开挖工程量增加　　　　133680m³
(2) 地质恶劣条件下的挖方　215637m³
　　　　　　　　　　　　　―――――――
　　　　　　　　　　　　　349317m³×1.30 美元/m³=454112 美元
(3) 购进垫路基的石碴　　　31500m³×5.08 美元/m³=160020 美元
(4) 处理弃土运距增加　　　257138m³×0.45 美元/m³=115712 美元
(5) 拖期 4 个月的经济亏损　　　　12000 美元×4=48000 美元

以上共计　　　　　　　　　　　　　　　　　777844 美元

承包商提出的索赔要求是：补偿经济亏损 777844 美元；给予工期延长 4 个月。

咨询工程师（建筑师）在取得业主的同意后，向承包商发出的复函要点如下：

(1) 关于基础土质的状况，我请你注意通用条款（General Conditions）的第 12.1 分条款，那里指出："承包商对自己的投标书和工程量清单中的……价格与单价的完备性与正确性是满意的。"况且，我们已向你提供了钻孔资料，以及现场的坑探资料，认为你们会得出正确的论断……

(2) 关于图纸上的岩石面线，你可以从图纸上看出，那里并没有布置钻孔，因此所标志的岩石线并不是准确的，而是"估计性的"（Assumed Rock Line），其目的是帮助作标者计算工程量。因此，这是属于你的责任。

(3) 关于购进石碴铺路，我在上次会议上已表示了不同意见。因此，这项开支与业主无关。

(4) 根据以上原因，我不能同意给予工期延长，也不能接受你的开支亏损索赔要求。

这样，承包商提出的以不利的自然条件为由的索赔要求，未能获得成功。

2. 核定索赔款

在肯定承包商具有索赔权的前提下，业主和咨询工程师对索赔报告进行详细的审核，对其索赔款组成的各个部分逐项审核、查对单据等证明文件，确定哪些不能列入索赔款额，哪些款额偏高，哪些在计算上有错误或重复，等等。这些审核的结果，通常是大量地削减承包商的索赔款总额。个别业主接着又提出对承包商的反索赔，其款额往往与核定的承包商的索赔款额近似，以达到不支付任何索赔款的目的。

应该指出，业主根据合同条款的规定及承包商的过失提出反索赔，是无可指责的。但是，个别业主为了对抗承包商提出的合理索赔，有意地提出反索赔，并扩大反索赔的款额。这种做法是不可取的。无论索赔者或反索赔者，都应该根据合同规定，公正行事；索赔款或反索赔款额都应实事求是，不应漫天要价。否则，合同纠纷势必升级，严重影响工程项目的建设。

业主在核定索赔款时，一般是对索赔款的组成部分逐项审核落实，提出不合理的计价，并参照施工实际情况和凭证资料，逐项核定各个计价成分，最后算出索赔款总额。

在本书第6章第2节中，列举了承包商索赔费的组成部分，并在表6-2中列出17种费用名称。业主和咨询工程师在审核承包商的索赔款额时，也根据这些费用条目进行逐项审查，从业主的立场出发，对这些费用的可靠性、准确性进行分析，提出修改、反驳或核定的意见。

现就各项索赔费用，从业主的角度提出应该审核或澄清的问题。

（1）新增的现场劳动时间：这种情况主要发生在工程范围扩大或劳动效率降低的时候，业主有权审核工时记录是否准确，工效降低系数是否太大，以及由于承包商的责任（如承包商的设备曾有损坏停工，劳动力未及时调到现场等）。一般来说，人工费在索赔款中占有较大的比重，故应注意审核。

（2）因工效降低而增加劳动时间：首先，应对工效降低的原因进行分析，确定责任谁属。工效降低一般甚难准确地肯定具体数据，应核查施工记录中有关施工设备、工人及组织工作的具体情况；工效数据是否与原投标报价计算书中一致；降低的比率是否合理；计算方法是否正确，等等。

（3）人工费增加：这种情况主要发生在施工拖期和加速施工索赔时，由于工资标准提高或加班劳动而增加人工费。应审查工资提高的指数文件是否可靠；提高的比率是否合理；延长的施工时间是否处于施工进度表的关键路线（CP—Critical Path）上；加班时间记录是否准确，等等。

（4）材料用量增加：对于工期拖延索赔，不存在材料用量增加的情况。当由于工程量增大而增加材料用量时，应审查所增数量是否准确；原来准备的材料是否未达应备料的数量；是否存在材料的浪费或丢失；新增材料的价格证明是否可靠；是否有意在施工期以高价从别的工地现场调来材料，等等。

（5）材料单价提高：这种情况主要出现在拖期施工时，应审查购货单据是否可靠；购进材料日期的材料价格指数，是否与官方报导相符合，是否将公司总部的库存材料调来，等等。

（6）分包工作量增大：这主要发生在工程范围增大时，应审核原来的分包合同；新增的工作量是否准确；证据是否充分等。

（7）分包费用增加：这可能是由于生产效率降低或分包工程量增大，应审查费用增加的原因及责任；检查施工记录，核实增加的具体数量等。

（8）施工机械租赁费：房建工程的施工设备费占合同价的比率较小，一般为5%～10%；而电站、桥梁等工程，则可能占40%左右。因此，首先应审核所增的设备租赁费是否合理；租赁单据是否可靠；施工记录上的租赁数量、时间是否一致；是否由于应备的机械不足而租用新机械，等等。

（9）承包商自有设备使用费增加：这可能发生在工程量大规模增加时，应审查是否需要增加；增加了多少；是否支付维修费即可，等等。

（10）承包商自有设备使用费率提高：应审查此项费用是否已列入拖期索赔费中；承包商在投标文件中所列的施工机械设备，是否已如数进入施工现场；已有设备是否已充分利用；施工机械的使用效率是否太低；设备费的证明单据是否充分可靠，等等。

（11）工地管理费：在拖期施工的情况下，工地管理费的增加应主要在固定支出部分（如办公室、工资、租用的拖车等），其可变的支出部分应适当减少（如监工费，保险费等）。可按此规律审核所增加的管理费数额，防止扩大款额；是否与报价书中的费率一致；是否应该列入管理费计价范围，等等。

（12）总部管理费：除按照施工现场（工地）的管理费的规律进行审查外，还应检查是否超过投标报价时的总部管理费的比率；总部管理费如果分成固定管理费和可变管理费两部分时，只能同意列入一项（一般是可变部分）。

（13）利息或融资成本：这里指承包商增加投资的计息，或增加贷款的利息，一般只发生在拖期施工的情况下，应审查利率是否过高；所增的投资是否属实等。

（14）利润：在施工索赔计价时，对新增费用的投资利息及承包商的利润提成，业主一般持严格的态度，不同意列入索赔款范围内。当有确凿证明和理由时，其利息率或利润率不能超过投标报价文件中的比例。

（15）失去的机会利润：这是一项比较不确定的费用因素，一般不列入索赔款中。如果确有证据，证明承包商因离不开此项工程而失去另一个工程的谋利机会时，才给以适当补偿。而且，此项利润率一般小于报价书中的利润率。

审核并确定承包商的索赔款，是咨询（监理）工程师的一项重要职责。每项索赔报告，均应首先通过工程师的仔细审核，并提出核定的款额意见，如系工期索赔，则是审定工期延长的天数，报业主批准。根据国际工程施工索赔的实践，工程师的审核工作可使承包商的索赔款额大量地减少，见下面的案例。

【案例10-3】 咨询工程师对承包商的索赔款计算方法的审核

某港口建设工程，计划修建砌石码头，估计需要石块10万吨以上。招标时，业主在招标文件中附有一份地质勘探报告，其中指出：施工所需的原材料（石块）可以从离港口35km的采石场A开采。但是，经过7个月的开采，只采了5万吨石块后，该采石场就再也没有石头可供开采了。

这样，承包商不得不另寻采石场，新采石场B距港口达102km，从而大大增加了运输工作量。对于材料的运输，业主为承包商指定了当地的一家国营运输公司承担。

变更采石场后，由于运输距离增加，运输公司每天只能运输施工实际需要石料的一半左右,无法满足正常施工的需要。因此,引起了显著的工期延误,承包商就此提出了索赔要求。

根据承包商报送的索赔报告,要求工期延长(EOT)180 天,补偿经济损失 982000 美元。

工程师对承包商的索赔报告进行了逐项审核和计算,最后批准延长工期 19 天,补偿损失 149054 美元,分别仅为承包商索赔要求的 11% 及 15%,即对承包商的索赔要求进行严格核算和削减,见表 10-3。

表 10-3

承包商的计算	工程师的核算
一、延误时间,由于采石场变更及运输能力不足: 1. 正常施工需要 500t/天,故 50000t÷500t/天=100 天 2. 实际供应 250t/天,故 50000t÷200t/天=250 天 3. 故直接延误 250 天−100 天=150 天 4. 另加间接延误 30 天 5. 总延误 180 天	只能考虑采石场 A 与采石场 B 的日开采量差,运输能力不足是承包商与其分包商之间的事,与业主无关。 1. 日开采量 A 场为 500t/天 B 场为 420t/天 2. 引起工期延误 $\frac{50000}{420} - \frac{50000}{500} = 19$ 天 同意工期延长 19 天
二、运输距离增加引起额外的成本开支: 1. 运距增加 102−35=67km 2. 基于原投标成本估算,按增加 200% 计,得 500000 美元	只能根据当地政府公布的运输费价格进行计算,得 100000 美元
三、延误补偿: 1. 施工设备利用率不足,损失为 180 天×700 美元/天=126000 美元 2. 管理费,180 天×800 美元/天=144000 美元 3. 价格浮动(外币部分),合同中外币部分是按月通货膨胀率 0.8% 计算的固定值。由于现金流入时间拖后,造成损失 112000 美元 4. 进口货物的额外关税(以 6 个月为时间单位),货物价值 20% 的 12.5% 即 1000000×0.2×0.125=25000 美元 5. 以上共计 407000 美元	1. 施工设备利用率不足, 19 天×600 美元/天=11400 美元 2. 管理费,按 Eichleay 公式计算,得 19 天×666 美元/天=12654 美元 3. 实际通货膨胀率比原预计的低,可以抵消付款拖后引起的损失 4. 以海关的收据为证,给予补偿 25000 美元 5. 以上共计 49054 美元
四、利息损失: 以 15% 的年利率计算,得 75000 美元	按惯例,这种利息是不予补偿的
五、要求索赔金额总计:982000 美元	批准补偿金额:149054 美元

二、向承包商提出反索赔

业主向承包商提出的反索赔要求，无论是属于工程拖期建成，施工中出现质量缺陷，或者其他任何的违约行为，都是对承包商"反将一军"，冲减其索赔款额，甚至超过索赔款额，对承包商无疑是一个严重威胁，使承包商的索赔要求进入十分艰难的境地。

业主提出反索赔要求时并不费事，他只需要援引工程项目的合同条款，并指出承包商违约的地方，即自行扣除承包商的工程进度款，作为反索赔的补偿。当然，承包商如果对业主的此项反索赔有异议，他有权提出争议，要求工程师重新考虑，甚至提出仲裁或诉讼。

作为国际工程的业主和咨询（监理）工程师，对反索赔应持严肃的态度，使自己的反索赔要求合法合理。他们提出反索赔要求时，应考虑以下事项：

（1）在编写施工合同条款时，正确地确定误期损害赔偿费。误期损害赔偿费（Liquidated Damages for Delay）是现代施工合同条款中的必要条款，它促使承包商按期完成合同，保证业主按计划时间获得质量合格的工程，并开始获得该工程项目的效益。但是，按照国际工程承包界的原则，误期损害赔偿费不是对承包商的处罚（May not be used as a penalty），它只是对业主所受到的损失的一种补偿，是根据当时业主所实际承受的损失程度来确定的。因此，误期损害赔偿费的每日赔偿款额不应太大，以致远远超出合理的范围。而且，还对它的累计赔偿额定出了上限——一般不得超过合同价的 10%。

在美国联邦政府制定的"联邦征购条例"（FAR——Federal Acquisition Regulations）中，还具体规定了对承包商不能索取赔偿、不能终止合同的条件，它们是：

1）工程竣工期的延误是由于承包商不能控制的不可预见的原因（Unforeseeable Causes）引起的，而不是由于承包商的违约或过失，比如：①天灾或社会公敌；②从主权或合同能力考虑出发的政府行为；③实施政府合同的其他承包商的行为；④火灾；⑤洪水灾害；⑥流行性疾病；⑦检疫隔离；⑧罢工；⑨货物禁运；⑩特别恶劣的气候；⑪其他的分包商或供货商遇到不能控制的、不可预见的原因引起的工期延误。

2）在开始发生延误（除非是合同官员批准的延期）的 10 天以内，承包商向合同官员书面正式报告了拖期的原因。

由此可见，美国联邦合同条件对工期延误的处理原则，是比较宽松的。在上列诸原因下，承包商可以获得"可原谅的工期延误"（Excusable Delay）。

（2）在处理工程质量缺陷反索赔时，要按照国际通用的合同条件原则办事。在国际工程承包施工中，承包商应细心认真地按照合同规定的设计以及施工技术规程（Specifications）进行施工，并完成工程建设及缺陷维修；在缺陷责任期满以前，按照工程师的指示完成责任范围内的维修工作。在这样的条件下，业主就无权提出施工缺陷反索赔。

即使发现了施工缺陷，只要承包商自费完成了修补工作（甚至返工重做），就算履行了合同职责。只有在拒绝进行维修，或维修仍不合格的情况下，业主才有权进行反索赔，而这个反索赔的款额只能以雇别人完成修补的费用为限度，而不应任意加大。

（3）在处理其他违约行为的反索赔时，要按照实际损害程度确定反索赔款额。如承包商损坏了公路、桥梁，保险合同失效，造成第三方人员财产损失，拒付指定分包商（Nominated Subcontractor）工程款，等等，均应按实际损失程度进行反索赔，亦不应任意扩大。

下面的一个案例，阐述在同一个索赔事项中既有索赔、又有反索赔的具体处理过程。

【案例 10-4】 大桥建设中的索赔与反索赔

某大型公共道路桥梁工程，跨越平原区河流。桥梁所在河段水深经常在 5m 以上，河床淤泥层较深。工程招标文件采用 FIDIC 标准合同条件，另有详细的"专用条件"及"施工技术规程"（Specification）。中标合同价 7825 万美元，工期 24 个月。

工程建设开始以后，在桥墩基础开挖过程中，发现地质情况复杂，淤泥深度比招标文件资料中所述数据大得很多，基岩高程较设计图纸高程降低 3.5m。在施工过程中，咨询工程师多次修改设计，而且推迟交付施工图纸。因此，在工程将近完成时，承包商提出了索赔，要求延长工期 6.5 个月，补偿附加开支（Additional Costs）3645 万美元。

在这项重大索赔的处理过程中，业主和咨询工程师采取了比较慎重、细致的做法，在审核评价承包商的索赔文件之后，又向承包商提出了某项反索赔，使索赔与反索赔交错在一起，最后做了综合性的处理。

业主和工程师采取的步骤如下：

1. 详读招标合同文件，审核承包商索赔要求的合同依据。

逐项审查后认为，承包商有权提出相应的工期延长、工程量增加、个别单价调整等项索赔要求，应对其具体索赔款额进行核算。

在招标文件的"工程造价预算"部分中（这部分文件即"标底"，由业主保管，从未向承包商提供或透漏），对大桥工程的造价进行了详细的估算，预算工程总造价为 8350 万美元，工期 24 个月。

由此可见，承包商在竞争性公开招标过程中，编制投标书时将工程成本压得过低，并遗漏了一些成本项目，合同报价为 7825 万美元。它虽然在竞争中达到了中标的目的，但报价偏低 525 万美元（8350 万 − 7825 万 = 525 万），从一开始便埋下了亏损的根子。虽然他编报的施工期仍为 24 个月，与业主在招标文件中要求的施工期一致。

2. 根据施工过程中出现的情况，对工程成本进行可能状态分析。

具体分析每一项新出现的索赔事项（地质条件、修改设计、迟交施工图纸等），核算在这些条件下进行施工时可能形成的工程总造价。当然，在考虑这些新的施工条件或干扰时，应排除：①由于承包商的责任造成的成本增加；②根据合同条款应由承包商承担的成本风险。

通过可能状态分析，大桥工程的总成本可能达到9874万美元；所需工期约为28个月，即在原定24个月工期的基础上，延长工期4个月。

从工程成本可能状态分析可以看出：①工程总成本由8350万美元增至9874万美元，所增加的1524万美元是承包商本来可以有权提出的索赔款额的上限。②由于承包商在投标报价时较工程"标底"（8350万美元）少报了525万美元，这是他自愿承担的风险。因此，可能给予承包商的索赔款的上限为999万美元（1524万－525万＝999万）。③承包商提出要求延长工期6.5个月，是他根据施工进度实际情况到工程建成所需要的工期延长（EOT）。但是，根据可能状态分析，可给予承包商延期4个月。其余的拖期2.5个月，则属于承包商的责任。④承包商要求，在他的中标合同价7825万美元的基础上，再索赔附加成本3645万美元。这意味着，工程总成本将达11470万美元（7825万＋3645万＝11470万美元）。但业主和工程师的可能状态分析得出的总成本为9874万美元。这两个总成本的差值1596万美元（11470万－9874万＝1596万），说明承包商的成本支出偏大。其原因可能是：承包商管理不善，形成过大的成本支出；或是承包商在计算索赔款时留有余地，提高了索赔款额。不论是什么原因，业主是不会承担这项总成本的差值的。

3. 对于工期延误，向承包商提出反索赔要求。

根据工程项目的可能状态分析，可同意给承包商工期延长（EOT）4个月。对于其余的拖期2.5个月，根据合同条款，业主有权反索赔，即向承包商扣取"误期损害赔偿费"（Liquidated Damages for Delay）。

按照合同规定，工程建成每延误1天按95000美元计取误期损害赔偿费，共计为：

$$95000 \text{美元} \times 76 \text{天} = 7220000 \text{美元}$$

4. 综合处理索赔和反索赔事项

咨询工程师经过数次与承包商洽商，就索赔及反索赔事项达成协议，双方同意进行统筹处理。

(1) 业主批准给承包商支付索赔款999万美元，批准延长施工期4个月。

(2) 承包商向业主交纳工程建设误期损害赔偿费722万美元。

(3) 索赔款和反索赔款两相抵偿后，业主一次向承包商支付索赔款277万美元。

第3节 反索赔的合同依据

一、业主可引用的反索赔条款

国际咨询工程师联合会（FIDIC）在其编写出版的《土木工程施工合同条款》第4版的"摘要"一书中，在列举承包商可引用的索赔条款的同时，也列举了业主进行反索赔可引用的合同条款。这些条款共计11项，涉及FIDIC通用合同条款中的12个分条款，如表10-4所述。

反 索 赔 条 款   表10-4

No.	合同条款号	条款主题内容	是否须通知承包商
1	25.3	承包商保险失效	不需要通知
2	30.3 及 30.4	损坏了公路或桥梁	讨论
3	37.4	拒收材料或设备	由工程师通知
4	39.2	承包商不遵守指示	由工程师通知
5	46.1	施工进度拖后	由工程师通知
6	47.1	误期损害赔偿费	不需要通知
7	49.4	承包商未修复工程	由工程师通知
8	59.5	未向指定分包商付款	由工程师通知
9	63.3	承包商违约	由工程师通知
10	64.1	紧急维修	由工程师通知
11	65.8	终止合同后的付款	由工程师通知

注：本表引自《FIDIC Digest》，P78。

根据以上各合同条款，业主有权向承包商进行反索赔，这就是所谓的"合同索赔"（Contractual Claims & Counterclaims）。

二、业主可进行反索赔的情况

除了上述的诸项合同索赔以外，业主还可以根据其他的合同条款或国际惯例，向承包商提出以下一些反索赔要求。

（1）根据FIDIC合同条款第63.1条，当承包商严重违约，不能（或无力）完成工程项目合同的职责时，业主有权终止其合同关系，由业主自己或雇用另一个承包商来完成工程，并可以使用原承包商的设备、临时工程或材料，然后再清理合同付款。

（2）有时，由于工程所在国政府部门的后续立法，使承包商的实际支出较投标书的报价有减少时，或由于当地物价降落，业主均有权扣减相应的降价部分，以反索赔的方式维护自己的利益。

（3）根据FIDIC合同条款第52.3条，当结算时的总合同价超过（或少于）"有效合同价"（Effective Contract Price）的15%时，应对原合同价进行调整，即增加（或减去）"另一款额"。这个"另一款额"（Such Further Sum）是考虑承包商的工程施工管理费（工地现场管理费 Job Overhead 以及总部管理费 Head-Office Overhead）收支情况而协商确定的。当实际结算合同价大量超过原合同价时，承包商在收入的工程款中，包含着比原计划增多了的管理费的固定部分（Fixed Overhead），表示承包商已从其中获取了计划外的利益，所以业主有权从实际结算的总合同价中扣减"另一款项"。至于扣减多少，由合同双方协商测算确定。反之，当实际结算合同价明显地小于有效合同价的15%时，则应向承包商增加"另一款额"。

（4）有时，工程项目的合同条款中包含了防备贿赂、失密等专用条件。在实施这种合同的过程中，如果业主发现承包商犯有进行贿赂或严重失密等情况时，也有权向承包商进行反索赔。其款额根据业主方面的受损害程度，由合同双方商定。

第4节 反索赔的具体做法

在国际工程施工索赔的实践中，个别的业主和工程师不能正确对待承包商的索赔要求，见到索赔通知书和索赔报告时，感到恼火或不满，因此对承包商更加责难苛求，总想进行"反击"和"报复"。这样做，不仅破坏了对工程项目齐心协力进行建设的合作气氛，而且导致合同争端，把正常的索赔推向国际仲裁或法院诉讼的轨道，往往使工程项目的建设中途停工。

应该明确，索赔和反索赔是国际工程承包施工合同条件赋予合同双方的权利，是使合同双方合理分担承包施工风险的正确途径，合同任何一方应尊重对方的这一权利，客观冷静地处理好它。

业主和工程师收到承包商的索赔报告后，应抓紧研究，明确表态。按照国际工程承包施工的惯例，工程师在接到索赔报告后的28天之内，应提出对该项索赔要求的意见，并连同承包商的索赔报告报送业主审定。有的业主在接到承包商的索赔通知书以后，主动召集承包商和工程师一起讨论研究，为索赔要求的合理解决创造了条件，保证工程项目的施工不受或少受影响。

业主对承包商的反索赔工作，一般分为以下4个步骤。

一、仔细审核索赔报告

业主和工程师对承包商的索赔报告，在审核评价过程中，主要是进行以下三个方面的工作。

1. 反驳承包商的不合理的索赔要求

咨询（或监理）工程师在审核承包商的索赔报告时，首先是审定承包商的索赔有无合同依据，即有无该项索赔权。如果是属于"非合同索赔"（Non-Contractual

Claims），则需要参照国际工程施工索赔的实践惯例或业主所在国的有关法规，判断承包商的索赔是否合法。

经过审定索赔权的过程以后，就应该对承包商的索赔要求提出明确的意见，并及时答复：指出哪些索赔要求是可以接受的，至于具体的索赔款额，则须进一步审核确定；哪几项索赔要求是不能接受的，业主拒绝考虑。当然，对业主已经表示拒绝的索赔要求，承包商如不同意，认为自己的索赔要求合理合法时，仍可再次提出，并增加相应的论证资料，要求业主和工程师再度考虑。

判断承包商是否有索赔的权利时，主要是依据以下事实：

（1）此项索赔是否有合同根据。凡是工程项目合同文件中有明文规定的索赔事项，承包商均有索赔权，即有权得到合理的经济补偿或工期延长。否则，业主可以拒绝此项索赔要求，除非承包商有充分的理由论证该项索赔是属于非合同规定的索赔范围。

（2）索赔事项的发生是否为承包商的责任。凡是属于承包商方面的原因的索赔事项，业主都应予以反驳拒绝，并可能追究承包商的责任，采取反索赔措施。当然，在划分合同责任问题时，双方可能有不同的理解，这就需要实事求是地分析原因，客观冷静地划分责任，取得一致的意见。

（3）索赔事项的发生是否双方均有责任。有的合同责任问题往往情况复杂，双方都有一定的责任，这就是所谓的"并发性延误"（或称"双方共同延误"，Concurrent Delay）。遇到这种情况时，一般是按照本书第3章第4节中所论述的原则，划分主要责任者；或者按照各方责任的后果，由合同双方协商确定承担责任的比例（如甲2：乙8；甲5：乙5，等等）。

（4）在索赔事项初发时，承包商是否采取了控制措施。根据国际工程承包施工的惯例（有的亦写入合同条款），凡是遇到偶然事故影响工程施工时，承包商有责任采取力所能及的一切措施，以防事态扩大，造成更大的损失。这就是所谓的"减轻损失措施"（Contractor's responsibility to mitigate loss to Owner）。如果有事实证明承包商当时未采取任何措施，例如在洪水淹来时未抢运施工设备和水泥等物质，听任洪水淹没，等等。在这种情况下，业主可能拒绝承包商要求补偿洪水淹没造成损失的索赔要求。

（5）此项索赔是否属于承包商的风险范畴。在工程承包合同中，业主和承包商都承担着相应的风险（承包商的风险更大），这在合同条款中都有规定，或在"默示条款"（或称隐含条款，Implied Clauses）中可以找到根据。凡是属于承包商合同风险的事项，如一般性天旱或多雨，一定范围内的物价上涨，等等，业主都不会接受这些索赔要求。

2. 肯定合理的索赔要求

判断承包商的索赔要求是否合理，一方面是审核该项索赔是否有合同依据，是否有承包商自己的责任，等等。另一方面，是检查承包商的索赔款额是否符合施工实际情况。

至于承包商索赔款的计价是否合理，合同双方可能有很大的分歧。正确的解决途径，是严格按照合同的规定，本着协商的精神，共同讨论决定。在讨论过程中，业主有权要求承包商提供进一步的证据资料，证明其计算的正确性。

根据施工索赔的实践经验，合同双方在索赔款方面的分歧，主要集中在新单价的确定上。任何原因引起的施工索赔问题，在当前国际工程大多数采用"固定单价合同"（Fixed Unit Price Contract）的情况下，确定新单价往往成为索赔的关键问题。解决这一分歧的途径，是根据新的情况进行单价分析，客观地确定新单价，不要片面地强调采用投标文件工程量表中的单价。因为在施工过程中，尤其是施工条件有所变化时，对于合同范围外新增的工程项目，施工的各工种的单价往往会发生相当大的变更。

经过上述各项审核，业主就有可能肯定承包商的合理索赔要求，拒绝其论据不足的索赔要求，并正式通知承包商。

3. 明确提出对索赔报告的意见

业主对承包商索赔要求的决定，不外乎两个方面：

（1）拒绝承包商不合理的索赔要求，说明拒绝受理的原因。

（2）接受合理的索赔要求，明确答复是否给予工期延长，延长多少天；是否给予经济补偿，同意支付多少索赔款。

承包商对业主的决定，不外乎两种反应：

（1）同意业主的决定，接受业主核定的索赔款额或工期延长天数，继续搞好施工。

（2）不同意业主的决定，或要求咨询工程师和业主进一步考虑自己的合理要求，提出进一步的论证资料；或者将索赔争端提交国际仲裁或法律诉讼。对后一种做法（提交仲裁或诉讼），应采取慎重的态度。

根据施工索赔的实践经验，当承包商对业主的决定不服时，建议采取如下的做法：

（1）进一步地提供证据资料，引证合同条款或所在国的有关法律规定，强调自己的索赔权，要求工程师和业主重新考虑，修改原来的决定。

（2）邀请第三者进行调解，或采取其他的评审调解措施，不要轻易地诉诸仲裁或诉讼。

（3）部分地采纳业主的决定，接受业主已同意的索赔款，对自己确有道理应得补偿的那一部分，声明保留索赔的权利，留待下一步讨论解决。

应该指出，当承包商对业主的某些决定保留意见时，应引起业主和工程师的重视，对承包商的合理要求考虑适当程度的满足，以弥补原决定的不足。

咨询工程师对索赔款额的审核意见是否合理，还有待下一步骤的工作来判断，以便业主做出最后的决定。

二、客观分析索赔事项

业主对承包商索赔事项进行客观分析的目的,是从施工的实际情况出发,对发生的一系列变化对施工的影响,进行客观公正的评估计算,推算对承包商可能造成的经济损失或工期延误的天数。这就是所谓的施工可能状态分析。

进行可能状态分析时,要考虑以下因素:

(1)业主或外界干扰事件对承包商施工的影响,估算可能引起的工程成本的附加开支(Additional Costs)或工期延长(EOT)。

(2)凡是属于承包商的责任,或应属承包商承担的风险,所引起的成本增加或工期延误,不能列入索赔的计价或工期范围。

(3)当遇到施工现场条件变化时(Differing Site Conditions),或超出合同的工作范围时(Out of the Scope of Work),应考虑调整施工单价。

(4)在计算索赔款额时,应排除重复计价的因素。例如,当计算额外工程(Extra Work)的索赔款时,单价中已包括了间接费;在计算由于此项额外工程而引起的工期延长时,不应再列入间接费。

(5)在计算工期延长的天数时,应按照施工条件变化状态下的关键路线法(CPM—Critical Path Method)来判断,只有处于关键路线上的延误天数,才在考虑之列。

通过可能状态分析,咨询工程师就可以提出对承包商索赔要求的处理建议,即应给予承包商的补偿款额或工期延长天数,上报给业主,由业主对该项索赔做出最终决定。

三、对索赔报告做出最终决定

当咨询工程师和业主对承包商的索赔报告进行完原合同条款分析,索赔计价审核,以及工程成本的可能状态分析工作以后,他们已经形成了对索赔报告的结论性意见,就可以对承包商的索赔要求做出决定。

但是,一项索赔的最终决定,是要在合同双方协商一致的条件下才是有效的。业主的决定必须向承包商正式提出,通过双方会谈讨论后,再做出最终决定。

在施工索赔的实践中,每项索赔都是合同双方通过多次协商讨论才最终解决。很少有这样的承包商,他会毫无异议地接受业主和咨询工程师对自己索赔要求的决定,而不进行任何申辩。因为在索赔问题上,合同双方对合同条款的理解往往不同,对事故发生原因和责任也经常存在分歧意见。因此,在解决索赔的过程中,会谈和谈判是一项很重要的工作,它有时甚至可以决定该项索赔的成败命运。

关于国际工程承包施工的合同谈判工作,由于有专门的教材,本书不进行详细论述,仅在此列举几项重要的注意事项。

（1）组成精干的反索赔谈判小组

谈判小组的成员，包括谈判代表、合同专家、法律顾问，以及工程项目的技术专家。他们应了解工程项目的主要合同条款，熟悉工程情况及索赔内容。在谈判中，小组成员要维护谈判代表的权威，按代表的口径和策略发言。虽然谈判代表一般并不是最后的决策者，但他比较了解决策者的意图和策略。最后决策者通常是公司总部的领导，尤其是重大的索赔事项。他们直接出面谈判，在讨价还价性的谈判过程中，可能失去回旋的余地，对自己不利。

（2）做好谈判前的准备工作

每次会谈之前，谈判小组应定出可能采纳的基线和力争达到的目标。小组成员应按此做好充分的准备工作，主要是：熟读索赔文件，核实索赔证据，使自己的发言有不可辩驳的事实根据；研究了解对方的观点，并做好辩论的根据；携带可能用到的一切证据资料，以便随时应用，等等。

（3）谈判中应避免固执己见，不要用尖刻语言挖苦对方，伤害对方的自尊心。对方如有无理要求或态度恶劣时，应严词批驳，但不要为此自己首先退出会场，除非已有准备终止谈判。

（4）摆事实讲道理，耐心地说服对方，听取并采纳对方的合理意见，寻求对双方都有利的解决方案。

（5）善于利用机会由劣势转为优势，摆脱被动局面。遇到难以答复的重大问题或特别困难的处境时，可以"必须向自己领导请示汇报"为理由，要求暂时休会，下次会议继续谈判。

（6）利用买方的优势，抓住承包商的弱点进行谈判。

四、提出反索赔要求

业主和咨询工程师提出的反索赔要求，可能是针对承包商所提的索赔事项，在支付承包商合理索赔的同时，就其中某一方面对业主利益的损害，向承包商提出反索赔要求。如案例8-4中所述的情况。但在大多数情况下，业主的反索赔要求是根据独立的具体事项提出的，如工程质量缺陷，保险失效，补偿第三方损失，补偿对指定分包商的欠款，赔偿破坏公物，补偿漏税款，等等。

第5节 预防索赔和反索赔发生

在国际工程承包施工中，索赔是正常现象，一般是难以完全避免的；反索赔虽然发生的次数较少，但也是正常现象。

但是，作为有经验的咨询工程师、承包商和业主，应该采取一切措施，预防或减少索赔事项的发生，把索赔和反索赔减少至最少的次数。这样做是可能的，也是对合同双方都有利的。在合同管理工作中，预防和减少索赔争端，是管理工作的一项任务，即"预防索赔管理"（Preventive Claims Management），这里包括承包商的索赔和业主的反索赔。

一、发生索赔的预兆

施工索赔和反索赔的发生绝不是偶然的，它有一定的形成过程和原因。因此，业主和承包商有可能观察发生索赔的迹象，采取相应的预防措施。

国际工程承包施工的经验证明，如果在出现索赔迹象或预兆的当时，及时地采取适当措施，是能够预防一些索赔事项的发生，有效地减少索赔或反索赔的数量。

在发生索赔事项以前，经常出现以下迹象：

（1）工程项目的合同文件不完善。有的招标文件质量不高，勘探工作深度不够，使地下工程的施工经常出现重大变更；有的设计图纸和技术规程质量不高。数据经常不对口，错误百出，引起施工变更及拖期；有的合同文件对施工风险分摊极不公正，为维护业主的利益而写入大量的开脱性条款，把重大风险都转到承包商一方，极易引起索赔争端。

（2）承包商投标报价太低。有的承包商为了争取中标，有意地过分压低报价。开始施工以后，这些问题都暴露了出来，面临严重亏损的局面，便想以索赔来挽救亏损。实践经验证明，如果报价低于工程计划成本的10%以上时，很难挽救经济亏损，靠索赔也难以达到这个目的。

（3）气候变化难测。在有些地区施工时，经常出现难以预料的恶劣天气，如台风、特大洪水或地震，或遭遇人力不可抗御的自然灾难。这些意外情况的出现，往往伴随着索赔的发生。

（4）施工条件重大变化。在施工过程中出现地质、地基稳定等不利的自然条件时，一般要引起施工索赔。

（5）设计修改频繁。设计图纸的修改，必然引起工程变更，随即出现施工费用超支，因而引起索赔；或因施工图纸推迟提供给承包商，而引起工期拖延。

（6）工程变更指令多。对于大型土建工程，工程变更是难以绝对避免的。但如果工程变更太多，势必引起工程量大幅度增减，或打乱了原定的施工计划。这种情况引起施工索赔的数量，在土建工程索赔事项中占很大的比例。

（7）承包商经济亏损或施工拖期。在承包施工中出现这种情况时，承包商一般都会提出施工索赔，以弥补自己的损失。有的承包商因面临严重亏损而要求停工，这应引起业主的严重注意。

（8）业主拖期付款。有的业主经常有意地拖延向承包商支付进度款，不遵守合同规定的支付期限，给承包商造成很大的困难和损失。当拖付款额太大时，承包商极可能提出专项索赔。

（9）工程所在国货币贬值。当货币贬值所带给承包商的困难，不仅是当地币费用开支超过计划，而且使承包商蒙受硬通货汇率变化的损失。如果在合同条款中对调整合同价的规定过苛，极易导致承包商提出索赔。

（10）工程师和承包商关系紧张。这是引起索赔的人为因素，在国际工程施工中亦不鲜见。有的工程师办事不公，没有站在独立咨询工程师（Independent Consultant）应持的立场处事，片面地偏袒业主，有意地遏制承包商的利益。在这样的情况下，经常使本来可以避免的合同争议发展为索赔争端。

二、预防索赔的措施

发生索赔的原因，并不是单方面的行为引起，而是互为影响的。因此，为了预防或减少索赔事项，合同双方都有责任，都应从自己方面努力，采取有效的预防措施。

1. 业主方面的预防措施

业主是承包施工合同的主导方面，他和他聘用的咨询（或监理）工程师的行为和办事方法，直接影响着合同的实施过程，也影响着索赔的发生。如果业主方面积极主动地采取措施，将显著地减少索赔争端的数量。

（1）严格控制工程范围变化。工程范围（Scope of Work）的变化，无论是由于变更指令，或由于设计图纸和技术规程的错误，都会导致索赔。为了防止工程范围的变化，一方面要求工程师的工作精密准确，基本上能做到按招标文件施工；另一方面，业主不要轻易要求改变工程范围，不要直接口头指示承包商进行工程变更，以免形成"可推定的工程变更"（Constructive Variation）。

（2）不要干扰施工进度。有的业主轻易地要求增减工程或改变作业次序；或不及时地提供施工场地或道路，从而引起施工进度拖后。相反，业主应该提供条件，使承包商按施工计划进行施工，避免发生工程拖期索赔。

（3）及时处理工程变更问题。对于工程变更，首先应尽量避免；如确属需要时，在发布变更指令（V.O.）时，应同时说明支付方式，取得承包商的同意，并在申报每月的工程进度款时予以支付，避免将工程变更的价格调整变成施工索赔问题。

（4）及时支付工程款。在支付工程款问题上，无论是月结算款、最终结算款或索赔款，业主均应遵守合同条款的规定，按期向承包商支付，以免给承包商造成工程流动资金的困难。如果长期、大量地拖欠工程款，势必迫使承包商投入新的流动资金，或向银行贷款，引起工程成本超支（Cost Overrun），从而导致索赔。

（5）迅速处理合同争端。在承包施工中，合同争端难免，关键在于及时协商解决，以免形成争论的焦点，使承包商以索赔的形式提出。有经验的业主，一般在合同争端初发之时，即主动邀请工程师和承包商到一起，及时协商解决，避免了潜在的许多合同纠纷和索赔争端。

在减免索赔争端方面，业主还可以在其他许多方面起积极作用，此处不赘述。

2. 承包商方面的预防措施

承包商虽然不是承包合同的主导方面,但他是索赔者。施工索赔由他首先提出,有时又引起业主方面的反索赔。因此,承包商对预防和减少索赔争端,也有直接责任。

当然,国际工程承包的标准合同条款,都赋予了承包商以索赔权,以维护他的合理的经济利益。但是,作为一个有信誉的国际工程承包商,应慎用自己的权利。首先,应尽量减少索赔事项的数量;如果不可避免地必须提出索赔要求时,则应实事求是地进行索赔。

承包商在预防和减少索赔方面,应采取的措施是:

(1)正确进行投标报价。在投标报价时,承包商应正确地估算标价,不可为中标而有意地过分压低报价,企图用索赔来挽回损失。这样的做法,往往产生很不好的影响或经济亏损。

(2)严格控制工程成本。施工成本的超支,往往引起施工索赔。成本超支的原因甚多,主要有以下3个方面:

1)施工管理不善,使直接成本费超过计划。这是承包商的责任。承包商应该在整个施工过程中精打细算,严格控制开支,使各项成本控制在计划的成本范围以内。如果发现直接费开支超出成本计划,应即刻采取相应的挽救措施。

2)工程变更量过大,或施工条件变化。这是业主方面的责任,应由业主根据上述措施严加防范。

3)施工进度拖后,引起工期延长。施工拖期必然引起计划外的成本开支,进而导致索赔。发生拖期的责任,可能有业主或承包商方面的原因,也可能由于客观原因。从承包商方面,应做好施工组织,保证供应充足,提高施工效率,使施工进度按计划实现,防止工期延误。

(3)注意施工质量,做好维修工作。承包商应严格按照施工技术规程和设计图纸进行施工,避免发生施工质量问题。在出现质量问题时,认真做好维修工作,以免引起反索赔问题。

思考题

1. 在国际工程施工索赔实践中,业主对承包商反索赔的案数比承包商对业主索赔的案数要少得多,这是为什么?请你详细地列出原因。

2. 反索赔同索赔比较起来,它的特点是什么?这些特点形成的原因是什么?

3. 你在施工索赔实践中,是否遇到过"道义索赔"(Ex-Gratia Claim)?这一索赔成功否?一般来说,道义索赔的成功意味着业主、承包商和工程师之间存在着良好的合作关系。这是国际工程合同双方都应争取做好的、对合同双方都有好处的一种合作气氛。请你论述如何达到良好的合作。

4. 在国际工程承包施工中，既然索赔是必不可少的、正常的现象，但为什么又要提出预防索赔或减少索赔的要求，这是为什么？预防索赔是否对承包商也有益处？

5. 在减少索赔发生的次数方面，书中提出了业主和承包商两个方面各应采取的预防措施。事实上，咨询工程师（监理工程师，或建筑师）在这方面也应起很好的作用。请你考虑提出工程师应采取的具体措施，并详细予以论述。

第 11 章　施工索赔管理信息系统的开发

> 本章首先对施工索赔管理信息系统开发研究的理论与实践背景进行了论述，并在此基础上选取面向数据的进化原型法（EV-DO方法模型），作为系统的开发策略。依据系统开发策略，对施工索赔管理系统进行了系统分析，论述了未来施工索赔管理信息系统开发给合同管理和施工索赔组织管理模式的影响，并对合同管理与索赔管理基础工作的标准化、规范化和程序化进行了分析。在系统分析的基础上，采用扩展的实体关系模型（E-R图），设计了系统的总体数据结构模型。将整个系统划分为若干个功能子系统，并对各功能子系统及其主要功能模块进行了设计。完成系统总体设计之后，对系统的开发人员提出了具体要求。最后，对系统的运行、维护及系统的适用范围作了简要说明。

第 1 节　开发背景与开发策略

施工索赔管理信息系统的开发研究，主要是以施工索赔管理和管理信息系统为理论基础。它的开发研究也是基于我国各国际工程承包公司的现实需要，有其开发研究的必要性和可行性。施工索赔管理信息系统的开发，必须首先解决其开发策略问题。一个有效的、切合实际的开发策略，可以使系统开发人员明确开发方向和目标，也使系统和用户建立良好的关系，使系统资源得到合理的分配和使用，节省投资，缩短系统开发周期。

一、管理信息系统在工程项目管理中的应用

1. 管理信息系统

管理信息系统经过多年的发展，其理论体系已相当完善。管理信息系统已渗透到了许多管理领域（企业、事业、国家政府、教育、工程管理等），尤其在发达国家已有了许多开发和应用的成功经验，并已经取得了巨大的经济效益。

管理信息系统是"一个由人、计算机等组成的进行信息的收集、传送、储存、加工、维护和使用的系统。管理信息系统能实测企业的各种运行情况；利用过去的数据预测未来；从企业全局出发辅助企业进行决策；利用信息控制企业的行为；帮助企业实现其规划目标。"（注：该定义摘自《中国企业管理百科全书》）

这个定义强调了管理信息系统的功能和性质，也强调了计算机只能是管理信息系统的一种工具。实际上，任何地方只要有管理，就有信息，也就有管理信息系统。计算机并不是管理信息系统的必要条件，而是计算机的强大功能使得管理信息系统更有效。问题不在于用不用计算机，而在于把什么样的信息交给计算机处理更合适。

2. 工程项目管理信息系统

在国际工程管理中，工程项目管理专业人员的产品就是工程项目目标控制的信息，这已经成为国际工程管理界的共识，就如同设计人员的产品是设计图纸一样。这是因为工程项目管理的工作对象是项目实施过程中产生的各种信息，其工作过程是对有关信息进行采集、分析、处理以达到信息增值的过程，因而工程项目管理的最终产品也是用于决策的、有关项目目标控制的信息。

正因如此，信息处理在国际工程管理专业人员的工作中占有十分重要的地位。在发达国家和地区，依托先进工程项目管理软件构建的工程项目管理信息系统是工程管理专业人员的基本工作手段和实现高效工作的基本途径。

工程项目管理软件在工程项目管理中的应用是依托工程项目管理软件，建立高效、合理的工程项目管理信息系统的过程。完善的组织管理和相关的教育培训是工程项目管理信息系统成功应用的基础。我们在工程项目管理软件应用和工程管理信息系统实施中存在的许多问题，不仅仅是技术问题，更是深层次的管理和组织问题。只有依托先进的项目管理思想和方法，并结合现代信息技术发展的最新成果，在实际中不断提高软件和信息系统开发和使用人员的素质，完善科学、合理的项目组织体系，工程项目管理信息系统才能充分发挥其潜力，为全面提高工程项目管理水平服务。

国外一些工程承包公司已经开发了工程项目管理信息系统，成效显著。有的公司已开始将管理信息系统理论应用于施工索赔管理。

3. 施工索赔管理信息系统

施工索赔管理信息系统是工程项目管理信息系统的一个子系统，没有一个比较完善的工程项目管理信息系统作为基础，施工索赔管理信息系统就不能很好地发挥作用。而施工索赔管理信息系统又是工程项目管理信息系统水平高低的综合体现。

基于上述观点，也根据我国各国际工程承包公司工程项目管理和施工索赔管理的现状，在开发研究施工索赔管理信息系统的过程中，要花费相当的精力去研究施工索赔管理的组织模式问题，索赔的程序和分类，索赔定量计算模型等基础管理问题，力图使索赔管理基础工作标准化、规范化和程序化，进而研究如何建立施工索赔管理信息系统的总体结构模型和计算机应用程序，最终建立一个能充分发挥人和计算机各自特长的、和谐有效的施工索赔管理信息系统。

二、施工索赔管理信息系统开发的必要性与可行性

1. 开发的必要性

研究表明，工程项目管理领域的许多问题，如成本的增加、工期的延误等索赔问题都与项目组织中的沟通问题有关。据统计，工程项目中10%到33%的成本增加都与信息沟通问题有关，而在大型工程项目中，信息沟通问题导致的工程变更和错误约占工程总成本的3%到5%。因此，利用信息技术来提高工程项目信息沟通的效率和有效性已成为工程项目管理研究和实践的重点。

据统计，工程项目管理人员和工程师工作时间的10%到30%是用在寻找合适的信息上。如小浪底水利枢纽工程从1994年9月开工至1997年底，仅三个国际标承包商就向工程师提交了正式信函10000多封。又如，仅小浪底导流洞地下开挖项目中，共计有12个工作面，每日2班作业，每班需要填写6份信息记录表格，每份表格平均有40个工程数据。导流洞开挖从1994年12月28日至1996年9月30日共计630多天，考虑到并不是每个工作面都是630天在工作，所以按照历时500天计，则导流洞开挖过程中信息量为$12 \times 2 \times 6 \times 40 \times 500 = 2880000$。由此可见工程项目管理中需要处理的信息量之巨大，而这些信息又都可能与索赔管理有关。（注：以上数据取自崔文学等编《小浪底国际工程建设》）小浪底工程普遍采用了计算机进行项目的信息管理，并使用了P3、EXP等国际上流行项目管理软件，收到了良好的效果，也为小浪底工程索赔工作的顺利进行提供了信息基础。

作为工程项目管理人员，尤其是索赔管理人员，可以说绝大部分工作时间是用在寻找合适的信息上。如何有效提高项目信息沟通的效率、改进信息沟通的质量、降低信息沟通的成本，成为工程项目管理中的一个突出问题。

开发施工索赔管理信息系统的必要性主要有：

（1）施工索赔管理是我国各国际工程承包公司工程项目管理中的薄弱环节，无论是在国内还是国外的承包工程中，由于不重视索赔，不会索赔，已经有了许多教训，蒙受了很大的经济损失。而通过施工索赔管理信息系统的开发研究，可探索出一套完整合理的施工索赔管理组织方式和规范的操作程序，用来指导施工索赔管理实践。

（2）施工索赔所需信息有如下特点：①信息源分散，信息传递、反馈的速度慢，而索赔的时效性很强，到一定期限不能提供所需要的信息可能使索赔失效；②信息保存和更新间隔时间长，大量原始数据要求长期保留；③信息管理数量巨大，从一个项目的投标、合同签订、施工、直到竣工各个管理环节，产生的信息都可能是索赔的线索和证据；④由于工程环境复杂，产生大量外部信息需要处理。由这些特点可知，单凭人工处理好索赔所需的信息几乎是不可能的。

（3）目前各公司有经验的索赔管理人员缺乏，也不可能派太多人去处理索赔事务。

使用计算机可以快速、有效地对索赔信息进行管理，使索赔管理人员从繁杂的事务性工作中解放出来，把精力集中在发现索赔线索，分析索赔资料和索赔谈判上来，这样才能不放过索赔机会，并提高索赔的成功率。

（4）施工索赔几乎涉及工程项目管理的各个方面，它是工程项目管理水平的综合体现。施工索赔管理信息系统的开发，可以作为工程项目管理信息系统开发的突破口，进而带动工程项目管理信息系统中其他子系统的开发研究，提高工程项目管理的整体水平。

2. 开发的可行性

（1）在近十几年的国际工程承包实践中，我国许多国际工程承包公司由于施工索赔管理不当，使许多应得的补偿白白丢掉，有些工程甚至因此而亏损。这使得越来越多的公司领导开始重视索赔工作，有些开明的领导已把索赔管理放到了很重要的地位上。同时，在国际工程索赔实践中，也正逐步培养出一批各公司自己的索赔管理人才，而且，还可以借用高等院校及其他研究单位的理论研究和计算机应用方面的人才。这使施工索赔管理信息系统的开发有了领导和人才方面的保证。

（2）施工索赔管理信息系统开发所需要的理论基础有两方面：一是施工索赔管理理论，虽然它是一门综合性的学科，涉及面很广，但并不存在什么理论障碍；二是管理信息系统理论和系统开发方法已比较成熟，而且有许多在其他领域的成功经验可以借鉴。这使系统开发有了理论指导和保障。

（3）施工索赔管理信息系统开发所需要的中小型管理系统的数据库管理技术已趋于成熟，在编程技术和软件工具方面也不存在任何技术难题。现普遍使用的比较先进的微型计算机，以至计算机局域网络系统已能充分满足施工索赔管理信息系统的硬件需求。

（4）国际工程承包项目一般投资额巨大，相比而言，施工索赔管理信息系统所需的开发费用，软硬件投资比较容易解决。而且一个项目开发成功，多个项目可以受益。

（5）近些年来许多国际工程承包公司已经进行了公司总部和各项目现场的工程项目管理信息系统的开发和应用。即使没有全局的项目管理信息系统，也已逐步推广使用了一些工程项目管理软件，这些都为施工索赔管理信息系统的开发提供了必要的基础。同时，施工索赔管理信息系统规模不是很大，属于工程项目管理信息系统的一个子系统，可以和工程项目管理信息系统的其他子系统实现计算机硬件共享，以减少硬件投资。

综上所述，施工索赔管理信息系统已有开发的必要性，而且系统开发的内、外部保障条件已基本具备。现在要研究的问题应该是如何进行施工索赔管理信息系统的开发。

三、施工索赔管理信息系统的开发策略

施工索赔管理信息系统的开发策略，主要体现为系统开发所采用的过程模型与开

发方法。系统开发之前,要通过对各种过程模型与开发方法及影响系统开发主要因素的分析,选择切实可行、符合系统实际情况的系统开发策略。

1. 开发的过程模型与开发方法

管理信息系统的开发过程模型,描述了系统开发随时间而呈现的阶段性特征,而开发方法则描述了系统开发中的行为特征。系统开发过程模型与所采用的开发方法的有机结合,即构成了各种系统开发的策略。

一般管理信息系统开发的过程模型有三种:生命周期法模型(Life Cycle—LC),进化原型法模型(Evolutionary Prototyping—EV),实验原型法模型(Experimental Prototyping—EP)。管理信息系统开发的方法也有3种:面向功能方法(Function Oriented—FO),面向数据方法(Data Oriented—DO),面向对象方法(Object Oriented—OO)。系统开发过程模型和开发方法可构成系统开发方法模型矩阵,如图11-1所示。

开发模型 \ 开发方法	(面向功能)(FO)	(面向数据)(DO)	(面向对象)(OO)
生命周期法模型(LC)	LC-FO	LC-DO	LC-OO
进化原型法模型(EV)	EV-FO	(EV-DO)	EV-OO
实验原型法模型(EP)	EP-FO	EP-DO	EP-OO

图11-1 管理信息系统开发方法模型矩阵

2. 影响系统开发的主要因素

施工索赔管理信息系统开发受到众多因素的影响。在进行系统开发策略的选择时,必然要考虑这些影响因素。影响施工索赔管理信息系统开发的主要因素有以下5个方面:

(1)系统特征。施工索赔管理信息系统规模不大,系统的处理以数据和文档的输入、查询、分析与比较、输出报告或报表以及维护为主。因此,其处理的复杂性不是很高。处理方式为批处理与联机处理相结合。施工索赔管理系统所处理的问题,在功能上随着管理水平的提高将有所变化,而系统所涉及的数据及结构,相对功能来说,较为稳定。

(2)质量要求。施工索赔管理信息系统强调系统的实用性,系统的人机界面要求尽可能使用方便、易于操作。这样要求系统不但有很好的有用性,同时也要求有较好的适应性。对于系统的效率(主要指系统的响应时间)要求不是很高,但系统要运行可靠,要保证数据的准确性和一致性。

(3)开发环境。我国现阶段工程项目管理的水平还不是很高,计算机在工程项目管理中应用的总体水平较低,数据的采集、处理以及报告、报表的内容与格式,大都适合手工处理方式。工程建设期间,一般要求组织机构相对稳定。系统开发的软、硬件环境，一般来说会有所保障。这方面的投资，一般没有大的问题。

（4）开发人员。系统的开发多采取使用单位委托开发，系统开发小组人员由被委托方人员与委托方人员共同组成。一般说来，来自被委托方的人员软件开发水平较高，但缺少施工索赔管理实践经验；而来自委托方的人员对工程项目管理与索赔管理较为熟悉，但缺少开发管理信息系统的经验。总的看来，系统开发组成人员的水平与结构相对较好，关键是如何将这两种人才有机地结合起来。

（5）用户。目前我国国际工程承包公司的施工索赔管理人员，一般对索赔业务有所了解，但要想真正搞好施工索赔管理工作，必须对他们进行相关知识的培训，而且他们缺乏计算机信息处理方面的知识。因此，在短时间内，让他们提出施工索赔管理信息系统的数据与功能的较完备的需求，是非常困难的。但若给出一个初步的系统原型让他们使用，则可启发他们不断地提出自己的需求。从领导层人员看，在现实需求面前他们对施工索赔管理越来越重视。

3. 开发策略的选择

在对管理信息系统各种开发策略的研究分析基础上，结合对施工索赔管理信息系统开发五个方面的主要影响因素的分析，选用面向数据的进化原型法模型（以下简称EV-DO方法模型），作为施工索赔管理信息系统的开发策略比较合适。

选定原型法模型的原因，有几个方面：①原型法模型特别适用于那些原信息处理流程是半结构化的，即工作没有固定程序、用户很难直接用语言表达系统需求问题，这恰恰是索赔管理工作的特点；②原型法模型适合于中小型系统的开发，大型系统一般用生命周期法模型。据国外不完全统计，用原型法模型开发中小型系统的效益是生命周期法的10倍以上；③原型法模型在继承生命周期法合理内核的前提下，摒弃了其一步步繁琐的细节，使系统开发周期大大缩短；④由于先构造出系统的原型，针对原型开展讨论，沟通了人们的思想，缩短了用户和系统开发人员之间的距离。

面向数据的开发方法，主要有如下优点：①可以获得良好的数据模型，使数据规范化，增强数据的独立性；②将数据冗余减少到最低程度，使数据的准确性、可靠性提高；③易于实现数据共享，在数据模型的基础上增加新功能；④充分发挥数据库管理系统的优势，用户也容易接受并参与系统开发，加快开发速度，降低开发成本；⑤实践证明该方法比较适合于采用进化原型法模型。

四、管理信息系统的开发过程

采用EV-DO方法模型开发施工索赔管理信息系统，可以把整个开发过程划分为系统分析、总体设计、原型实现、系统优化及维护四个阶段，如图11-2所示。

在实际系统开发过程中，应基本遵循这4个阶段，并且对系统分析阶段予以足够的重视，切不可在系统分析未充分完成时急于进入系统设计、实现阶段，那样做只能是事倍功半。

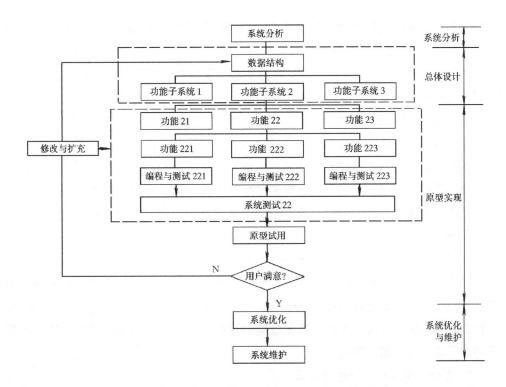

图 11-2 采用 EV-DO 方法模型开发施工索赔管理信息系统的开发过程

第 2 节 施工索赔管理系统分析

依据所选定的施工索赔管理信息系统的开发策略，先要对现行施工索赔管理系统进行系统分析，搞清楚施工索赔管理与工程项目管理其他各主要职能管理的关系，制定出适合施工索赔管理信息系统的合同管理和施工索赔管理的组织管理模式，提出合同管理和施工索赔管理基础工作的标准化、规范化和程序化方面的要求。有关施工索赔分类、索赔费用项目及定量分析问题，已在前面各章予以讨论，在此不再详述。系统分析是系统设计的基础，是系统开发不可逾越的重要阶段。

一、施工索赔管理与工程项目其他职能管理的关系

工程项目管理的主要内容包括：合同管理、进度管理、成本管理、质量管理、设计和技术管理、物资采购管理、行政与公共关系管理等。施工索赔管理几乎涉及工程项目管理的每一个方面，与各职能管理部门和工程施工单位都有密切联系。

1. 索赔管理与合同管理的关系

关于合同管理与索赔管理的问题，在下文将专门论述。

2. 索赔管理与进度管理的关系

工期索赔是索赔管理的重要组成部分，许多费用索赔以工期索赔为前提。通过工

程进度计划与实际工程进度的对比分析可以发现工期索赔的线索，工期索赔是由计划的和实际的关键线路对比分析而得到的。在实际工程实施过程中工程进度的变化，如施工顺序、劳动力分配、材料用量、施工机械的变化等都是工期索赔事件的影响因素，对这些因素进一步定量分析即可得到工期索赔值。

3. 索赔管理与成本管理的关系

索赔成功的关键之一是准确、合理地计算出索赔值。费用索赔主要是以合同报价为计算基础，通过对实际成本和计划成本差异的分析而得到的。实际成本必须以工程成本核算资料为依据。同时，索赔需要完整的成本核算和分析资料作为证据。所以工程项目成本管理体系是否健全，成本基础资料管理是否完善，对费用索赔定量分析有直接影响。

4. 索赔管理与物资采购管理的关系

各类物资在工程造价中一般占有相当大的比例，而且对保证工程质量和进度起着重要作用。许多索赔问题与材料的质量、供应、存储，施工机械的供应、管理有关。材料订购、运输、存储、发放、质量检验的原始记录，施工机械的使用台账、租赁记录等都可能成为索赔的依据。

5. 索赔管理与文档管理的关系

工程项目的文档管理工作量相当大。完善有效的文档管理可以给索赔及时、准确、全面、有条理地提供分析资料和证据，用以证明索赔事件的存在和影响，损失情况，证明索赔要求的合理性和合法性。这个问题在本节下面合同管理与施工索赔管理基础工作的有关内容中还将作详细的论述。

工程索赔涉及工程项目的各方面的经验和知识，是一门跨多学科的系统工程。工程索赔管理必须与项目其他职能管理部门紧密配合。索赔管理与质量管理、设计和技术管理、行政与公共关系管理等其他方面也有一定的联系。一个成功的索赔不仅在于索赔管理人员的努力，而且依赖于工程项目管理各职能部门人员的配合和他们自身卓有成效的管理工作。

施工索赔管理信息系统开发成功与否，同样存在着其他职能管理部门的配合问题。而且，施工索赔管理信息系统的应用深度，受其他职能管理部门管理水平的影响很大。施工索赔管理信息系统是工程项目管理信息系统的一个子系统，它的开发和应用也可以带动工程项目管理信息系统其他子系统的开发和应用，以提高工程项目的总体管理水平。

二、合同管理与索赔管理的组织管理模式

索赔管理与合同管理是直接联系的，也是工程合同管理的重要组成部分。合同是索赔的依据，索赔管理是合同管理的延续，是解决双方合同争端的独特方法。签订一个有利的合同是索赔成功的前提。合同不利，在索赔处理中就会处于被动的地位。合

同管理为索赔提供所需要的证据资料。合同管理得好就可以在合同的监督和跟踪过程中发现更多的索赔线索,而这些索赔线索是索赔的起点。

施工索赔管理信息系统的开发过程,不仅仅是计算机的应用过程,同时还会需要改变传统的合同管理与施工索赔管理的组织管理模式。下面着重对承包商一方合同管理的两种组织方式:直线式和矩阵式及其各自的优缺点做了分析,并从组织方式上对工程项目管理的核心部门合同部与工程项目其他主要职能部门之间的关系进行了讨论。

1. 关于组织和组织结构

组织的含义可以从不同角度去理解,古今中外的管理学家也对此做出了各种不同的解释。被称之为现代管理理论"鼻祖"的巴纳德(C. I. Barnard)将组织定义为"有意识地加以协调的两个或两个以上的人的活动或力量的协作系统"。

著名管理学家布朗(A. Brown)认为,组织就是为了推进组织内部各组成成员的活动,确定最好、最有效的经营目的,最后规定各种成员所承担的任务及各成员间的相互关系。他认为组织是达成有效管理的手段,是管理的一部分,管理是为了实现经营的目的,而组织是为了实现管理的目的。也就是说,组织是为了实现更有效的管理而规定各个成员的职责及职责之间的相互关系。

组织结构是为了便于管理,实现组织的宗旨和目标。每个组织都要分设若干管理层次和管理结构,表明组织内各部分的排列顺序、空间位置、聚散状态、联系方式以及各要素之间的相互关系。常见的组织结构类型有:直线式、职能式、直线职能式、矩阵式、事业部式等。

要使管理工作有效,一个健全的组织结构是极为重要的。因为,组织结构形成一种决定所有各级管理人员职责关系的模式。组织职能的目的是设计和维持一种职务结构,以便人们能为实现组织的目标而有效地工作。组织设计是对组织体系的结构安排进行的创新性安排,对今后管理效率高低有极大的影响。组织结构的设计要职责分明,使每一个单位和个人都知道应该做什么,谁对什么结果负责;应能排除由于工作分配的混乱和多变所造成的故障;并能提供反映和支持其目标的决策沟通网络。

2. 工程合同管理的组织模式

在工程项目管理过程中,合同各方,包括业主、监理工程师和承包商,都十分重视合同的管理工作。尤其对承包商来讲,可以说其合同管理直接关系到项目实施是否顺利,自身的利益是否能得到保护,而高效率的合同管理又在很大程度上依赖于合理、恰当的合同管理组织方式。而高效率的合同管理又是索赔成功的基本保证。

当承包商与业主签订了工程承包合同之后,应立即着手组建负责项目实施阶段管理的项目经理部。而项目经理部的一个核心部门就是合同部。下面主要从承包商一方合同管理的组织方式入手,探讨工程项目中合同管理组织的有关问题,提出了关于设置合同管理组织的方法,旨在为建立能高效运作的合同管理部门提供组织上的保证。

合同部作为一个工程合同管理职能部门,其组织结构设计可以根据工程项目的大小和复杂程度而采用不同的方式。在工程实施过程中作为承包商一方合同管理的主要任务有以下几个方面：①主合同的管理；②分包合同的管理；③主合同和分包合同的索赔管理；④与合同管理有关的信息管理（其中很重要的一项工作是合同文件的管理）；⑤与项目其他职能部门的协调。根据作者在国外参与工程项目合同管理工作的体会和研究，下文给出常见的两种承包商合同组织管理模式，并对这两种模式各自的优缺点进行了比较和分析。

（1）合同管理员制

直线式组织结构是最早使用也是最为简单的一种结构，是一种集权式的组织结构形式，又称为军队式结构。如图 11-3 所示为工程项目承包商一方的合同部直线式的组织结构的一个示例，也可以称之为合同管理员制。

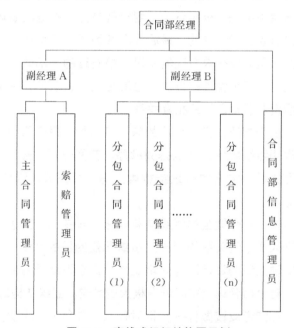

图 11-3　直线式组织结构图示例

此种组织结构设合同部经理一名，全面负责合同部的工作以及和项目其他职能部门的协调工作；设副经理两名，一位负责主合同和索赔管理，并专门配备主合同管理员，索赔管理也有专人负责；在签订承包合同尤其是总承包合同以后会有大量的工作需要分包出去，分包合同管理工作量也非常大，需有一位负责分包合同管理的副经理，在有很多分包合同需要管理的时候一个分包合同管理员可以同时负责多个分包合同的管理，但每一个分包合同都要对应某一个分包合同管理员；合同部另配信息管理员负责合同部的所有来往信函、合同文件、索赔报告、索赔文档资料等的登记、分类和存档等管理工作，还负责协调和配合施工索赔管理信息系统的开发工作，以及日后系统的维护工作。

图 11-3 所示仅仅是直线式合同组织方式的一种，在实际中可以根据项目具体情况

对其进行改造，如合同部经理可以直接主管主合同，可专门设立索赔管理中心，设一个分管索赔工作的副经理。在项目的实施过程中组织结构也不是一成不变的，可以根据项目的进展对其进行调整。对于大型工程，如果当工程施工高峰期分包合同数量很多时，可以采取增加管理层次、减小管理幅度的办法，即可以按专业或其他标准将众多分包合同划分成若干个小组，每个小组设小组长一名，可以仍设分管分包合同的副经理，也可以由合同部经理直接管理各个分包合同小组长。对于索赔管理，在工程实施前期可以由某一合同副经理兼管，到了工程中后期索赔工作量比较大时，对于重大索赔事件，也可以将其分成若干索赔小组来进行管理。

直线式组织结构的优点是组织结构设置简单、权责分明、信息沟通方便，便于统一指挥，集中管理。主要的缺点是缺乏横向的协调关系，灵活性较差，一旦项目规模很大时，会使管理工作复杂化，合同部经理可能会因为经验、精力不及而顾此失彼，难以进行有效的管理，例如当分包合同数量、或索赔很多时由于管理跨度过大而容易产生失控。

另外，这种组织方式对每一位合同管理员和索赔管理员本身素质的要求很高。以分包合同管理员为例，一个分包合同的管理几乎包括了合同管理的各个阶段和多个专业的内容。一个分包合同管理员从投标者的资格审查、招标文件的编制、招标、评标、合同谈判，到合同签订之后实施过程中的合同条款的解释、工程量的核实、合同进度款的支付、合同变更、法律和保险等，还有与技术人员和现场施工管理人员的协调等等，所以要求他具备很宽的知识面和各方面的经验，并有很强的组织协调能力。索赔管理人员面临着同样的问题。

（2）专业划分制

合同管理的另外一种组织结构就是矩阵式，也可以称之为专业划分制（如图11-4所示）。矩阵式的组织结构是一种混合组织结构，此种结构从各有关功能性单位集合了各方面的专家，形成对具体项目负责、协调的目标导向的专门部门或小组，以保证按质、按量、按期经济地完成项目任务。任务一旦完成，该小组即行解散。

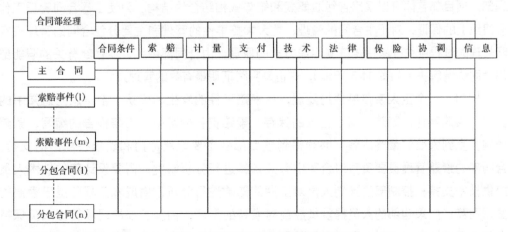

图 11-4 矩阵式组织结构图示例

在这种组织模式下，合同管理工作分成若干专业，可包括合同条件、索赔、计量、支付、技术、法律、保险、协调和信息管理等。专业划分的粗细程度视项目的复杂程度来确定。采用这种管理方式时将一个主合同、重大索赔事件或分包合同划分为若干专业管理区域，由对应的专业人员来管理。这种管理方式的优点是能充分发挥每一个专业人员的专业特长，能针对合同中出现的问题进行深入的分析和研究，尤其是对于主合同、重大索赔事件和主要分包合同的处理和研究，同时信息反馈的速度较快。其缺点是各个专业之间的协调工作量较大，可能会形成职责不分明的状态。

建议在做组织结构的选择的时候要考虑的因素主要是项目的规模和复杂程度，如果是中小型项目一般可采用第一种方式，使管理工作简单化，因为在很大程度上简单就意味着高效；只有很大的综合性的项目才考虑是否采用第二种方式。

在现实中还会出现上述两种方式交叉使用的情况，如图11-3所示直线式的组织结构中的索赔管理，对于重大的索赔事件可由一个索赔管理员牵头，由其他合同管理员和项目部的其他部门的相关人员兼职共同处理。而在图11-4所示矩阵式组织结构中也可采用将相近的几个专业归到一个小组中，小组内部的管理又可以采用直线式，这样可以减少各专业之间的协调工作量等。

3. 合同部与项目其他职能管理部门的关系

作为一个合同部经理，他主要考虑的可能是如何搞好合同部内部的工作，采用一种适宜的组织结构，使合同部的工作高效进行。而合同管理是整个项目管理的核心，作为一个项目的项目经理，就必须从更高的层次来看待这个问题。要想真正搞好项目合同管理工作，必须为合同部创造一个良好的外部环境。因为合同部本身也是项目部的一个职能部门，所以又必须考虑合同部与其他职能管理部门的关系问题。

下面以作者曾在国外参加过的一个大型总承包交钥匙项目为例，对此进行分析和讨论。该项目部由如下职能部门组成：设计部、合同部、项目控制部、采购部、质量控制与质量保证部、施工部、信息控制中心、安全与保卫部、财务部、生产准备部和行政管理部。项目部整体可以采用直线职能式和矩阵式相结合的结构。为使工程合同管理工作有组织上的保证，对于主合同的管理、重大索赔事件的管理和主要分包合同的管理在实际处理的过程中往往采用矩阵式组织方式的原理，由合同部牵头，项目部有关的职能部门共同协调解决（如图11-5所示），这也是实践证明最有效的管理方式之一。

例如，一个重大索赔事件的处理，从索赔事件的发生和确认、索赔意向通知书的发出、索赔事件的跟踪、同期记录的保存、索赔资料的准备、索赔报告的编写、索赔谈判，直到索赔的最终决策，必须得到项目部各主要职能部门和现场各部门的支持。合同部的索赔管理员要负责对合同中有关条款进行分析研究；需要设计部的技术人员提供技术支持；控制部的计划人员对工期的影响进行分析，由成本工程师提出索赔的费用估算；由采购部的人员提供供应商对索赔的影响；由施工部的现场管理人员保持有关的同期记录和资料；同时需要其他各有关部门的通力配合。要由各部门的有关人

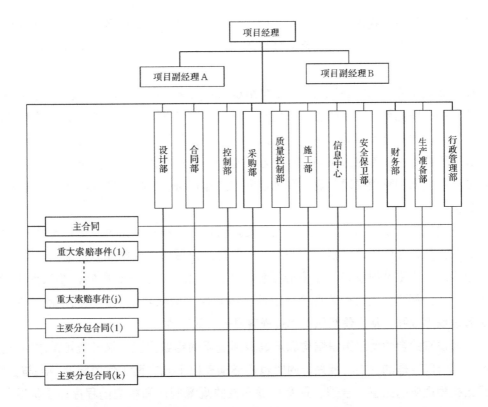

图 11-5　主合同、重大索赔事件和主要分包合同处理组织方式示例

员兼职组成索赔小组，合同部的索赔管理员就是这个小组的总协调员和负责人，他要负责有关的所有组织和协调工作。矩阵式的组织方式为类似索赔这样综合性、变化性很强的工作的管理效率的提高，资源的充分利用提供了组织保障，使索赔工作的管理水平得到了很大的提高。

矩阵式组织方式是一种现代的组织结构，它否定了许多传统的管理原则。比如，它否定了一个人只能有一个上司的原则，因为该组织中的每一个成员实际上有两个或两个以上的正式上司，既有功能单位的上司（各职能部门经理），又有目标导向单位的上司（各子项目经理或管理小组组长）。矩阵式组织在功能部门主管与目标导向部门主管之间容易产生冲突，因此，应尽量让两个方面的权力保持平衡。

矩阵式组织结构，是由纵横两套管理系统组成的组织结构，一套是纵向的职能领导系统，另一套是为完成某一任务而组成的横向项目系统。也就是既有按职能划分的垂直领导系统，又有按项目划分的横向领导系统的结构。

当同时有几个子项目需要完成时，每个项目要求配备不同专长的技术人员或其他资源。为了加强对项目的管理，每个项目在项目经理领导下由专人负责。因此，在直线职能结构的纵向领导系统的基础上，又出现了一种横向项目系统，形成纵横交错的矩阵结构。其中，工作小组或项目小组一般是由不同背景、不同技能、不同知识、分别选自不同部门的人员组成的。组成工作小组后，大家为某个特定的项目而共同工作。

矩阵式组织适合在需要对环境变化做出迅速而一致反应时使用。在复杂而动荡的环境中，由于采取了人员组成灵活的项目小组形式，大大增强了对外部环境变化的适应能力。

矩阵式组织方式的主要优点是：①将组织的纵向联系和横向联系很好地结合起来，有利于加强各职能部门之间的协作和配合，及时沟通情况，解决问题；②它具有较强的机动性，能根据特定需要和环境活动的变化，保持高度民主的适应性；③把不同部门、具有不同专长的专业人员组织在一起，有利于互相启发，集思广益，有利于攻克各种复杂的技术和管理难题，更加圆满地完成工作任务。它在发挥人的才能方面具有很大的灵活性。

矩阵式组织方式的问题主要是：①在资源管理方面存在复杂性；②稳定性差，由于小组成员是由各职能部门临时抽调的，任务完成以后还要回到原职能部门工作，容易使小组人员产生临时观点，不安心工作，从而对工作产生一定影响；③权责不清，由于每个成员都要接受两个或两个以上的上级领导，潜伏着职权关系的混乱和冲突，造成管理秩序混乱，从而使组织工作过程容易丧失效率性。

选择适宜的合同管理组织结构和准确灵活运用的组织方式，扬长避短，才能真正提高工程合同管理的水平。但是，同时也还必须有以下几方面工作的配合：①与合同组织结构相适应的完善、合理、具有可操作性的规章制度和相应的程序；②标准化、规范化完备的文档管理工作；③高素质的合同管理人员，尤其是合同部经理；④项目经理对合同管理工作的高度重视。

4. 施工索赔管理的组织模式

目前，我国许多工程承包公司未将施工索赔的组织管理工作放到应有的重要地位上。施工索赔管理工作多由合同管理人员代替，无专职负责索赔的管理人员，使索赔工作处于人人都管，但谁也不认真去管的状况。往往是到索赔谈判阶段才临时拼凑人马仓促上阵。常常是工程快结束时才临时组成所谓的索赔小组，试图一揽子解决全部索赔问题。这样的组织管理方式远远不能使索赔达到预期的目标。选择一种合适的施工索赔组织管理模式就显得非常重要。

施工索赔组织管理有两个主要特点，一是对于某个索赔事件均属于一次性管理方式，索赔事件千差万别，不可预见性很大，无需派专人去等待处理某种索赔事件，而是一旦索赔事件得到确认后组织类似"专案组"的方式对其进行跟踪处理；二是需要的人员范围广，一个索赔小组可能需要合同、进度计划、成本、技术、物资、法律等各方面的人员组成，这些人员又无须全部是专职人员，而且现有经验丰富的高水平索赔管理人才相对繁多的索赔事件显得极为短缺。

如上图 11-4 和图 11-5 所采用的矩阵式组织管理模式可以很好地适应上述施工索赔的这两个特点。关于矩阵式施工索赔组织管理模式有如下几点说明：

（1）该模式将索赔管理与其他各职能管理部门有机地联系起来，充分发挥他们对索赔事件处理的作用；

（2）在合同部设专门的索赔管理职能，由专职索赔管理人员负责组织管理整个项目的全盘索赔工作；

（3）强化索赔管理的领导，对重大索赔事件的处理均由项目经理兼任索赔小组组长，专职索赔管理人员任常务副组长；

（4）项目部各部门和各施工现场均设兼职索赔信息管理员，负责及时提供工程施工中的索赔线索；

（5）图 11-4，尤其是图 11-5 中的索赔事件均指比较重大的索赔事件，其他日常的单项索赔则由专职的索赔管理人员会同有关人员处理就可以了，没有必要组成单独的索赔处理小组。

参与施工索赔管理的专职和兼职人员的数量的多少主要取决于两个因素，一是工程项目的规模及复杂程度，二是工程进展的阶段。图

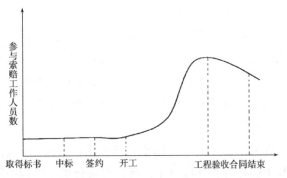

图 11-6 随合同周期参与索赔工作人员数示意

11-6 是一个反映随工程合同周期参与索赔管理人员数量变化大致趋势的示意图。图中强调承包商从取得标书起就应开始注意索赔问题，并说明了随工程的进行参与索赔的人员应该是越来越多，到工程的中后期达到高峰，有经验的承包商会在工程后期，竣工验收之前投入大量的人力处理索赔事件。

索赔管理的专职索赔人员应具有如下素质：①思维敏捷，索赔意识强，善于抓住索赔的机会；②熟悉合同，有相当的索赔理论知识和索赔实践经验；③具备一定的工程背景；④具备一定的工程管理理论知识和计算机知识；⑤具备较强的语言能力，包括文字能力和外语水平；⑥善于与人打交道，有较强的组织协调能力；⑦掌握一定的谈判技巧；⑧有事业心，肯于深入工程实际。当然这样的综合性高级管理人才很难得到，作为工程项目经理应注意培养自己的索赔专家。

对一个工程项目来说，索赔是一件自始至终（往往延续到工程竣工之后）都不可中断的工作。索赔管理小组的人员要精干而稳定，不能经常调动，以便系统地进行该项工作并积累经验。这对施工索赔管理信息系统的开发和应用工作也同样重要。

三、合同管理与施工索赔管理的基础工作

施工索赔管理信息系统的开发和应用的另一个重要问题，也是系统开发的一个必要条件，就是合同管理与施工索赔管理基础工作的标准化、规范化和程序化。

1. 施工索赔报告的标准化

在施工索赔处理过程中，索赔报告的质量和水平在很大程度上决定着索赔的成败。

承包商在编写索赔报告时应做到引用合同根据恰当,论述审慎、周密,证据充分,计算准确无误。本书前面的章节对施工索赔报告的编写已经做了较为详细的论述,为使索赔报告规范化,已经给出了一个索赔报告的标准结构:

(1)总论部分。简要论述索赔事项发生的过程,承包商为该事件付出的努力和附加开支,以及具体索赔要求。后面应附上索赔报告编写组主要人员及审核人员名单。

(2)合同论证部分。本部分包括索赔事件发生、处理的详细过程。为了论证自己的索赔权,应在此明确地全文引用有关的合同条款,并结合施工实际情况,申述自己提出索赔要求的根据和合理性。

(3)索赔计算部分。一般先写出计算结果,即索赔款总额(对工期索赔而言则是工期延长天数),然后再分项论述各组成部分的计算过程,并指出采用定量计算模型的合理性,再指出所依据的证据资料的名称及编号。

(4)证据部分。包括该索赔事件所涉及的一切证据资料,以及对这些证据资料的文字说明和确认件。

施工索赔所需的证据资料范围很广,这些证据资料可以分为3大类:①工程进行过程中的各种管理报表(包括工程项目施工过程中所涉及的有关合同管理、进度管理、成本管理、质量管理等方面的数据);②工程所在国内的政治、经济等各方面的资料(包括与工程有关的重大新闻报道、重要经济政策、工资和物价官方定期报导、政府官员对工程的评价等);③其他资料(包括来往信函、会议纪要、备忘录、工程照片等)。这些证据资料,承包商应在整个施工过程中持续不断地收集整理、分类存档。

2. 合同管理与施工索赔管理的基础工作

在此主要从承包商的角度进行论述。承包商合同管理基础工作主要包括:合同文件管理工作和合同管理程序化工作。而合同文件主要包括:招投标阶段文件、正式合同文本、来往信函、会议纪要、合同管理报表、合同管理工作程序文件,还有各类支付证书、施工记录、财务报表等。

(1)合同文件管理体系

签署合同并组建项目合同部之后,作为合同部经理应马上责成专人建立起自己的文件管理系统,尽快开始所有合同文件的整理分类和归档工作。当然这项工作如果能在招投标阶段就已经作好并照此执行就更好了,这样便于整理合同签订前的文档,为以后的索赔管理打下良好的基础。下面是承包商合同部一般文件管理系统和分包合同文件管理系统目录的实例。

承包商合同部一般文件管理系统目录:

1.0 周报

2.0 月报

3.0 会议纪要

4.0 业主来信

5.0 给业主的信
6.0 索赔文件
    6.1 内部索赔程序文件
    6.2 潜在的索赔趋势
    6.3 内部索赔文件
    6.4 向业主发出的索赔申请
    6.5 正式索赔报告
    6.7 业主对索赔问题的回复
    6.8 索赔情况汇总分析报告
    6.9 分包商的索赔情况汇总表
7.0 主合同变更
    7.1 变更程序
    7.2 变更申请
    7.3 变更令
    7.4 变更汇总表
8.0 承包商内部来往文件
    8.1 其他部门的来件
    8.2 发往其他部门的文件
9.0 有关人事问题的文件
10.0 一般行政文件

分包合同文件管理系统目录：
1.0 授权文件
    1.1 分包工作申请
    1.2 投标者名单申请
    1.3 授标推荐
    1.4 所有业主的其他批准文件
2.0 授标前的信函及文件
    2.1 总承包商内部有关招标文件编制的来往信函
    2.2 全套招标文件
    2.3 标书质疑
    2.4 投标人发来的信函
    2.5 标书的补遗
    2.6 投标书
    2.7 对标书中有关问题的澄清

2.8　评标文件

3.0　签订的分包合同文本

4.0　要求分包商提交的文件

  4.1　工程实施计划、程序

  4.2　材料批准的申请

  4.3　总承包商、业主对材料的批准

  4.4　所需备件明细表

  4.5　竣工图纸

  4.6　分包商主要工作人员简历

5.0　现场指示

6.0　现场施工要求文件

  6.1　分包商发出的现场施工要求

  6.2　总承包商对现场施工要求的答复

7.0　分包合同变更

  7.1　变更申请

  7.2　变更令

8.0　外部来信

  8.1　信件

  8.2　传真

  8.3　文件传送件

  8.4　来自总部的信函

  8.5　项目内部信函（备忘录）

9.0　发出的信函

  9.1　信件

  9.2　传真

  9.3　文件传送件

  9.4　发往总部的信函

  9.5　项目内部信函（备忘录）

  9.6　要求业主批准的申请

10.0　报表和会议纪要

  10.1　日报表

  10.2　周报表

  10.3　月报表

  10.4　会议纪要

  10.5　材料状况报表/材料采购订单

10.6 内部状况报表

10.7 采购计划

11.0 进度报表

12.0 保险和保函

12.1 保险单

12.2 银行保函/履约担保

13.0 支付证书

14.0 质量保证和质量控制文件

14.1 质量保证/质量控制手册

14.2 质量保证/质量控制检查报告

15.0 安全和保安文件

15.1 安全手册

15.2 安全/事故报告

15.3 保安记录

16.0 分包合同索赔

16.1 分包商索赔报告

16.2 索赔报告的批复

17.0 完工

17.1 分包合同结束汇签单

17.2 最终验收报告

17.3 分包合同评估

合同文件管理系统建立之后，还需要有相应的合同文件审核管理制度，有一套简洁高效的内部文件流转的程序。另一个关键问题是在以后的合同执行过程中，合同部的所有人员必须严格按照文件管理系统的编号，对每一份经手的文件进行准确的编号，由信息管理员及时对合同文件按照文件管理系统登录、分类存档。存档时一般按同一类文件的时间顺序倒排。

还要建立严格的所有接收和发出合同文件的登记制度。同时还应建立严格的文件借阅制度，不能随意将任何文件私自带走，也不能在查阅时搞乱了文件原来存放的顺序。更要注意文件存放的安全性，尤其是防盗、防火和防潮问题。合同文件在一个项目中都属于机密文件，任何泄密都有可能给项目带来不可弥补的损失，所以要特别注意合同文件的保密问题。

（2）合同文本

从资格预审开始，到招投标、评标一直到授予合同的整个过程中，作为投标者的承包商就已经和业主进行了大量信息交流，从而产生了很多来往的信函和文件。虽然这些都是为双方正式签署合同做的准备，但这些文件同样非常重要。在合同正式签订以后，要和正式签署的合同文本一起分类整理归档以备使用。合同主要文本包括：合同协议书、中标函、投标书、合同条件第二部分、合同条件第一部分、技术规程、图纸、标价的工程量表以及所有辅助资料表和附件等。对于正式签署的合同文本和所有合同的附件，应按照合同文件管理系统规定的类别仔细分类、整理和存档。

同时要特别注意合同文本原件的保管，建议将所有正式签署的合同文本拷贝一份，作为"阅视件"，当合同管理人员或其他人员需要查阅合同文本时，只允许查"阅视件"，而将原件妥善保管，以免损坏丢失。

对于分包合同和其他项目相关合同文本的管理也应有同样的要求。

（3）合同实施过程中的来往信函

在合同实施过程中，合同双方有大量的来往信函。这些信函都具有合同文件的效力，是合同款的支付、结算和索赔，解决双方之间争端的重要依据。来往信函又可以分为：信件、传真、传送件和电子邮件等。但重要文件不能以电子邮件的形式传送，为了提高效率可先用电子邮件发过去，随后提交原件。

每种类型的信函都应有通用的标准格式，每份信函都应该包括如下基本要素：①标准编号和合同号；②发出日期；③信函的题目；④发出人公司名称、部门、姓名和头衔；⑤接收者公司名称、部门、姓名和头衔；⑥信函总页数；⑦是否需要收信人回复；⑧参考信函或文件的编号和日期；⑨信函的基本内容；⑩发出者签名。如果需要时加上需抄送者部门和姓名等。

还要注意的一个问题是从合同部发出去的任何一份信函，都必须经合同部经理签发。发往项目部以外的正式信函，则必须有合同部经理审核，由项目经理正式签发。

（4）会议纪要

在工程项目从资格预审、招投标到项目移交整个期间，作为最主要的交流和通讯联络方式，合同各方要召开许多次会议，来讨论解决双方之间的各种问题。项目在实施过程中的许多重大问题，包括变更、索赔问题，常常都是通过会议的形式，经过反复协商讨论后决定的。在项目管理过程中与合同管理有关的会议主要有：

1）招标文件澄清会

2）标前会议

3）合同签订前的谈判会议

4）项目"开球会"

5）设计、技术协调会

6）周（月、季）例会

7）施工协调会

8）变更、索赔会议

9）项目进度审查会

10）承包商与业主、承包商与分包商之间的所有其他会议所有这些会议都要在会议结束时形成会议纪要，以记录双方的观点、双方就某一问题所应采取的行动、各方应负的责任和会上达成的协议等。这些会议纪要都是非常重要的合同文件，是协调合同各方行动和解决争端的主要依据。

对于会议纪要，要建立审阅制度，可由与会的一方起草会议纪要后，送交对方（以及有关各方）传阅核签。如有不同意见，可在纪要草稿上修改，再由其他方确认。还应规定一个核签完成的期限（如7天），如果在此期限内不返回修改意见，即认为同意。有时为了提高工作效率，避免不必要的推诿扯皮，可以在开会的同时即形成会议纪要，如可以携带笔记本电脑参加会议，开会的同时将会议内容输入电脑，会议结束前，双方一起对输入的内容进行核实确认之后马上打印成稿，双方代表签字生效，各留一份原件。尤其对于各种例会，会议内容比较固定（会议纪要的格式也可标准化），这种方法可以大大提高工作效率。

对于大量的会议纪要，也要进行分类存档。同时会议纪要可能涉及其他相关的信函或合同文件，一定要在会议纪要中注明相应的文件号。

（5）合同管理报表

各类合同管理报表，对于提高合同管理的效率，便于项目领导了解项目合同管理情况和状态，包括对变更、索赔问题的处理都是非常必要的。在项目开始前期，就应设计相关的合同管理报表的格式，在合同实施过程中再根据实际需要不断修改完善。一般大型承包公司都会有一套本公司专用的适用于各个项目的合同管理报表的标准格式，再根据具体项目进行修正补充。承包商常用的合同管理报表有：

1）主合同支付汇总表

2）主合同变更、索赔申请汇总表

3）批准变更、索赔汇总表

4）分包费用支出预算表

5）分包合同汇总一览表

6）分包合同支付汇总表

7）分包合同变更、索赔汇总表

8）保险单汇总监控表

9）履约保函／担保汇总监控表

10）部门人员休假情况安排表等

（6）合同管理工作程序的制定

合同管理工作的程序化是现代化工程项目管理的要求，是合同管理工作标准化的基础，也逐渐成为工程项目合同管理的一项根本性的管理基础工作。程序是人们在长期的实践中总结而形成的共同遵守的准则，程序可以保证人们从事某项活动的高度统一和协调，从而大大提高工作效率并充分利用有限的资源。程序化是为了完成某项活动规定的方法，即某项活动的目的范围、应该做些什么、由谁来做、在何时何地去做、如何去做、如何控制活动的过程、如何把所做的东西记录下来等。从而使每一个过程，每一次活动都尽可能得到恰当而连续的控制。做到"凡事有人负责、凡事有章可循、凡事有据可查、凡事有人监督"。

在工程实施过程中，合同管理的日常事务性工作非常多，为了协调好各方面的工作，使合同管理工作标准化、规范化，就需要对合同管理中经常性的工作，如合同行政管理工作、众多分包合同的管理工作、索赔管理工作等，订立相应的工作程序，使合同管理人员有章可循，也可以减少新上任的合同管理人员的培训工作。

下面就是一个总承包项目的"分包执行计划和分包合同开发程序"的基本结构，共分为3个部分：A. 分包合同执行程序总则；B. 分包合同开发程序；C. 分包合同管理和行政管理程序。

A. 分包合同执行程序总则

　1. 总则

　2. 职责

　3. 招标书的编写

　4. 授标前的活动

　5. 分包合同行政管理

　6. 协调和通讯联络

　7. 监督分包商的合同履行

　8. 安全问题

　9. 工程测量和支付

　10. 动员和遣返

　11. 分包合同的变更与索赔

　12. 分包商不履行合同

　13. 仲裁与诉讼

　14. 分包合同结束

　15. 工程结束

B. 分包合同开发程序

　1. 分包计划

　2. 分包合同的开始

　3. 分包商资格预审

　4. 分包方法确定

　5. 投标者名单的准备

　6. 招标书

　7. 招标答疑会议

　8. 质询补遗

9. 密封标书的接收

10. 技术评标

11. 标书分析和授标建议书

12. 授标前合同谈判

13. 分包合同的批准和签署

14. 分包合同的分发

15. 授标前文件的集中

16. 附件

C. 分包合同管理和行政管理程序

1. 分包工作管理

2. 分包合同行政管理

3. 分包合同的通讯联络

4. 分包商履约行为的监督

5. 建立和保存分包合同文件

6. 工程测量和进度付款程序

7. 分包合同变更程序

8. 分包合同索赔申请与批复程序

9. 总承包商内部分包索赔管理程序

10. 分包合同的履约保证递交程序

11. 保险程序与保险单

12. 分包合同反扣程序

13. 分包工程的验收

14. 最终发票

15. 分包合同结束

16. 分包合同移交

以上主要从承包商的角度对其合同管理基础工作的重要性、实施管理办法和注意事项做了论述，这些对于业主一方的合同管理工作同样有参考价值。

上述对施工索赔管理与工程项目其他职能管理之间的关系、合同管理与施工索赔管理的组织管理模式、合同管理与施工索赔管理基础工作的标准化等方面的分析，都是施工索赔管理信息系统进行系统设计的基础。

第 3 节　施工索赔管理信息系统设计

依据对施工索赔管理系统进行系统分析的结果，按照预定的系统开发策略，开始施工索赔管理信息系统的总体设计和各子系统的功能模块设计。总体设计包括系统总体数据结构模型设计和在此基础之上的功能子系统的划分。系统设计是下一阶段系统实现的主要依据，其是否科学合理，对后期系统实现工作能否顺利进行至关重要。

一、系统总体数据结构模型设计

EV-DO方法模型要求从用户对数据的基本要求出发，加上系统开发人员对系统的理解，对系统中有关数据进行分析与综合，即对数据及其结构进行分类、分组、一般化和聚合处理等，从而构造出系统总体数据结构模型。本系统采用扩展的实体关系模型（E-R图）来描述系统的总体数据结构。在构造系统总体数据结构模型之前，应先进行系统主要编码的设计，确定系统编码的结构。

1. 编码结构设计

为了对大量数据进行统一有效的处理，充分发挥计算机技术的优势，提高系统的工作效率，必须有适当的编码体系。编码体系与数据处理方式相联系，也反映了系统的功能，因而要遵循以下几个原则：编码具备唯一性、规范化、有可扩充性，便于查询、检索和汇总，易于识别等。

施工索赔管理信息系统所使用的编码，主要是项目结构编码。本系统项目结构编码采用项目管理特有的编码设计与实施方式。项目结构编码是一种树形层次结构，其中的每一个节点唯一标识一个分项。对项目结构的编码采用"父项码"+"子项码"的结构，即项目结构中的任一分项目以该项目所在层统一的编码加上该项目上层所属项目的编码。此种编码结构的E-R图，如图11-7所示。

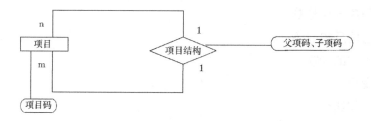

图 11-7 项目结构编码 E-R 图

施工索赔管理信息系统项目结构分为四个层次：整个工程、分部工程、分项工程、分项工程细目。

2. 系统总体数据结构模型设计

在对系统进行了较为详尽的数据调查与分析的基础上，采用扩展实体关系模型描述出施工索赔管理信息系统的总体数据结构模型（如图11-8所示）。

对系统总体数据结构模型的几点说明：

（1）该模型主要描述了索赔管理与合同管理、进度管理、成本管理、质量管理等的关系，与其他职能管理之间的关系主要通过工程项目结构联系在一起；

（2）施工索赔事项按索赔目的，分为经济索赔和工期索赔两种，分别予以处理；

（3）施工索赔定量计算模型和索赔案例库管理，是施工索赔管理信息系统的两个重要组成部分，但难以用 E-R 图在总体数据结构模型中予以描述；

（4）图中仅给出了各实体、关系和关系实体的主属性，它们的非主属性将在各对应数据库详细设计时，视实际需要进一步确定，故在图中略去；

（5）E-R 图符号说明：

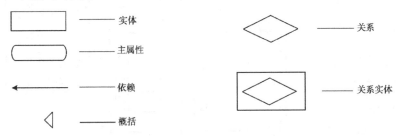

二、系统功能子系统划分

面向数据的方法，把数据放在第一位，而功能放在第二位，即首先建立起系统的总体数据结构模型，然后立足于这个数据模型，实现系统所要求的功能。在系统功能开发时采用结构化设计方法，首先将整个系统自顶向下划分为若干个功能子系统，每个子系统再划分为若干个功能模块，这样层层划分，自上而下逐步设计，然后自底向上层层实现。

1. 功能子系统划分的原则

要使施工索赔管理信息系统的功能子系统划分科学合理，必须遵循以下几项基本原则：

（1）子系统要具有相对独立性。要使得子系统内部功能、信息等各方面的凝聚性较好，将联系比较密切、功能近似的模块相对集中，这样便于以后的调试、调用和查询。

（2）使各子系统之间数据的依赖性尽量小。子系统之间的联系要尽量减少，接口要简单、明确，尽量减少各种不必要的数据调用和控制联系，这样一旦系统出现错误能控制在最小的范围内。

（3）子系统划分的结果，应使数据冗余最小。面向数据的方法，已较好地解决了数据冗余问题。在子系统划分时，只要与总体数据结构模型结合好，即可使数据冗余最小，使数据的准确性、可靠性提高。

（4）子系统的设置应考虑今后发展的需要。子系统的设置仅依赖于系统分析的结果是不够的，开发者必须能预测将来系统的发展，使系统不仅能更准确、合理地完成现有管理业务，而且可以支持更深层次的管理决策。本系统中定量计算模型管理和索赔案例管理两个子系统的设置正是出于这种考虑。

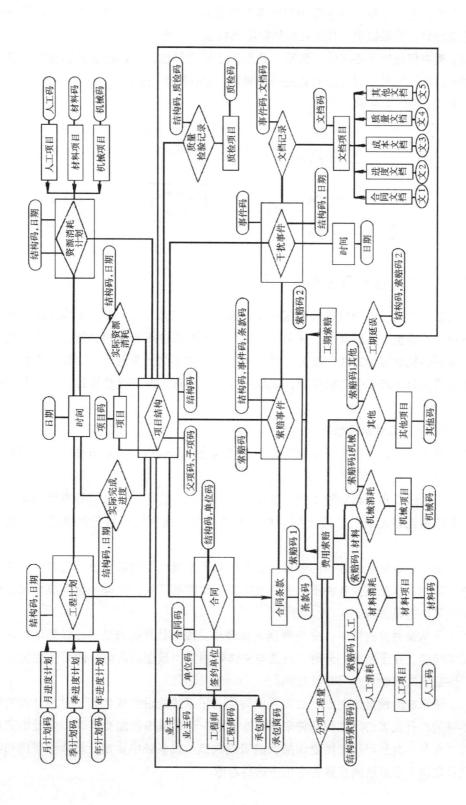

图 11-8 施工索赔管理信息系统总体数据结构模型

（5）子系统的划分应便于全系统的快速实现。本系统采用进化原型法，就是要在尽可能短的时间内构造并实现系统的原型。子系统的划分应切合实际，符合现有情况和人们的习惯，以缩短系统开发周期。

2. 功能子系统的划分

在系统总体数据结构模型的基础上，依据上述系统划分的基本原则，可将施工索赔管理信息系统划分为如图 11-9 所示的若干个功能子系统。图中对每个功能子系统都确定了代码，使其规范化，也便于程序命名和区分管理。每个功能子系统又可划分为若干个模块，各子系统功能模块划分及说明，后面将予以详述。

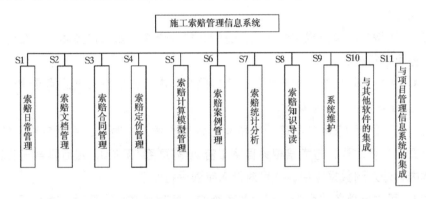

图 11-9 施工索赔管理信息系统功能子系统

三、系统各功能子系统及其功能模块设计

施工索赔管理信息系统功能子系统划分确定之后，要将各个功能子系统进一步划分为下一层功能模块。如果实际需要，还可将功能模块再划分成若干子模块。下面将各功能子系统划分为功能模块，并对各模块的功能及设计要求逐一说明。

1. 索赔日常管理子系统 S1

S11：收集索赔线索，并将其分类存入索赔线索数据库，跟踪记录各种干扰事件造成的影响。可进行索赔线索的增、删、查询等。

S12：建立索赔通知书标准格式，一旦索赔线索被确认为索赔事项，立即发出索赔通知书。可进行索赔通知书的查询和打印。

S13：索赔事项管理，主要是建立索赔事项数据库（字段有：索赔码、索赔通知书代号、索赔报告代号、工程名称、第一次发生日期、索赔类型、主要依据的索赔条款号、确认的等级（日常单项/综合/重大）、事件简介、解决否、负责人姓名等），此数据库为作为索赔事项的摘要，供查询使用。

S14：建立索赔报告标准格式（报告分为：总论、合同论证、索赔计算、证据四个部分），可进行索赔报告的编辑，一旦资料准备好以后，可打印输出索赔报告，也可进行索赔报告的修正、查询等。

2. 索赔文档管理子系统 S2

S21：首先对与索赔有关的常用文档、报表进行分类编码，并对文档代码进行统一管理。索赔文档可分为 5 大类：进度管理、成本管理、质量管理、合同管理和其他外来文档。

S22：确定索赔文档的标准格式，将文档标准格式存入相应的数据库。可采取两种处理方式：①计算机较为普及可进行联机处理的，常用标准文档均可将其内容直接输入相应的数据库以备调用；②计算机应用水平较低的，可仍延续手工填写方式，但必须使用标准格式文档，统一代码，将文档的摘要存入计算机供查询使用，文档原件由人工分类存档。

S23：可按各种单一或组合方式，进行文档的查询。如文档具体内容在相应的数据库内，亦可进行内容查阅。

S24：可打印输出存在相应的数据库内的文档内容或各类文档的摘要信息。

3. 索赔合同管理子系统 S3

S31：建立合同条款数据库，字段有：条款代号、主题号、主题名称、条款名称、条款正文、条款注释、与索赔相关程度（密切/有联系/无关），然后将合同条款及注释的具体内容输入到数据库中，并可对录入错误进行修改。

S32：可进行单条款查询、相关条款查询、条款正文与注释对照查询等。

S33：为索赔报告第二部分合同论证提供对报告引用条款内容的编辑功能，使索赔条款全文直接录入到索赔报告中去。

S34：将合同的附录文件，如合同协议书、投标书附件、辅助资料表的部分内容、投标保函、履约保函、预付款保函、用款计划估算表等存入相应的数据库，供处理索赔事项时调阅参考。

4. 索赔定价管理子系统 S4

本子系统主要是对几个确定索赔费率的主要数据库进行管理，为索赔计算提供所需费率。索赔费率主要来自四个方面：①工程量表中提供的分项工程的费率；②计日工表中提供的人工单价，施工机械租用及备用单价；③合同协议书辅助资料表中提供的人工报价、机械台班报价、主要材料报价；④通过工程定额计算进行单价分析获得的分项工程的单价。

这四个定价数据库，均需四种管理功能，即：数据的输入与校验；与 S1 中索赔报告第三部分索赔计算相连接，为其提供对应的索赔费率；费率的查询、调整。

5. 索赔计算模型管理子系统 S5

S51：首先，应建立一个定量计算模型数据库（字段为：模型代码、类型、模型说明、公式、所用参数、对应的索赔案例代码等），存放各模型主要信息。在使用时，以菜单形式提供各种模型目录。使用者选定所用的模型后，输入所需参数，由模型自动计算，并列出结果及计算过程。

S52：如果用户对某模型的使用不清楚，可查询该模型的使用说明书，说明书中对模型的由来、适用范围、公式、各参数的来源均作详细解释。

S53：可对模型的使用过程，用已经成功的索赔实例给予演示，告知使用者如何正确操作使用。

S54：将新的成熟的模型录入到模型库中。对新的模型可能要编写相应的计算机程序，然后将程序并入系统的程序中去，此功能应慎重执行。

6. 索赔案例管理子系统 S6

S61：对比较完整成功的索赔案例，进行统一编码，然后以标准形式（索赔报告四个部分）存入索赔案例库（字段为：案例代码、索赔类型、主要依据合同条款、使用定量计算模型代码、索赔费用项目（或工期）、入库日期、正文（一至四部分）、案例评述、案例说明等）。有新的案例入库，做同样处理。

S62：可进行单个案例查询，或按不同关键字段查询，交叉组合查询等。

S63：打印输出某案例或其中一部分。

7. 索赔统计分析子系统 S7

S71：编制索赔统计月报、季报、年报。报表中包括：索赔事项名称、工程名称、索赔日期、原申请的索赔金额或工期、实际支付索赔金额或同意的工期、是否仍保留索赔权等。可进行报表数据的汇总和打印输出。

S72：可按索赔类型、施工单位、索赔日期、费用类型等查询索赔结果。

S73：进行索赔数额与实际支付额的比较，找出未取得索赔额部分发生的原因，研究未解决的重大索赔事项和索赔额与实际支付额相差悬殊的索赔事项。

S74：可依索赔的发生原因类型和费用类型等，做出直方图、圆饼图等统计分析图，直观反映各类型索赔额所占比例情况，提醒管理者抓主要矛盾。

8. 索赔知识导读子系统 S8

S81：建立索赔知识数据库，将索赔基本知识分类存入相应的数据库，并对其进行有效的管理。

S82：用户可按照索赔知识目录，像读一本索赔书一样，通过计算机查询、学习所需的索赔知识。此功能可以和本书第 12 章第 5 节中提出的施工索赔专家系统的初步模型结合起来设计使用。

S83：随着索赔理论与实践的不断发展，对原来所存储的索赔知识进行更新，以便将最新的索赔理论和相关知识提供给用户。

S84：存储索赔基础知识的问题及其解答，为那些对索赔基础知识缺乏了解的用户提供帮助。

9. 系统维护子系统 S9

S91：施工索赔管理信息系统简介的查询、打印。

S92：系统操作使用说明，包括系统安装、系统初始化、各功能键使用、鼠标器的使用、某菜单选择方式等说明。

S93：项目结构代码等主要代码体系查询调整，系统数据字典的维护查询。

S94：文件的定期分类备份，出错时文件恢复等。

S95：修改打印设置，使系统各打印功能适应用户使用的打印机型号。

S96：设置系统总密码，防止非法进入系统；设定系统各功能模块的操作级别，防止对重要功能的非法操作。

10. 与其他软件系统的集成 S10

这是专门为其他软件留有的接口。对于那些与施工索赔管理信息系统关系密切的成熟的项目管理软件如 P3、EXP 等，可以直接挂接到本系统中来，但常常需要进行集成工作，这时候可能需要对这些软件进行二次开发，或在开发施工索赔管理信息系统时就将这些软件的具体要求考虑进去。

11. 与项目管理信息系统的集成 S11

从全局考虑，施工索赔管理信息系统是工程项目管理信息系统的一个子系统，而工程项目管理信息系统可能又是公司总部管理信息系统的一个子系统。所以施工索赔管理信息系统必须与工程项目管理信息系统，以至和公司总部的管理信息系统能够很好地集成。同时，还要考虑到与项目参与其他各方之间的通讯联络问题，如与业主和监理工程师方信息系统的联系和沟通。还要考虑各个信息系统所使用局域网之间的连接，与 Internet 的连接等问题。也只有能够充分与其他管理信息系统进行充分的数据共享和交流，施工索赔管理信息系统才能真正发挥其作用。

第 4 节 施工索赔管理信息系统的实现

确定了系统的总体数据结构模型，划分了各功能子系统，并对各子系统的功能模块进行设计之后，按照系统开发的 EV-DO 方法模型，接下来就是系统原型的程序设计、调试过程和系统运行与维护。一般来说，系统的原型化过程较难控制，处理不当很可能建立质量低、结构不佳、优化困难的系统原型。所以原型化及实现必须有高水平的系统开发人员，规定一致的系统实现原则，还要有相应的计算机软硬件环境的保障。

一、对系统开发人员的要求

系统开发人员分为三类：系统分析员、软件工程师和程序员。传统的管理信息系统方式对这三类开发人员在数量上的需求为所谓的"金字塔"结构。开发人员的分工很明确，对各类开发人员知识水平和结构要求差异也较大。但采用 EV-DO 方法模型进行系统开发，传统的人员结构和人员素质已不能满足要求。

进化原型法模型将信息系统的分析、设计、编程与测试融为一体，它要求多数开发人员集系统分析员、软件工程师和程序员的职能于一身。要求开发人员既能进行系统需求分析工作，又通晓系统的设计，还会运用所采用的程序设计语言编写程序。这要求系统开发人员不但懂计算机信息处理，还要懂得施工索赔及工程项目管理方面的知识。一般来说，现在这种人才比较缺乏，往往是懂计算机的不懂施工索赔管理，而熟悉管理业务的又不通晓计算机。所以系统开发人员如何拓宽自己的知识范围，成为能独立分析解决系统开发问题的全才，是系统开发中一个重要而现实的问题。系统开发人员的素质和能力，是系统开发成败最关键的因素。

进化原型法所需系统开发人员结构如图 11-10 所示。

软件工程师应为集传统三类人员素质于一身、能力全面的人才。在此还必须强调，施工索赔管理信息系统的开发必须始终有合同管理和索赔管理专业人员参加，由这些专业人员与上述三类人员共同组成系统开发小组，开展系统的分析和开发工作。合同管理和索赔管理人员既是系统需求的提出者，又是系统的最终的用户，所以他们必须全过程地参加系统的分析和开发设计工作。

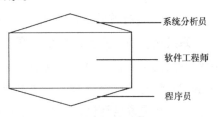

图 11-10　进化原型法所需开发人员结构

二、系统的实现规则

系统原型是为用户和开发人员评价并提出改进要求而建立的。根据用户和开发人员的评价结果，再对模型进行修改与扩充，如此反复，周而复始，直到满意为止。所以原型的修改与扩充是不可避免的，而且由于种种原因，原型程序的修改者并不一定是程序编制者本人。这就要求在系统实现前制定统一的系统实现规则，以保证编制出的程序结构性好、复杂性低、易读、易于修改与扩充。这对采用 EV-DO 方法模型进行系统开发是十分重要的。

系统的实现规则主要有以下几个方面：命名规则、结构规则、调用规则、说明规则和错误处理规则等。

三、计算机程序设计

用 EV-DO 方法模型进行系统开发的关键，就是如何既快又方便地构造出系统的初步原型，并能够迅速地修改它。显然，用传统的方法，基于几种常见的高级程序设计语言，要想做到这一点是很困难的。必须用新一代软件设计工具，创造一个良好的软件开发环境。具体来说，这个软件开发环境应该具备如下几种功能：

（1）要有一个方便灵活、功能强大的数据库管理系统；

（2）一个与数据库对应、方便灵活的数据字典，具有存储所有实体的功能；

（3）软件工具应支持结构化程序，并允许程序采用交互的方式，迅速地进行书写

和维护;

(4) 与数据库相对应的一套快速查询语言,支持任意非过程化组合条件查询;

(5) 有一个非过程化的报告/屏幕生成器,允许设计人员详细定义报告/屏幕样本以及生成内部联系;

(6) 必须满足适用的计算机网络环境的要求。

四、系统运行与维护

1. 系统运行前的准备工作

系统运行前,先要进行系统原型的测试。首先是单个程序的正确性、运行时间和存储空间的可行性、使用的简便性等的测试。当然,许多单个程序的测试工作,在程序的编制过程中已经进行了。这里所强调的测试,是由非程序编制者本人进行的程序测试。之后是联合测试,即把几个密切相关的程序进行统一测试,主要看接口是否匹配,通讯规则是否合理等。最后是系统测试,测试内容包括:各功能子系统之间的接口是否正确合理,系统运行功能是否达到系统目标要求,系统遭到破坏后能否按要求恢复等。必要时,需编制专门的系统测试程序。

另一项工作是数据准备。这是一项十分繁重而细致的工作,如系统代码库、数据字典库的建立;将 FIDIC 合同条款及注释输入到合同条款数据库中;将工程量表、计日工表、辅助资料表中数据输入到相应的数据库中;将整理出的索赔案例、定量计算模型输入到案例库和模型库中等。数据准备工作中,数据的准确性非常重要。如有必要,可采取二次校验的方法,或编制专用检验程序,以保证所输入的基础数据资料准确无误。

2. 系统原型的试运行、修改与扩充

系统原型测试及数据准备工作完成后,即可开始系统试运行。在原型的试运行过程中,主要是对原型进行评价。系统开发人员应帮助用户尽可能全面地使用系统原型,做好用户意见要求以及系统问题的记录工作,并按用户的要求对系统原型进行修改与扩充。对于系统的任何修改与扩充,都应做好记录,并在对系统修改前至少做一次备份。对于涉及系统数据结构以及系统界面问题,应由系统开发小组统一制定修改与扩充方案,并加以实施,不能擅自随意修改。

3. 系统优化与维护

系统原型试运行达到用户满意后,根据系统的运行情况,应对系统的数据结构、系统界面做适当地优化调整与完善,使系统的性能与效率、使用的方便性有所提高。同时做好系统文档的更新与建立工作,以利于系统的使用和维护。系统文档应使用通用的语言,说明系统各部分如何工作、维护、修改和恢复。系统文档应包括:系统一般性说明文件,系统分析报告,开发报告和程序说明书等。

系统维护的主要任务有:系统运行过程中的错误纠正与排除;系统适应新的软硬

件环境与接口及界面的改进与调整；系统的功能扩充等。随系统维护的进行，同时必须更新系统文档，并在系统作任何修改前，都要制定修改与实施计划，并在实施后填写系统修改与运行情况报告。

五、系统的适用范围

上述系统开发策略的选择、系统分析、系统设计一直到系统实现规则的制定，主要是提供给承包商一方使用的。在工程项目整个管理过程中，施工索赔管理业务主要集中在承包商对业主的索赔上，业主对承包商的反索赔业务处理量相对要少得多。作为业主，尤其是作为业主代表的工程师，要处理的索赔工作主要是对承包商所提出的索赔事项进行审核、确认。而工程师要想公正、迅速地处理好索赔问题，对承包商的施工索赔管理信息系统也必须有足够的了解。可以说本系统对业主和工程师也有很大的参考价值。依据上述的分析和设计思路，同样可以开发出业主和工程师专用的反索赔管理信息系统。

另外，以上系统的分析和设计是以 FIDIC 土木工程施工合同条件第四版为蓝本进行的。FIDIC 合同条件已成为国际工程承包界公认的通用标准合同格式，但是按合同支付方式它属于单价合同。对于总价合同、成本补偿合同等合同形式下的施工索赔管理信息系统，在系统总体数据结构上与单价合同将有较大的差异，对此未作进一步的研究，但信息系统的总体开发思路是基本相同的。

上述施工索赔管理信息系统对于以 FIDIC 管理模式进行的工程项目管理的工程均是适用的。不同的工程只是系统主要数据库内的项目代码有所变化。新的代码确定后，输入相应工程的基础数据即可。系统主要数据库的结构和各功能子系统及各模块的功能，基本不用改动。由于系统将使用良好的数据库管理系统，在系统设计过程中采用结构化、模块化设计方法，加上系统实现规则的制定，这将使本系统具有很强的可扩充性、灵活性和适应性。

作为施工索赔管理信息系统用户的各工程承包公司，应视自己公司工程项目管理和施工索赔的管理水平来确定如何使用本系统。工程项目管理和施工索赔管理水平较差的公司，不要急于采用计算机进行全面的施工索赔管理，而应首先按照系统分析阶段提出的组织管理模式、施工索赔的标准管理程序，由人工做好索赔管理工作，使公司的施工索赔工作标准化、规范化和程序化。只有在基础管理工作比较扎实可靠的前提下，才能充分发挥计算机的优势。否则，让计算机去处理不可靠、不全面的数据，只能是一种浪费。在公司的施工索赔管理工作达到一定的水平之后，再进行施工索赔管理信息系统的进一步深入开发。

施工索赔管理信息系统的开发和应用，将对工程项目管理信息系统的开发和应用起到促进作用。由于施工索赔管理业务的综合性和跨越工程项目管理几乎所有阶段的特点，施工索赔管理信息系统的开发和应用，也将对工程项目全生命周期的信息化集成系统的发展起到推动作用。施工索赔管理信息系统的开发和应用，将促进我国各国际工程承包公司提高工程项目管理的综合水平，不断增强公司在国际工程承包市场上的竞争力。

思考题

1. 施工索赔管理信息系统的开发，要首先解决其开发策略问题。请结合施工管理信息系统开发五个方面的主要影响因素，说明为什么本系统选用面向数据的进化原型法模型，作为系统的开发策略。

2. 一种行之有效的合同管理和施工索赔组织管理模式，对于施工索赔管理信息系统的开发是非常重要的。结合施工索赔组织管理的特点，说明为什么选用"矩阵式施工索赔组织管理模式"。

3. 请谈谈合同管理与施工索赔管理的基础工作标准化、规范化和程序化，对施工索赔管理信息系统开发和应用的影响。

4. 本系统采用扩展的实体关系模型（E-R 图）来描述系统的总体数据结构。熟悉 E-R 图的使用方法，并对施工索赔管理信息系统总体数据结构模型进行分析。

5. 本系统采用结构化设计方法，将整个系统划分为若干个子系统。简要说明每一个子系统所具备的主要功能。

第 12 章　施工索赔管理信息系统的发展

> 施工索赔管理信息系统在以工程项目管理信息系统及其子系统为依托，并最终发展为施工索赔决策支持系统和专家系统后，才能更充分地发挥其经济效益。本章从管理信息系统和决策支持系统的区别与联系入手，重点论述了施工索赔决策支持系统的概念模型及其三个主要组成部分（数据库及其管理系统、模型库及其管理系统和用户接口部件）的内部结构。对施工索赔决策支持系统开发所应具备的条件和执行目标，开发施工索赔决策支持系统的三个技术层次和系统分析及开发方法作了简要说明。然后，就专家系统的概念，专家系统建立的目的，专家系统的组成和建立过程以及专家系统与决策支持系统的区别作了简要介绍，并提出了施工索赔专家系统的初步模型。本章的最后对信息技术的发展，包括计算机网络技术的发展和数据库技术的发展及其对未来施工索赔管理信息系统的影响做了简要的介绍。

第 1 节　管理信息系统与决策支持系统

计算机在应用于管理领域的历史进程中，主要经历了电子数据处理阶段（EDP：Electronic Data Processing）；管理信息系统阶段（MIS：Management Information System，以下简称 MIS）；决策支持系统阶段（DSS：Decision Support System，以下简称 DSS）。此外，专家系统（ES：Expert System，以下简称 ES）的研究与应用，也取得了引人注目的成果。

计算机在施工索赔管理中的应用，由于起步较晚，基本上跨越了 EDP 阶段，而直接进入 MIS 阶段。在论述施工索赔管理信息系统开发策略的选择时，提到施工索赔管理的特点是半结构化和非结构化的问题很多，而这些问题只有在决策支持系统和专家系统中才能得到很好的解决。所以，施工索赔管理信息系统向施工索赔决策支持系统发展是必然的趋势。

一、DSS 和 MIS 之间的区别

MIS 主要解决结构化问题，其主要目的是提高效率；管理者在开发 MIS 过程中处

于被动地位。而 DSS 主要解决半结构化和非结构化问题，解决这些问题需要管理者的判断能力，并且在 DSS 的开发和实现过程中，管理者也起着主导作用。DSS 的目标是辅助管理者的决策过程，以改进个人或企业组织制定决策的效能。DSS 可根据管理环境而运行，能辨别不同的管理风格和决策模式所需的相应系统。DSS 能对决策过程起巨大影响，而 MIS 却不能。DSS 与管理者的决策风格直接相连，强调"支持"管理者制定决策，而不是"代替"管理者制定决策。

MIS 与 DSS 是计算机应用于管理工作的两个不同的发展阶段。DSS 与 MIS 的区别可从以下几个方面讨论：

（1）MIS 考虑的是完成系统的某个例行的信息处理，其追求的目标是高速度、低成本地完成信息处理任务，简单地说是效率。而 DSS 考虑的是系统的某类决策活动及其信息需求，所追求的目标是为决策提供有效的信息，也就是有效性。

（2）MIS 的设计思想是实现一个相对稳定协调的工作系统。系统分析时，着重体现系统全局的总体的信息需求。DSS 的设计思想，是实现一个具有巨大发展潜力的、灵活的开放系统；系统分析时，着重体现在决策者个人的需求。

（3）MIS 的设计方法强调系统的客观性，努力使系统设计符合单位实际情况，符合系统的现状。DSS 的设计方法，则强调充分发挥人的经验、判断力、创造力，强调其未来的发展，努力使决策者更加正确。从结果来看，MIS 中人工干预趋向于尽可能地少；而 DSS 则以人机对话为系统工作的主要方式。

（4）MIS 的设计方法是以数据驱动的（Data driven）；DSS 的设计方法是以模型驱动的（Model driven）。

（5）MIS 趋向于信息的集中管理；DSS 趋向于信息的分散使用。

二、DSS 和 MIS 之间的联系

DSS 与 MIS 之间除有以上差别之外，又有如下一些密切的联系：

（1）MIS 收集、存储、提供的大量信息是 DSS 工作的基础。反过来，DSS 使 MIS 提供的信息真正发挥作用。

（2）MIS 需要负担起收集、反馈信息，支持 DSS 进行结果检验的任务。

（3）DSS 经过反复使用，逐步明确起来的数据模式与问题模式，将逐步结构化，并纳入 MIS 的工作范围。

（4）DSS 的工作包括了对 MIS 工作的审计与检查，为 MIS 的改善及提高指明方向。

总之，DSS 与 MIS 既有区别，又有联系。问题在于正确地区分不同的情况，在适当的场合使用适当的工具和适当的方法。通过 DSS 与 MIS 的关系的分析，也可以看出施工索赔管理中的许多问题是 MIS 所难以解决的，施工索赔 DSS 的开发必将使施工索赔 MIS 更进一步充分发挥其效益。

三、决策支持系统的特征

DSS 具有以下特征：

（1）DSS 帮助管理人员完成半结构化的决策问题。这些问题很少得到 MIS 的支持，而 DSS 可以解决一部分分析工作的系统化问题，但对这一过程的控制还需要决策者的洞察力和判断力。

（2）DSS 必须是辅助和支持管理人员，而不是代替他们进行判断。因此，计算机既不应该试图提供"答案"，也不应该给决策者强加一套预先规定的分析顺序。

（3）DSS 是通过它的用户接口为决策者提供辅助功能的。DSS 的用户接口注重用户的学习、创造和审核，即让决策者在依据自己的实际经验和洞察力的基础上，主动利用各种支持功能，在人机交互过程中反复地学习和探索，最后根据自己的"管理判断"选取一个合适方案。

（4）DSS 的目标是辅助人的决策过程，以改进组织决策制定的效能，因而它不会、也不可能取代以提高管理效率为目标的 MIS。

（5）DSS 能在整个决策过程中，根据使用者的需要在不同阶段提供不同形式的帮助，而不像早期的应用软件那样，只能在某一阶段的某一工作中，按固定的算法给出一个孤立的数据作为结果。

（6）DSS 能够把模型或分析技术的利用与传统的数据存取和检索功能结合起来。

四、决策模型

DSS 是为管理者提供信息，辅助管理者进行决策制定的系统。因此，作为 DSS 的设计人员，必须了解管理者的决策过程，弄清制定决策与管理者个人的技能、价值观和知识的关系，从而判定是否具备支持条件，以及识别在决策过程的哪一环节进行辅助。

决策过程的一个著名模型，是由 Herbert Simon 在实践中提出的。他认为以决策者为主体的管理决策过程经历了情报、设计和选择三个阶段。

情报指对决策环境进行研究，探寻制定决策的各种条件。在获取原始数据之后，对其加工处理，并找出那些可以识别问题的线索。

设计指结构组成，即找出可能发生的各种过程并加以分析，其中包括理解问题，提出解决问题的方案并验证其可能性。

选择指从若干可行方案中选取一"最佳"方案，并予以实施与审核。

Simon 模式侧重于一般的决策过程，因而既概括了宏观决策，也包含了微观决策的基本特征。但它对决策环境，管理者的行为及其可能对决策过程的影响，并没有予以说明。为此，人们在归纳具体决策问题的特性的基础上，提出可供 DSS 设计人员借鉴的三种决策模式，即结构化、半结构化和非结构化。

（1）结构化决策。对某一决策过程的环境及原则，能用确定的模式或语言描述，能建立适当的模式产生决策方案,并能从多种方案中得到最优化解的决策,称为结构化决策。传统的 MIS 所能解决的问题,多数就是这类结构化问题。

(2)半结构化决策。有一定的决策规则,但不是很明确。也可以建立适当的模型来产生决策方案,但由于决策的数据不精确或不全,不可能从那些决策方案中得到最优化的解,只能得到相对优化的解,这样的决策称为半结构化决策。

(3)非结构化决策。不可能用确定的模型和语言来描述其决策过程,更无所谓最优化解的决策,称为非结构化决策。

五、决策支持系统概念模型

决策支持系统是一个交互式的计算机基本的系统,它利用数据库、模型库以及很好的人机会话部件和图形部件,帮助决策者进行半结构化或非结构化决策的所有过程。

如图 12-1 所示,DSS 的结构组成应包括:数据库及其管理系统 DBMS(Data Base Management System)、模型库及其管理系统 MBMS(Model Base Management System)及用户接口部件 DGMS(Dialogue Generation Management System)等。这种由二库组成的 DSS,称为 DSS 的二库结构。此外,还有些学者提出了三库结构,即含方法库 MEBMS(Method Base Management System),还有四库或五库等多结构。无论在哪种结构的 DSS 中,模型库及其管理系统都是 DSS 的核心。而对于施工索赔 DSS 来说,因为所能用到的成熟的数学方法很少,有一些可以归入模型库中去,所以施工索赔 DSS 采用二库结构是比较适合的。

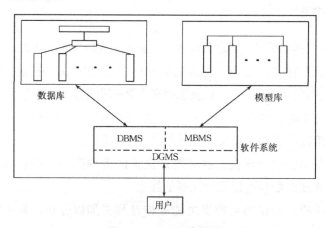

图 12-1　DSS 概念模型

第 2 节　决策支持系统主要组成部分

一、数据库子系统

施工索赔 DSS 数据库子系统由数据库及数据库管理系统(DBMS)组成。数据库是 DSS 的重要数据资源，是模型库和用户接口子系统的基础部分。

图 12-2 给出了施工索赔 DSS 数据库子系统的内部结构。用于决策支持的综合数据库必须从多个信息源获得数据，有内部的数据，也有外部的数据。对于施工索赔 DSS 来说，其外部数据主要是与工程项目有关的政治、经济和自然环境等方面的数据；内部数据主要包括工程概/预算、工程定额、施工进度计划、工程量表、辅助资料表、各种工程记录和报表等。

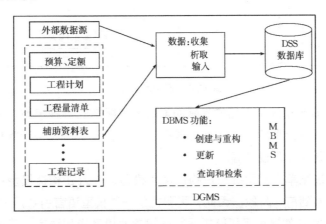

图 12-2　DSS 数据库子系统

施工索赔 DSS 的特性要求提取过程及管理提取过程的 DBMS 足够灵活，从而能够对随时出现的用户需求进行快速增减和变更。

大多数成功的 DSS 已经表明，有必要建立一个与其他操作级数据库相分离的 DSS 数据库。在此数据库领域内，所需要的部分功能概述如下：

①能够通过数据获取和提取过程，综合各种数据源；②能够快速简便地增加和删除数据源；③能够从用户的角度描述数据的逻辑结构，以便用户辨别数据的有效性，并说明所需要的增加和删除；④能够处理个人的和非正式数据，以便用户根据个人判断有选择地进行试验；⑤能够用各种管理工具管理多种数据。

数据资源需要精心管理。软件功能随着数据库管理系统的发展而得到了完善。DBMS 的一般功能是建立、维护、访问和控制，尤其创建与重构和更新文件，选择与检索和分类数据，并构成报表是必需的功能。然而 DBMS 的最大贡献在于把应用程序与数据分开，从而减少了程序维护的成本。另外，DBMS 的操作通常与用户使用的自然方法及用户的需求相一致。

二、模型库子系统

施工索赔 DSS 模型库子系统，由模型库和模型库管理系统（MBMS）组成，它是 DSS 区别于其他计算机信息系统的重要特征，也是 DSS 软件系统的核心。图 12-3 给出了施工索赔 DSS 模型库子系统的内部结构。

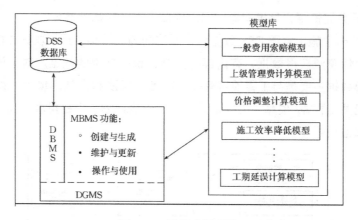

图 12-3　模型库子系统

施工索赔 DSS 模型库中存储的是辅助索赔决策所需的各种模型，主要包括有以下几类：一般索赔费用计算模型、上级管理费计算模型、价格调整计算模型、施工效率降低模型和工期延误计算模型等。

系统应能通过菜单方式引导用户构造优化模型，并且在构造模型的过程中很容易地由后一阶段返回到前一阶段。因此，需要提供一种模型语言引导用户构造模型。

目前许多 DSS 软件提供了能够描述某类问题的模型专用语言。借助这种语言，用户可以用自己所熟悉的专用术语，非过程化地构造自己的模型，而不受预制模型的限制。

关于 DSS 模型库的另一个重要问题，是如何在计算机内存放模型，以便能有效地利用模型和管理模型。模型在计算机内有三种存放形式：模型作为数据存放，模型作为子程序存放，以及模型作为语句存放。

模型库管理系统决定着模型库是否能全部发挥其巨大的潜力。模型库管理系统的功能至少具有以下几个方面：

①具有构造和生成模型的机制，如通过一种模型语言进行模型构造；②当模型的基本形式发生变化时，应能够重新定义或重新构造；③能对模型进行维护，如修改、删除等；④与 DBMS 接口，实现模型的输入、输出及中间结果保存等过程的自动化；⑤能够进行模型运算和各种灵敏度分析等。

模型库与数据有密切的关系。模型所需的数据来自于数据库，而模型设置的值和输出的数据将返回到数据库中。

由于数据库中的值经常得到有效检验，因而，保证了为模型提供的数据的准确性。在 DSS 中所有的模型利用同样的数据库，这样保证了存取数据的一致性，也方便了模型的流通。当数据被更新时，与这个数据有关的所有模型也被同样更新。如果把模型本身当作数据存储在数据库中，则 DBMS 可对模型进行有效的管理和操作。

三、用户接口子系统

当今计算机的用户，已从计算机专家、程序员发展到普通的非计算机专业人员。

施工索赔 DSS 的用户，多为对计算机并不太熟悉的项目中上层管理人员。与其他信息系统不同的是，由于 DSS 无法预见处理过程，因而也就不可能设计成一套指令序列供用户简单运行。而且 DSS 用户以及不同用户的使用要求都可能不同。因此，使用 DSS 的一个显著特点，就是需要大量的人机交互。但是，又不能要求管理人员都学会程序设计，都能直接存取数据库或调用各种软件包。这些特点使得施工索赔 DSS 的用户接口设计的重要性更为突出。

从用户的观点来看，接口就是系统本身。因此，接口必须满足用户的需求，使没有经验的用户也能像有经验的用户一样使用系统。图 12-4 所示为 DSS 用户接口子系统。

常见的有三种不同的接口模式：程序员模式、专家模式和初学者模式。为满足不同用户的需要，许多系统将这三种模式结合起来使用。如在系统开始时，询问用户选择哪种模式，然后根据用户的要求提供

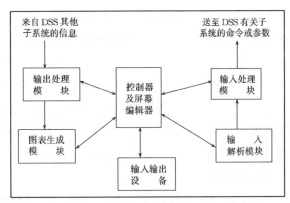

图 12-4　DSS 用户接口子系统

适合用户特点的相应模式。因此，施工索赔 DSS 人机接口应具备以下功能：①具有处理各种对话格式的能力，能够在几种格式间进行切换，以便用户选择；②能够为用户提供各种操作方式；③能够用各种形式和格式表达数据。

在设计用户接口时，应遵循以下三条原则：

第一，屏幕上的描述语言应能明确地指导用户的操作，并尽量包含所有操作；

第二，人机接口的设计，应集中在数据的屏幕表示，以及如何对这些表示进行操作；

第三，为各种数据表示提供明确的使用结构，以便用户控制。

值得强调的是，用户接口的易掌握与使用及其灵活程度，是施工索赔 DSS 成功的关键。

第 3 节　决策支持系统的开发

一、决策支持系统成功的条件和执行目标

决定一个 DSS 成功的条件固然很多，但要取得实际的效益，至少应具备以下几方面的条件：

（1）使用人员要有明确的决策目标和实际的决策权力。这里所说的使用人员，是

指 DSS 的最终用户，即管理者。管理者可以直接操作 DSS，也可以通过操作人员间接控制使用 DSS。

（2）应对所面临的决策问题有一定的了解，并已形成初步的决策模式。决策问题的有关因素有哪些，决策可能采用哪些行动，决策行动如何描述，决策行为的效果如何衡量等，都应有一个初步规定。也就是说，要形成一个半结构化的问题模式。

（3）要有一定的基础数据来源。没有足够的数据，模型无法使用，分析或预测也就无从谈起。每当一种新的方法或模型加入系统，都需要一些新的、以前系统未加考虑的数据，所以，DSS 所需数据范围不断扩大。DSS 的设计者必须考虑到可能使用的数据有比较可靠的来源，否则，就可能使 DSS 的研制归于失败。

（4）要有一定的设备条件，包括软硬设备。DSS 是面向管理者的，是在人-机交互方式下操作运行的。因而它在查询速度、通信手段和显示设备方面有较高的要求。特别是在直接面向各级领导的情况下，更需要尽可能地使效率及使用方式让用户满意。要做到这一点，对设备要求不可过低。此外，良好的软件开发环境，也是 DSS 成功的一个重要因素。

（5）使用人员要具有一定的水平，要能够把系统真正地使用起来。在研制 DSS 时，对于服务对象要进行充分的了解，尽量降低对使用者的要求。然而，不管这一要求降低到什么程度，它总比 MIS 的使用困难得多。

从项目管理者的角度来看，专用施工索赔 DSS 应具有以下 6 个基本的执行目标：

（1）DSS 应对制定索赔决策提供支持，但强调支持半结构化和非结构化决策。

（2）DSS 应在所有层次上为管理者提供决策支持，以便各层之间的协调一致。

（3）DSS 不仅要支持独立性决策，也要支持相关性决策。DSS 应能适应群体决策或由多人所作的决策。

（4）DSS 应对决策过程的每一阶段提供支持，即应该对 Simon 决策过程模型的情报、设计、选择三个阶段提供支持。

（5）DSS 应支持各式各样的决策过程，而不应依赖于任一过程。DSS 应是一个由用户驱动和控制的独立过程。

（6）DSS 应易于使用。DSS 用户有更多的自由来忽略或回避系统的反应。因此，DSS 必须通过自身的实用价值的方便性来赢得用户的信赖。

这六个目标也从管理者或用户的角度集中表达了专用 DSS 应具备的全部特性。

二、开发决策支持系统的三个技术层次

1. 专用 DSS

用来完成特定任务的 DSS，称之为专用 DSS。专用 DSS 是能够实际完成决策支持任务的计算机硬件和软件系统。从决策制定者来看，专用 DSS 就是 DSS。它是一个带有诸多特性的应用系统。其特性使得它与一个典型的数据处理系统截然不同。它由硬

件和软件组成，允许一特定决策者或一组决策者处理一系列相关问题。

2. DSS 生成器

DSS 生成器是由一组相关硬件和软件组成的包，能够提供快速简便地建立专用 DSS 的一整套功能。它包括数据管理、模型管理和对话管理所需的技术，以及能将它们有机地结合起来的接口。利用 DSS 生成器，可以根据决策者的要求、环境和任务，迅速构造一个专用的 DSS，从而大大缩短 DSS 的研制周期，并降低 DSS 的研制费用。

3. DSS 工具

DSS 工具是用于开发 DSS 的第三个层次，也是最基本的技术层次。DSS 工具包括硬件和软件，同时也包括了所有近期的发展成果。DSS 工具主要包括：数据库管理系统；通用的输入输出软件、窗口软件、图形软件、报表生成软件、多媒体软件等；超高级语言，非过程化的第四代语言和面向对象的系统开发工具软件。现在已有新型的专用语言、支持会话方式的改进型操作系统、彩色绘图硬件和支持软件等。

4. 三个技术层次与 DSS 的关系

从图 12-5 可以看出开发 DSS 三个技术层次与 DSS 的关系。其中 DSS 工具可以直接用来开发专用 DSS，如图左半部分所示；也可用来开发 DSS 生成器，如图右半部分所示。由于专用 DSS 具有易变化和适应性强等特点，用传统方法开发专用 DSS 比较困难。专用 DSS 不仅随环境的变化而变化，

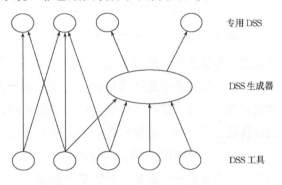

图 12-5 开发 DSS 的三个技术层次

且随管理者解决问题的方法的改变而改变。这就要求用户直接参与专用 DSS 的变更和修改。如果使用 DSS 工具直接开发专用 DSS，用户就不能直接参与这一过程；而 DSS 生成器的开发和使用，是允许在用户的直接参与下，对专用 DSS 进行经常的变更和修改，既省时又省力。

三、决策支持系统分析

系统分析是 DSS 研制的初始步骤。在这个阶段中，研制者和管理者共同协调，分析系统结构，确定系统开发中需要做些什么。它包括两方面的内容：①分析现实决策问题及其涉及的范围；②确定支持决策所需要的系统功能。

在研制 DSS 时，首先需要对各种各样的决策过程和决策者的需求进行分析。然后，根据用户的观点，用一组由决策支持系统能提供的描述方法来定义决策问题、决策过程以及信息需求，建立起决策支持系统的要求和决策支持系统的能力之间的关系。下面介绍的 ROMC 方法，就是一种基于这种思想的常用于 DSS 系统分析的方法。

在使用 ROMC 方法时，需要对各种各样的决策过程和决策者的需要进行分析，以

求通过用 ROMC 方法减小决策支持的要求与系统能力之间的差别。

ROMC 方法主要从以下几点进行分析：①表达式（Representation）：使问题概念化；②操作（Operation）：对表达进行加工；③存储（Memory Aid）：表达与加工的存储支持；④控制机制（Control Mechanism）：控制、协调整个系统。

ROMC 方法作为一种过程独立的方法，不要求用户预先描述他们如何做出决策，它利用表达式贯穿整个过程，通过对表达式的操作来支持决策的信息、设计和选择三个阶段的工作。辅助存贮将有用的数据、中间结果、最终结果存储起来，从而支持表达式和操作的使用。控制机构对表达式、操作、存储进行控制，帮助决策者直接使用 DSS。

ROMC 方法提供了 DSS 分析与设计的框架，但方法本身并没有提供实现 DSS 结构的具体技术。有效地运用 ROMC 方法，还需要有 DSS 生成器作为软件支撑环境。

四、决策支持系统开发方法

多年来，自顶向下的研制方法一直是系统研制的主要方法。自顶向下的研制方法，是先进行系统分析，然后确定系统的说明书，再进行系统的设计和实现阶段。但由于 DSS 所面临的任务不是结构化的，因此在研制开始时很难搞清"全局"。且 DSS 是辅助制定决策，以大量的人机交互作为辅助手段，所以用户往往需要在看到了实现的系统，甚至使用之后才能提出进一步要求和意见。这样不断通过对系统研制的反馈来修改或扩充 DSS 的功能。因此，传统系统开发过程的四个重要步骤：分析、设计、建立和执行被合并成一个重复执行的单一步骤。

这一方法的本质，是管理者和设计者先就一个小的但又很有意义的子问题达成协议，随之设计和开发一个初级系统。经过较短时间的使用之后，系统便得到验证、修改和扩充。这一周期要在几个月里重复 3~6 次，直到研制出一个在辅助决策过程中对一系列任务来说相对稳定的系统。

应当明确，这一方法需要特殊级别的管理人员参与设计过程。管理者实际上是系统的重复设计者，而系统分析员是管理者和系统之间的媒介，由他们实现所需要的变更和修改。同时还要看到，这个初级系统是实际可用的，而不只是一个实验模型。通过这一循环过程，不仅可以搞清以前未知的系统需求，而且可以使 DSS 在实际运行中逐渐形成应变能力，从而适应不断变化的决策环境。

这种 DSS 开发方法能够导致形成一种自适应性过程，在此过程中，决策者和一组信息"功能"相互配合，以应付由于各种变化而产生的问题。

从广义上讲，DSS 是一个由三个技术层次和相应角色的作用以及能适应长期变化的自适应性系统。因此，开发 DSS 实际上就是开发和建立这个自适应性系统。

在 DSS 的三层技术模型中，专用 DSS 为管理者提供了在一定范围内进行检索、研究和对问题领域进行试验的各种功能和灵活性。在执行一项任务的过程中。当环境和用户的行为发生变化时，专用 DSS 必须能够在 DSS 设计者的帮助下，通过重新构造 DSS 生成器中的各项成分来适应这些变化。经过一段较长的时间，这些基本工具通过工具制造者的不懈努力而得到了不断完善，从而为改变生成器的功能提供了技术援助，同时利用生成器，DSS 得以构造。循环开发方法的最终目标，是设计出一个由三级技术层次和相应角色组成的、能适应环境长期变化的自适应系统。

第 4 节　专 家 系 统 简 介

一、专家系统的概念

专家系统是这样的一个系统：①专家系统处理现实世界中提出的需要由专家来分析和判断的复杂问题；②专家系统利用专家推理方法的计算机模型来解决问题，并且，如果专家系统所要解决的问题和专家要解决的问题可相比较的话，专家系统应该得到和专家相同的结论。

第一点说明专家系统要解决的是一个现实问题。这样的问题本来需要由具有某个领域的专门知识的专家才能解决。由专家分析和解释数据，并做出决定。

专家是解决某些专门问题的能手。他们的能力来自于他们所具有的广泛的经验，以及掌握了所处理问题的详细的专门知识。为了能像专家那样解决问题，以计算机为基础的专家系统，就要力求去收集足够的专家知识。

第二点说的是专家系统通过推理的方法来解决问题，并且得到的结论和专家的相同。专家系统的重要部分是推理。正是由于这一点，使专家系统不同于一般的资料库系统和知识库系统。在这些一般的系统中，只是简单地储存答案，我们可以在机器中直接搜索答案。而在专家系统中所储存的不是答案，而是进行推理的能力与知识。

二、建立专家系统的目的

1. 为了传播珍贵的、成本高的专门知识

培养和雇佣索赔专家费用昂贵，并且索赔专家的数量很少，远不能满足实际需要。这时，我们希望由专家系统来汇集复现索赔专家的知识。专家的优点在于人类对于事物的辨别能力，以及能够灵活和及时地处理问题。在大多数情况下，并不期望专家系统完全替代专家，而是把专家系统作为交互式智能问题解决和咨询系统，这样的系统增强了使用者的能力。

2. 使专家知识形式化

在施工索赔领域的许多方面，人们的知识落后于人的实践和经验。如果索赔专家只能非正式地和不准确的说明他的推理过程，就不可能确认这些新方法。但一旦找到了使计算机能复现专家的推理结果的形式化的表达方式，就能够继续去实验和找到在什么环境下可以应用这些表达方式。大多数教科书不收录关于如何做出具体决策的专门知识。它们只叙述有关的基础知识，而计算机程序可以对决策进行模拟和试验。计算机程序能够彻底地试验各种各样的、把事实组合起来以产生专家推理结果的方法。这样，专家系统就成为一种试验知识的表达和应用方法的实验工具。因此，专家系统就可以对实际知识的发展做出不可估量的贡献。

3. 汇集各种来源的知识

对重大索赔事件，许多索赔专家经常会对如何解决他们的问题持有不同意见。专家系统可能有助于比较和判别这些不同的方法。因为专家系统要求专家在记录推理规则时，应用一致的知识形式。另外，专家系统已经被用作一种汇集和综合在某一领域里各种来源的专门知识的工具。

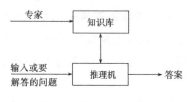

图 12-6 专家系统的组成

三、专家系统的组成

专家系统的组成如图 12-6 所示。专家系统第一个重要组成部分是知识库，其中存储从专家那里得到的关于某个领域的专门知识。专家系统的第二个组成部分是推理机，它具有进行推理的能力，即能够根据知识推导出结论，而不是简单地去搜索现成的答案。

为了建立知识库，需要解决如何储存知识的问题，这就是所谓的知识表达，确切地说就是如何以计算机能够储存的形式来表达知识。另一个与此相关的问题，是如何从专家那里获得知识，即所谓的知识获取问题。在建立专家系统过程中，这是个重要的问题，在下面将进一步阐述。专家系统的很多能力来源于所储存的大量专门知识，恰当地应用有效的推理技术。推理方法不可能完全独立于所要解决的问题的种类。但同时，推理过程又不能过于针对某一特定问题，以致在其他场合不能适用。所要寻求的推理方法应该是很有效的，同时又可普遍地应用于描述和解决广泛的问题。

推理机除了具有推理能力以外，还包括和使用者进行对话的能力。这被称之为问题解答。在某些系统里，使用者可以很方便地用自然语言进行人机对话。

四、建立专家系统的过程

建立专家系统通常包括以下几个步骤：

1. 知识获取

知识获取就是把解决问题所用的专门知识从许多知识来源变换为计算机程序。可能的知识来源包括专家、教科书、资料库以及工程师自己的经验。

到目前为止，还没有一个专家系统可以直接从专家那里获取知识。目前，知识获取是由知识工程师来完成的。知识工程师是一个计算机方面的工程师，他从专家那里获取知识,并把它以正确的形式存储到知识库里去。由于专家所掌握的知识和能存储于计算机的知识形式之间通常存在较大的差别,所以,要建立一个成功的专家系统,知识工程师与专家之间要多次相互交换意见,以使知识库能正确地反映专家的知识。除此之外,知识工程师还要选择推理方法。知识获取是建立专家系统过程中最为困难的阶段之一。

2. 知识表达方法的选择

经过多次和专家交谈以及阅读有关资料,知识工程师逐渐熟悉这个专门领域中的专门知识以后,就可以选择合适的知识表达方法。所选择的知识表达方法应该具有以下两个性质:①具有表达专家知识的能力;②能简单和方便地描述、修改和解释系统中的知识。能方便地改变和修改知识,这一点在选择知识表达方法中是很重要的。因为专家在描述模型时经常改变,特别在描述模型的初期更是如此。要适应这种情况,灵活性是很基本的。

3. 专家系统的建立

必须承认,要成功地建立一个专家系统的关键,是从一个较小的系统开始,然后逐渐地扩大成一个具有相当规模的可以进行试验的系统。在系统的改进过程中,必须不断地进行实验验证。

建立专家系统,可以分成以下几个步骤。这只是一个粗略的划分,并非所有专家系统的建立都要经过这些步骤。

(1)知识库初步设计:这又包括以下3个主要的步骤:

a)问题定义:规定目标、约束、知识来源、参加者以及他们的作用。

b)概念化:详细叙述问题如何分解成子问题;从假设、数据、中间推理、概念等方面来说明每个子问题的组成;这些概念化如何影响可能的执行过程。

c)问题的计算机表达:即在概念化阶段中确定子问题的各个组成部分的选择表达方式。这是要求计算机执行的第一个阶段。在这一阶段中,信息流的研究以及概念和数据的连接将更为完善。

(2)原型的发展和试验:一旦选定了知识表达方法,我们就可以着手执行整个系统所需知识的原型子集。这个子集的选择是关键性的。它必须包括有代表性的知识样本,这些知识样本对整个模型来说是有典型意义的,同时又必须只涉及对试验是足够简单的子任务和推理过程。一旦原型产生了可接受的推理,这个原型就要扩展以包括它必须解释的各种更为详细的问题。然后,用更为复杂的情况来进行试验。这些比较复杂的情况,以后将被用作改善知识库时的标准试验集。这些试验的结果一定会对问题的基本组成以及它们之间的关系做出许多调整。

(3)知识库的改进和推广:如果要达到专家那样很高的水平,这个阶段将要花费相当长的时间。然而,经过几个月的努力,有可能在某些特性方面,达到令人相当满意的性能。

五、专家系统与决策支持系统之比较

表 12-1 对专家系统与决策支持系统进行了简单的比较。

专家系统与决策支持系统之比较表 表 12-1

关键特点	决策支持系统（DSS）	专家系统（ES）
主要目标	支持一个决策者	代替一个决策者
谁做决策	人	ES
面向	支持一个决策者	模拟专家
查询操作	用户问系统	系统问用户
主要部件	数据库	知识库
	模型库	推理机构
	会话部件	用户接口
操作形式	算法	启发式
	满意解	不确定型
	专用型	模糊
	数量化	最佳解
		定性/定量
用户		规则、符号
设计队伍	主要决策者	专家和其他人
问题领域	分析员/程序员/用户	知识工程师/专家/用户
问题的顺序化	通用	专用
支持的性质	非顺序化	顺序化
推理或扩充能力	个人或组织	个人
技术水平	无	有一些
	DSS 工具	ES 工具
	专用 DSS	专用 ES
	DSS 生成器	ES Shells（结构器）

第5节 施工索赔专家系统的初步模型

施工索赔是在国际工程管理实践中产生出来的一门独立的管理行为和专业知识，它涉及工程项目招投标、设计、施工、合同条件、相关法律、保险、融资、成本管理、计划管理等各方面的经验和知识，是一门跨多学科的系统工程。施工索赔管理的难度也越来越大，尤其是重大索赔工作牵涉金额巨大，有时拖延多年，往往需要有丰富实践经验，并掌握了处理索赔问题专门知识的索赔专家才能做好。

施工索赔在我国正处于发展阶段，我国对外承包公司和国内大型国际工程项目业主单位面临的一个最主要的问题是缺乏国际工程索赔的经验和专业的索赔管理人才。另外，高级索赔专家的培养和雇佣费用昂贵。为了解决这一问题，作者通过在实践工作中的切身体会和理论上的研究，提出了建立初步索赔专家系统模型：索赔矩阵，旨在共享索赔专家丰富的知识和经验，提高索赔工作效率，进而提高索赔成功率，同时也力求降低索赔管理本身的成本。

一、索赔矩阵的构成和建立

索赔矩阵的构想是将索赔的分类（矩阵的行）和可索赔的费用、利润和工期等（矩阵的列）以矩阵的形式有机地结合在一起。表 12-2 就是一个以国际咨询工程师联合会《土木工程施工合同条件》第四版（以下简称 FIDIC "红皮书"）为基础，承包商对业主索赔的索赔矩阵示例。

首先，对索赔进行合理的分类可以有效地指导索赔管理工作，以明确索赔工作的任务和方向。索赔的分类方法有很多，在表 12-2 中索赔矩阵的"行"就是由按索赔的合同根据分类组成的。该分类参照了关于 FIDIC "红皮书"的"摘要"列举的承包商可引用的索赔条款。这就是索赔专家的意见，因为该书的两位作者都是有丰富国际工程合同管理和索赔经验，并且对 FIDIC 合同条件有很深研究的专家。总之，索赔矩阵的行是由索赔专家针对项目使用的合同条件进行深入、细致的分析和研究之后提出方案确定的。

另外，矩阵的"列"是由可索赔的费用、利润和工期组成的。可索赔的费用一般包括人工费、材料费、施工机械费和间接费（包括上级管理费和现场管理费）。其中，这些费用项目还可以进一步细分，如施工机械费用的索赔又可以细分为施工机械闲置、施工机械使用费的增加和施工机械作业效率降低等，其他项目分类详见矩阵中各列。索赔矩阵的列一般并不随合同条件的变化而变化，可以保持相对稳定。

表 12-2 中索赔矩阵的各行各列及其分类均给予了特定的、唯一的编号，矩阵的行用 R 系列表示，矩阵的列用 C 系列表示。矩阵的各个元素：E—表示存在此索赔项目；P—表示可能存在此索赔项目；空格—表示此索赔项目存在的可能性没有或可能性极小。

例如，R12×C11 为 E，表示 R12—"业主未能提供现场"，存在 C11—"人员闲置"的索赔；R12×C14 为 P，表示可能存在 C14—"劳动生产率降低"的索赔；R12×C12 为空格，表示得到 C12—"加班工作"索赔的可能性没有或极小。

表 12-2 中 E、P 或空格的界定是作者结合某一由世界银行贷款的高速公路项目初步确定的，在此仅为一个示例说明。索赔矩阵中的元素 E、P 或空格应是由索赔专家针对项目所使用的合同条件，并综合考虑项目各方面的因素而确定的。这些元素的确定是索赔矩阵的关键，其准确程度也决定着该矩阵模型质量高低和其是否真正具有实用价值。元素 E、P 或空格的确定，也就是向索赔专家获取知识，建立系统知识库的主要工作之一。

二、索赔矩阵与相关数据库

索赔矩阵模型可以作为一种索赔管理思路，给实际索赔管理人员处理索赔问题一个方向性的指导。必须将索赔矩阵和其他相关的数据库结合起来使用，才能够真正发

索赔矩阵示例

表 12-2

索赔依据的合同条款	可索赔的费用项目	C10 人工费				C20 材料费			C30 施工机械费			C40 间接费				C50 其他费用		C60 利润				C70 工期	
索赔的类型		C11 人员闲置	C12 人员加班	C13 额外劳动效率的降低	C14 额外劳动力的雇佣	C21 额外材料使用	C22 材料采购及保管费的增加	C23 材料运杂费的增加	C31 机械闲置	C32 机械使用费的增加	C33 机械作业效率降低	C41 合同工期延长期间的上级管理费增加	C42 合同工期延长期间的现场管理费增加	C43 工期延长期间的其他间接费的增加	C44 合同工期延长期间的其他管理费	C45 工期延长期间的其他间接费	C46 工期延长期间增加接费	C51 保险、担保费的增加	C52 其他补偿费用	C61 合同变更利润	C62 延期机会利润	C63 解除合同利润	C64 其他补偿利润	C71 处于关键线路上的项目	C72 处于非关键线路上的项目
R10 业主违约																									
R11 6.3/4 施工图纸拖期交付		E	E	P	P				P	P		P	P	P			P	P			P			E	P
R12 42.2 业主未能提供现场		E	E	P	P				P	P		P	P	P			P	P			P			E	P
R13 65.8 终止合同		E							E									E				P			
R14 69 业主违约		E		P					P	P		P	P	P			P	P	E		P			E	P
R20 工程变更																									
R21 51.1 工程变更		P	P	P	P	P	P	P	P	P	P	P	P	P			P	P	P	P	P			E	P
R22 52.1/2 变更指令付款		P	P	P	P	P	P		P	P	P	P	P	P			P	P	P	P	P			E	P
R23 52.3 合同额增减超过15%		P				P			P			P		P					P	P				E	
R30 工程师指令																									
R31 18.1 为其他承包商提供服务		E	P	P		P			P	P		P	P	P			P	P		E				E	P
R32 31.2 进行试验		E	P	P		P			P	P		P	P	P			P		P							
R33 36.5 指示剥露或开挖		E	P			E			P	P		P	P	P			P	P								
R34 38.2 要求进行修理		E								P														P	
R35 49.3 要求检查缺陷		E								P																
R36 50.1 要求检查缺陷										P								P					P	E	P

续表

索赔的确定		可索赔的费用项目	C10 人工费				C20 材料费			C30 施工机械费			C40 间接费						C50 其他费用		C60 利润				C70 工期	
索赔的类型	索赔依据的合同条款		C11 人员闲置	C12 加班	C13 额外劳动	C14 工作效率的降低雇佣	C21 额外材料	C22 材料采购运杂费及保管费的增加	C23 材料闲置使用费的增加	C31 机械闲置	C32 机械使用费的增加	C33 机械作业效率的降低	C41 合同工期延长期间上级管理费的增加	C42 合同工期延长期间现场管理费的增加	C43 合同工期延长期间的其他间接费的增加	C44 工期延长期间的其他间接费的增加	C45 其他间接费用增加	C46 保险、担保费的增加	C51 其他补偿费用的增加	C52 其他费用增加	C61 合同延期补偿利润	C62 合同变更机会利润	C63 解除合同补偿利润	C64 其他利润补偿	C71 处于关键线路上项目	C72 处于非关键线路上项目
R40 暂停施工	R41 40.2	中途暂停施工	E	P	P	P	P	P	P	P	P	P	P	P	P			P	P						E	P
R50 业主风险	R51 20.3	业主的风险及修复	E	P	P	P	P	P	P	P	P	P	P	P	P			P	P						E	P
	R52 65.3	特殊风险引起的工程破坏	E	P	P	P	P	P	P	P	P	P	P	P	P			P	P						E	P
	R53 65.5	特殊风险引起的其他开支	E	E	E	E	P	P	P	P	P	P	P	P	P			P	P						E	P
R60 不利的自然条件和客观障碍	R61 12.2	不利的自然条件	E	P	P	P	P	P		P	P	P	P	P	P			P	P			P	P		E	P
	R62 27.1	发现化石、古迹等	E	E	P	P	P	P		P	P	P		P	P			P	P			P	P		E	P
R70 合同缺陷	R71 5.2	合同论述含糊	E	P	P	P	P	P		P	P	P			P			P	P			P	P		E	P
	R72 17.1	因数据差错、放线错误	E	P	P	P	P	P	P	P	P	P	P		P			P	P			P	P		E	
R80 其他	R81 70.1	成本的增加						P												E						
	R82 70.2	法规变化																		E						
	R83 71.1	货币及汇率变化																		E				P		

挥其作用。为此，要建立专门的或与项目其他数据库共享的如下数据库：工程项目数据库（DB1）、工程量及定额数据库（DB2）、索赔案例数据库（DB3）和索赔定量计算模型数据库（DB4）等。

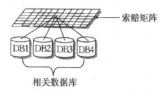

图 12-7　索赔矩阵与各数据库之间的关系

索赔矩阵和这些数据库之间的关系如图 12-7 所示。即索赔矩阵中的每一个标有 E 或 P 的元素，均可能在相应的数据库里找到对应的内容，以作为索赔处理的证据资料、参考数据、成功的参考案例、计算模型等。

工程项目数据库 DB1 中的数据主要来源于总的工程项目管理信息系统，是一个索赔管理与项目管理信息系统的主要接口。实践经验告诉我们，如果等到发现索赔线索之后再去收集、整理有关的数据就已经晚了，完整的索赔数据是靠日积月累而形成的。如必须建立起项目专用的班报、日报管理系统，随时存储、更新最新的工程施工进展情况以及遇到的问题，这些都是日后索赔的必不可少的数据。因此数据库 DB1 的日常更新维护工作量非常大，它是一个项目综合信息管理水平的体现。同时也需要其他管理软件所提供数据的配合。如当进行工期索赔的时候，可以使用 Primavera 的进度计划管理软件 P3（Primavera Project Planner）中的数据和网络图对实际进度计划与原进度计划进行计算和比较，分析造成工期延误的原因；当需要调用有关项目合同文档和来往信函等资料时可以调用合同管理软件 Expedition 的数据等。

工程量及定额数据库 DB2 做起来相对简单，若为单价合同可将工程量清单做成数据库，同时应将工程的有关定额数据建到数据库中。索赔案例数据库 DB3 是需要收集大量国内外同行业相关的获得成功索赔的案例，并对其进行标准化和规范化处理，这需要由索赔专家和合同管理人员来实施。同时，索赔专家还应该把他们对每一个索赔案例的评价意见写入数据库。索赔定量计算模型数据库 DB4 是用来将比较成熟、能在实际中使用的索赔定量计算模型，如用于上级管理费索赔计算的"Eichleay"模型、用于计算劳动生产率的"学习曲线"模型等进行分类存储，很多模型可以作为处理索赔事件做定量计算时的参考，这项工作也要由专业索赔人员进行。

当然，这些数据库并不是一朝一夕能够建立和完善起来的，每个数据库的内容都需要在实践中不断地充实和改进。这是一项很有意义，但又非常艰巨的工作。

三、索赔矩阵的使用程序和应用设想

一个项目开始实施之前要由索赔专家和项目有关人员一起，建立起本项目专用的索赔矩阵模型，并逐步建立起相关的数据库。在项目实施过程中，首先要在 DB1 中保持所有有关的同期记录和相关的数据和文件。当一个索赔事件发生以后，可以参考索赔矩阵给出的索赔分类，尽快找到索赔事件的主要合同依据，并分析相关的合同条款。然后索赔人员就可以在已经建好的索赔矩阵模型上确定在那一行上，进而可以看该行上是否有 E 和 P 元素，再看对应的列就可以找出此索赔事件可以得到哪些方面的费用索赔，是否有利润或工期索赔。而根据图 12-7 所示索赔矩阵与各相关数据库的关系，可以不断从 DB1 中提取相关的同期记录和数据，并可参照 DB2 中的价格和定额确定可参考的单项费率，同时在 DB3 中找出类似成功的索赔案例作为参考和样板，甚至可作为论证索赔权和索赔谈判的依据。如有可能可以在 DB4 中找出可使用的索赔定量计算模型，准确估算出索赔的金额或要求索赔的工期。

按上述步骤即使对索赔管理并不是很熟悉的人员也能像一个索赔专家一样很快做出初步有根据的索赔报告，大大提高了索赔工作的效率。进一步的索赔报告以及最终的索赔报告的编制仍然重复上述步骤。这个过程本身也是一般索赔管理人员迅速学习和提高的过程。

鉴于该模型的用户——承包商、业主单位和监理工程师单位的项目管理水平和索赔管理水平不同，可以设想索赔矩阵模型的使用分为下面三个步骤或层次：

第一，对于项目管理水平和信息管理水平相对较低的用户，可在项目实施的初期聘请几位高水平的索赔专家按照本节的思路帮助建立起针对项目的索赔矩阵模型，并且由计算机方面的人员配合建立起模型专用的数据库，尽可能多地收集和整理与索赔有关的信息，以构成对未来索赔事件的支持。在这个阶段，索赔矩阵模型只能起到对索赔管理提供基本思路，进行初步支持的作用，并且注重指导索赔管理的方向，培养自己的索赔管理人才。

第二，对于自己已经拥有一定数量较高水平的索赔管理人员，并且能够建立起较为完备的项目管理信息系统的用户，可以让自有的索赔管理人员配合外聘高水平的索赔专家共同建立起索赔矩阵模型，并在使用过程中对模型进行不断地完善和升级，同时充分利用项目管理信息系统的资源，建立起共享的数据库，这样就能真正起到支持和辅助索赔决策的作用。

第三，在第二步的基础之上，运用专家系统的理论和成熟的信息技术逐步建立起索赔专家系统。汇集各种来源的索赔知识和经验，由知识工程师建立知识库，使索赔专家的知识形式化。进而建立推理机使系统真正具有推理能力，并能使索赔管理人员和系统进行启发式的人机对话。帮助索赔管理人员和决策者快速计算出各种可能的索赔解决方案。把专家系统作为交互式智能问题解决和咨询系统，从而大大增强使用者的索赔谈判和决策能力。

专家系统的很多能力来源于所存储的大量专门知识，以计算机为基础的专家系统，要力求去收集足够的专家知识。计算机能使我们彻底地实验各种各样的、把事实组合起来以产生专家推理结果的方法。这样，专家系统就能成为一种实验知识的表达和应用方法的实验工具。索赔专家系统在某种程度上可以被作为一种汇集该领域各种来源的索赔专门知识的工具。因此，专家系统建立和开发本身就可以对索赔管理实际知识的发展做出不可估量的贡献。

随着现代信息理论和技术的不断发展，信息技术在工程项目管理以及索赔管理中的应用的不断深入，项目管理信息系统的建立和不断完善为索赔专家建立索赔矩阵模型及其相关的数据库提供了方便，计算机已经为索赔专家系统的建立和应用提供了坚实的技术基础。

在此仅给出了一个以 FIDIC"红皮书"第四版为基础的适用于承包商向业主索赔的索赔矩阵的思路。索赔矩阵的思路同样可以适用其他合同条件，如 EPC 交钥匙项目合同条件、永久设备和设计—建造项目合同条件等。也同样适用于业主对承包商的索赔。所要做的是修改索赔矩阵模型，尤其是矩阵模型中行的确定和各 E、P 元素的确定。同时还要更新相应的数据库的内容。索赔矩阵模型和相关数据库的结构在使用过程中都应保持相对稳定。

上述所提出的初步索赔专家系统模型：索赔矩阵的思路，主要是想探讨如何把国内外索赔专家的知识和经验为一般参与索赔管理的人员所共享，并能加速培养我们自己的国际工程索赔专业人才，从而尽快弥补目前我国各承包公司和大型工程的业主单位索赔专家数量不足的缺陷，并且降低国际工程中大量存在的索赔问题处理过程的成本。同时也希望通过对索赔矩阵模型的分析、研究和使用，使索赔工作程序化、标准化和规范化，以达到提高索赔工作的效率，进而提高索赔成功率的目的。

第6节 信息技术的发展及对施工索赔管理信息系统的影响

一、信息技术发展概况

信息科学和信息技术是当前发展最快、带动面最大的科学技术领域，它将从根本上改变社会的生产方式和生活方式。最近世界上不少国家都在建设信息高速公路，我国的基干信息网络工程也在建设中。全球信息网络将把国家、地区、单位和个人联成一个整体。它的出现预示着世界信息社会的来临。在信息社会中，社会生产过程和产品将实现数字化、网络化、集成化、智能化、移动化、个性化，参与式和交互式。

信息技术大体上由集成电路技术、通信网络技术、计算机技术和信息安全技术等核心技术领域组成。随着集成电路技术的快速发展，计算机处理芯片功能的增强，个人计算机的功能也发生了飞速的变化，计算机的性能平均每年提高 50%。从界面上看，386 个人计算机采用文字处理界面，486 采用窗口界面，586（Pentium）采用多媒体界面，P6（Pentium Pro）则将采用三维图形界面。计算机从单纯的数字化计算向多维化的信息处理方向发展。通信网络技术将向宽带化、个人化、智能化、综合化的方向发展。

信息技术在管理层面上将发挥特别重要的作用，并根本改变企业的管理模式及工作方式。组织模式将向纵向层次减少、横向联系增加、交叉综合、系统集成、并行工作的体系转变。信息科技将渗透到国民经济各行各业和各种社会活动中，在价值链各环节上提供实时信息和知识，实现准确、快速的反馈和调控。因特网将世界各地的个人、组织联成一体。一个虚拟的网上世界正在快速发展，开始改变人类社会的生态和文化。高速光纤网将把电话系统、有线电视系统、交互式计算机网络系统并网，使因特网成为全球的媒体传送网络。为达到具有 5000 万以上的用户，无线广播用了 38 年，电视用了 13 年，而因特网（Internet）则仅用了 4 年半的时间。

面对 21 世纪信息时代和知识经济的到来，以及全球化市场竞争的日益加剧，要充分利用信息科技提供的机遇，综合利用信息技术和现代管理技术，实现企业的优化运行，从而提高企业效益和市场竞争力。此时，各国际工程承包公司的领导和工程项目的管理者，更加感到信息技术在工程项目管理中的应用，不但要提到议事日程上来，而且必须加速进行。信息技术，尤其是计算机网络技术和新的数据库技术在工程项目管理中的普遍应用对工程项目管理信息系统、施工索赔管理信息系统以及施工索赔决策支持系统和专家系统的开发和应用也将产生深远的影响。

二、计算机网络技术发展及在工程项目管理中的应用

1. 计算机网络系统

计算机网络系统的基本功能是突破地理限制，实现资源（信息、软件、硬件和服务）共享。通过对重要资源的共享，依靠网络中可替代的资源，提高系统可靠性，节省投资，并提供更大范围的分布式处理能力。计算机网络保证了在正确的时候、将正确的信息、以正确的形式、送到正确的地方，以便执行实体进行正确的操作。

为了使工程项目在公司本部和项目参与各方之间有效地协同执行，为了更好地利用信息技术实施项目管理，为支持基于 E-Mail、FTP、数据库、WWW、多媒体（视频会议）应用、文件和外设共享等的项目应用，使项目参与各方能够迅速方便地交换和共享信息，应建立以公司本部为核心的工程项目网络与通信系统，为公司的所有项目提供全方位的信息服务平台。

项目网络与通信系统可由公司本部局域网（LAN）、现场局域网（LAN）、本部与现场的网际互联（WAN）、项目其他方的广域网连接、视频会议系统等组成。

针对不同层次、不同性质的需要选用不同类型的网络。

（1）公司级网络作为网络的主干，具有信息流量较大的特征。公司级网络的规模因公司而异。如果公司规模小，各部门集中在某一小范围内，则这一层次的网络主要以局域网为基础，并以实现园区内部的局域网互联为目的。

目前可用于这类公司级主干网的技术很多，最常用的有以太网，包括交换以太网、快速以太网等。也可以采用 ATM 或 FDDI 等网络技术。主干网的拓扑结构一般不采用总线结构，而采用星型、环型或网型结构。由于星型结构非常灵活，可适用于各种组

网技术,因而它是未来网络拓扑发展的趋势;环形结构和网型结构往往是考虑到整个企业规模较大、对可靠性的要求高等多方面的因素才采用的拓扑技术。

支持广域互连的技术较多,如采用分组交换网(如 X.25、Frame Relay)或者是 DDN 专线、电话拨号等方式,也可以通过电信部门的 ISDN 互连。广域主干网的拓扑结构设计则更为复杂,它常常需要考虑实现费用、信息流量以及安全可靠性等诸多因素。目前一般公司本部设有一条或几条 ISDN 通信线路,提供本部与各项目现场间的网际互联、本部与各项目现场视频会议的接入服务。同时可设有远程访问服务器,提供移动计算机的 ISDN/PSTN 拨入服务。

(2)项目/部门级网络执行管理、工程设计、质量管理、合同管理、计划管理等工作。它主要以局域网为基础,互联服务器、工作站、微机等。

工程项目现场通常根据项目大小配备若干台个人计算机和或多台服务器及相关外设,通过某种方式连成一个局域网。通过该局域网可方便地共享现场项目组网络与信息资源,这为现场项目管理信息系统以及施工索赔管理信息系统提供了更为坚实的技术基础。

该层网络一般不太强调数据传输的实时性,通常采用以太网技术、令牌环网技术或者 ATM 技术,拓扑结构一般采用星型结构。

项目执行过程中,除了公司本部与现场之间要进行大量数据通信外,还可能要与业主、监理、供应商、分包商、制造商等项目参与各方进行数据通信。如有大量数据通信,可采用在 Internet 上建立 VPN 的方式或租用 ISDN/DDN 专线的方式,建立网络连接,就如同公司本部与现场的网络连接一样。如仅有少量数据通信,可采用 Internet 或 ISDN/PSTN 拨号访问公司本部网络的连接方式等。

采用视频会议系统(如 PictureTel 公司的 Venue2000、SwiftSite II 及 PT550),以会议室方式或桌面方式,实现公司本部与分公司或施工现场的会议通信与电子文档交互操作。该系统可以实现会议室方式的正式视频会议、点对点技术交流、会议式技术交流、非正式会议与技术交流等多种功能,也可随时讨论现场出现的争议与索赔问题,使之能得以及时解决。

三、数据库技术及其发展

1. 数据库简介

数据库技术正是实现系统数据共享的关键技术。数据库子系统的基本功能是对数据进行组织、存储和管理。在项目实施过程中必然会产生大量的数据,对这些数据进行有效的管理和合理应用,并从大量的数据中提取出有效的信息以支持项目及公司的决策,是数据库的基本目标。目前数据库技术的发展特点是集成,以及以"数据仓库"为代表的新型的数据组织模式。

合理地组织在项目实施过程中产生的数据,从原有的、大量的数据中提取有效的信息以支持决策,是项目管理的最大需求,也是数据库技术发展的目标。

数据库的作用不仅仅是简单的查询和检索,还要能帮助用户从大量的数据中提取带有统计性质的信息用于项目及公司的决策,通过数据挖掘和信息发现技术,对数据库和数据仓库中蕴含的、未知的、有潜在应用价值的数据进行提取,找出数据间潜在的规律,对项目实施和决策管理提供支持。

我们可以把数据库形象地看成是公司和项目的"数据源",它在逻辑上是分散的,但在物理上可以集中存放,也可以分布(分散)存放。而计算机网络则可以看成是沟通用户和"数据源"的"通路",它可以根据项目的具体情况,在客户机和客户机之间、服务器和服务器之间、客户机和服务器之间建立快速、可靠的访问通路。

2. 数据库的分类

关于数据库类型一般有三种分类方法:

(1)按存放数据性质分类。在公司和项目管理中常用的数据库,主要有两大类:一类是存放公司经营管理数据的管理型数据库;另一类是存放项目基本数据的工程数据库。另外,在决策支持系统中还需专门存放决策模型和决策知识的特殊库——称为模型库和知识库,在需要进行实时处理要求高的情况下,还可能使用实时数据库。

(2)按数据模型性质分类。有层次数据库、网状数据库、关系型数据库、面向对象数据库、多媒体数据库及演绎数据库等。目前用得最广泛的是关系型数据库。由于在工程数据的管理中涉及的数据类型较一般的管理型数据复杂得多,而关系数据模型描述复杂数据对象的能力较弱,因此对于工程数据的管理来说,更适合采用基于对象数据模型的面向对象数据库系统。正在发展的对象—关系型数据库系统,将关系型数据库管理系统的功能和特性与面向对象的建模能力相结合,从而能支持对复杂数据对象的复杂查询,这类数据库系统是很有希望的候选对象。对象—关系型数据库将是施工索赔管理信息系统数据库的首选数据库类型。

(3)按数据分布方式分类。有集中式与分布式两种。在集中式数据库系统中,数据集中存放在一个结点上,供有关用户共享。在分布式数据库系统中,按数据的来源及需求,将它们分布在不同结点上的多个物理数据库中,而从逻辑上看,为单一数据库。这样,各结点的用户所需的大部分数据可在本地访问,同时也可共享偶尔用到的远程数据库中的数据,这种分布方式较集中式数据库更合理。但由于分布式数据库系统在数据库的设计及维护方面较为复杂,所以实际上真正完全的分布式数据库系统用得并不广泛。目前普遍采用的客户/服务器结构的数据库管理系统,也具有支持分布式处理的能力,即将应用处理分解为前端处理、后端处理,从广义上理解,它也是一类分布式的系统。

3. 数据仓库

数据仓库是数据库应用发展中出现的新概念,它是为更高层次上的数据应用而提出的一种解决问题的方案,而不是现成的或可以买到的产品。一般认为数据仓库是作为决策支持系统 DSS 服务的基础，是用于分析型处理的数据集合，也是供查询和决策分析用的集成化的信息仓库。

1993 年，W. H. Inmon 最先在他所写的《建立数据仓库》一书中定义"数据仓库就是面向主题的、集成的、稳定的、不同时间的数据集合，用以支持经营管理中的决策制定过程。"它概括了数据仓库中数据的最主要的四个特征：

（1）面向主题。主题是一个在较高层次上对数据进行综合、归类和分析利用的抽象概念。在逻辑意义上，每一个主题可对应一个宏观分析领域所涉及的分析对象。传统数据库是面向应用建立的，其数据的组织仅按具体的应用处理要求来划分，未必适合于决策分析。而数据仓库则是面向主题建立的。

（2）集成。数据仓库的数据是从原有分散的数据库的数据中抽取、集成的。事务数据与支持决策分析的数据之间差别甚大，数据仓库中的数据是用于支持决策的，因此在数据进入数据仓库之前，必然要经过抽取、加工与集成。这一步是数据仓库建设中最关键、最复杂的一步。首先要解决事务数据中的所有矛盾之处，如字段的同名异义、异名同义、单位不统一、字长不一致等等，并将数据结构从面向应用转换到面向主题，有时还要将从不同数据库（可能是异构的）中提取的数据按统一的模型和模式组织。数据仓库一般将集成后的数据分成不同的级，如近期基本数据、远期基本数据、轻度综合数据、高度综合数据、源数据等。

（3）稳定。数据仓库中的数据是从数据库存放的历史数据中，以不同时间的快照选取的集合，以及基于这些快照进行统计、综合和重组的导出数据，而不是当前数据库联机事务处理的数据。因此数据仓库的数据是稳定的，不再变更的。数据仓库一般只涉及与查询、分析等相关的处理。

（4）随时间变化。数据仓库根据所研究主题的需要，其中的数据会随着时间积累和变化，不断增加新的数据内容，删去不再需要的数据内容，进行新的综合、重组。因此数据仓库的数据内容是按处理的要求不断地随时间变化的，这就要求数据的码键都包含时间属性，以标明该数据所对应的不同历史时间段。

数据仓库的两大作用：

（1）支持全局应用。许多公司在其发展过程中逐渐形成了各自独立的计算机应用（子）系统。这些子系统有些可能是独立的，其中的数据源往往是异构的，如文件系统、层次数据库、关系数据库或面向对象数据库等等。要建立公司范围内围绕某些主题的全局应用，直接在许多分散的、不统一的数据上实施是很困难或不可能的。而数据仓库提供公司范围内的全局模式，其中存储的是经过集成的信息，来自各数据源的相关数据被转换成统一格式，方便了全局应用系统的开发。

（2）支持决策分析。在信息技术不断发展的今天，人们对信息的使用也越来越复杂。公司高层管理者需要从积累的丰富数据中提取有用信息，进行各种复杂分析，如长期趋势分析和数据开采等，以力图找出规律性的知识规划，更科学地做出决策。

信息系统中存在两类不同的处理：操作型处理和分析型处理。操作型处理也叫事务处理，它满足业务人员对数据库联机进行日常操作，通常是对一个或一组记录的查询和修改。对此，人们关心的是响应时间、数据安全性和完整性。分析型处理则用于管理人员的决策分析，经常要访问大量来自多方面的历史数据。高度概括的数据，其数据容量非常大（到 Tb 级）。两者间的巨大差异使得操作型处理和分析型处理的分离成为必然。传统数据库只适用于操作型处理。数据仓库适用于分析型处理。为了满足公司企业信息处理需要，公司的数据环境发展为一种由操作型环境和分析型环境共同构成的体系化环境。数据仓库是公司数据体系化环境的组成部分，是建立决策支持系统（DSS）的基础。

本章就施工索赔管理信息系统向决策支持系统和专家系统的发展作了简要的分析和讨论。近年来，随着信息技术的发展，计算机软硬件技术、计算机网络技术和数据库技术不断发展成熟，为施工索赔管理信息系统以及施工管理决策支持系统和专家系统理论研究和实践提供了更加坚实可靠的技术基础，相信这些都为施工索赔管理信息系统的发展提供了广阔的前景。

思考题

1. 施工索赔管理信息系统发展为施工索赔决策支持系统是必然趋势。试论述施工索赔管理信息系统与决策支持系统的区别与联系。
2. 施工索赔决策支持系统主要由数据库、模型库和用户接口部件组成。试用图形描述施工索赔决策支持系统各主要组成部分的内部结构。
3. 施工索赔管理信息系统的另一个发展方向是施工索赔专家系统，结合施工索赔管理的特点，试述专家系统建立的目的。
4. 结合专家系统的两个组成部分：知识库和推理机，简述专家系统建立的基本过程。
5. 如何完善本章提出的施工索赔专家系统的初步模型。
6. 信息技术的发展对施工索赔管理信息系统的开发和应用将产生什么影响？

第 13 章　工程拖期索赔

> 本章对国际工程施工索赔中最常见、且较难解决的一种索赔——工程拖期索赔，进行较深入的探讨，论述工期延误责任的判断原则，介绍了国际工程承包界通用的一些做法。
>
> 本书第 2 章中论述了常见的 4 种索赔形式，即：施工现场条件变化索赔，工程范围变更索赔，工程拖期索赔以及加速施工索赔。其中施工现场条件变化索赔和工程范围变更索赔最终往往以工程拖期索赔的形式表现出来。本章对上述索赔的解决方法，予以补充论述，并附 4 个案例说明。

第 1 节　施工合同管理的难题——工期延误

在大型工程建设过程中，经常因为遇到不可预见的地质条件、水文条件和不利的天气条件，引起工期延误（Construction Delays），进而引起工程拖期索赔。施工合同双方，即业主及其咨询（监理）工程师和承包商，在解决这些索赔问题时，经常对工期延误的责任持不同意见，成为施工索赔管理中一个伤脑筋的问题，这主要表现在以下几个方面：

（1）工期延误的原因很多，经常是多种原因同时发生。而且，延误的责任方不同，可能是业主方的责任，如修改设计，工程变更，要求加速施工等等；也可能是承包商的责任，如施工设备不到位，建筑材料供应拖后，施工组织不善等等。在这种"共同延误"（Concurrent Delay）情况下，施工索赔问题往往久拖而不得解决。

（2）对于"共同延误"时延误责任的判定理论和具体做法，在国际工程承包界虽有一定的共识，为施工合同管理人员所遵循，但仍有一些判断原则，在国际工程承包书刊中有不同的论述和观点，使在判定延误责任时各执一词，莫衷一是。因此，在解决工程拖期索赔时，合同双方经常难以达成一致。

（3）在有的工程项目施工合同中，在工期延长方面列入"延误但不补偿"条款（'No Damages for Delay' Clause）意为：对于业主方责任造成的延误，只给承包商延长工期，但不补偿承包商为此承担的经济损失。但在实际中，有的工期延长（Extension of Time）对承包商造成的经济损失很大，承包商对"延误但不补偿"条款不能接受，使经济索赔要求长期得不到解决。有的争议只好通过仲裁或法院判决来解决。在有的"仲裁裁决"或"法院判决"书中否决了"延误但不补偿"的合理性，判定给承包商予以延误费用补偿。

加速施工和工程范围变更，都是由业主方面由咨询/监理工程师以书面指令的方式提出，承包商按指令施工，从而取得了索赔权。业主要求加速施工，一般是由于现场条件变化或业主方原因造成工期延误而发生的，其目的是按原定日期完工，按计划的时间发挥工程效益。工程范围变更，一般是由于业主方面提出修改设计，进行工程变更（Variations），以提高工程项目的经济效益或安全性。按国际工程惯例，业主方面的这些要求，承包商有责任照章实施。

但是，一个有经验的承包商，往往会发现工程设计中的缺陷和疏忽，向咨询/监理工程师提修改设计的"建议"。这些"建议"一旦被业主采纳，并由咨询/监理工程师发出工程变更指令，这些指令往往可以使承包商绕过施工中的特别困难并增加承包商的收益。本章[案例 13-1]便是一个这样的案例。

【案例 13-1】 工程承包项目低价中标成功索赔的经验

某国际承包水利防洪项目，中标合同额 1,228 万美元，项目完工后合同额达到 2,128 万美元。工程内容主要是十多公里防洪堤、约十公里的开挖渠和连接渠，及附属工程两座水闸和一座混凝土桥。采用 FIDIC 合同条件。

该项目以低于公示标底 20.4% 的超低价中标。当时选择这么低的价格是受客观条件的限制，赔本的概率非常高，即使一切按照好的预期也只能持平，而这几乎是一个不可能的任务。工程开工伊始，就发现实际状况更为严峻，项目中后期的合同问题也接踵而至，然而项目最终的经营成果良好，根本原因是项目合同管理做得好，工程索赔的成功是该项目成功的关键。

工程合同管理实践中变更与索赔的关系：

在这个项目上，或者在某一类的项目上，区分是索赔还是变更，只能从事件的起因或者是从承包商最初的诉求上去判断，因为不论是完全来自咨询工程师的设计变更，还是承包商出于索赔的目的而促成咨询工程师发布的设计变更，或者是咨询工程师认可的承包商提出的索赔事件，最终的正式批准过程都反映在项目连续完成的一系列变更令中。所以，都可以称之为"工程变更"。

从另一方面看，承包商欲索赔的事件、想得到的补偿，有时不一定是通过完整的索赔程序来完成的，而是以促成设计变更来实现。在这个过程中，索赔的诉求是在协商中以口头交流的方式进行的，也需要一定的书面文件做支持，在获得正式认可之前也需要走正规的索赔程序，以这种方式来请求咨询工程师在设计变更的过程中考虑补偿承包商所承受的损失。

1. 项目初期经营中的不利因素

（1）项目全线处于沼泽地区，基础承载能力低，地下水位非常高，施工设备根本无法在此软基上正常工作。

（2）项目所在地区全年多雨，年平均降雨量2000多毫米，缺少规律，雨季和旱季不分明，有效施工期短，对土方施工而言更是如此。

（3）河道下游地区受潮汐影响较大，临近入海口的位置常年有水，开挖和筑堤难度都很大。

2. 项目中后期又出现的对项目经营不利的情况

（1）物价上涨，特别是油价疯涨，与开工之初比较，油价平均上涨了0.3美元每升，仅此一项，项目增加成本达到新合同额的5%。而根据合同物价调整所得到的补偿是很有限的。

（2）路权问题严峻，因路权问题批准延期11个月，由此造成人员和设备的大量闲置浪费。按这个国家的惯例，对此进行费用索赔，成功率很低。

（3）因项目预算匮乏，造成索赔或变更的难度大大增加。

在这种情况下，唯变更和索赔是项目的唯一出路。通过创造性地将国际工程索赔理论与所在国的市场特点相结合，通过大量的、在经济和技术上都有利的设计变更，彻底扭转了项目局势。

该项目主要变更和索赔状况见表13-1。

主要变更和索赔项目状况表　　　　　表13-1

序号	变更和索赔项目	价格增长（万美元）	占原合同额的比例	占新合同额的比例
1	大堤设计修改	280	23%	13%
2	大石头抛填设计修改	350	29%	16%
3	土料超运距索赔	71	6%	3%
4	删除部分工程	413	34%	19%
5	原始合同单价调整	72	6%	3%
6	结构物设计修改	30	2%	1%
7	大堤沉降索赔	201	16%	9%
8	合同物价调整	110	9%	5%
9	日工（含各种小项索赔）	63	5%	3%
10	延长工期索赔321天	0	0	0
	价格变化的绝对值总计	1,590	129%	75%

上表反映了主要变更和索赔项目的价格变化，减去或增加的金额绝对值总计超出了原合同额，正是这些重大的变更才使得如此严峻的项目有了盈利的可能。关于上表中比较重要的几项说明如下：

一、一项设计削减与两项设计增加

从合同金额上来衡量，主要的变更结果是：删除了入海口附近难以施工的硬骨头项目和部分明显亏损的工作（上表第4项），将省下来的资金用于其他对项目有利的设计变更。这一变化不但大大增加了有效施工时间，而且实现了工程量的减少、工作难度的降低、同时还避免了部分亏损项目的成本投入。节省下来的合同额被主要用于另外两项设计变更：将一半的均质土坝大堤改为黏土斜墙砂砾石大堤（上表第1项），二是修改和增加基础处理大石头抛填（上表第2项的部分额度）。

1. 大量的设计削减

砍去项目的一部分，尤其是主体工程的一部分，必须有足够充分的理由。这是由于相邻项目标段在该区域工程的完建，使得这部分工程设计可以被删除，包括主体防洪大堤的入海口段、整个连接渠的开挖以及开挖渠的所有护坡。所有这些删除是为抵消设计修改引起合同额的增加而服务的。

2. 黏土斜墙砂砾石大堤设计修改

工程主体大堤在长度上被消减了五分之一，剩余部分的一半进行了主体设计修改，这在很大程度上意味着对工程师原设计的否定，在咨询工程师这一关很难行得通。这需要非常强有力的合同依据。

最直接的理由是，原设计的土料填筑在当地雨季旱季不分明的气候条件下难以按期完工，而这种气候条件不是合同条件12.2款所描述的"一个有经验的承包商无法预见的不利现场气候条件"，因为当地的气候条件本来就是这样的。承包商的理由是，全部土料填筑不适合这种气候条件，原设计误导了承包商对现场条件的判断。先说服业主接受这个思想，然后请咨询工程师配合做新设计。在批准的变更令中，理由主要写了三个：①新设计的选择料填筑适合在雨季施工；②选择料在项目周边有可用料场；③选择料是咨询工程师建议的，并检测合格。

原设计中的砂砾石基础和设计变更后的砂砾石填筑是类似的材料，在技术规范的级配要求上有所不同，这是为了避免采用原合同中价格很低的砂砾石单价，新设计中启用新的名字——选择料，采用新的价格，才能保证承包商的利益。

3. 设计增加基础处理大石头抛填

根据一个有经验的承包商不可预见的地质条件，将原设计中的砂砾石基础全部改为大石头抛填基础，并在原没有基础处理的堤段增加了大石头抛填或者砂砾石基础，而原合同中的大石头单价相对较高，施工又简单方便，所以说，这是一项对承包商有利的设计变更。

促成这几个设计修改的过程是漫长的，在上层批准的过程相对还比较快的唯一理由是，尽管项目主体设计发生了重大的变化，但新合同额的总价仍不超过原合同额，只有细微的差别。这个"略小于"是个非常关键的东西，对这个变更令得到最终批准起到了重要作用。

二、工期索赔

申请工期延误索赔的理由和计算延长天数的方法迥异。

该项目最初申请工期索赔的主要理由是路权障碍，这也是项目要求延期的真实理由。项目自始至终受到路权问题的困扰，尽管项目设有专门的路权工程师，项目管理层仍是每天都要督促、处理路权问题，项目频繁因为路权问题而临时调整施工安排。即使到了项目临近结束的时候，仍因路权问题引起一系列的堤段不能及时封堵，河段不能及时开挖，给竣工目标造成很大压力。

但是，在正式的变更令中批准项目延期的理由却是合同金额的增加，项目两次共获批321天的工期延长，计算方法如下：

$$\frac{原合同工期}{原合同总价} \times 新增合同额 = 合同延期的天数$$

在这个案例中，承包商以一种业主更容易接受的方式申请到工程延期的批准。关于路权问题造成的设备闲置、窝工等损失，项目没有就此提出索赔，这是考虑到以下三点。①路权引起的工期延误费用索赔在这个国家的惯例中，成功率很低；②项目有更重要的合同事件（变更或者索赔）在对外工作中排上日程；③就像工期延长最终不是按照路权事件引起的延误完成批准，承包商关于工期延长的费用补偿也可以不走工期延长或者路权问题的索赔名目，而是在其他的名目中得到补偿。

三、大堤沉降索赔

大堤沉降索赔是指施工期沉降引起的"填筑方量损失"索赔。涉及金额达到新合同额的10%左右，由于该项索赔款是项目竣工后才收到的，所以直接关系到项目净利润的增长幅度。

项目沿河大堤大约每隔1公里就安装1个沉降观测杆。在整个工程施工期间，大堤沉降杆的联合测量数据反映出大堤在施工期的沉降极其明显，沉降深度从0.2~2m不等。项目最初对外报的索赔报告提出的沉降量达到40万方左右，这是在计算方法上采用了对承包商最有利、但实际上不太合理的矩形计算断面，这是给业主和咨询工程师预备了一定的降价空间。而咨询工程师对此首次正式发函认定的索赔金额仅3万美元，对应的沉降量不足1万方。

这项索赔的难度太大，主要列举如下：

(1) 无合同依据。特殊技术规范中明确规定"施工期沉降由承包商承担"，长期以来，业主和咨询工程师根据这一条而拒绝承包商提出的索赔方案。

(2) 无参考案例。案例法系派不上用场，听说一期项目得到一些索赔款，但自始至终没有找到任何书面证明，业主和咨询工程师也否认有先例。

(3) 项目已经没有预算，并已经为增加金额多次申请预算，这导致任何增加金额的索赔工作变得举步维艰，这是很现实的障碍。而且增加了国家预算部的审批程序，这是项目主管部门不愿面对的。

（4）这种判定模糊性很大、超出了业主和咨询工程师常规操作的合同条件范围。他们不想为开创先例而承担任何风险。

（5）业主和咨询工程师认为，安装沉降杆是为了观测大堤的沉降量，以反映大堤的安全状况，不是为了给承包商索赔的机会。

（6）关于承包商提出的合同条件第12.2款"一个有经验的承包商无法预测的不利自然条件"，业主和咨询工程师长年都没有正面答复，他们认为这一条根本用不着去反驳。理由是：业主和咨询工程师已经批准了相应的设计修改，承包商也据此完成了大堤的修建。他们认为引用12.2款所指的软弱地基已经完成了加固处理。

（7）另外，倍受各级官员，尤其是上级审批官员的质疑，项目主管工程师也因此不愿认定该项索赔的理由是：作为项目主体工程的防洪大堤在长度上被删除了20%，合同金额却已经增加了50%，并且还在继续增加。

由于以上种种难点，以及承包商必须首先尽快促成那些密切关系现场施工和那些较容易获得批准的变更或索赔，所以直到项目结束之日才得以开始沉降索赔的实质性谈判阶段。承包商必须首先解决项目正常竣工所面临的问题，这是项目成功的基础，然后才能拓展利润空间。

经过多轮艰苦论战，业主和咨询工程师的立场有所松动，在某种程度上接受了我们的抗辩，即这种沉降是非正常的、根据投标时了解的情况是无法预料的。我方的合同依据仍然是合同条件第12.2款，并且用业主和咨询工程师批准的设计变更反过来论证这一点。承包商还有一个理由，就是局部堤段反复出现的塌方现象，据此证明这是一个有经验的承包商不可预见的现场地质条件。咨询工程师最初认定的3万美元就是根据这些堤段的沉降量推算的。

（本案例撰写人：中国水利电力对外公司　李梦琴）

第2节　工期拖延引起的损失

任何工程项目的建成日期较计划完工日期的拖延，都会给合同双方带来经济亏损和其他损失，使项目实施陷入困境，甚至导致合同纠纷和索赔争议。

一、工期拖延给业主造成的损失

工程项目的规模愈大，拖期建成给业主造成的损失也愈大。这些损失主要是：

（1）工程项目的效益发挥日期拖后，不仅形成经济效益损失，还会引起不良的社会、政治影响。在我国黄河干流小浪底水利枢纽的建设过程中，由于导流隧洞发生多处塌方，严重影响施工进度计划，可能使规定的大坝截流时间拖后一年。对于一个全国重点的建设项目，如此严重的拖延建成是不可设想的。它不仅会对国家的经济建设计划造成重大损失，在社会和政治上可能产生不良影响，而且参加承包施工的多国承包商将提出连环索赔，使业主单位陷入十分被动的局面。此时，在上级机关的指示和支持下，业主单位及其咨询工程师经过充分讨论，决定采取坚决措施，扭转被动形势，指令承担导流隧洞施工的外国承包商采取赶工措施。为此，增加了施工机械设备，并派遣了五个国内水电工程局作为劳务分包单位，参加赶工，终于挽回了延误一年多的工期，使小浪底水利枢纽按时优质建成。虽然为此付出了必要的加速施工费及导流隧洞塌方处理费，但挽回了重大的经济损失和可能发生的不良社会政治影响。

（2）计划的建成日期拖后，使工程项目不能按计划发挥效益，会造成重大经济损失。房建工程拖期，影响客户的入住日期；道路工程拖期，使原定通车计划落空；电力工程拖期，使用电工业遭受损失等等。这些经济损失，往往数额巨大，影响国民经济计划的完成。

（3）在工期拖延的日子里，业主不得不保留工程项目的管理机构，从而在人工费、机械设备费和后勤供应等费用上耗费大量资金。

（4）随着工期延误的日期增多，业主在工程项目上的投资不断增加。如果使用贷款，其贷款利息的数额亦随之增加。

二、工期拖延给承包商造成的损失

随着工期的拖延，承包商的施工费用一般要显著增加，无论这些拖延是业主方面的原因，或是承包商自己的责任。施工费用的增加，主要有以下几个方面：

（1）施工直接费：在工期拖延期间，施工机械仍照常作业，施工技术人员和各种专业的工人要坚持工作，施工辅助设施要照常运转。这些费用数额随着工期拖延而不断地增加着。

（2）工地管理费：工地办公设施，食宿交通，以及保险费、保函费、贷款利息等费用，将随工期拖延而增加。

（3）总部管理费：承包公司总部继续对拖期的工程项目实施指导、检查和资金支持等业务，继续发生有关的费用支出。

（4）利润损失：由于工期拖延，承包商在此期间丧失了实施新工程项目的机会，从而失去了可能获取新利润的可能性。

三、挽回工期拖延损失的措施

对于在施工过程中工期拖延所造成的损失，合同双方都在尽力设法挽回。为此，业主和承包商都在寻找每项延误的原因，如果哪一次延误的责任，按照合同文件的规定，在于对方，而不是自己的责任，就要向对方提出要求补偿，尽量减少自己的损失。

（1）业主方面：一般的做法，是在工程项目施工合同文件中列入"拖期损害赔偿"条款（Delay Damages）这一条款规定：如果由于承包商方面的原因，使合同项目没有按原定的日期（加工期延长的天数）完工，则承包商要向业主支付拖期损失赔偿费。这项赔偿通常规定为每拖延一天应支付规定的赔偿费额度，并规定出拖期赔偿费的最高限额。一般来说，拖期赔偿费的数额是一个比较大的数字。这对承包商来说，虽然不是惩罚，但也说明承包商没有完成合同义务，是经济上和信誉上的一大损失。

（2）承包商方面：仔细地分析每一次延误的合同责任，凡是属于业主方责任的延误，以及属于"业主的风险"（Employer's Risks）事项引起的工期延误，均可向业主方提出索赔报告，要求应得的工期延长（Extension of Time），甚至要求得到由于该次延误给承包商造成的经济损失。实践证明，承包商要得到工期拖延索赔的成功，是一件相当困难的任务，要进行大量的索赔报告制作以及反复协商的过程。

应该指出，无论业主和承包商多么努力地挽回施工拖延（Construction Delay）给他们造成的经济损失，业主方通过"拖期损害赔偿"，承包商通过"拖期损失索赔"，挽回的经济损失仍然远远小于他们承受的损失总量。因为在不可抗力（Force Majeure）、不可预见的外界条件（Unforseeable Physical Conditions）、业主的风险（Employer's Risks）以及承包商的风险（Contractor's Risks）等情况下，合同的任何一方均不可能从对方取得全部经济损失。

第 3 节 共 同 延 误

在工程项目的施工过程中，工期拖延是经常发生的现象。而且，在有的延误过程中经常有两个、甚至两个以上的延误同时发生，即出现共同延误（Concurrent Delays）。发生共同延误的原因，可能有承包商的责任，也可能有业主方面的责任，也可能是外界因素引起的，如恶劣的天气条件，特大暴雨洪水，较严重的地震等等。

发生共同延误后，合同双方必须寻找每一个延误的责任方，以便按照工程项目的合同文件处理工期延长和经济补偿的问题。在实践中，这时合同双方经常发生分歧，总想把延误的责任推给对方，难于协商一致。因此，在工程项目的合同管理工作中，正确处理共同延误时合同责任问题，经常是一个颇伤脑筋的事。

一、共同延误的主要形式

1. 两种延误同时分别发生在关键路线上和非关键路线上

在一个水坝和水电站建设项目的施工过程中，由于地质条件引起修改设计和工程变更，以及遭遇恶劣的天气，曾发生数次工期拖延（Delays）。在坝基开挖及基础处理过程中，由于地质原因增加坝基开挖深度，增加工程量，使计划工期拖延一个月

（D1）。在坝体填筑阶段，因遭遇恶劣天气条件（Inclement weather Conditions），使坝体填筑和水电站厂房地面以下施工进度拖后各一个月（D2 和 D3）。在灌溉引水口施工中，因修改设计，使混凝土工程量和钢材供应量大增，使灌溉渠首工程工期拖后三个月（D4），如图 13-1 所示。

在图 13-1 中，第一次延误（D1）发生在工程项目施工进度关键路线（Critical Path）上，且是业主方修改设计，故由咨询工程师通知承包商，批准工期延长（Extension of Time for Completion）一个月，并给予相应的经济补偿，即允许承包商提出拖期索赔费用（Claim for additional Loss/Expense）。

第二次的延误系因不利的天气条件引起，导致坝体填筑进度拖后（D2）一个月，水电站厂房地面以下施工进度拖后一个月（D3）。由于 D2 处于施工关键路线上，但由于系客观天气条件，故给承包商延长工期一个月，但不给经济补偿。水电站厂房地面以下施工的拖后，因处于非关键路线上（Non-critical path），并不给承包商工期延长。

第三次延误系由于修改设计引起，使灌溉渠首工程施工拖后三个月（D4），但由于其中一个月处于关键路线上，故给承包商工期延长一个月，并付给一个月的工期拖延费用补偿。如图 13-1 所示。

2. 两种延误同时发生在两个平行的、相互独立的关键路线上

在一个学校建设的过程中，要修建教室楼区和科研楼区。这两个施工区都有其施工进度关键路线图。两个关键路线进度图的终点，即是校园建设的完成日期。施工过程中，由于业主方修改设计及承包商设备故障，出现共同延误。在三种不同情况的共同延误中，合同双方协商一致的处理结果见表 13-2。

共同延误处理结果　　　　　　　　　　表 13-2

共同延误三种情况	两个平行的、相互独立的关键路线		处理结果	校园项目最终延期
	教室楼	科研楼		
情况一	工程师首先提出修改设计，改变外墙瓷砖颜色，引起延误 4 周	承包商吊机故障，因修配零件迟到，引起延误 2 周	给承包商工期延长 4 周补偿期费用 2 周	4 周
情况二	业主原因外墙瓷砖迟供引起延误 1 周	吊机故障待修，引起延误 2 周	给承包商工期延长 1 周补偿期费用 1 周	1 周
情况三	业主原因外墙瓷砖迟供引起延误 2 周	吊机故障延误 2 周，但由承包商赶工挽回	给承包商工期延长 2 周补偿期费用 2 周	2 周

注：此例引自：Roger Gibso《拖期施工》，2008。

3. 两种延误同时发生在项目施工进度计划唯一的关键路线上

在一条 5km 长的隧洞开挖施工过程中，当掘进至 2500m 长度时，遇到松散破碎岩

第13章 工程拖期索赔

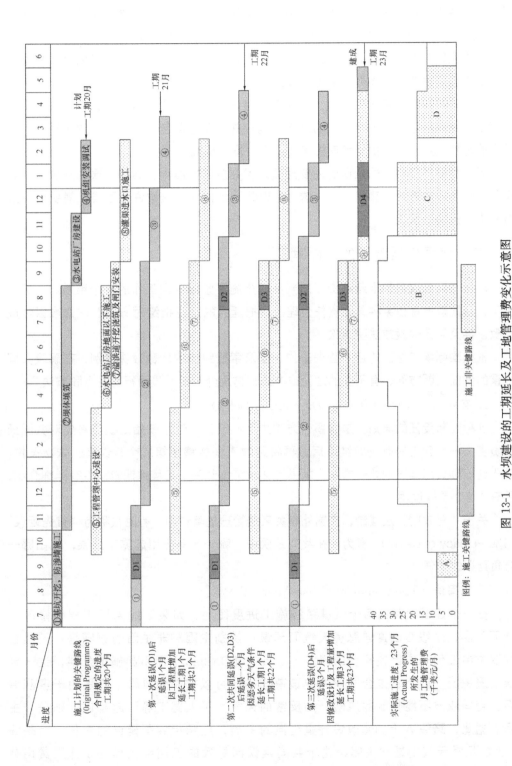

图 13-1 水坝建设的工期延长及工地管理费变化示意图

石，施工进度放缓，并出现小塌方。为此，咨询工程师指示承包商进行喷锚支护，以保证安全掘进。承包商按指示施工，但喷锚掘进一周后，施工机械发生故障。停止掘进两周后，恢复施工掘进。两周后，安全通过了260m长的软弱岩石带，开挖日平均进尺恢复原始速度。在这260m隧洞掘进中，发生了修改施工设计和喷锚机械故障的共同延误，历时5周，均处于关键路线图上。

对这一共同延误事故的处理，合同双方经多次论证讨论，达成一致：业主方由工程师正式通知承包商，批准施工期延长5周；并同意给承包商补偿3周的工期延长所发生的附加费用开支，由承包商提出费用索赔报告待批。

以上列举了三种共同延误的主要形式。但在施工实践中，共同延误的形式因现场条件不同而千变万化，甚为繁杂。这为处理共同延误问题造成许多困难，需要合同双方实事求是协商解决。

二、共同延误责任的判断理论

对于共同延误条件下延误责任的判断，是施工索赔管理工作的一个难题。一般情况下，合同双方都以某种起始责任为理由，把延误的责任推给对方，而往往难以达成一致，甚至导致仲裁或法院诉讼。

根据国际承包施工的合同管理著作，以及索赔纠纷的仲裁裁决案例，在解决共同延误的责任判断方面，有不少的理论或方法，这里介绍三种最通行的论点和方法。

1. 有效期法（The Effective Duration of Delay）

这种判断责任的原则，是看哪一方首先引起延误，这个初始延误者首先对共同延误负责，一直到它的有效期结束后，再将延误责任转移至第二个延误者，依次类推。关于这一种共同延误的处理方法，本书第2章第4节关于工程拖期索赔中有详细介绍，并有图2-3予以说明。

关于"有效期"法理论，在国外有关索赔管理的著作中，有时被称为"首先延误"（The Primacy of Delay），意为：在共同延误中，哪一方首先引起施工延误，就由哪一方负延误的责任。

2. 主因法（The Dominant Cause Approach）

在一个建设项目的两个关键路线施工进度图上，如果路线A因工程师修改设计而延误，路线B因遭遇恶劣天气而延误。辨别主因和非主因的原则是：凡是合同双方中任何一方因违反合同规定（Breach of Contract）而引起施工延误，这一延误则属主因。因为它是合同双方应该遵守的、可以控制的风险。凡是由于客观原因、合同双方不能控制的风险，如反常的天气、工人罢工等引起延误，则是非主因。据此，路线A上的修改设计是延误的主因，应承担共同延误的责任，而路线B上的反常天气则是非主因，这个共同延误而导致的工期延长和延期施工费用补偿，应由业主方承担。

在这里附带指出，如果工程师不修改设计，路线 A 上没有延误；而路线 B 上因反常天气而延误了施工进度。则整个项目的施工进度上，路线 B 成为关键路线，路线 A 已不属于关键路线了。在这种情况下，承包商只能获得工期延长（EOT），而不能得到延误期的费用补偿。

3. 分摊法（Apportionment Approach）

在前述的共同延误事例中，如果路线 A 仍是因修改设计而延误；路线 B 是由于承包商施工设备损坏维修而延误。则这两个关键路线延误的原因均属主因，均应承担延误的责任。此时，通常采用责任分摊法：假如共同延误持续 30 天，则业主方和承包商方各承担 15 天，承包商可获得 15 天的工期延长，但无权取得延期费用补偿。

在国际工程的施工实践中，共同延误屡见不鲜，具体的延误原因也千变万化，需要合同双方实事求是地协商解决。上述三种通用的解决办法，可指导双方较快地达成一致。

三、处理工期延误问题的原则

根据诸多的国际工程施工合同标准条件的一般规定，并参照上述共同延误责任的判断理论，以及许多判案实例和实践经验，在处理建设项目施工的工期延误问题时，采用下列几项原则：

（1）凡是业主方（包括业主及其代表，工程师，业主的上级领导等）责任造成的延误，当这些延误处于项目施工的关键路线上时，业主方应给承包商相应的工期延长（EOT—Extention of Time）以及延期期间的承包商支付的额外的延期费用（Prolongation Costs）补偿。

（2）凡是承包商（包括其所属的分包商）责任造成的延误，且这些延误处于关键路线上时，承包商既不能获得工期延长（EOT）也不能得到延期费用（Prolongation Costs）补偿。承包商应采取积极措施挽回这些工期延误，否则要承担支付延期损害补偿（Liquidated Damages，或称 Delay Damages）的责任。

（3）凡是客观原因（如特别恶劣的天气，地震，大洪水等）引起的工期延误，一般的处理是：给承包商工期延长，不给予费用补偿。但是，如果遇到的是"不可预见的外界条件（Unforeseeable Physical Conditions），"则承包商有权索赔此类费用及工期。

（4）在共同延误时，如果业主责任的延误在非关键路线上，而承包商责任的延误在关键路线上，承包商不能得到工期延长。

（5）如果业主责任的延误和承包商责任的延误同时发生在两个并列的关键路线上时，而两个延误中的任何一个均可使工程施工延误相同的时段，承包商可得到相应的工期延长。

由于共同延误在确认责任方时经常发生合同争端，引起合同双方的对立，甚至诉诸仲裁或法律途径解决。【案例13-2】说明了一个典型的共同延误合同纠纷问题，涉及承包商400万美元的经济损失和重大信誉危机。承包商为此进行了充分的合同论证及事实澄清，并向当地法院提出紧急上诉，扭转了危机，挽回了可能发生的经济损失。

【案例13-2】 共同延误引起的合同纠纷

一、项目简况和事端由来

某国环境改造项目污水系统工程，使用世界银行贷款，中标合同价折合美元为1400万，合同工期为18个月。咨询工程师为一家欧洲公司。使用的合同条件是世界银行《工程采购小合同》(Procurement of Works-Small Contracts)。主要工程内容包括：4个区域的工业和民用污水管线共29km，以及泵站和管理间等结构物。

由于业主、咨询工程师的原因，也由于承包商自身的原因，开工后工程进展非常缓慢。截止到合同完工日期，工程量仅完成了20%。为此，世界银行做出从即日起终止该项目贷款的决定，项目资金已断来源。在此情况下，承包商果断提出并与业主商定通过友好协商的方式"共同终止"(Mutual Termination)此合同。

然而，业主为了转嫁危机，向该国总检察长办公室提交了推卸责任、不实事求是的报告，导致总检察长办公室以承包商工程进度严重拖期为理由，给出了终止合同、没收履约保函（折合140万美元）并要求业主按照合同向承包商索赔欠款的意见。业主相应地做出扣除惩罚金和误期损失赔偿费（共折合260万美元）的决定。由于业主属政府部门，重大法律问题需上报总检察长办公室，听取他们的意见，并遵照执行。

如果该意见得以实现，承包商不但要遭受巨额经济损失，更严重的是将会被列入世界银行的黑名单，使承包商不得不退出海外建筑工程市场。

二、工期索赔暨反索赔

1. 承包商提出的工期索赔

在此不利的情况下，承包商首先向业主提交了一份工期索赔报告，详述了工程延误以及不可能履约的原因。用合同依据和事实澄清和反驳了项目工期延误是承包商单方面造成的错误观点。文件要点如下：

(1) 移交现场的延误

施工过程中，业主不能按时移交现场。直至合同工期结束日，还有13条道路长度为6km的场地和两座泵站的场地没有移交给承包商。并举例说明：4号泵站的场地直到此时仍未移交，承包商引用由业主、工程师和承包商共同签署的修订后的施工计划，4号泵站的施工周期是12个月，这意味着即使现在将场地移交给我们，工期也要延长12个月。

合同条件第21款规定：业主应将现场各部分的占有权交给承包商。若在合同数据中规定的日期前未能移交，业主应被认为已经延误了相关活动的开始时间，这应视为赔偿事件。并且，第28款规定：如果有赔偿事件发生，项目经理应延长原定完工日期。

(2) 由于两个区域的设计缺陷而不可能履约

承包商通过照片资料说明,在两个区域中,①大约有3km埋深4~6m的管线设计在2~3m宽的狭窄街道内。②一些管线设计在现有房屋和建筑物下。③大约有12km埋深4~8m的管线设计在4~6m宽的街道内。但是在道路两侧有高压线,为施工安全,需要长时间的断电,但电力部门不同意。上述约15km无法施工的管线长度占两个区域总长的73%。

承包商指出,业主曾成立了一个"特别委员会"来对原始设计的变更进行评估,并特别引用一份业主起草的会议纪要,记录了业主负责人在会上要求工程师、承包商和"特别委员会"联合提供一份关于污水管线设计变更的方案。这能够不容置疑地证明业主已经意识到设计的缺陷,并试图扭转不利的局面。但承包商此后一直没有得到来自业主和工程师的任何指示,此事已搁浅。

合同条件第44.1款规定:业主未能在合同数据中规定的现场占有日期之前给出现场通道,应视为赔偿事件。承包商应得到工期补偿。技术规范第1.4.1款规定:工地应定义为项目经理认为的为工程所必需的且可实施的公有和私人领地的最小范围。

事实上,承包商并没有得到可以施工的、足够大的通道和场地。因此,承包商认为,即使业主按合同补偿工期,也无法施工。在不修改设计的情况下,没有承包商可以在这种条件下进行施工。

(3) 设计变更

承包商列举事实证明,由于原设计非常粗糙,施工中频发变更令。在施工时使用过的32张图纸中有23张是有变更的,占72%。另外,15项结构的设计参数也被改变。

合同条件第28.1款规定:如果发生赔偿事件或发布变更令使得在原定完工日期无法完工,项目经理应延长原定完工日期。

承包商认为,工程中出现工程变更是可以预期的,然而如此频繁的变更是不合理的,也是承包商无法合理预期的,故理应得到工期延长。

(4) 批复承包商设计和信函的延误

从工程开始,业主、工程师对承包商设计的审批和信函回复造成很多的延误。前任驻地总监就是因为此原因而被业主解聘的。但是,此问题几乎没有明显改进,有的信函80天后才给答复。

合同条件第44.1(c)款规定:项目经理……未能按时发布工程实施所需的图纸、规范和指示,……应视为赔偿事件。

故承包商有权得到工期延长。

(5) 由于授标的拖延造成的初始延误

业主已承认在授标时有83天的延误。由此,承包商不得不为该工程重新组建队伍。造成了工程的最初延误。

(6) 不可预见的大雨

开工第二年出现多年不遇的大雨，对此业主也承认。

以上事实可以证明，按照合同条件的规定，该工程的工期应当在变更或删除由于缺陷设计导致不可能施工的污水管线部分之后，至少还应再延期12个月。

同时，承包商还提交一份总额为378万美元的由于业主、工程师的原因造成承包商经济损失的索赔，以应对业主拟罚扣承包商的惩罚金以及误期损失赔偿费。

2. 业主提出的反索赔

由于业主作为政府部门必须执行总检察长办公室的如上指示，故其非但没有理睬承包商的索赔要求，而是向银行发出兑现履约保函的指令。

承包商在万般无奈的情况下，将业主上诉到当地法院，按照上述索赔文件的思路说明业主兑现保函的行为是不合理的，并成功地得到临时禁令（Interim Injunction），阻止了业主的兑现行为。

同时，承包商通过律师按既定的索赔思路向总检察长进行申诉，请其改变原来的决定。

三、事端的解决

(1) 总检察长办公室在研究了承包商的索赔文件以后，由总检察长复函指出：承包商提出的理由中有些可能不是业主的责任和义务，但有些是很重要的，例如，存在着缺陷设计的观点就是一个需要认真考虑的因素。事实上，我已注意到业主为评估设计已任命了一个特别委员会。承包商在这个问题上的观点是不无道理的。并要求业主在专家的帮助下重新审议这个事件。同时，建议延长履约保函的有效期直到该争端得以最终友好地解决。

随后，业主与其上级单位房建部共同组成联合委员会重新审查此案。

(2) 联合委员会的意见是：①兑现履约保函是不合适的。②基于所有事实认定，承包商、咨询工程师和业主在执行他们各自的职责时均有过错。最适宜的办法是经双方友好协商，共同终止合同。

(3) 经业主和承包商友好协商，最终达成共同终止合同协议。协议规定，业主应不兑现履约保函，不扣除误期损失赔偿费，不课以惩罚金，不上黑名单。承包商应从法院撤诉，并同意支付业主一笔折合23万美元作为补偿费用。

至此，此事件得以顺利解决。并在不久后，承包商又中标实施了该业主的一个大项目。

这个案例自始至终都得到本书编著者梁老的亲自指导，保障了事件得以圆满解决。我作为索赔文件的编制人和事件的亲历者，有几点体会如下：

(1) 在大量原始资料的基础上编制索赔文件时，一定要抓住关键点。一般地说，关键点要有合同条件中的明确规定作为依据，索赔工期的延误一定要选择在关键线路上的项目，如该项目的 4 号泵站。另外，可以列举一些比较极端的例子，如本案例中工程师的驻地总监被撤职等，来加强和证明承包商的观点。

（2）在索赔文件中，应尽量从业主/工程师的信函和会议纪要以及签署的文件中找到对承包商有利的证据，这样会更有说服力，如引用会议纪要中提到业主对缺陷设计的修改要求就对最终解决此案起到了至关重要的作用。

（3）承包商申请临时禁令仅是一项阻止业主兑现保函的应急措施，应当慎用。原因是临时禁令是有期限的，并不能从根本上解决问题。另外，对承包商今后的投标也可能产生不利的影响。

（本案例撰稿人：北京市政建设集团有限责任公司　刘　欣）

第 4 节　工程拖期索赔的内容

工程拖期索赔的目的，是承包商根据项目合同文件想要讨回因拖期施工带给自己的损失。这个损失包括两个方面：一是获得相应的工期延长（Extension of Time），以免工程建成时承受业主方的拖期损害赔偿（Delay Damages，原称 Liquidated Damages）；二是获得因拖期施工所承受的经济损失，即从业主方获得拖期费用补偿，通称为额外的损失与支出（Additional Loss and Expense）。前者称为工期索赔，后者称为经济索赔（简称费用索赔）。

工期索赔和经济索赔，虽然是工程拖期索赔的两个内容，像其他的索赔一样。但是，它们是不同性质的索赔：工期索赔是为了得到工期延长；经济索赔（费用索赔）是为了得到拖期费用补偿，在 Rog Thomas 所著《施工合同索赔》（Construction Contract Claims）一书中，这一费用索赔被称为"延期索赔"（Prolongation Claim）。

关于工期索赔和经济索赔的关系，以及它们各自的特点，在本书第 3 章第 4 节（五）"工期延长"的论述中，已有较详细的叙述，此处不再赘述，仅就最近十年来国际工程标准合同条件中的新增论述简介如下：

一、经济索赔方面

"延期索赔"（Prolongation Claim）的计算法，作者 Rog Thoma 提出了两个论点，值得施工合同管理人员，无论是承包商或业主方面，予以关注：

1. 关于工程拖期费用索赔的组成部分

（1）工地管理费（Site Overheads or Preliminaries）。主要包括：项目经理等管理人员费，办公设施费，日用工具费，保险保函费，货款利息费等。

（2）总部管理费（Head office overheads）。主要包括承包公司总部在工期延长期间对项目实施所支付的人工费、通信费、办公设施和出差视察等项费用，并引用一些常用的计算公式来计算总部管理费的数额。

（3）现场施工直接费（Site Construction Costs）。主要包括现场施工的人工费，施工机械费，建筑材料费等等。

（4）利润（Profit）。即由于本项目施工拖期，影响承包商在此期间从事另外的承包工程，而可能承受的利润损失。

这样的四大项费用分类计算法，在最近国外的施工索赔著作中，也都在采用。这种计算法的组成部分与本书第6章"施工索赔计价法"第2节中所列举的"索赔款的主要组成部分"是相同的。

2. 关于索赔款中的"工地管理费"部分

作者对工期延长期间额外支付的工地管理费的时段选择，提出了明确的、纠正一般错误的论述。

长期以来，承包商在计算拖期施工时的工地管理费时，一般是合同规定的竣工日期至被批准的工期延长后实际竣工日期之间的这一段拖延时段（即工期延长的天数）来计算的，如本章第3节"共同延误"中的图13-1中所示的D时段的工地管理费。实际上，承包商真正支出的工地管理费应是A+B+C三个时段的综合。因为工地管理费是随着施工进度而变化的，每一次的施工延误都发生在该时段的工地管理费，实际支付而应索赔的工地管理费应该是A+B+C，这个综合数额显然要比施工末期的3个月工期延长时段的工地管理费D大得多。简而言之，过去承包商的工地管理费索赔款额是不自觉地大大地减少了。

二、工期索赔方面

自从1999年国际咨询工程师联合会（FIDIC）发布四本新的合同条件FIDIC 1999以来，在国际工程施工的工期索赔方面，一些国际性的标准施工合同条件对工期索赔的规定，都有进一步的详细论述，为工期索赔提出了明确的规定。

1. FIDIC 1999版施工合同条件

新红皮书继承了原《施工合同条件》第四版（1989年）中关于竣工时间延长的规定，在第8.4条中列举了5条承包商获得工期延长（EOT）的规定。此外，在第8.5条中提出由于"当局引起的延误"；在第8.9条中提出"暂停的后果"；在第17.3条"业主的风险"；以及在第19.4条"不可抗力的后果"等条款中，都明确指出承包商有权获得工期延长。

2. 英国NEC 3合同条件

英国土木工程师学会（ICE）为了适应对其标准合同条件提出的新的要求，于1999年将其沿袭半个多世纪的"ICE合同条件"改编为"新工程合同NEC合同条件"（New Engineering Contract），并于2005年推出了NEC 3标准合同条件。

NEC 3合同条件中包括六类合同模式，其中"工程施工合同"（Engineering and

Construction Contract，简写为 ECC）最为通用。ECC 第三版的核心条款中，对施工进度和工期也做了详细的规定，如：施工进度计划由业主的项目经理审定；业主项目经理有权修订施工进度计划，批准工期延长、指令停工、核定竣工日期，并可以向承包商指令进行加速施工（Acceleration），以便工程在指定的建成日（Completion Date）前完成，并审核批准承包商提出的赶工报价等等。

3. 关于"延误"的新定义

英、美等国近几年的施工索赔著作中，对施工延误（Delays）提出了新的定义，将延误区分为"可避免的延误"（Avoidable Delay）和"不可避免的延误"（Unavoidable Delay）。其主要论点如下：

（1）所谓"可避免的延误"，是指施工过程中遇到的一些延误事态，经过承包商的关注和远见以及勤奋努力，可以克服而不造成工期延误，即可避免的延误。对于这些"可避免的延误"，业主将不授予工期延长（Time Extension）。

（2）所谓"不可避免的延误"，是指施工过程中遭遇的另一些延误事态，业主代表认为是承包商无力控制的，即使经过关注、远见和勤奋努力也无法克服，所以是"不可避免的延误"。对于这一类延误，业主将给予工期延长。

（3）按一般规定，当承包商在遇到"不可避免的延误"时被授予工期延长的条件下仍未按期建成工程，业主则有权扣取"延误损害赔偿费"。但是，业主如果认为对自己有利时，他可以对"可避免的延误"授予承包商工期延长，而向承包商收取一定的由于此工期延长而使业主发生的相应的技术监督等其他费用。

（4）即使发生了"不可避免的延误"，但承包商未及时通知业主代表到现场视察考核，则承包商亦不能提出工期索赔。

从以上论点看来，"可避免的延误"，即相当于"不可原谅的延误"（Non-Excusable Delay，如本书第 2 章第 4 节中所述）；"不可避免的延误"相当于"可原谅的延误"。但在处理是否给予工期延长时，却出现了一些灵活性，值得读者们在处理工程拖期索赔问题时予以注意。

【案例 13-3】 施工延误引起的工期索赔和经济索赔

一、项目简况

某国大型立交桥项目由世界银行贷款，整个工程由高跨桥、跨线桥和转盘桥三部分组成。中标合同价折合美元为 3425 万。监理工程师为欧洲一家咨询公司和当地公司组成的联营体。使用的合同条件是经业主修改过的 FIDIC 合同条件，没有特殊条款。该项目合同工期 22 个月。

在实施该项目过程中，由于业主和其他方面的原因，工程进展缓慢。承包商曾多次提出工期索赔要求，但均未得到工程师的批复。其间，业主/工程师曾多次企图罚扣误期损失赔偿费（每天折合 2413 美元，上限为合同价的 10%）、并威胁兑现履约保函。

二、工期索赔

(一) 承包商的工期索赔

在工程进行到 40 个月时,承包商以新的角度再次提交了工期索赔报告,主要内容如下:

1. 海军场地移交的延误

海军场地是业主延误移交最严重的区域。针对业主开工之后一直强调的按照合同文件,海军场地应在开工 9 个月以后移交的说法,承包商指出,在其投标文件的信函中要求该场地移交使用的词是 within(在……内)而不是 after(在……后),故业主应当在开工后 9 个月内的任何时间提交场地。由此,工期延误 9 个月。其后,由于移交的场地无法使用,工期进一步延误 11 个月。

根据投标文件,完成海军场地中跨线桥的施工时间是 18 个月,但其中 14 个月原考虑是双班施工的,由于罢工、骚乱等原因无法实现,故跨线桥的施工时间应是 28+4=32 个月,再加上海军场地的移交延误共达 20 个月,故承包商索赔的工期为 52−22=30 个月。

2. 总罢工、停业和公交罢工造成的延误

以承包商给业主发出的索赔意向为依据,各类罢工的总天数是 54 天。鉴于很难确切地估算由于罢工造成的间接影响,但工程进度的节奏又确实会受到影响,故承包商按罢工一天影响 3 天计算,索赔工期为:54×3=162(天),即 5.4 个月。

3. 暴力、骚乱和恐怖行为造成的延误

开工第 3 年后,当地治安形势急剧恶化,有组织的恐怖事件频发,导致治安局面完全失控。

投标时,承包商计划的是双班施工,但是当地恶劣的治安局面迫使承包商只能将工作安排在白天进行,并且招工也发生困难,从而极大地影响了工程进度。这些不利情况是承包商无法控制且不能事先合理预料的。

按照我们致函工程师的记录,发生暴力、骚乱和恐怖事件主要集中在开工后第 23 个月至第 31 个月,这 8 个月为暴力、骚乱和恐怖事件的频发期,且考虑到我们原计划要双班施工,故索赔工期为 16 个月。

4. 其他延误

除上述延误外,还有地下管线挪移导致的延误,铁路当局所属场地的移交延误,以及交通倒行和 HD 桥拆除导致的延误等等。

基于以上事实,承包商综合考虑到延误的直接和间接影响,共索赔工期 42 个月。

(二) 工程师的批复

按照合同条件第 44 款,工程师是有权决定工期延长索赔的唯一授权机构。

(1) 海军场地移交的延误

根据承包商投标文件中信函的声明,该区域场地应该在开工后 9 个月内被使用。但是,海军场地是延误到开工后第 17 个月(初始进入)和第 26 个月(最终拆除)之间才移交的,考虑到场地移交,地上地下障碍物的拆除以及物资的搬移所造成的延误,同意工期延误为 24 个月。

(2) 罢工、骚乱导致的延误,同意为 8.5 个月。

(3) 由于罢工/骚乱等影响导致的进一步延误,同意为 3.5 个月。

考虑到延误时间的重叠,工程师最终批准该项目工期延长共为 27.5 个月。

随后,业主董事会做出决议,同意工期延长 27.5 个月。

三、经济补偿索赔

(一) 承包商的经济补偿索赔

承包商要求经济补偿的汇总表　　　　　　　　　　　表 13-3

序号	索 赔 项 目	索赔金额(美元)	时间(月)
1.1	中国雇员工资/津贴的额外费用	2554330.48	24.5
1.2	中国雇员额外的住宿费用	360000.00	24.5
1.3	中国雇员额外的伙食费用	268131.47	24.5
1.4	承包商长期雇佣当地管理人员的额外费用	272913.97	24.5
1.5	承包商雇佣保安人员的额外费用	77457.00	24.5
1.6	承包商雇佣项目管理公司的额外费用	55295.92	9
1.7	承包商总部为该项目注资所造成的额外财务费用(利息)	2950395.66	24.5
1.8	承包商额外支付的各类保函的佣金	35777.47	24.5
1.9	承包商额外支付的各类保险费用	161981.81	24.5
1.10	承包商总部的额外管理费用	256136.36	24.5
1.11	承包商应得的费用、利润等	1392059.93	24.5
1.12	承包商支付的杂项费用	1300000.00	24.5
1.13	承包商机械/设备折旧的额外费用	1059569.00	24.5
1.14	由于当地货币贬值造成的直接货币兑换的损失	5140776.00	24.5
总计		15884825.07	

注:由于当时承包商仅整理了 24.5 个月的索赔证明文件,故此次仅要求了 24.5 个月的经济补偿,但保留进一步索赔的权利。

在上表中,①第 1.7 项,承包商使用了合同条件中规定的若业主未能按时向承包商支付账单,应向承包商支付的 12% 的年复利率,计算出承包商投入美元所产生的额外财务费用。②第 1.10 和 1.11 等项,承包商引用了"投标书"附录 H 规定的 22 个月合同工期中所需费用,并通过工期和费用的线性关系计算出工期延长所产生的额外费用。③第 1.13 项,承包商按照国内关于中国企业用于海外承包项目机械设备折旧的相关规定,计算出折旧费用。机械设备的采购费用可以用发票、收据和海关文件来证明。

(二) 工程师的审核意见

工程师基本上肯定了承包商的索赔思路，还专门聘请了索赔律师来做最终定夺。按合同规定工程师只有审核权而没有批复权。承包商索赔金额和工程师审核金额对照表见表 13-4：

承包商索赔金额和工程师审核金额对照表　　　　　　　　　表 13-4

序号	索赔项目	承包商索赔金额	工程师审核金额	增减原因
2.1	中国雇员工资/津贴的额外费用	2554330.48	2554330	审核同意
2.2	中国雇员额外的住宿费用	360000.00	360000	审核同意
2.3	中国雇员额外的伙食费用	268131.47	247003	承包商分解表中提供的食物价格较高，改正
2.4	承包商长期雇佣当地管理人员的额外费用	272913.97	188905	部分人员工资应从工程量单中得到补偿。改正
2.5	承包商雇佣保安人员的额外费用	77457.00	70146	承包商选择的汇率不正确。改正
2.6	承包商雇佣项目管理公司的额外费用	55295.92	45084	承包商选择的汇率不正确。改正
2.7	承包商总部为该项目注资所造成的额外财务费用（利息）	2950395.66	2950396	审核同意
2.8	承包商额外支付的各类保函的佣金	35777.47	35777	审核同意
2.9	承包商额外支付的各类保险费用	161981.81	122500	应使用"投标书"附录 H 中的数据，按线性公式推算。改正
2.10	承包商总额的额外管理费用	256136.36	256136	审核同意
2.11	承包商应得的费用、利润等	1392059.93	1392060	审核同意
2.12	承包商支付的杂项费用	1300000.00	0	没有证据，删除
2.13	承包商机械/设备折旧的额外费用	1059569.00	907614	应使用"投标书"附录 H 中的数据，按线性公式推算。改正
2.14	由于当地货币贬值造成的直接货币兑换的损失	5140776.00	2147730	承包商的完成金额不应包括保留金等。改正
总计		15884825.07	11277681	

(三) 业主的最终批复

承包商的经济索赔最终还要由业主来确定，经业主董事会的反复研究，最后做出如下的批复：

鉴于在"投标书"附录 H 中，承包商计划为 22 个月合同工期所需的：①中国雇员工资为 1092000.00 美元；②管理费和费用（包括总部管理费、费用和利润等、财务费用和保险费用等）为 1960013.00 美元；③施工机械设备折旧和使用费用为

815000.00 万美元；另外，工程师批复的工程延期为 27.5 个月；按工期和费用的线性关系，业主批复的索赔额为：

$$\frac{27.5 \times 3867013.00}{22} = 4833766.25 \text{ 美元}$$

业主对其余的索赔项均不予考虑，但承诺拨付施工过程中承包商提出的其他索赔款项以及材料调价，并免除承包商的误期损失赔偿费。

承包商综合分析了各方面的情况后，经慎重考虑，接受了业主批复的 483 万美元的索赔金额。

在我们准备以上索赔文件时，有幸得到本书编著者梁老的亲自指导，最终取得了较好的结果。在本案例的索赔工作中，我有些点滴体会，供大家参考。

（1）无论是工期索赔或经济索赔，一定要有一条主线。索赔中可以适当地增大索赔的期限和金额，以便给审批人留有余地。一般地说，若发生了合同条件中规定可以索赔的项目都应该涉及。但是，论证索赔的主线一定不能含糊，在文件准备时，一定要有切实的合同条件以及翔实的支持性文件作为依据，这是决定索赔成败的关键所在。任何侃山或清谈式的索赔方式在国际工程中是不可能取得成功的。

（2）承包商在索赔时一定要认真研究全部合同文件，从细微之处找出对自己有利的证据。如工期索赔中提到"within"和"after"的一字之差，使承包商找到了使业主/工程师都认可的突破口，可谓"细节决定成败"。另外，在编制索赔文件时，应尽量多地引用合同文件中的数据和证据。因为在授标时，这些数据已经得到业主/工程师的同意，故作为索赔依据容易得到他们的认可。从本案例经济索赔的审核、最终批复可以看到，业主和工程师均是以合同文件中的数据作为依据的。

（本案例撰写人：北京市政建设集团有限责任公司　刘　欣）

第5节　工程拖期索赔应注意的问题

一、承包商应充分认识工期索赔的困难性

在国际工程施工索赔的实践中，承包商的合同管理人员会感觉到：要取得工期索赔的成功，相当困难。这主要因为：

（1）在业主和咨询工程师的主观愿望上，都希望自己的工程项目按合同规定的日期完工，发挥工程效益，而不希望拖期建成，尤其是事关国计民生的大型工程。咨询工程师经常以为，如果由于勘探、设计上的缺陷而引起大量的修改设计，引起工期延误，说明自己的前期工作精度不够，有失咨询公司的体面。因此，他们从一开始，就对承包商的延期完工的要求持抵触情绪。

（2）一般认为，工程项目一旦拖期建成，必然引起工程造价的增加，即工期索赔成功必然引起承包商的拖期经济索赔（费用索赔）要求，唯恐一发而不可收。

（3）要求工期延长，要进行大量的资料累积工作，如网络施工计划或施工作业的关键路线图、每次延误的记录、报告和原因分析说明，以及向业主/咨询工程师的报告和检查记录等等。而这么多的申报证明往往不齐备。

（4）一般的工程量适度增加，一般不利的气候条件，以及合同中隐含的承包商的风险，业主/咨询工程师都不会同意批准承包商的延长施工期的要求。

（5）有些施工作业（Construction activities）确实因可原谅的延误而进度拖后，但由于不处于施工关键路线上，业主/咨询工程师也不肯同意延长工期等等。

因此，承包商为了取得工期索赔的成功，必须做大量的资料准备，并熟练掌握运用施工合同中的有关条款，甚至引证国际惯例，以证明自己索赔要求的充分理由。

二、工期延长索赔成功的必备条件

1. 建立严谨的施工进度监控系统

工程项目中标后，根据业主要求，承包商应按照工程合同文件的规定编制"施工进度计划"（Construction Programme），经业主/咨询工程师批准后成为施工合同文件的一部分，由合同双方遵照执行。但是，在实际施工过程中，由于各种原因的延误或变更，实际的施工进度往往使"施工进度计划"多次变动。这个随时变动的施工进度一般称为"施工实际进度"（Construction Progress），成为拖期索赔的首要证据资料。

2. 不断更新施工关键路线

施工管理人员将施工的计划进度和实际进度分别用横道图或网络图表现出来，并随着延误的发现，不断更新实际的进度路线图，就会发现项目建设过程中关键路线的转移和变化，并将这些变化过程随时地通知咨询工程师或业主代表，使业主方熟悉进度的变化情况，并随时征询他们的意见和评论。

3. 每次发现延缓及时通报业主方

每出现施工延误时，应立即通知咨询工程师到场检查，听取其指示，并根据工程师的决定修改施工进度图。然后，承包商将此次延误的原因、严重程度、处理意见以及工程师的决定形成文件上报业主方。在这个文件中，承包商可以明文提出自己对工期延长的申请。

4. 坚持做好施工记录

施工记录（施工日志）是索赔的基础资料，每个项目的工地现场施工人员应坚持做好施工日志，记录施工当日的气象、出场工人数量和设备台数、所用建筑材料、施工部位和完成数量等等。完成的施工数量一栏应有咨询工程师的现场代表核准签字。对于发生的一些特殊事项，如罢工、地震、洪水、工伤事故等，均应详细记录在案。

5. 定期编报工期延长报告

工地上发生的多次延误事故，除每次当日的通报外，不必每次都写工期索赔报告，而是在一定的时期（如年末，施工接近完成，或某次重大延误事件之后）写综合性的工期索赔报告。汇综以前历次的延误通报，进行延误责任分析，引证合同条款，提出具体的工期延长天数，要求咨询工程师和业主按照合同规定的期限给予答复和决定。

6. 运用相应的法律途径维护自己的权利

有时，业主和咨询工程师对承包商的工期索赔要求长期不予理睬，有意拖延到工程建成时不了了之，有的甚至以扣压施工保函或强行扣取误期损失补偿费（Delay Damages）相威胁。这时，承包商如果有正当的理由，便可诉诸其他的法律途径，如提出法院诉讼或要求禁令，或提交仲裁庭裁决，以维护自己的合法权益。

【案例 13-4】 施工工期严重延误引起的索赔

一、工程概况

南亚某国防洪项目系利用日本海外合作资金进行建设的一项防洪工程。工程建设的主要目的是：为了防止雨季期间的大量降雨致使位于该国首都东南部湖泊的水位上涨，给该湖的主要排泄通道地区的市民造成的洪水威胁。工程的主要内容包括：在湖水排泄通道的上游两岸建设带有加强基础的 3~19m 长的"U"型连续钢板桩和带内排水沟总长约为 5.8km 的钢筋混凝土防浪墙，在该河的三个支流上建设三座轴式手控卷扬闸门（单扇门长 2m×2.1m）以及相应的防洪排水设施等。

该工程的主要工作是带"U"型连续钢板桩和带内排水沟的钢筋混凝土防浪墙的施工，其主要工程量如下：

(1) 地面总长约为 5.1km 的"U"型连续钢板桩施工（长 3~19m），合计施工钢板桩总面积 22,790m^2；

(2) 总长约 5.8km 的带内排水沟钢筋混凝土防浪墙的施工，其中 A 型长 2,305m、B 型长 2,852m、C、D 型长 643m。E、G 和 F 级混凝土的浇筑 1.3 万方，钢筋制安 704t；

(3) 三座轴式手控卷扬闸门（单扇门长 2m×2.1m）的设计、制造和安装。

该工程计划工期为三年（1080 个日历天）。2000 年 5 月 12 日，我国某国际工程承包公司通过国际公开竞标的方式以低于标底 18.2% 的最低标价中标，合同金额约 422 万美元。

二、施工延误事件的发生

由于工程所在地为城乡的结合部，且沿河两岸分布着密集的杂乱无章的民房以及简易的建筑物。防浪墙的导线（施工作业面）位于河两岸且绝大部分分布于这些杂乱无章的民房中。同时，施工的现场通视环境和陆上的交通条件极为困难，经济、安全的陆上施工方案无法实施，因此，整个工程的施工只能采用了费用成本高且安全隐患多的水上施工方案。

该项目于 2000 年 8 月 16 日正式开工，在项目的实施过程中先后发生了一系

列的施工延误事件,给项目的正常施工和按计划完成造成了严重的影响,这些延误事件主要有:

(1) 2000年10月30日~11月8日,项目所在地连续遭遇了"里敏"和"仙那"两个台风的袭击并引发了大洪水,台风带来的洪水使施工的河道水位大涨,并造成河道两岸道路洪水泛滥,所造成的洪水强度超过了当地40年一遇的洪水纪录,致使整个项目的全部外业工作和营地建设等工作全部中断;

(2) 2001年1月8日,由于现有河道两岸地形的变化,业主提出了对部分防浪墙的基础进行了重新设计,同时业主在部分路段为了回避"路权"问题而提出了对防浪墙导线进行移动,致使项目的联合测量工作暂时停工;

(3) 2001年7月16日,在我方完成了项目东岸的防浪墙施工后,由于业主未能提供有效的施工用地,我方提出了暂时停止外业的施工;

(4) 2001年11月23日,由于业主长期不能解决该项目的施工用地问题,不得已向我方发出了第1号暂时停工令,并宣布由于路权问题需要时间去解决,从11月9日至11月22日项目暂时停止工作;

(5) 2002年1月23日,由于业主还未能解决该项目的施工用地问题,业主下达第2号暂时停工令,并宣布暂停时间从上次的2001年11月22日延至2001年12月11日;

(6) 2002年2月27日,业主在考虑到由于本国资金不足的问题,解决项目的"路权"问题需要一定的时间。为此,业主向我方发出了从2001年11月9日开始项目执行暂停1年的通知;

(7) 2002年4月22日,业主考虑到项目暂时停工一年的方案,其经济上必将遭受巨大的损失,为了减少其将来的赔偿费用,业主采取了边施工边解决"路权"问题的办法向我方下达了项目的复工令;

(8) 2002年8月9日,为了完善防浪墙的设计,业主提出了在防浪墙上增设向河内排水的结构;

(9) 2004年6月16日,为了完善整体工程的防洪效果,业主提出了在三个地段以外增加防浪墙的额外工程量。

值得指出的是,由于业主下达的复工令是在没有实质性地解决工程中所涉及的"路权"问题的情况下而下达的。因此,在后来项目的实施过程中反复出现了由于"路权"问题而造成的暂时停工问题,这种情况不但严重地影响了工程的施工效率,增加了项目的经营管理成本,同时也严重地阻碍了项目的施工进度,致使项目的完工时间被严重地拖后。

三、施工延误事件的分析及解决

(一) 施工延误事件的分析

在延误事件发生后,承包商根据与业主签订的有关合同对所发生的延误事件进行了双方责任及权利的分析。承包商除了承担由于主观原因造成的施工延误事件责任的同时，FIDIC通用合同条件（1989年版）第44.1以及20.4条款中也规定了由于业主和客观原因所造成的施工延误事件，承包商有权享有相应的工期延长和相应的费用损失赔偿的权益，参见表13-5。

FIDIC合同条件中的施工延误中承包商应享有的权益条款表　　　　表13-5

序	合同条款	适用内容分述	责任者	承包商应享有的权益
1	竣工期限的延长 44.1	（1）修改设计 （2）施工条件变化 （3）业主原因延误 （4）工程师原因延误	业主原因	可以享有工期延长并可以得到相应的损失费用的补偿
2	雇主的风险 20.4	（1）异常恶劣气候 （2）社会原因 （3）天灾	客观原因	可以享有工期延长但没有相应的损失费用的补偿

（二）施工延误时间索赔的落实

在明确了延误事件的责任和权利的同时，项目组在施工延误事件发生后及时地向业主（工程师）提交了有关施工延误事件的工期索赔报告，在整个项目的实施过程中，该项目根据施工延误事件发生的先后顺序一共向业主（工程师）提出了四个施工延误事件的工期索赔报告，它们分别是：

一号工期索赔——由于工程所在地区遭遇两次台风造成的洪水影响；

二号工期索赔——由于工程所在地区地形变化过大所引起的防浪墙导线移动以及部分防浪墙基础修改的影响；

三号工期索赔——由于"路权"问题所造成的影响；

四号工期索赔——由于"路权"问题以及增加工程量的影响。

该项目在这四个施工延误事件的工期索赔报告中一共提出了总计为925个日历天的时间延长索赔，其具体的内容请参见表13-6。

项目施工延误索赔情况一览表　　　　表13-6

序号	施工延误索赔报告名称	索赔原因及类型	索赔的理论依据	合同规定的承包商权益	承包商所提出的索赔时间（日历天）	最终业主批准的赔偿时间（日历天）
1	1号工期索赔	由于工程所在地区遭遇两次台风所引起的洪水影响	通用合同条件中的65款、20.3款以及20.4款中的(h)项	应获相应的工期延长	112	97
2	2号工期索赔	由于工程所在地区地形变化过大所引起的防浪墙导线变更的影响	通用合同条件中的51.5款	应获相应的工期延长及相应的费用赔偿	183	160

续表

序号	施工延误索赔报告名称	索赔原因及类型	索赔的理论依据	合同规定的承包商权益	承包商所提出的索赔时间（日历天）	最终业主批准的赔偿时间（日历天）
3	3号工期索赔	由于"路权"问题所造成的影响	通用合同条件中的 42.1 款、42.2 款以及该国 P.D. 1594 中的 11.5 款	应获相应的工期延长及相应的费用赔偿	198	170
4	4号工期索赔	由于"路权"问题以及增加工程量的影响	通用合同条件中的 42.1 款、42.2 款以及该国 P.D. 1594 中的 11.5 款	应获相应的工期延长及相应的费用赔偿	432	406
5	合计施工工期延误索赔				925	833

通过与业主、工程师以及承包商三方的反复讨论和协商，最后该项目在四个施工延误事件中共获得了 833 个日历天的时间延长，总的时间延长为项目原计划工期的 0.77 倍。项目施工延误事件工期索赔的顺利解决，不仅解决了由于施工延误事件所造成的项目严重的时间拖延问题，同时也为项目的相应施工延误事件的费用索赔打下了良好的基础。

（三）施工延误费用索赔的落实

根据国际通用 FIDIC 合同条件以及国际惯例做法，国际承包工程施工延误费用赔偿的方式通常是采用实际损失的赔偿方法。其费用损失的核实和计算主要方法是：依据双方签订的合同单价为基础，以索赔方的实际损失和业主所在国的通常标准为依据，并经过业主、工程师以及承包商三方的共同协商来最终确定。

一般情况下，承包商在遭遇了施工延误事件后，在编写工期索赔报告后，也开展了相关的费用索赔报告的编写工作。施工延误费用索赔报告的内容主要包括：施工延误事件发生的事实、承包商提出由于延误事件所造成的费用损失索赔的法理依据及其有关的适用条款；施工延误事件所造成损失费用的组成、计算基础以及参考依据等。

施工延误事件费用损失索赔是否成功，其最重要的一点在于承包商要有充分的合同依据来证明自己具有的索赔权并能说服业主（工程师）同意开展相关的索赔工作。

在获得对施工延误事件费用索赔权后，施工延误事件费用索赔的组成及其计算就成了做好施工延误事件费用索赔工作的关键。对于施工延误事件的费用索赔来说，由于事件造成的最主要后果是导致项目工期的拖后，项目工期的拖后直接造成承包商机械、设备、人力资源、管理以及维护费用的增加等，因此，构成施工延误事件的费用索赔的组成内容主要包括以下四个部分：

第一部分：施工延误事件主要影响到的机械、设备部分；

第二部分:施工延误事件主要影响到的人力资源部分;

第三部分:施工延误事件造成增加项目正常工作的维持费用部分;

第四部分:施工延误事件造成增加的固定费用部分。

该项目在上述的四个施工延误事件的费用损失索赔报告中对上述的四大部分的详细索赔内容、计算方法以及与业主(工程师)最终落实的情况如下:

1. 机械,设备部分

这部分主要是指在发生延误事件的过程中,承包商所投入的机械、设备由于遭受延误事件的影响所形成的经济损失,此项损失的费用计算是按以下的公式计算。

$$\text{施工延误事件的机械、设备索赔费用} = \sum_{i \geqslant 1}^{i=n} M_i \times P_i \times T_i$$

其中:M_i——为受影响的第 i 个机械、设备;

P_i——为受影响的第 i 个机械、设备的单价;

T_i——为受影响的第 i 个机械、设备的时间。

2. 人力资源部分

项目施工延误事件的费用索赔中有关人力资源部分包括了中方雇员和当地雇员两大部分。中方雇员的薪金由基本工资、13 个月工资、奖金、假日、医药费、保险、生活费、通信费、劳保费、交通费以及零用钱等组成;当地雇员的薪金由基本工资、13 个月工资、奖金、加班费、假日、劳保以及社保费(SSS)等组成。

3. 维持费部分

这部分主要是指在发生施工延误事件的过程中,承包商为了维持项目的正常运行所需投入的额外的费用部分。在施工延误事件发生后,为了维持营地、工地以及与业主(工程师)有关业务的联系所必须支付的各种基本费用。此项索赔费用主要是由两大部分组成,即业主(工程师)营地的维护费用和承包商的项目施工营地的维护费用两部分。

承包商的项目施工营地的维护费用的计算则主要是按实际发生费用为原则,此项费用一般包括项目营地的租赁费、项目雇员的住房租金、水费、电费、通信费、必需的办公用品费、汽油费、营地保安费以及相应的基本交通工具折旧费等。其计算的依据是按实际的支付收据为基础。因此,承包商必须向业主(工程师)附上相关费用支出内容的有关合同或收据的复印件以证明其费用支出的真实性。

4. 固定费率部分

这部分主要是指根据合同中的有关规定,承包商在项目的执行过程中必须按某一固定的比例向业主有关部门支付的费率或费用等。而承包商所索赔的这部分费用是由于项目在发生施工延误事件之后额外增加的。这部分一般包括:项目的施工履约保留的延长费用、承包商在延长期间的保险费费率以及账单中所规定的上交所得税费等。这部分实际上也是按实际发生为原则,因此,承包商必须附上相关的合同文件或单据的复印件以证明各种支出的真实性。

该项目依据上述的四个部分的费用索赔内容及计算方法，根据各个施工延误事件发生的时间顺序和不同的性质，一共向业主提交了四个有关施工延误费用损失赔偿报告，向业主提出了由于施工延误事件所造成的我方费用损失的索赔总金额约为226万美元。同时，经过与业主、工程师和项目三方的反复多次的讨论和协商，最终达成了损失赔偿总金额合计约124万美元。

该项目最终获得的施工延误事件费用赔偿的合计金额达到了原项目合同总金额的29%。施工延误事件费用索赔的成功不仅改善了原项目不利的经营条件，同时也为提高项目的综合经营效益起到了关键的作用，项目的施工延误事件费用索赔结果的详细情况请参见表13-7。

项目施工延误费用索赔结果表 表13-7

序	索赔内容	提出索赔总金额（US￥）	最终获得赔偿总金额（US￥）	备 注
1	机械、设备部分	1414183.70	848510.22	业主认为施工延误事件只造成窝工，机械设备损失费的计算只能按4.8小时/工作天进行核算赔偿
2	人力资源部分	505466.86	30051.83	以实际票据为准
3	维持费部分	134823.42	91581.95	以实际票据为准
4	固定费率部分	205447.40	00	业主以此项属承包商的责任而未同意
5	合计	2259921.38	1240594.00	

（本案例撰写人：中国水利电力对外公司　庞　强）

思考题

1. 关于天气条件对施工进度的影响，你是否注意到在一些合同条件中有不同的论述。一般地说，由于天气条件对施工进度产生延误时，只给承包商延长工期，不给费用补偿。但天气条件的程度不同，有"不利的天气条件"（Adverse Weather Conditions），有"恶劣的天气"（Inclement Weather），有"特别不利的天气"（Exceptionally Adverse Weather）等等。这些程度不同的天气条件，是否有的应该给承包商以相应的费用补偿？请你多参阅几个合同条件中的有关论述和规定，整理出一个比较表来。

2. 你正在实施的一个工程承包施工合同中，有哪些条款规定可以给承包商延长工期，而不给费用补偿？哪些条款只给费用补偿？哪些条款规定既可给工期延长，又可补偿增加的费用开支？这是个有趣且有用的工作，尤其是索赔工作所必需的。

3. 你所经历的施工延误遇到过共同延误吗？你们是如何解决的？本章中提到的三种解决理论中，你认为哪一个最适合解决你们遇到过的共同延误问题？

参 考 文 献

1 R. A. Rubin & Others. Construction Claims — Prevention and Resolution. Second Edition, Van Nostrand Reinhold, 1992

2 R. A. Rubin & Others. Construction Claims — Analysis, Presentation and Defence. First Edition, Van Nostrand Reinhold, 1983

3 J. J. Adrian. Construction Claims — A Quantitative Approach. Prentice Hall, Inc. 1988

4 G. A. Hughes, J. N. Barber. Building and Civil Engineering Claims in Perspective. Longman Scientific & Technical, Third Edition, 1993

5 J. Uff. Construction Law. Fifth Edition, London, Sweet & Maxwell, 1991

6 McNeill Stokes. Construction Law in Contractor's Language McGraw-Hall, Inc. 1990

7 Masaru Takei. Dynamic Management of Construction Claims and International Arbitration. 1990

8 CEMC. Advanced Course on Construction Claims. 1987

9 G. J. Ginsbury & R. S. Mitchell. Construction Pricing. Crown Eagle Communication Ltd.

10 Nael G. Bunni. The FIDIC Form of Contract. BSP Professional Books, 1991

11 FIDIC. Conditions of Contract for Works of Civil Engineering Construction. Fourth Edition 1988 & Third Edition 1977

12 FIDIC. The Digest of FIDIC Conditions, for 4th Edition. 1990

13 ICC. The Rules of Optional Conciliation & Rules of Arbitration. 1988

14 B. B. Bramble, M. T. Callahan. Construction Delay Claims. 2nd Edition, John Wiley & Sons, Inc. 1992

15 J. E. Diekmann and K. Gjertsen. "Site Event Advisor: Expert System for Contract Claims", J. Computing in Civ. Engrg, ASCE, 6 (4), 472—479, 1992

16 G. Bubbers and J. Christian, "Hypertext and Claims Analysis", J. Const. Engrg. and Mgmt, ASCE, 188 (4), 716—730, 1992

17 J. K. Yates, "Construction Decision Support System for Delay Analysis", J. Const. Engrg. and Mgmt, ASCE, 199 (2), 226—243, 1993

18 何伯森编著. 国际工程招标与投标, 北京: 水利电力出版社, 1994

19 薛华成主编, 管理信息系统, 北京: 清华大学出版社, 1993

20 美 I. T. 霍列基威茨著, 周佩德译. 数据库分析与设计. 南京: 南京工学院出版社, 1987

21 梁镒主编. 国际工程施工经营管理. 中国对外承包工程商会及国际劳工组织编写出版的"国际工程与劳务丛书"之一, 水利电力出版社, 1994

22 梁镒、王世文编著. 水利电力土木建筑工程招标承包经营管理. 水利电力出版社, 1990

23 汤礼智编著. 国际工程承包实务. 对外经济贸易出版社, 1990

24　中国对外承包工程商会．国际工程索赔实务．1991

25　汪小金编著．土建工程施工合同索赔管理．中国建筑工业出版社，1992

26　成虎、徐崇禄编著．建设工程施工合同管理与索赔．企业管理出版社，1994

27　中国建筑工程总公司编．国际工程索赔原则及案例分析．北京：中国建筑工业出版社，1993

28　何毅编译．国际工程合同案例选．中国建筑工程总公司培训中心

29　路晓村等译．国际工程与法律纠纷．中国建筑工程总公司培训中心

30　梁鑑编著．国际工程合同管理与施工索赔．中国水利电力对外公司项目经理研讨班讲义，1992

31　黄如宝等编著．建设项目投资控制原则、方法与信息系统．上海：同济大学出版社，1995

32　中国对外承包工程商会刊物．国际工程与劳务．第15期

33　中国国际经济合作学会等主办期刊．国际经济合作．1992年3月及7月号，1993年12月号，1994年4及12月号，1995年9月号等

34　王一良主编．信息系统与决策支持系统．大连：大连理工学院出版社，1990

35　汪日康等编著．计算机决策支持系统．上海科学普及出版社，1992

36　林尧瑞等编著．专家系统原理与实践．北京：清华大学出版社，1990

37　Robert F. Cushman, Graig M. Jacobson, & P. J. Trimble: "Proving and Pricing Construction Claims", 2nd Edition, Wiley Law Publications, 1996

38　Michael Furmston & Vincent Powell-Smith: "Construction Law Reports, Volume 20 & 43", London, Butterworths, 1995

39　The Hon. Sir Anthony May M. A., "Keating on Building Contracts", 6th Edition, London, Sweet & Maxwell, 1995

40　Robert Clark & Blanaid Clarke: "Contract Cases and Materials", Gill & Macmillan, 1994

41　H. G. Beale, W. D. Bishop & M. P. Furmston: "Contract cases and Materials", Third Edition, London, Butterworths, 1995

42　David Oughton & Martin Davis, "Sourcebook on Contract Law", Cavendish Publishing Limited, 1996

43　Raymond J. Friel, "The Law of Contract", Round Hall Press. 1995

44　Kim Lewison, "The Interpretation of Contracts", Second Edition, London, Sweet & Maxwell, 1997

45　Brian M. Samuels, "Construction Law", Prentice Hall, 1996

46　Peter Hutchesson Lim & Caroline Vandridge-Ames Lim, "The All England Law Reports", 1995, Volume 1. London, Butterworths

47　Theodore J. Trauner, William A. Manginelli, J. Scott Lowe, Mark F. Nagata, Brian J. Furniss. 《Construction Delay》. Second Edition. Elsevier lnc. 2009

48　Jimmie W. Hinze. 《Construction Planning and Scheduling》. Third Edition. Pearson Education lnc. 2008

49　Roger Gibso. 《Construction Delay: Extension of Time and Prolongation Claims》 Taylor & Francis. 2008

50　Rog Thomas，《Construction Contract Claims》Second Edition 崔军译．施工合同索赔．机械工业出版社，2010
51　何伯森主编．工程项目管理的国际惯例．中国建筑工业出版社，2007
52　张小波，何伯森编著．FIDIC新款合同条件导读与解析．中国建筑工业出版社，2003

跋

中国国际经济合作学会会长 王西陶

"国际工程管理教学丛书"是适用于大学的教科书,也适用于在职干部的继续教育。今年出版一部分,争取 1997 年出齐。它的出版和使用,能适应当今世界和平与发展的大趋势,能迎接 21 世纪我国对外工程咨询、承包和劳务合作事业大发展。

国际工程事业是比较能发挥我国优势的产业,也是改革开放后我国在国际经济活动中新崛起的重要产业,定会随着改革开放的不断扩大,在新世纪获得更大发展。同时,这套丛书不仅对国际工程咨询和承包有重要意义,对我国援外工程项目的实施,以及外国在华投资工程与贷款工程的实施,均有实际意义。期望已久的、我国各大学培养的外向性复合型人才将于本世纪末开始诞生,将会更加得力地参与国际经济合作与竞争。

我们所说的外向性复合型人才是:具有建设项目工程技术理论基础,掌握现代化管理手段,精通一门外语,掌握与国际工程有关的法律、合同与经营策略,能满足国际工程管理多方面需要的人才。当然首先必须是热爱祖国、热爱社会主义、勇于献身于国际经济建设的人才,才能真正发挥作用。

这套丛书是由有关部委的单位、中国国际经济合作学会、中国对外承包商会、有关高校和一些对外公司组成的国际工程管理教学丛书编写委员会组织编写的。初定出版 20 分册。编委会组织了国内有经验的专家和知名学者担任各分册的主编,曾召开过多次会议,讨论和审定各主编拟定的编写大纲,力求既能将各位专家学者多年来在创造性劳动中的研究成果纳入丛书,又能使这套丛书系统、完整、准确、实用。同时也邀请国外学者参与丛书的编著,这些均会给国际工程管理专业的建设打下良好的基础。以前,我们也曾编撰过一些教材与专著,在当时均起了很好的作用,有些作品在今后长时期内仍会发挥好的作用。所不同的是:这套丛书论述得更加详尽,内容更加充实,问题探讨得更加深入,又补充了过去从未论述过的一些内容,填补了空白,大大提高了可操作性,对实际工作定会大有好处。

最后,我代表编委会感谢国家教委、外经贸部、建设部等各级领导的支持与帮助。感谢中国水利电力对外公司、中国建筑工程总公司、中国国际工程咨询公司、中国土木工程公司、中国公路桥梁建设总公司、中国建筑业协会工程项目管理专业委员会、中国建筑工业出版社等单位,在这套丛书编辑出版过程中给我们大力协助并予以资助。

还要感谢各分册主编以及参与编书的专家教授们的辛勤劳动，以及以何伯森教授为首的编委会秘书组作了大量的、有益的组织联络工作。

这套丛书，鉴于我们是初次组织编写，经验不足，会有许多缺点与不妥之处，希望批评指正，以便再版时修正。

1996 年 7 月 30 日